浙江省林业局 ◎ 组织编写
吴伟志　陶吉兴 ◎ 主　编

浙江林业生态资源
湿地卷

浙江科学技术出版社

图书在版编目（CIP）数据

浙江林业生态资源.湿地卷/浙江省林业局组织编写；吴伟志，陶吉兴主编.— 杭州：浙江科学技术出版社，2019.11
ISBN 978-7-5341-8587-8

Ⅰ.①浙… Ⅱ.①浙… ②吴… ③陶… Ⅲ.①林业资源-资源保护-研究-浙江②沼泽化地-资源保护-研究-浙江 Ⅳ.①F326.275.5

中国版本图书馆CIP数据核字（2019）第006096号

书　　名	浙江林业生态资源·湿地卷
组织编写	浙江省林业局
主　　编	吴伟志　陶吉兴
出版发行	浙江科学技术出版社 杭州市体育场路347号　邮政编码：310006 办公室电话：0571-85176593 销售部电话：0571-85062597 网　　址：www.zkpress.com E-mail：zkpress@zkpress.com
排　　版	杭州兴邦电子印务有限公司
印　　刷	浙江新华数码印务有限公司
经　　销	全国各地新华书店
开　　本	787×1092　1/16　　印　张　26
字　　数	567 000
版　　次	2019年11月第1版　　印　次　2019年11月第1次印刷
书　　号	ISBN 978-7-5341-8587-8　　定　价　136.00元
审 图 号	浙S(2019)5号

版权所有　翻印必究

（图书出现倒装、缺页等印装质量问题，本社销售部负责调换）

责任编辑　李亚学　　　责任校对　赵　艳
责任美编　金　晖　　　责任印务　叶文炀

浙江林业生态资源编辑委员会

主　　任：胡　侠

副 主 任：王章明　卢苗海　汪奎宏

委　　员：骆文坚　李荣勋　赵岳平　吾中良
　　　　　陶吉兴　陈征海

《浙江林业生态资源·湿地卷》编撰人员

主　　编：吴伟志　陶吉兴

副 主 编：谢文远　金　伟　张小伟

审　　稿：傅宾领

序 一

生态文明建设是国家"五位一体"总体布局的重要方面，坚持人与自然和谐共生是新时代中国特色社会主义基本方略的重要内容，坚持绿色发展是新发展理念要遵循的重要方向。林业是生态文明建设的主体，也是人与自然和谐相处的重要表现，在绿色发展中承担着前所未有的重任。林业生态资源是自然资源的重要组成部分，是生态建设的根本基础，在实现经济社会和生态环境可持续发展中发挥着不可替代的重要作用。

浙江素有"七山一水二分田"之称，森林是浙江陆地生态系统的主体，林业生态资源十分丰富。开展林业生态资源普查，摸清各类资源家底，把握各类资源动态，是开展林业生态资源保育工作的基础，也是践行"两山"理念、履行国际公约、遵守"碳减排"承诺等各项工作的根基。"十二五""十三五"期间，浙江省开展了省市联动森林资源年度监测和新一轮县级森林资源二类调查、古树名木资源调查，并结合国家的统一部署，开展了全省第二次湿地、野生植物和野生动物资源调查，系统建立了新的全省林业生态资源家底，建立了全省林业生态资源常态化监测体系，形成了成熟的调查监测技术规范，造就了稳定的专业队伍和专家团队，为今后持续开展动态监测和深化专题研究，保持浙江省林业生态资源的现势性、准确性奠定了坚实基础。

对调查成果进行全面总结和系统整理，是一项功在当代、利在千秋的工作。通过对调查成果的研究分析，我认为浙江省此次林业生态资源调查体现了以下新特点：一是调查标准规范性好，每项调查内容均制定了经权威专家论证通过的技术操作细则，符合国际通用标准，与国家规程接轨；二是技术手段先进，全球定位系统（GPS）、遥感技术（RS）、地理信息系统（GIS）及计算机技术的集成应用更加成熟，移动端数据采集、红外触发相机、数据库、网络等新技术得到全面推广，大大提升了调查技术的无纸化、智能化和信息化水平；三是重点突出，湿地调查以国际与国家重要湿地、自然保护区（含小区）

和湿地公园为重点，野生动植物调查以国家保护物种及浙江省特色、珍稀物种为重点，森林资源以建立出数年度化、上下联动化、监测协同化和技术信息化为特征的一体化监测体系为重点，古树名木调查、挂牌、保护相关工作同步推进；四是成果丰硕创新，森林资源在国内率先实现了省、市、县同步年度出数，发现、发表的野生动植物新物种、新分布记录不断被刷新，珍稀濒危物种及全球候鸟在浙江的调查监测得以实施。

浙江林业生态资源调查由浙江省林业局（原浙江省林业厅）组织开展，浙江省森林资源监测中心承担完成。依据最新的调查成果，集成出版"浙江林业生态资源"系列图书是一件十分有意义的事情。本系列图书系统阐述了浙江省森林、湿地、野生植物、野生动物和古树名木资源的数量、分布、特点和保护管理现状，构建了完整的全省林业生态资源基础数据库和信息化管理平台，揭示了进入21世纪以来各类资源的变化动态，并开展了具有高度针对性的专题研究，这在我国省级单位中尚属首例，体现了国际先进水平。本系列图书完成的全过程体现了浙江省在全国省区层次上对自然资源全面、综合、协同应用先进技术的掌控水平，编写者们把成果尽快付诸实施的战略决策眼光无疑是值得赞赏和表扬的。

"浙江林业生态资源"系列图书把浙江省最新的森林、湿地、野生植物、野生动物和古树名木资源调查研究成果和盘托出，对于付出了辛勤劳动和汗水的调查者和创新智慧的编写者们来说，当然是莫大的鼓舞与鞭策。本系列图书集理论性、实践性与应用性于一体，不仅为建设可持续林业生态体系提供了科学依据，也是生态自然保护领域的专业人员和管理人员非常难得的教材。

"百尺竿头，更进一步"，在本系列图书即将付梓之际，特作此序，与各位作者共勉！

中国科学院院士

2019年5月21日

序 二

湿地是地球上具有多种功能的独特生态系统，是人类赖以生存和发展的资源宝库和环境条件，是生态之要、生产之基和文化之源。水善利万物而不争，湿地泽被人类，有了湿地，才有生命、才有生计、才有生机。

浙江地处我国东南沿海、长江三角洲南翼，因水而名、因水而美、因水而兴。境内江河水网纵横，湖荡库塘众多，海岸线曲折漫长，岛屿星罗棋布，从山地到平原、从内陆到沿海、从淡水到咸水，湿地无处不在，彰显江南水乡魅力。全省湿地面积达110余万公顷，约占本省国土面积的十分之一，是我国湿地资源最丰富的省份之一。"山水林田湖草是一个生命共同体"，保护好湿地这一珍贵资源，更好地发挥湿地的重要功能，对于浙江践行"绿水青山就是金山银山"的发展理念，倡导人与自然和谐相处，推进生态文明建设和"五水共治"、"两美"浙江与大花园建设，实现经济社会全面协调可持续发展具有重大现实意义和长远战略意义。

浙江省十分重视湿地保护与修复工作。杭州西溪国家湿地公园成为我国第一个国家湿地公园；景宁望东垟湿地自然保护区是华东地区最大的高山湿地；宁波杭州湾湿地是闻名国内外的观鸟胜地；著名的西湖湿地和大运河（浙江段）湿地，以其悠久灿烂的自然和人文景观被列入《世界遗产名录》。2012年颁布《浙江省湿地保护条例》，2017年浙江省人民政府办公厅出台《关于加强湿地保护修复工作的实施意见》，全省湿地保护管理与生态修复工作进入新的良性发展阶段。

《浙江林业生态资源·湿地卷》依据浙江省第二次湿地资源调查成果整理、编撰而成。2011—2013年根据国家林业局的统一部署，浙江省开展并完成了第二次湿地资源调查工作，进一步全面摸清了全省湿地的资源家底，构建了系统、完整的全省湿地资源数据和管理信息系统，为今后严格保护、科学管理和合理利用浙江湿地资源提供了重要决策依据。本书凝聚了全省广大调查人员的智慧和汗水,内容丰富,数据翔实,实用性强,地方特色明显,是广大湿地科研、监测和管理工作者不可多得的参考用书。

在本书即将付梓之际,欣然作序。

国家林业和草原局调查规划设计院　院长
（国家林业和草原局湿地资源监测中心）

2019年6月10日

前　言

浙江省地处我国东南沿海、长江三角洲南翼，东濒东海，南接福建，西连江西、安徽，北临太湖，与上海、江苏为邻。全省陆域面积$10.18×10^4 km^2$，境内江河湖荡众多，水网密布；全省海域面积约$26×10^4 km^2$，海岸线曲折，港湾众多，近海岛屿星罗棋布。全省湿地资源丰富、类型多样，拥有西溪、千岛湖、庵东、南麂列岛等重要湿地，在全国湿地资源中占据重要地位。

浙江省于1997—2000年开展了第一次湿地资源调查，起调范围是面积$100hm^2$以上（含$100hm^2$）的湿地，查清了全省面积$100hm^2$以上湿地的类型、面积与分布，为浙江省之后的湿地保护利用与管理工作提供了翔实的基础资料。然而10余年来，受到生产、生活、旅游开发、基建和城市化发展等因素的影响，全省湿地资源在数量、功能、生态状况、主要威胁因子等方面发生了不同程度的变化，第一次调查获得的资料已难以适应当前湿地资源保护管理工作的需要。为此，在国家林业局的统一部署下，浙江省于2011—2013年组织开展了第二次湿地资源调查。

第二次湿地资源调查的起调范围降低到面积$8hm^2$以上（含$8hm^2$）的湿地，由浙江省林业厅组织，以浙江省森林资源监测中心为主体，县级林业主管部门共同参与，历时3年完成。根据国家林业局湿地保护管理中心《关于开展2011年湿地资源调查的通知》（林湿调字〔2010〕55号）的部署和要求，2011年年初浙江省林业厅制定了《浙江省第二次湿地资源调查工作方案》和《浙江省第二次湿地资源调查实施细则》，并开展第二次湿地资源调查。2011年5月，举办了有160多名技术骨干参加的为期5天的全省湿地资源调查技术培训班，随后全面启动外业调查工作。2012年外业调查结束后转入内业汇总整理和成果编制阶段，2013年全面完成第二次湿地资源调查工作。

根据湿地的重要性和调查内容的不同，湿地调查分为一般调查和重点调查。一般调查是指对所有符合调查范围要求的湿地斑块进行面积、类型、分布等的调查，主要采用遥感和地面解译方法。重点调查针对国际重要湿地、国家重要湿地、湿地自然保护区、湿地公园等具有特殊保护意义的湿地，进行包括湿地环境状况、湿地动植物、水文水质、保护和利用状况等内容在内的详细调查。一般调查由省、县共同承担并完成，重点调查由浙江省森林资源监测中心承担并完成。

浙江省第二次湿地资源调查取得了一系列创新性成果，主要有以下几方面：

①调查全面采用了"3S"技术，首次利用高分辨率遥感影像、1∶10000电子地形图等先进空间数据对全省范围内湿地的类型、面积与分布情况进行判读与实地验证，实现了湿地资源调查与监测手段的技术飞跃。

②首次全面、系统地查清了全省面积8hm²以上湿地斑块的类型、面积与分布。本次调查涉及湿地5类23型，区划湿地区105个、湿地斑块10042个。调查结果显示：全省湿地总面积$111.01\times10^4hm^2$，湿地率10.90%。其中，天然湿地面积$84.33\times10^4hm^2$，人工湿地面积$26.68\times10^4hm^2$。按湿地类型分，近海与海岸湿地面积$69.25\times10^4hm^2$，占62.38%；河流湿地面积$14.12\times10^4hm^2$，占12.72%；湖泊湿地面积$0.89\times10^4hm^2$，占0.80%；沼泽湿地面积$0.07\times10^4hm^2$，占0.06%；人工湿地面积$26.68\times10^4hm^2$，占24.03%。

③深入调查研究了44个重点湿地的范围、面积、类型、分布、自然环境、湿地水环境、野生动植物、保护和利用、湿地受威胁状况等因子，为今后湿地资源保护管理、合理利用和建立湿地生态补偿机制提供了基础信息数据。全省44个重点湿地合计面积$43.48\times10^4hm^2$，占全省湿地总面积39.17%。

④调查研究表明，浙江省湿地生物多样性极为丰富。有湿地高等植物1482种，隶属640属181科，其中苔藓植物24科36属79种，维管植物157科604属1403种；湿地脊椎动物69目268科1107种，其中鸟类18目58科276种，鱼类38目169科699种，两栖类2目9科44种，爬行类4目14科54种，兽类7目18科34种。湿地珍稀、濒危物种较多，其中列入国家Ⅰ级保护植物4种，国家Ⅱ级保护植物7种，浙江省重点保护野生植物10种；列入国家Ⅰ级保护动物14种，国家Ⅱ级保护动物65种，浙江省重点保护动物34种。

⑤调查新发现、新记录数量较多。湿地植物调查发现中国新归化种2种，分别为细果草龙、加拿大苍耳；浙江省新记录属2个，分别为菊芹属、距花黍属；浙江省新记录种6个，分别为梁子菜、距花黍、有腺泽番椒、卡开芦、小苍菜、长叶紫菀；新变种1个，为千亩田龙师草；新变型1个，为白花牡荆。此外，发现野生莼菜、野生睡莲省内新分布点各1处。确认断节莎和小果草2种植物在浙江省的分布。湿地动物调查记录到中华凤头燕鸥、黑脸琵鹭、白琵鹭、黑嘴鸥、卷羽鹈鹕、脆蛇蜥等珍稀、濒危物种。

上述调查成果对进一步研究浙江省动植物区系具有重要学术价值。

本书依据全省第二次湿地资源调查成果并结合湿地生态监测与评估等研究成果编撰而成。全书分上下编两部分内容，上编为"湿地资源调查评价"，共分12章，第1、2章分别综述了湿地资源背景情况、调查方案与基础数据；第3、4章分别详述了湿地类型与面积、湿地分布格局与动态变化；第5~7章分别阐述了湿地植物与植被、湿地脊椎动物、湿地非生物资源；第8章简述了湿地生态功能；第9章分述了各设区市湿地资源情况；第10章概述了各类重要湿地情况；第11、12章分别评述了湿地资源可持续利用、湿地保护管理状况和建议。下编为"专题研究"，内容包括浙江湿地面积动态分析、浙江湿地植被调查研究、浙江湿地水鸟调查研究、浙江湿地文化研究综述4个专题研究成果。

本书的顺利出版，得益于国家林业局湿地保护管理中心的精心部署及国家林业局调查规划设计院、浙江省测绘与地理信息局的大力支持，得益于广大专家的悉心指导和各有关部门的大力协作。为此，我们对所有给予过调查工作指导与帮助的领导、专家和各界热心人士表示衷心的感谢！对所有参加调查工作并为之付出了辛勤劳动和汗水的各级调查队员致以崇高的敬意！对为本书提供各类照片的各级林业主管部门表示由衷的感谢！

由于种种原因，本书在研究广度和深度上仍存在一定的局限性，有待在今后的工作实践中不断完善。同时，鉴于编者水平所限，书中难免存在一些疏漏之处，欢迎广大专家、学者和业内人士批评指正。

编　者

2018年12月

目 录

上 编　湿地资源调查评价

第 1 章　绪　论　2

一、宏观背景 / 2

二、自然地理概况 / 3

三、概念引述 / 9

四、调查简史 / 11

第 2 章　调查方案与基础数据　15

一、湿地分类系统 / 15

二、调查方案设计 / 20

三、基础数据说明 / 23

第 3 章　湿地类型与面积　24

一、总体概况 / 24

二、近海与海岸湿地 / 27

三、河流湿地 / 30

四、湖泊湿地 / 31

五、沼泽湿地 / 32

六、人工湿地 / 34

第 4 章　湿地分布格局与动态变化　37

一、湿地分布格局 / 37

二、湿地资源动态变化 / 44

第 5 章　湿地植物与植被　　47

一、湿地植物 / 47
二、湿地植被 / 54

第 6 章　湿地脊椎动物　　64

一、鱼　类 / 64
二、两栖类 / 68
三、爬行类 / 70
四、湿地鸟类 / 72
五、湿地兽类 / 80

第 7 章　湿地非生物资源　　83

一、水资源 / 83
二、港口航道资源 / 85
三、能源资源 / 87
四、景观资源 / 88
五、土地资源 / 89
六、矿物资源 / 90

第 8 章　湿地生态功能　　92

一、湿地生态服务功能 / 92
二、湿地生态评估 / 95
三、湿地生态监测 / 103

第 9 章　设区市湿地资源分述　　106

一、杭州市 / 106
二、宁波市 / 110

三、温州市 / 115

四、嘉兴市 / 120

五、湖州市 / 124

六、绍兴市 / 127

七、金华市 / 131

八、衢州市 / 135

九、舟山市 / 139

十、台州市 / 142

十一、丽水市 / 147

第10章 浙江省重要湿地概述 151

一、重要湿地名录 / 151

二、国家湿地公园 / 153

三、省级湿地公园 / 163

四、国家城市湿地公园 / 174

五、国家级自然保护区 / 176

六、省级自然保护区 / 181

第11章 湿地资源可持续利用 192

一、湿地资源利用状况 / 192

二、可持续利用原则 / 200

三、可持续利用建议 / 201

第12章 湿地保护管理 203

一、湿地保护管理状况 / 203

二、面临的主要问题 / 206

三、保护管理对策与建议 / 208

下 编 专题研究

专题 1　浙江湿地面积动态分析　　212

一、两次调查湿地面积概况 / 212
二、两次调查技术口径比较 / 217
三、面积动态变化分析 / 219

专题 2　浙江湿地植被调查研究　　223

一、湿地植物区系 / 223
二、湿地植被分类系统 / 228
三、湿地植被群系特征 / 236
四、各湿地类的植被分布状况 / 279
五、湿地植被的演替分析 / 281

专题 3　浙江湿地水鸟调查研究　　290

一、调查方法与数据处理 / 290
二、调查结果分析 / 295
三、浙江湿地重点鸟区概述 / 306

专题 4　浙江湿地文化研究综述　　309

一、湿地文化概述 / 309
二、源远流长的浙江湿地文化 / 310
三、绚丽多姿的湿地文化资源 / 313
四、生机勃勃的湿地文化建设 / 320
五、发展湿地文化的对策与建议 / 327

附 录

附录 1 浙江省各县（市、区）湿地面积统计表　　332

附录 2 浙江省重点调查湿地面积统计表　　338

附录 3 浙江省湿地高等植物名录　　342

附录 4 浙江省湿地鱼类名录　　367

附录 5 浙江省湿地两栖类名录　　380

附录 6 浙江省湿地爬行类名录　　381

附录 7 浙江省湿地鸟类名录　　382

附录 8 浙江省湿地兽类名录　　387

附录 9 浙江省湿地资源分布图　　388

附录 10 浙江省重点调查湿地分布图　　389

附录 11 浙江省第二次湿地资源调查人员名单　　390

主要参考文献　　391

上 编
湿地资源调查评价

第1章 绪 论

一、宏观背景

湿地是地球上具有多功能的独特生态系统,是人类赖以生存和发展的资源宝库和环境条件,在抵御洪水、调节径流、蓄洪防旱、控制污染、美化环境和维护区域生态平衡等方面有其他系统所不能替代的作用,因而被誉为"地球之肾"。湿地与森林、海洋一起并列为全球三大生态系统。1971年,苏联、英国、加拿大等18国在伊朗小城拉姆萨尔(Ramsar)签订了《关于特别是作为水禽栖息地的国际重要湿地公约》(简称《湿地公约》,又称《拉姆萨尔公约》)。截至2016年,《湿地公约》共有169个缔约成员,公布国际重要湿地2282片,覆盖总面积超过$219\times10^4km^2$。

1992年,我国正式加入《湿地公约》,随后国务院决定执行《湿地公约》的具体事宜,由林业部负责组织、协调、指导和监督全国湿地保护工作,并将湿地保护与合理利用列为《中国21世纪议程》的优先项目计划。2000年,国家林业局公布了《中国湿地保护行动计划》。2003年,《中共中央、国务院关于加快林业发展的决定》把加强湿地保护作为以生态建设为主的林业发展战略的重要组成部分。2004年6月,《国务院办公厅关于加强湿地保护管理的通知》要求各地方把湿地保护的任务落到各县(市、区)、各部门单位,把保护规划提出的各项任务落到实处。党的十八大提出的"五位一体"总体布局,把生态文明建设放在了突出位置,将"实施重大生态修复工程,增强生态产品生产能力,扩大森林、湖泊、湿地面积,保护生物多样性"作为建设生态文明与美丽中国的重要内容。党的十八届三中全会通过了《中共中央关于全面深化改革若干重大问题的决定》,提出划定生态保护红线。2013年,国家林业局制定并颁布了《湿地保护管理规定》,对于进一步加强和规范湿地保护管理工作、提高履行《湿地公约》的能力具有重要作用。

近年来,中共浙江省委、省人民政府高度重视湿地保护管理,浙江省人民政府办公厅于2005年、2014年下发《关于加强湿地保护管理工作的通知》,对全省湿地保护管理工作提出了明确要求。2010年,省委出台《关于推进生态文明建设的决定》,明确提出积极开展湿地生态修复工作。2012年,浙江省颁布了《浙江省湿地保护条例》,结束了浙江省湿地保护无法可依的时代。2013年,省委十三届四次全会做出"五水共治"重大决策,明确要求划定湿地生态红线,加快推进生态文明和美丽浙江建设。2014年,省委出台的《关于建设美丽浙江创造美好生活的决定》要求加强湖泊和湿地生态保护,遏制面积萎缩、功能退化的趋势。保护、利用湿地资源越来越受到各级政府的重视,已成为全社会普遍关注的热点。

二、自然地理概况

（一）地理位置

浙江省地处我国东南沿海、长江三角洲南翼，东濒东海，南接福建，西连江西、安徽，北临太湖，与上海、江苏为邻，地跨北纬27°06′~31°11′、东经118°01′~123°10′。全省陆域面积$10.18×10^4 km^2$，约占全国陆地面积1.06%，是我国陆域面积较小的省份。全省海域面积约$26×10^4 km^2$，港湾众多，海岸线曲折，总长6633km，占全国海岸线总长20.30%，其中大陆海岸线1840km。近海岛屿星罗棋布，面积大于$500m^2$的海岛有3061个，是全国岛屿最多的省份。

（二）地质地貌

1. 区域地质

浙江省地处东亚大陆边缘，地质构造复杂，介于秦岭和南岭两个巨型东西向复杂构造带之间，以"多"字形构造为骨架，相应发育"山"字形构造、旋扭构造和东西向构造。全省以江山-绍兴深大断裂为界，西北部为扬子准地台，东南部为华南加里东褶皱系。

自元古界至新生界地层均有分布，不同沉积类型发育也比较齐全，其中元古界地层比较集中于浙西北和浙东南的相邻处，古生界主要分布于浙西北，中生界主要分布于浙东南，新生界主要分布于平原和沿海地区。

2. 地貌特征

浙江省地势自西南向东北呈阶梯状倾斜。西南山地山势连绵，群峰耸峙，海拔多在千米以上，龙泉市境内的凤阳山主峰黄茅尖海拔1929m，为本省群峰之首。群山由西南向东北延展，分为北、中、南三支：北为浙赣、浙皖交界的怀玉山脉、白际山脉，入浙后为天目山脉，是长江水系和钱塘江水系的分水岭；中为仙霞岭山脉，是钱塘江水系和瓯江水系的分水岭，在本省中部分为两支，向北延展为会稽山脉，向东北延展为大盘山脉、天台山脉和四明山脉；南为浙闽边境的洞宫山脉，向东盘亘在瓯江以南称南雁荡山脉，向东北蜿蜒在瓯江以北称北雁荡山脉、括苍山脉。由此形成了浙江地貌的基本骨架，又是省内各河流的发源地。中部以丘陵为主，40多个大小盆地错落分布于丘陵、山地之间。东北部是低平的冲积平原，地势平坦，以京杭运河和浙东运河为主干，河湖相连、水网密布、土地肥沃，是著名的"鱼米之乡"。

全省大致可分为浙北平原区、浙西中山丘陵区、浙南中山区、浙中金衢盆地区、浙东南沿海平原区和滨海岛屿区六个地形区。全省土地按地貌类型划分，山地和丘陵占

70.4%，平原和盆地占23.2%，河流和湖泊占6.4%，故有"七山一水二分田"之说。

3. 地貌类型

浙江地貌类型多样。根据形态成因原则，分为陆地地貌和海岸岸滩地貌两大类。

（1）陆地地貌。

陆地地貌包括山地和平原两部分。山地地貌主要类型有中山、低山和丘陵。平原高程多在50m以下，相对高度不足10m，是浙江湿地的主要分布区，按成因可分为河谷平原、水网平原和滨海平原地貌。因山地地貌与湿地关联度不高，以下重点对平原地貌作简要介绍：

①河谷平原。全省八大水系的中下游两侧均有或宽或窄的河谷平原分布。表层多为近代冲积物、洪冲积物所覆盖，宽窄不一，海拔通常为10～120m，但大多数未超过50m，地面起伏较大。

②水网平原。潟湖淤积平原分布在萧绍平原、姚江平原、宁波平原、温黄平原及温瑞平原的西部，系古海湾经潮流带来的泥沙逐渐填淤而成，地势低平，湖泊众多，水网密度大，河流及人工河港穿行其中。湖积平原分布于杭嘉湖平原的中部、西部和东北部，以湖沼相、平原河流相沉积为主，地势低平，海拔平均3m左右。湖滨平原分布于太湖湖滨，系太湖在缩小过程中形成。

③滨海平原。冲积、海积平原分布于河口两岸，以钱塘江河口两岸发育的冲积、海积平原为最大，其余水系均沿河头呈条带状分布，瓯江河口有河口沙洲发育。平原地表坡降小，地势较高，水网不及内陆发达。

（2）海岸岸滩地貌。

浙江海岸岸滩地貌是近代水动力和泥沙作用的结果，而全新世海面升降对岸滩地貌发育又产生深刻的影响。浙江省的海滩可分为淤泥质海岸、基岩海岸和沙砾质海岸3种类型。

①淤泥质海岸为浙江大陆海岸的主要类型，由粉沙、泥质粉沙或粉沙泥质等物质组成，潮滩发育。粉沙滩主要分布于杭州湾，岸滩广阔，最宽可达10km，坡度平缓；粉沙-淤泥滩主要分布于象山港北岸、三门湾、台州湾、飞云江口南岸的平原外缘及岛屿，滩面也很宽阔，一般宽1～6km；淤泥滩主要分布于象山港、三门湾、乐清湾和沿浦湾内，滩宽1～3km。

②基岩海岸受断裂构造控制，岸线曲折，海蚀作用强烈，潮滩不发育。

③沙砾质海岸见于海洋动力强盛的基岩岬角之间，全省面积较小。

（三）土壤

浙江土壤类型丰富，据全省第二次土壤普查资料（1979年），可分为10个土类、21个亚类、99个土属、277个土种。其中与湿地关系密切的有滨海盐土、潮土、山地草甸土、水稻土4个土类的9个亚类、65个土属、219个土种。

滨海盐土有滨海盐土和潮滩盐土2个亚类。滨海盐土亚类分布于海岸线内侧，有涂泥及咸泥2个土属、14个土种；植被稀疏或为光滩。潮滩盐土亚类仅有滩涂泥土属、5个土种，分布于海岸线外侧的潮间带内，受海水周期性间歇浸淹，含盐量高。

潮土仅有灰潮土1个亚类，有洪积泥砂土、清水砂、培泥砂、淡涂泥等11个土属、31个土种。其中洪积泥砂土土属分布于溪流峡谷滩地；清水砂土属分布于江河两侧滩地、近河床的低河漫滩和沙洲上，多呈条带状；培泥砂土土属分布于江河两侧河漫滩阶地；淡涂泥土属分布于滨海地区，由滨海盐土脱盐后发育而成。

山地草甸土仅有山地草甸土1个亚类、山草甸土1个土属、山草甸土1个土种，零星分布于临安、淳安、莲都、景宁、龙游、龙泉、乐清和余姚等县（市、区）的低、中山的顶部局部凹地，海拔一般700～1200m，连片面积很少有超过百亩者，较大的有淳安千亩田、景宁望东垟。

水稻土有淹育水稻土、渗育水稻土、潴育水稻土、脱潜水稻土、潜育水稻土5个亚类的50个土属、168个土种。淹育水稻土亚类有黄筋泥田、红泥田等15个土属、40个土种，分布于低山丘陵的缓坡和岗背上及滨海平原外侧，前者多系梯田，占水稻土面积17.27%。渗育水稻土亚类有培泥砂田、泥砂田等10个土属、34个土种，分布于河谷平原的河漫滩及低丘阶地、滨海平原及水网平原地势稍高处，占水稻土面积19.14%。潴育水稻土亚类有洪积泥砂田、黄泥砂田等13个土属、65个土种，主要分布于杭嘉湖、宁绍、台州、温州四大水网及一些滨海平原，占水稻土面积43.63%。脱潜水稻土亚类有青紫泥田、青粉泥田等7个土属、18个土种，主要分布于杭嘉湖、宁绍、台州、温州四大水网地势稍低处和水网平原与滨海平原交界部位的地势较低处，占水稻土面积18.26%。潜育水稻土亚类有滥侵田、烂泥田等5个土属、11个土种，主要分布于水网平原、滨海平原与河谷平原的低洼处，仅占水稻土面积1.70%。

（四）气候

浙江处于欧亚大陆与西北太平洋的过渡地带，属典型的亚热带季风气候区。气候总特点是季风显著，四季分明，气温适中，光照较多，雨量丰沛，空气湿润，雨热季节变化同步，气候资源配置多样，气象灾害繁多。全省多年平均气温15～18℃，极端最高温44.1℃，极端最低温－17.4℃；年平均降水量980～2000mm；年平均日照时数1710～2100h。

春季气候特点：阴冷多雨，沿海和近海时常出现大风，全省雨水增多，天气晴雨不定。平均气温13～18℃，降水量320～700mm，雨日41～62d。春季主要气象灾害有暴雨、冰雹、大风、倒春寒等。

夏季气候特点：气温高，降水多，光照强，空气湿润，气象灾害频繁。平均气温24～28℃，降水量290～750mm，雨日32～55d。夏季主要气象灾害有台风、暴雨、干旱、高温、雷暴、大风、龙卷风等。

秋季气候特点：初秋易出现淅淅沥沥的阴雨天气；仲秋易出现天高云淡、风和日丽的秋高气爽的天气；深秋，北方冷空气影响开始增多，冷与暖、晴与雨的天气转换过程

频繁，气温起伏较大。平均气温16～21℃，降水量210～430mm，雨日28～42d。秋季主要气象灾害有台风、暴雨、低温、阴雨寡照、大雾等。

冬季气候特点：晴冷少雨、空气干燥。平均气温3～9℃，降水量140～250mm，雨日28～41d。冬季主要气象灾害有寒潮、冻害、大风、大雪、大雾等。

（五）水文

1. 内陆水文

浙江省境内江河湖荡众多，主要有钱塘江、苕溪、运河、甬江、椒江、瓯江、飞云江、鳌江八大水系，除苕溪注入太湖、京杭运河沟通杭嘉湖平原水网外，其余均为入海河流，并均受潮汐影响。除八大水系外，另有独流入海小河系13个和浙闽、浙赣水系14个，这些水系具有源短流急、洪水位暴涨暴落、洪枯流量变幅相差大的特点。在杭嘉湖平原和萧绍宁、温黄、温瑞等主要滨海平原，地势平坦，河港交叉，水网密布，形成平原河网，是著名的"江南水乡"。

浙江省河流平均年径流量$937.67×10^8m^3$，大多数集中在5、6月的梅雨季节和8、9月的台风季节。在4～9月汛期，其径流量可占全年径流总量的65%～80%。河流水位的年内变化和降水、流量变化相一致，最高水位大致出现以下两种类型：一是5月水位最高，6月次之，多数发生在以梅雨为主控地区的河流，如钱塘江中上游、瓯江中上游和苕溪；二是6月最高，9月次之，多数发生在台风雨为主控地区的河流，包括甬江、曹娥江、椒江、瓯江下游、飞云江、鳌江及沿海一带。最低水位多数出现在12月，也有少数河流出现在1月。

全省河流多年平均含沙量一般为$0.1～0.3kg/m^3$，与全国河流相比，其值低，除了洪水时水较混浊，含沙量较高外，平时河水清澈。河流泥沙的年内变化与流量变化相适应，最高含沙量出现在4～9月汛期，其中多数河流以6月最高，5月次之。年侵蚀模数一般$100～300t/km^2$，水土流失严重的少数地区可达$500t/km^2$。在东、西苕溪中下游，杭嘉湖平原，浙江西部的部分山区，年侵蚀模数在$100t/km^2$以下；甬江、瓯江等流域一般$100～200t/km^2$；金衢盆地、分水江、浦阳江、开化江以及椒江流域较高，为$200～350t/km^2$；曹娥江、飞云江文成一带高达$500t/km^2$，为省内侵蚀模数最高的地区。

浙江省湖泊主要分布在浙北杭嘉湖平原和浙东萧绍宁平原，这些地区在历史上曾经有一个稠密的湖泊群。随着时间推移，由于自然淤积和人类活动的影响，许多湖泊已经湮废，有的经历代疏浚、改造，已成为人工湖泊；有的因开凿河渠，成为河流的一部分，已失去湖泊的形态及其水文特征。

2. 海洋水文

浙江沿海是江浙沿岸流和台湾暖流交汇、交替消涨的锋面区，加上各地理条件的差异，海洋水文要素变化较大。

（1）潮波。

潮波进入浙江沿岸后，三门湾率先达到高潮，三门湾以北潮波向西北方向传播，湾口以南潮波大致向西南方向传播。由外向岸，因地形影响，潮波受到干涉，浅海分潮渐次增大，驻波性质逐趋明显，潮波变形普遍，有著称于世的钱塘江涌潮。

（2）潮汐。

潮汐有正规半日潮、不正规半日潮两种。杭州湾自金山嘴至澉浦一带为正规半日潮，深入湾内后为不正规半日潮，杭州湾南岸自沥海以东至镇海穿山为不正规半日潮混合潮，崎头角以南至浙南浙闽分界处为正规半日潮，舟山群岛基本上为正规半日潮。

（3）潮流。

潮流属半日潮流，但浅海分潮流较大，故称不规则半日浅海潮流。潮流以往复流运动形式为主，一般涨潮为偏西向，落潮为偏东向。象山港以北海区潮流速最强，最大涨、落潮流速分别为2.44m/s、2.55m/s；象山港-坎门海区为弱流区，涨、落潮流速分别为0.26~0.96m/s；坎门以南海区和乐清湾又相对较强，实测最大流速1.58m/s。

（4）泥沙。

沿海地区的泥沙主要来源为长江、钱塘江、椒江、瓯江等河流的输沙。象山港以北海区平均含沙量居全省之冠，冬季最大含沙量1.66kg/m³，夏季为2.01kg/m³；象山港-坎门海区含沙量较低，一般为0.30kg/m³；坎门以南海区以瓯江口、飞云江口含沙量最高，瓯江口夏季垂线平均含沙量5.00kg/m³。

（5）温度。

表层海水多年平均温度17.0~18.7℃，季节性变化大，夏季水温高于冬季，两季水温差可达16.0~23.0℃。这种季节差异还存在由岸向外海、由北向南逐渐减少的趋势。

（6）盐度。

沿海海区的年平均盐度为12‰~30‰；区域变化由北向南、从近岸向外海递增，且东西间的梯度大于南北间的梯度；海水表层盐度总低于中、下层，近岸垂直盐度差小于远岸。

（六）动植物概况

1. 动物

全省脊椎动物有73目295科1388种，分别为鱼类38目169科699种、两栖类2目9科44种、爬行类4目15科82种、鸟类19目69科464种、兽类10目33科99种。其中列入国家Ⅰ级保护动物20种，国家Ⅱ级保护动物92种，省级重点保护动物70种。

（1）鱼类。

据各种调查资料和历史文献记载统计，全省海洋鱼类（不包括深海鱼类）528种，隶属35目151科，其中白鲟、中华鲟属国家Ⅰ级保护动物，大海马（克氏海马）、黄唇鱼、松江鲈鱼属国家Ⅱ级保护动物。全省淡水鱼类171种（包括引进养殖种，下同），隶属9目25科，其中达氏鲟属国家Ⅰ级保护动物，花鳗鲡、香鱼属国家Ⅱ级保护动物，伍氏白鱼、少耙鳅鮀、斑条花鳅、天台薄鳅、原缨口鳅、益堂拟鲿、雀斑枘鰕虎鱼等11种为浙江省特有种。

(2)两栖类。

全省两栖类动物有44种（含亚种，下同），隶属2目9科，其中大鲵、镇海棘螈、虎纹蛙属国家Ⅱ级保护动物，崇安髭蟾、凹耳蛙、大树蛙属浙江省重点保护动物，安吉小鲵、义乌小鲵、镇海棘螈为浙江省特有种。

(3)爬行类。

全省已知的爬行类动物有82种，隶属4目15科，其中扬子鳄、鼋属国家Ⅰ级保护动物，玳瑁、蠵龟等5种属国家Ⅱ级保护动物，平胸龟、赤峰锦蛇等9种属浙江省重点保护动物。

(4)鸟类。

据各种调查资料和历史文献记载统计，全省共有鸟类464种，隶属19目69科，其中黑鹳、中华秋沙鸭、白尾海雕、白鹤等10种属国家Ⅰ级保护动物，角鹏鹏、黄嘴白鹭、鸳鸯等67种属国家Ⅱ级保护动物，凤头鹏鹏、大白鹭、黑嘴鸥等48种属浙江省重点保护动物。

(5)兽类。

全省兽类动物有99种，隶属10目33科，其中梅花鹿、黑麂等5种属国家Ⅰ级保护动物，水獭、獐等12种属国家Ⅱ级保护动物，鼬獾、食蟹獴等10种属浙江省重点保护动物。

2. 植物与植被

浙江植物种类丰富，约有高等植物4561种，其中木本植物1407种。孢子植物674种，其中苔类植物161种，隶属31科58属；藓类植物513种，隶属44科176属。蕨类植物499种，隶属49科116属。种子植物3388种，其中裸子植物60种，隶属9科34属；被子植物3328种，隶属173科1225属。被子植物中双子叶植物2548种，隶属147科938属；单子叶植物780种，隶属26科287属。

浙江的地带性植被为常绿阔叶林，现状植被具有明显的亚热带性质，其组成种类繁多，类型复杂，次生性强，地域分异明显。现状植被可划分为天然植被和人工植被两大系列，下属多个植被类型。

(1)针叶林。

本省的针叶林多为层次单一的常绿针叶纯林，主要分为暖性针叶林和温性针叶林2个植被型。常见群系有马尾松林、杉木林、黄山松林、柳杉林、金钱松林等。

(2)针阔叶混交林。

针阔叶混交林是天然林主要类型之一，常见群系有马尾松+木荷林、马尾松+甜槠林、黄山松+甜槠+木荷林、黄山松+短柄枹林等。分布于海拔800m以下的低山丘陵，主要由暖性针、阔叶树等树种组成；分布于海拔800～1600m的中山山地，主要由温性针、阔叶树等树种组成。

(3)阔叶林。

阔叶林有常绿阔叶林、落叶阔叶林、常绿落叶阔叶混交林、竹林4个植被型。常绿阔叶林是浙江的地带性植被，历史上曾遍布全省，由于人类活动长期影响，原始林已残存无几。落叶阔叶林和常绿落叶阔叶混交林面积不大，但群落结构复杂，主要分布在中山地区，尤以浙西北山地为多。竹林是浙江亚热带森林植被的特色之一，主要有热性竹类型、暖性竹类型、温性竹类型3种。

（4）灌丛和灌草丛。

灌丛和灌草丛一般因森林多次被严重破坏所形成，次生性强。灌丛以灌木树种或矮化的乔木树种占优势，常混生有较多的禾本科植物，群落高度一般低于5m，以浙东南和浙西北较多，常见群系有白栎萌生灌丛，檵木、乌饭、杜鹃灌丛等；灌草丛以草本层片占优势，混生有少量的灌木树种，常见群系有白茅灌草丛、芒灌草丛、五节芒灌草丛、芒萁灌草丛等。

（5）沼泽和沼泽化草甸。

沼泽有两类：一类分布于海岸湿地潮间带，土壤为海水间歇性浸渍的潮滩盐土，主要群系有海三棱藨草群落、芦苇群落（也见于内陆湿地）、盐地鼠尾粟群落、糙叶苔草群落和人工引种的互花米草群落、大米草群落；另一类分布于内陆湿地，面积一般较小，土壤为常年或季节性积水的沼泽土，常见群系有藕草群落、荻群落、斑茅群落等。沼泽化草甸分布于海拔1000m以上的中山山地剥夷面或平缓的近山顶地带，土壤为沼泽化草甸土，主要群系有玉蝉花群落、萱草群落、华东藨草群落、沼原草群落等。

（6）水生植被。

水生植被广泛分布于河流、池塘、湖泊等淡水水域。根据水层深浅、光照强弱可分为挺水、浮水和沉水植物群落。常见群系有菰群落、菱群落、莲群落、狐尾藻群落、凤眼莲群落、金鱼藻群落等。

（7）人工植被。

人工植被主要有水田作物群落、旱地作物群落和人工木本经济林园，分布广泛。

三、概念引述

湿地是由喜湿生物和侵水环境构成的独特的自然综合体，是自然界中的一种非地带性景观类型。由于湿地的类型、大小、区位和环境条件复杂多样，因此，尽管湿地的科学性研究已有100多年的历史，但目前尚没有一个统一的、科学意义上的湿地定义。本书采用的湿地定义为《湿地公约》第一条第一款对湿地的定义，即湿地是指天然的或人工的，永久的或间歇性的沼泽地、泥炭地、水域地带，带有静止或流动、淡水或半咸水及咸水水体，包括低潮时水深不超过6m的海域。显然，湿地是个分布广泛的庞杂群体，美国、加拿大、欧洲数国均提出各自的湿地分类系统。1990年，《湿地公约》缔约国大会提出的湿地分类系统得到较广泛认可。我国开展第一次、第二次湿地资源调查时，均依据《湿地公约》的分类原则，提出了我国湿地分类系统。依据国家第二次湿地资源调查技术规程，浙江省分布有近海与海岸湿地、河流湿地、湖泊湿地、沼泽湿地和人工湿地五大类湿地。

湿地与森林、海洋一起并列为全球三大生态系统。湿地生态系统包括陆地淡水生态系统（河流、湖泊、沼泽）、陆地与海洋过渡的滨海湿地生态系统，是自然界富有生物多样性和较高生产力的生态系统，也是人类最重要的环境资本之一。湿地生态系统不仅为人类提供大量的资源产品，而且具有巨大的环境调节功能和环境效益，在抵御洪水、调节径流、蓄洪防旱、控制污染、美化环境、维持生物多样性和维护区域生态平衡等方面发挥着重要作用。湿地提供某些直接利用资源的功能以及实际支持或潜在支持和保护自然生态系统与生态过程、支持和保护人类活动与生命财产的功能，称为湿地的生态服务功能。

湿地生态系统非常脆弱，易受自然和人为因素干扰而发生退化，进而破坏湿地生态系统的稳定性，一旦受到破坏，往往难以逆转，即使经过治理使其恢复，也需要相当长的时间。为了眼前的经济利益而破坏湿地生态系统，降低湿地生态系统的服务功能，从可持续发展的角度来看，是得不偿失的。因此，需要对湿地生态系统的直接经济价值、生态环境价值和社会存在价值做出科学评价，对破坏和不合理利用湿地带来的生态服务功能损失进行评估，对湿地生态系统的健康状况、湿地对环境的承受力和生态风险进行分析评判。

湿地保护是指为遏制湿地面积减少和功能退化的趋势，综合运用法律、行政、经济、科技等多种手段，控制和调节人类对湿地环境、湿地生态过程的干扰，减轻对湿地资源的过度与不合理利用，实现湿地资源可持续利用。目前湿地保护方式主要为建立湿地自然保护区、湿地公园、划定湿地保护红线、公布湿地保护名录、推动湿地生态效益补偿机制等。湿地保护应与湿地利用相结合，在保护优先的前提下，在湿地可承载力的范围内，建立合理的湿地利用模型，形成湿地保护与利用的良性互动。

湿地自然保护区是指对有代表性的天然湿地生态系统、珍稀濒危野生动植物物种的原生地或集中分布区、有特殊意义的湿地自然遗迹等为主要保护对象的湿地，依法划出一定面积予以特殊保护和管理的区域，是保护湿地最积极、最直接、最有效的措施。湿地公园是湿地保护体系的重要组成部分，在保护湿地生态系统结构和功能完整性的基础上，充分发挥湿地的多种功能，开展湿地合理利用，供公众游览、休闲或进行科学、文化和教育活动的特定区域。实践证明，建立湿地公园是积极保护湿地行之有效的途径。

红线制度是最严格的资源保护制度，将红线制度应用于湿地就是湿地红线。湿地红线包括区域红线和面积红线。区域红线是指必须严格管理和维护的湿地区域，包括具有重要或特殊生态服务功能和生态敏感性极高、极其脆弱的区域，比如湿地自然保护区、湿地公园等理应成为湿地保护的红线区域。面积红线为湿地面积的底线，为湿地资源存量设定了不可逾越的底线，能够有效遏制资源的盲目、过度开发和低水平利用。

湿地保护名录制度是分等次保护湿地的有效方式。湿地保护名录由县级以上林业主管部门会同有关部门根据湿地保护规划以及经济社会发展和生态环境保护需要，提出需要保护的湿地名录，报本级人民政府批准并公布，并根据湿地保护的需要和湿地资源的变化情况进行及时调整、补充、公布。

湿地的可持续利用也是湿地保护不可或缺的一个方面。湿地可持续利用既要对当代人实现最大的持续性利益，又要保持其潜力以符合后代人的需要和期望。湿地可持续利用必须坚持人与自然和谐相处的理念，坚持代际公平的原则，摒弃片面追求经济效益的错误行为，尽力避免各种威胁因子对湿地带来的危害，严防因不合理利用导致湿地的退化、功能的降低和生物多样性的下降。

在漫长的湿地自然变迁中孕育出的湿地文化，是中华五千年文明史的重要组成部分。广义的湿地文化，是人类在利用湿地、改造湿地过程中创造出来的所有物质财富与精神财富的总和，其中的精神文明可称为狭义的湿地文化。如今，人们越来越重视传统文化的挖掘、传承和利用，越来越重视文化软实力，将湿地文化列为生态文明建设和"两美浙江"进程中的重要内容，体现了湿地文化深厚的积淀和独特的魅力。

四、调查简史

严格意义上的湿地调查起步于中华人民共和国成立后，主要涉及农业、水利、林业、海洋渔业、国土等部门的一些综合性或专题性调查。

1958—1960年，根据全国土壤普查鉴定工作现场会议精神和农业部《关于开展人民公社土地利用规划工作的通知》，浙江省委发布了《关于开展土壤普查和土地利用规划工作的指示》，在全省开展了首次土壤普查工作，对近$200×10^4hm^2$耕地土壤、$646.67×10^4hm^2$非耕地土壤进行了概查，完成了全省耕地面积的清丈。

1982—1984年，根据国务院国发〔1979〕111号文件，结合全国第二次土壤普查，采用航片调绘和1∶25000地形图测量，全省开展了以县为单位分乡镇的土地利用现状概查工作。根据这次调查统计，全省潮间带面积$28.86×10^4hm^2$，水域面积$82.38×10^4hm^2$。

1978年12月，全国第一次沿海滩涂资源考察会议在浙江萧山召开，确定浙江温州地区为全国沿海滩涂资源综合调查试点区域。1979年4月，中国科学院、国家海洋局等40个单位的代表组成试点工作队，历时2年，完成现场勘测科研任务，编印《温州试点区报告文集》。1979年8月，国务院批准并下达了国家科委、国家农委、军委总参谋部、国家海洋局、国家水产总局等《关于开展全国海岸带和海涂资源综合调查的请示》的报告。据此，浙江省人民政府于1981年3月下达了浙政〔1981〕21号文件，决定成立浙江省海岸带和海涂资源综合调查领导小组，先后由省农委、省科委牵头，会同10个厅、局，组织21个有关大专院校、科研单位和生产部门的1700多人，建立由16个专业组组成的综合调查队，于当年6月开始调查，历时5年，于1986年9月完成调查任务并通过省级验收，其成果获1986年度浙江省科学技术进步一等奖。该次海岸带调查首次全面系统地查清了全省海岸带和海涂资源，在海岸带陆域中有水田52.33×10^{4}hm^2，水域15.24×10^{4}hm^2，盐田1.60×10^{4}hm^2，已围待用地1953hm^2；潮间带滩涂面积为24.44×10^{4}hm^2。出版了《浙江省海岸带和海涂资源综合调查报告》(1988)。

1984年，国务院批转了农牧渔业部、国家计委等部门《关于进一步开展土地资源调查工作的通知》。1986年，浙江省人民政府发出了贯彻国务院〔1984〕70号文件精神的通知，同年成立了浙江省土地资源调查办公室，全面开展土地利用现状调查工作，历时10年，并出版了《浙江土地资源》(1999)。根据调查结果，全省水田面积162.05×10^{4}hm^2，其中灌溉水田面积133.47×10^{4}hm^2，望天田面积28.58×10^{4}hm^2；水域面积90.90×10^{4}hm^2，其中河流水面面积27.97×10^{4}hm^2，湖泊水面面积1.02×10^{4}hm^2，水库水面面积11.81×10^{4}hm^2，坑塘水面面积12.71×10^{4}hm^2，苇地面积9300hm^2，滩涂面积27.69×10^{4}hm^2，沟渠面积6.72×10^{4}hm^2；盐碱地面积6900hm^2；沼泽地面积300hm^2。

1988年3月，经国务院批准，由国家科委、国家计委、国家海洋局、农业部、军委总参谋部联合下发了《关于对全国海岛资源进行综合调查和开发试验的通知》。据此，浙江省人民政府于1989年5月发出了浙政办发〔1989〕87号文件，批准成立浙江省海岛资源综合调查领导小组，组织协调全省有关部门开展沿海各市的海岛资源综合调查工作，省、市、县共有600多个单位的2500多名专家和科技人员参加，历时5年，查清了全省3061个海岛的资源状况，在海岛土地资源中有陆域水面1.15×10^{4}hm^2，潮间带滩涂4.48×10^{4}hm^2。出版了《浙江海岛资源综合调查与研究》(1995)。

1991—1994年，由浙江省农业区划委员会办公室主持，在全省开展了以"四低""四荒"为主要内容的县级农业后备土地资源调查评价。根据这次调查统计，全省中低产田（地）面积159.89×10^{4}hm^2；养殖水面面积18.19×10^{4}hm^2，其中低产水面面积7.7×10^{4}hm^2；荒水面积2.63×10^{4}hm^2；荒涂滩地面积4.02×10^{4}hm^2。

1998年出版的《浙江水利志》对浙江主要水系干支流起讫点、河长、流域面积、坡降等，以及全省海岸带岸线、岛屿、港湾、河口和全省湖泊、水库、分洪区、海涂围垦等数量、面积与分布等情况做了详细、科学的记述。

1994—2000年，由浙江省林业厅组织，浙江省森林资源监测中心主持完成了浙江省第一次湿地资源调查，调查起始面积100hm^2。这是首次全面、系统地对浙江湿地类型、面积与分布进行了调查研究，撰写了《浙江省湿地资源调查与监测技术研究总报告》《浙江省湿地资源调查研究报告》《浙江省湿地资源调查资料汇编》，构建了浙江省湿地资源调查数据库，同时编绘了浙江省湿地分布图（1∶500000）。该项研究将浙江湿地划分为5类18型。结果显示，面积在100hm^{2}以上的湿地合计79.51×10^{4}hm^2，涉及5类13型；首次确定浙江重点湿地10处，其中海岸湿地7处、库塘湿地1处、湖泊湿地1处、温泉湿地1处，并对重点湿地的地理位置、面积、湿地类型、自然环境特点、动植物资源状况与特点、受干扰与威胁状况、保护状况及周边社会环境状况等进行了系统调查，为建立湿地自然保护区和湿地利用示范区奠定了基础。

2003年4月，浙江省人民政府办公厅下发了《关于开展全省土地更新调查工作的通知》（浙政办发〔2003〕18号），在全省统一部署开展土地更新调查工作，历时4年，调查了4.6万个权属单位，查明了500多万个地类图斑的面积、权属和利用现状，获取了图件、数据和实地相一致的调查成果。根据更新调查结果，全省水田面积$151.94×10^4hm^2$，其中灌溉水田面积$125.13×10^4hm^2$，望天田面积$26.81×10^4hm^2$；水域面积$85.31×10^4hm^2$，其中河流水面面积$30.31×10^4hm^2$，湖泊水面面积$0.73×10^4hm^2$，水库水面面积$11.87×10^4hm^2$，坑塘水面面积$4.79×10^4hm^2$，养殖水面面积$12.99×10^4hm^2$，苇地面积$0.22×10^4hm^2$，滩涂面积$24.40×10^4hm^2$；盐碱地面积$0.18×10^4hm^2$；沼泽地面积很小。

2003—2005年，杭州市委托浙江省森林资源监测中心开展了全市湿地资源调查，调查利用"九五"期间拍摄的10m分辨率的SPOT 4卫星遥感影像进行解译判读，将全市湿地划分为近海与海岸湿地、河流湿地、湖泊湿地、沼泽湿地和人工湿地等5类21型，$8hm^2$以上的湿地面积$29.12×10^4hm^2$（含稻田面积），占全市土地总面积17.55%。同时，对全市40处具典型代表性湿地的生物与非生物资源现状与特点、湿地受胁迫因素、保护状况等内容进行了详查，详查湿地面积$10.17×10^4hm^2$，占全市湿地总面积34.93%。

2003年9月，国务院立项批准开展由国家海洋局提出的"我国近海海洋综合调查与评价专项"（简称"908专项"）。浙江省908专项工作于2005年开始，历时8年完成了《浙江省近海海洋综合调查与研究》（专著）、《中国近海海洋图集——浙江省海岛海岸带》、《浙江省海域使用现状调查图集》、《浙江省海洋资源环境现状》（"蓝皮书"）、《浙江省近海水体环境调查与研究》、《浙江省海域使用调查与研究》等调查研究成果，并于2012年通过国家海洋局组织验收。据此次调查，全省海图0m线以上滩涂资源为$22.85×10^4hm^2$，其中分布在大陆沿岸的约$18.53×10^4hm^2$，分布于海岛四周的约$4.32×10^4hm^2$。从滩涂资源类型分布上来看，主要是粉砂淤泥质滩，面积$21.60×10^4hm^2$；其次是砂砾滩和岩石滩，二者面积相当，分别为$0.65×10^4hm^2$和$0.60×10^4hm^2$。

2006—2007年，浙江省林业厅组织开展了《浙江省湿地保护规划（2006—2020年）》编制工作。规划利用1∶50000地形图进行室内湿地类型判读，并对部分重要湿地进行实地核实。经统计汇总，全省湿地面积$246.78×10^4hm^2$（含稻田$129.11×10^4hm^2$），其中近海与海岸湿地面积$61.28×10^4hm^2$，河流湿地面积$26.75×10^4hm^2$，湖泊湿地面积$1.03×10^4hm^2$，沼泽湿地面积$0.05×10^4hm^2$，人工湿地面积$157.67×10^4hm^2$。

2010—2012年，浙江省开展第一次全省水利普查。根据普查公告可知，全省共有流域面积$50km^2$以上河流865条，省域内总长度为22488km。其中流域面积$1×10^4km^2$以上的河流分别为钱塘江、瓯江和钱塘江的支流新安江；常年水面面积$1km^2$以上的湖泊有57个，省域内水面总面积$99.67km^2$，均为淡水湖。

2011—2013年，由浙江省林业厅组织，浙江省森林资源监测中心负责完成的浙江省第二次湿地资源调查，调查斑块起始面积下降到$8hm^2$，首次全面系统地应用了RS、GPS、GIS集成技术。调查采用2009—2010年拍摄的2.5m分辨率的SPOT 5卫星影像

与1：10000电子地形图，结合对全省范围内面积8hm²以上（含8hm²，下同）湿地的类型、面积与分布情况进行判读与实地验证，查清了全省8hm²以上的湿地资源状况，并首次构建了浙江省湿地及其生物多样性电子数据库和GIS框架，数据库分级落实到各县（市、区）；同时深入调查了44块重点湿地的自然环境、水环境、野生动植物资源和保护利用现状与受威胁状况，提出了保护对策与建议。根据调查统计，全省现有8hm²以上的湿地（不含稻田）面积$111.01×10^4hm^2$，涉及湿地类型有5类23型，其中近海与海岸湿地面积$69.25×10^4hm^2$，河流湿地面积$14.12×10^4hm^2$，湖泊湿地面积$0.88×10^4hm^2$，沼泽湿地面积$0.07×10^4hm^2$，人工湿地面积$26.68×10^4hm^2$。

第 2 章 调查方案与基础数据

一、湿地分类系统

（一）分类系统概述

湿地分类是湿地科学的重要基础性研究工作，也是湿地保护与利用决策的依据。同一类湿地具有大致相同的发育环境、彼此接近的功能和性质、大体相同的保护利用方向。科学的分类是对湿地属性的归纳，是在湿地属性研究深入、数据丰富、认识明确的基础上进行的。只有对那些表征湿地本质特征的属性进行综合分析，进而归纳整理而做出的分类才是科学的湿地分类。

由于湿地分布广泛、环境复杂、类型多样，和湿地的定义一样，具有多种分类系统，如欧洲分类系统、美国分类系统、加拿大分类系统、《湿地公约》分类系统等，目前尚没有确定学术界和管理部门共同接受的湿地分类系统。

现行的湿地分类通常采用特征分类法和成因分类法两大类。特征分类法主要根据湿地的表观特征和内在动力活动特征的不同来区别湿地。典型代表是 Brinson 于 1993 年提出的水文动力地貌学分类方法，把湿地的地貌、水文和水动力特征看成是湿地的 3 个同等重要的基本属性。湿地的地貌位置属性可以分为河流地貌系统、凹地貌系统、海岸地貌系统和广泛分布的泥炭湿地等四大湿地系统；水文特征主要根据湿地水的补给源分为降水补给、地表漫流补给和地下水补给三大类型；水动力特征根据湿地水流的强度和流向分为垂直起伏流、无定向的水平流和双向水平流三大类。成因分类法根据湿地成因来区别湿地，最有影响的是 Cowardin 等于 1979 年提出的分类系统。该湿地分类系统应用于 20 世纪 70 年代末至 80 年代初的美国湿地调查与制图工作中，分类等级由上而下依次分为系统、亚系统、类、亚类、型（依水文条件划分），以及根据需要补充的特别类型等。Cowardin 依据湿地水文、地貌、化学、生物条件将其划分为五大系统：海岸湿地系统、河口湿地系统、河流湿地系统、湖泊湿地系统与沼泽湿地系统。再根据湿地的水文特征分为亚系统，而后依据占优势的植被形态和基底组成等湿地外貌特征把亚系统分成湿地类，按照植被的不同湿地类细分为湿地亚类，最后用附加的水文特征描述较为特殊的湿地特征。Cowardin 分类方法已成为美国湿地资源登记和管理的基础。国际上广泛使用的《湿地公约》分类体系沿用了 Cowardin 分类体系的分类思想。

(二)《湿地公约》分类系统

随着《湿地公约》缔约方数量不断增加，为提高《湿地公约》的适应性机制，提供一致的Ramsar地点信息单和监测程序，国际湿地局要求各缔约方采用较为一致的"湿地种类"分级制度，并于1990年在蒙特利尔第四届缔约国大会上发布了一个新的分类系统，并作为建议4.7款的一个附件获得通过。该分类系统将全世界的湿地划分为天然湿地和人工湿地两个系统。天然湿地系统之下，又分为海洋（海岸）湿地和内陆湿地两个大类。海洋（海岸）湿地大类之下，又分为12个湿地型；内陆湿地大类之下，又分为20个湿地型。人工湿地系统之下，又划分有10个湿地型。从表2-1中可以看出，《湿地公约》关于湿地名录的分类系统体现了保护湿地生态系统的多样性和保护水禽的栖息地，与《湿地公约》的湿地定义一致。

表2-1 《湿地公约》确定的湿地分类系统

湿地系统	湿地类	湿地型	公约指定代码	说明
天然湿地	海洋（海岸）湿地	永久性浅海水域	A	多数情况下低潮时水位小于6m，包括海湾和海峡
		海草层	B	包括潮下藻类、海草、热带海草植物生长区
		珊瑚礁	C	珊瑚礁及其邻近水域
		岩石性海岸	D	包括近海岩石性岛屿、海边峭壁
		沙滩、砾石与卵石滩	E	包括滨海沙洲、海岬以及沙岛、沙丘
		河口水域	F	河口水域和河口三角洲水域
		滩涂	G	潮间带泥滩、沙滩和海岸其他咸水沼泽
		盐沼	H	包括滨海盐沼、盐化草甸
		潮间带森林湿地	I	包括红树林沼泽和海岸淡水沼泽森林
		咸水、碱水潟湖	J	有通道与海水相连的咸水、碱水潟湖
		海岸淡水湖	K	包括淡水三角洲潟湖
		海滨岩溶洞穴水系	Zk(a)	滨海岩溶洞穴
	内陆湿地	永久性内陆三角洲	L	内陆河流三角洲
		永久性河流	M	包括河流及其支流、溪流、瀑布
		时令河	N	季节性、间歇性、定期性的河流、溪流、小河
		湖泊	O	面积大于8hm^{2}的永久性淡水湖，包括大的牛轭湖
		时令湖	P	面积大于8hm^{2}的季节性、间歇性的淡水湖

续表

湿地系统	湿地类	湿地型	公约指定代码	说　明
天然湿地	内陆湿地	盐湖	Q	永久性的咸水、半咸水、碱水湖
		时令盐湖	R	季节性、间歇性的咸水、半咸水、碱水湖及其浅滩
		内陆盐沼	Sp	永久性的咸水、半咸水、碱水沼泽与泡沼
		时令碱、咸水盐沼	Ss	季节性、间歇性的咸水、半咸水、碱性沼泽、泡沼
		永久性淡水草本沼泽、泡沼	Tp	草本沼泽及面积小于$8hm^2$的泡沼,无泥炭积累,大部分生长季节伴生浮水植物
		泛滥地	Ts	季节性、间歇性洪泛地,湿草甸和面积小于$8hm^2$的泡沼
		草本泥炭地	U	无林泥炭地,包括藓类泥炭地和草本泥炭地
		高山湿地	Va	包括高山草甸、融雪形成的暂时性水域
		苔原湿地	Vt	包括高山苔原、融雪形成的暂时性水域
		灌丛湿地	W	灌丛沼泽、灌丛为主的淡水沼泽,无泥炭积累
		淡水森林沼泽	Xf	包括淡水森林沼泽、季节泛滥森林沼泽、无泥炭积累的森林沼泽
		森林泥炭地	Xp	泥炭森林沼泽
		淡水泉及绿洲	Y	淡水泉及绿洲
		地热湿地	Zg	温泉
		内陆岩溶洞穴水系	Zk(b)	地下溶洞水系
人工湿地		水产池塘	1	鱼、虾养殖池塘
		水塘	2	包括农用池塘、储水池塘,面积一般小于$8hm^2$
		灌溉地	3	包括灌溉渠系和稻田
		农用泛洪湿地	4	季节性泛滥的农用地,包括集约管理或放牧的草地
		盐田	5	晒盐池、采盐场等
		蓄水区	6	水库、拦河坝、堤坝形成的一般大于$8hm^2$的储水区
		采掘区	7	积水取土坑、采矿地
		废水处理场所	8	污水场、处理池、氧化池等
		运河、排水渠	9	输水渠系
		地下输水系统	Zk(c)	人工管护的岩溶洞穴水系等

（三）两次调查分类系统

全国第一次湿地资源调查于1995年开始，国家林业局根据中国的实际情况以及《湿地公约》分类系统，于1995年制定了《中国湿地调查纲要》和《全国湿地资源调查技术规程（试本）》，并经过多次讨论修改，将全国湿地划分为5类28型；2009年开始的全国第二次湿地资源调查将湿地划分为5类34型。按照浙江省的具体情况，第一次湿地资源调查将浙江湿地划分为5类18型，第二次湿地资源调查将其划分为5类23型。浙江省两次调查各湿地型及其划分标准比较见表2-2。

表2-2　浙江省两次调查湿地类型及其划分标准比较

第一次湿地资源调查		第二次湿地资源调查	
划分标准	湿地型	湿地型	划分标准
低潮时水深不超过6m（实际调查时限定为5m）的永久浅水域，植被盖度<30%，包括海湾、海峡	浅海水域	浅海水域	低潮时水深不足6m的永久性水域，植被盖度<30%，包括海湾、海峡
底部基质75%以上是岩石，<30%的植被覆盖的岩质海岸，包括岩石性沿海岛屿、海岩峭壁。全省湿地调查指低潮水线至高潮浪花所及地带	岩石性海岸	岩石海岸	底部基质75%以上是岩石和砾石，包括岩石性沿海岛屿、海岩峭壁
植被盖度<30%，底质以砂、砾石为主的潮间海滩	潮间沙石海滩	沙石海岸	由砂质或沙石组成的，植被盖度<30%的疏松海滩
植被盖度<30%，底质以淤泥为主的潮间海滩	潮间淤泥海滩	淤泥质海滩	由淤泥质组成的植被盖度<30%的淤泥质海滩
植被盖度≥30%的潮间沼泽	潮间盐水沼泽	潮间盐水沼泽	潮间地带形成的植被盖度≥30%的潮间沼泽，包括盐碱沼泽、盐水草地和海滩盐沼
以红树植物群落为主的潮间沼泽	红树林沼泽	红树林	以红树植物为主组成的潮间沼泽
从近口段的潮区界（潮差为零）至口外海滨段的淡水舌锋缘之间的永久性水域	河口水域	河口水域	从近口段的潮区界（潮差为零）至口外海滨段的淡水舌锋缘之间的永久性水域
河口区由沙岛、沙洲、沙嘴等发育而成的低冲积平原	三角洲湿地	三角洲/沙洲/沙岛	河口系统四周冲积的泥（沙）滩、沙洲、沙岛（包括水下部分）植被盖度<30%
海岸带范围内的淡水湖泊	海岸性淡水湖	海岸性淡水湖	起源于潟湖，与海隔离后演化而成的淡水湖泊
仅包括河床，同时也包括河流中面积<100hm²的水库（塘）	永久性河流	永久性河流	常年有河水径流的河流，仅包括河床部分

| 18

续表

第一次湿地资源调查		第二次湿地资源调查	
划分标准	湿地型	湿地型	划分标准
水泛滥淹没(以多年平均洪水位为准)的河流两岸地势平坦地区,包括面积<100hm²的河滩、泛滥的河谷、季节性泛滥的草地,也包括范围内的人工湿地,如农田	泛洪平原湿地	洪泛平原湿地	在丰水季节由洪水泛滥形成的河滩、河心洲、河谷、季节性泛滥的草地以及保持了常年或季节性被水浸润的内陆三角洲所组成
常年积水的海岸带范围以外的其他淡水湖泊	永久性淡水湖	永久性淡水湖	由淡水组成的永久性湖泊
植被盖度≥30%,以沼生、湿生或水生草本植物为主的沼泽	草本沼泽	草本沼泽	由水生和沼生的草本植物组成优势群落的淡水沼泽
未划分该类型		灌丛沼泽	以灌丛植物为优势群落的淡水沼泽
有明显主干、高于6m、郁闭度≥0.2的木本植物群落沼泽	森林沼泽	森林沼泽	以乔木森林植物为优势群落的淡水沼泽
植被盖度≥30%,以湿生多年生草本植物为主、季节性积水的草甸	沼泽化草甸	沼泽化草甸	为典型草甸向沼泽植被的过渡类型,是在地势低洼、排水不畅、土壤过分潮湿、通透性不良等环境条件下发育起来的,包括分布在平原地区的沼泽化草甸以及高山和高原地区具有高寒性质的沼泽化草甸
由温泉水补给的沼泽湿地	地热湿地	地热湿地	由地热矿泉水补给为主的沼泽
以泉水补给的沼泽湿地	淡水泉和绿洲	淡水泉湿地	由露头地下泉水补给为主的沼泽
为灌溉、水电、防洪等目的而建造的人工蓄水设施	库塘	库塘	以蓄水、发电、农业灌溉、城市景观、农村生活为主要目的而建造的,面积不小于8hm²的蓄水区
未作调查		运河(输水河)	为输水或水运而建造的人工河流湿地,包括以灌溉为主要目的的沟、渠
		水产养殖场	以水产养殖为主要目的而修建的人工湿地
		稻田	能种植一季、两季、三季的水稻田,或者冬季蓄水或浸湿的农田。本次未调查
		盐田	为获取盐业资源而修建的晒盐场所或盐池,包括盐池、盐水泉

二、调查方案设计

(一) 调查范围、调查分类与调查内容

1. 调查范围

覆盖符合湿地定义的省域范围内的各类湿地资源，包括面积 $8hm^2$ 以上的近海与海岸湿地、湖泊湿地、沼泽湿地、人工湿地和宽度 10m 以上、长度 5km 以上的河流湿地，以及其他具有特殊保护意义的湿地。

2. 调查分类

根据全省湿地的重要性、调查内容的不同，调查方式分为一般调查和重点调查。

一般调查是指对全省所有符合调查范围要求的湿地斑块进行面积、湿地类型、分布、植被类型、主要优势植物和保护管理状况等内容的调查。

重点调查是指对符合以下条件之一的湿地进行的详细调查：

①列入《湿地公约》的国际重要湿地名录的湿地。
②列入《中国湿地保护行动计划》的国家重要湿地名录的湿地。
③已建立的各级自然保护区、自然保护小区中的湿地。
④已建立的湿地公园中的湿地。
⑤其他符合下列条件之一的湿地：浙江省特有类型的湿地；分布有特有的濒危保护物种的湿地；面积 $\geq 10000hm^2$ 的近海与海岸湿地、湖泊湿地、沼泽湿地和水库；红树林；其他具有特殊保护意义的湿地。

3. 调查内容

（1）一般调查。

调查因子含所有符合调查范围的各湿地斑块的名称、湿地类型、湿地面积、湿地分布、平均海拔、所属流域、水源补给状况、植被类型及面积、主要优势植物种、土地所有权、保护管理状况、湿地斑块区划因子；近海与海岸湿地指标（潮汐类型、盐度、水温）；河流湿地的河流级别。

（2）重点调查。

除一般调查的因子外，还增加了湿地的自然环境要素、湿地水环境要素、湿地野生动物、湿地植物群落、湿地植被、湿地保护和利用状况、湿地受威胁状况等专项调查。

①自然环境要素包括地形地貌、土壤、气候等。
②湿地水环境要素包括湿地水文、地表水和地下水水质。
③湿地野生动物调查。重点调查湿地脊椎动物种类、分布及生境状况，包括水鸟、兽类、两栖类、爬行类。

④湿地植物调查包括湿地植物种类、分布。

⑤湿地植被调查包括湿地乔木层或灌木层，草本、蕨类层或苔藓层植物群落的调查，湿地植被面积、植被利用和破坏情况。

⑥湿地保护和利用状况包括湿地保护和管理状况、湿地功能和利用现状、湿地范围内的社会经济状况。

⑦湿地受威胁状况包括威胁因子种类、作用时间、影响面积、已有危害和潜在威胁。

（二）调查技术路线

浙江省第二次湿地资源调查技术路线主要以湿地类型、面积为调查主线，根据湿地生态区位重要程度分一般湿地调查与重点湿地调查，具体技术路线见图2-1。

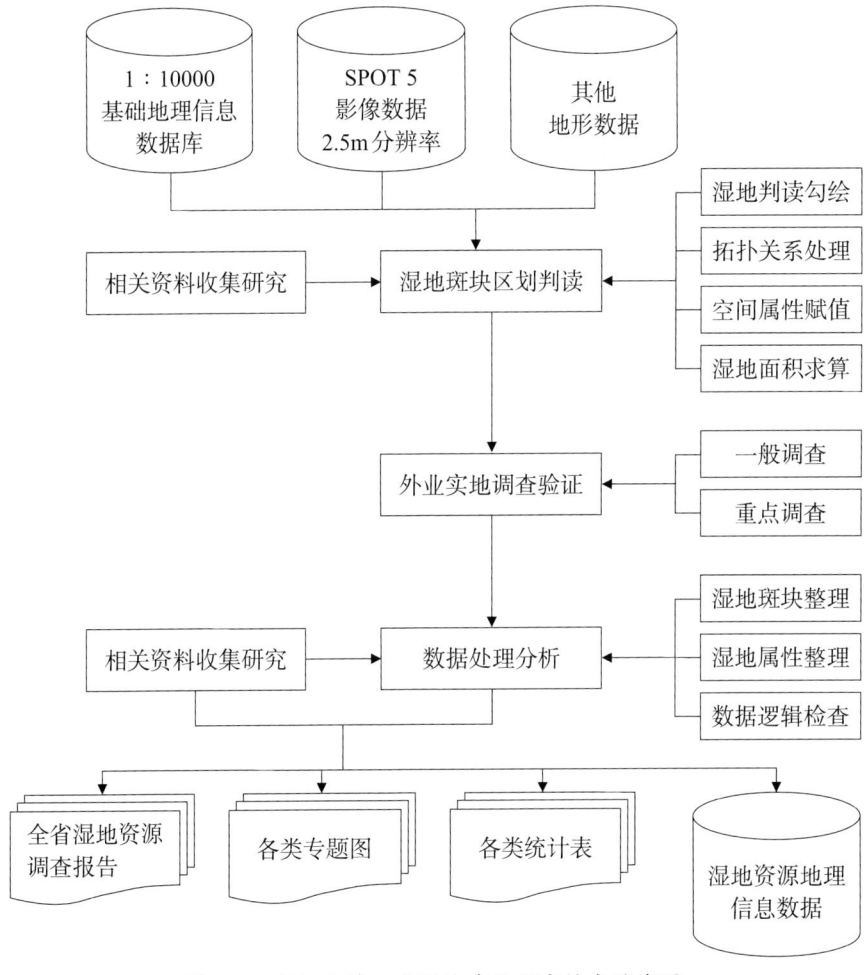

图2-1 浙江省第二次湿地资源调查技术路线图

（三）调查方法

1. 湿地类型、面积与分布调查

在全面收集现有湿地类型、面积与环境等资料的基础上，利用2.5m分辨率的SPOT 5卫星影像和1∶10000电子地形图，建立目视解译标识，对全省8hm^{2}以上湿地斑块进行室内"双轨制"判读、勾绘，并进行野外湿地斑块验证与调绘，对判读结果进行修正。利用Arcgis软件求算湿地面积。

2. 湿地生物多样性调查

（1）湿地植物、植被调查。

以1∶10000 SPOT 5卫星影像为调查底图，对库塘湿地，主要对库塘消落区和库尾进行典型调查；对河流湿地沿途生物多样性丰富的地段布设样段，开展典型调查；对于块状湿地，采用布设样带，在样带内开展调查；对高山沼泽湿地，则采用踏查法调查湿地范围内的植物种类。

（2）湿地脊椎动物调查。

①鱼类调查以种类调查为主，主要采用资料查阅和访问调查法。

②两栖类与爬行类动物调查以种类调查为主，采用样线法对重点湿地范围内的两栖爬行动物种类和分布状况进行调查，调查分白天和夜晚两个时段进行。同时，结合走访和查阅近期野生动物调查资料的方法。

③鸟类调查采用系统抽样、样带与样点调查相结合的技术方法，分不同季节对全省湿地鸟类进行调查。调查采用样线（点）法、直接计数法或样方法，并采用GPS定位，确定每条样线（点）的位置信息。对调查所获得的数据，按照样线（点）法和系统抽样调查法的要求，推算全省重点调查湿地各种鸟类数量。

a. 调查季节：分夏候鸟与冬候鸟（两次）进行调查。

b. 调查方法：野外采用样方法或样线（点）法进行调查。调查时用8～10倍双筒望远镜和75倍单筒望远镜观察鸟类，记录调查范围内所见到所有鸟类的种类、数量、生境等数据。

c. 数量调查：水鸟数量调查一般采用直接计数法或样线法推算。野外调查时，根据实际观察到或听到的鸟的种类、数量，分别作观察点（或样线）内、观察点（或样线）外记录。繁殖季节调查时见到或听到一只成体雄鸟记作一对；在没有见到雄鸟的情况下，见到一只成体雌鸟或一窝卵或雏也记作一对。

种群数量计算公式： $N = \overline{D} \times M$ ……………………………………（1）

N——某区域某种鸟类数量；

$\overline{D}$——该区域某种鸟类平均密度；

M——该调查区域总面积。

物种平均密度计算公式： $\overline{D} = \sum_{i=1}^{j} N_i / \sum_{i=1}^{j} M_i$ …………………………（2）

$\sum_{i=1}^{j} N_{i-j}$ 为 j 个样线调查的某种鸟类数量总和；$\sum_{i=1}^{j} M_{i-j}$ 为 j 个样线总面积。

④兽类调查与鸟类调查同步进行，以种类调查为主。采用访问法、标本与文献查询对该重点调查湿地区域的兽类动物组成进行概查，记录到种或亚种。

（3）地表水水质调查。

水是湿地自然环境的重要载体及表现，为充分了解重点湿地的水质状况，在野外选取典型地点采集水样。水样采集依据《地表水和污水监测技术规范》(HJ/T 91—2002)进行，同时考虑实际采样时的可行性与方便性。水样分析方法参考"水和废水监测分析方法"。

（4）湿地保护管理、开发利用及受威胁状况调查。

全面收集现有资料，通过野外踏查、走访调查以及收集资料等方法，了解湿地的保护与利用、社会经济状况、湿地破坏和受威胁情况，重点查清对湿地产生威胁的因子、作用时间、影响面积、已有危害及潜在威胁。

三、基础数据说明

本书编撰的数据源大致分为如下几种情况：

（1）湿地类型与面积。

直接引用浙江省第二次湿地资源调查成果。

（2）湿地植物植被。

以浙江省第二次湿地资源调查成果为主，对个别物种进行补正与完善。

（3）湿地脊椎动物。

两栖类、爬行类、鸟类、兽类以浙江省第二次湿地资源调查成果为主；鱼类以浙江省第一次湿地资源调查成果为主，并进行补正。

（4）湿地非生物资源。

参考浙江省第一次湿地资源调查成果，并根据相关部门公报、公告以及浙江省近海海洋综合调查与评价成果等资料进行补充。

（5）湿地非生物资源利用。

参考相关部门公报、公告、统计年鉴、年度总结等最新资料，进行分析综合。

（6）重要湿地概述。

概况描述主要引用其总体规划、可行性研究、初步设计等相关资料；生物资源状况则以浙江省第二次湿地资源调查成果为主。

（7）本书所引用的资料数据截止时间原则上为2013年年底。

第3章 湿地类型与面积

一、总体概况

（一）湿地资源概述

依据《湿地公约》、《全国湿地资源调查技术规程（试行）》（2010年）和《浙江省湿地资源调查技术实施细则》（2011年）的湿地分类系统与分类标准，浙江省域范围湿地可划分为近海与海岸湿地、河流湿地、湖泊湿地、沼泽湿地和人工湿地，共5类23型。其中，因沼泽湿地类中的地热湿地、淡水泉湿地单块面积不到8hm²，虽作调查，但未进行湿地面积统计；人工湿地类中的稻田湿地未列入调查统计范围。

经浙江省第二次湿地资源调查，全省现有面积8hm²以上的近海与海岸湿地、湖泊湿地、沼泽湿地、人工湿地以及宽度10m以上、长度5km以上的河流湿地总面积约$111.01×10^4hm^2$，湿地率（湿地面积与国土面积的比值）10.90%。湿地面积占全国湿地总面积2.07%，湿地率排全国第七位。其中，近海与海岸湿地面积约$69.25×10^4hm^2$，占62.38%；河流湿地面积约$14.12×10^4hm^2$，占12.72%；湖泊湿地面积约$0.88×10^4hm^2$，占0.79%；沼泽湿地面积约$0.07×10^4hm^2$，占0.07%；人工湿地面积约$26.68×10^4hm^2$，占24.04%，具体见表3-1，图3-1。

表3-1 浙江省湿地面积统计表

湿地类型	面积/hm²	比例/%
近海与海岸湿地	692523.36	62.38
浅海水域	409895.90	36.92
岩石海岸	1793.36	0.16
沙石海滩	3087.13	0.28
淤泥质海滩	154730.85	13.94
潮间盐水沼泽	17970.21	1.62
红树林	20.11	0.00
河口水域	95073.95	8.56
三角洲	2444.58	0.22
海岸性淡水湖	7507.27	0.68

续表

湿地类型	面积/hm²	比例/%
河流湿地	141230.69	12.72
永久性河流	138625.46	12.49
洪泛平原湿地	2605.23	0.23
湖泊湿地	8793.24	0.79
永久性淡水湖	8793.24	0.79
沼泽湿地	743.54	0.07
草本沼泽	534.76	0.05
灌丛沼泽	72.96	0.01
森林沼泽	29.79	0.00
沼泽化草甸	106.03	0.01
人工湿地	266838.22	24.04
库塘	131514.45	11.85
运河(输水河)	21977.57	1.98
水产养殖场	110991.18	10.00
盐田	2355.02	0.21
合　计	1110129.05	100.00

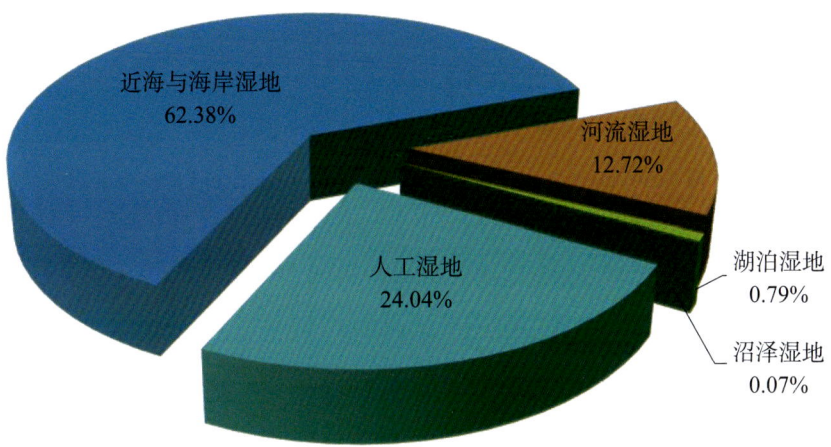

图 3-1　各湿地类面积比例

由表3-1可知，从湿地类来看，近海与海岸湿地面积最大，占62.38%；其次为人工湿地，占24.04%；第三为河流湿地，占12.72%；湖泊湿地、沼泽湿地所占比例均不足1%。从湿地型来看，面积最大的为浅海水域湿地，占36.92%；其次为淤泥质海滩，占13.94%；第三为永久性河流湿地，占12.49%；其余依次为库塘、水产养殖场、河口水域、运河（输水河）、潮间盐水沼泽、永久性淡水湖、海岸性淡水湖、沙石海滩、洪泛平原湿地、三角洲、盐田、岩石海岸、草本沼泽、沼泽化草甸、灌丛沼泽、森林沼泽、红树林。

（二）湿地资源特点

1. 湿地类型齐全，面积分布集中

浙江省湿地类型较齐全，共有5类23型，除了季节性河流、季节性湖泊等少许几个类型外，其余的均有分布，是全国湿地类型分布最齐全的省份之一。全省五大类湿地中，近海与海岸湿地面积$69.25\times10^4 hm^2$，占比高达62.38%，充分体现了浙江省海洋湿地丰富的特点；在23型湿地中，面积占据前五位的为浅海水域、淤泥质海滩、永久性河流、库塘、水产养殖场，合计湿地面积$94.58\times10^4 hm^2$，占全省湿地面积85.20%。

2. 生物多样性丰富，保护物种较多

湿地是地球上具有多种功能的、富有生物多样性的生态系统，为大量动植物提供了生存和繁衍的场所，它是人类社会生存与可持续发展的基础。据调查统计，在湿地高等植物中，分布有中华水韭、东方水韭、莼菜、毛茛泽泻4种国家Ⅰ级保护植物；水蕨、野菱、中华结缕草、珊瑚菜、野大豆、野荞麦、毛红椿7种国家Ⅱ级保护植物；睡莲、芡实等10种省级重点保护野生植物。湿地脊椎动物中，分布有中华鲟、白鲟、达氏鲟、鼋、扬子鳄、东方白鹳、黑鹳、中华秋沙鸭、白鹤、白头鹤、朱鹮、遗鸥、白尾海雕、白鱀豚14种国家Ⅰ级保护动物；松江鲈鱼、大鲵、镇海棘螈、黑脸琵鹭、小天鹅、獐等65种国家Ⅱ级保护动物；黑嘴鸥、白鹭、凹耳蛙、五步蛇等34种省级重点保护动物。

3. 区域分布性明显，生态区位重要

全省湿地资源的空间分布不均衡，具有很强的地域性。东部沿海地区和浙北部平原地区不仅资源类型丰富，而且分布集中，分别以近海与海岸湿地、湖泊湿地和平原河网为主体；其他山地丘陵地区湿地资源相对较少，类型单一，分布零散，以河流、库塘及沼泽湿地为主。

浙江湿地是我国湿地生物多样性重点分布区和生态安全重要区域，是《中日候鸟保护协定》和《中澳候鸟保护协定》鸟类迁徙的重要栖息地和中转站。目前，浙江省的西溪湿地已列入《国际重要湿地名录》，千岛湖、慈溪庵东、灵昆岛东滩、南麂列岛、太湖5处湿地已列入《中国重要湿地名录》。

4. 人为干扰因素多，受威胁程度较重

长期以来，人们对湿地资源重利用、轻保护，致使湿地生态功能减弱，生物多样性保护受到较大威胁。特别是近年来，工业化迅速发展、城市化不断扩张等对湿地资源开发利用强度持续加大，过度的滩涂围垦、基建侵占和旅游开发给湿地生态系统带来了不可逆转的负面影响。长此以往，浙江省湿地受威胁状况恐怕难以得到有效改变，应引起各级政府的高度重视。

二、近海与海岸湿地

近海与海岸湿地是指在近海与海岸地区由天然的滨海地貌形成的浅海、海岸、河口以及海岸性湖泊湿地，包括低潮水深不超过6m的浅海区与高潮位（含高潮线）海水能直接浸润到的区域。浙江省近海与海岸湿地位于我国海岸中段，濒临东海，地理坐标为北纬27°06′～31°03′、东经119°38′～123°10′，面积8hm²以上的近海与海岸湿地面积69.25×10⁴hm²，占全省湿地总面积62.38%。湿地型包括浅海水域、岩石海岸、沙石海滩、淤泥质海滩、潮间盐水沼泽、红树林、河口水域、三角洲（沙洲、沙岛）、海岸性淡水湖共9个湿地型，行政范围涉及杭州、宁波、温州、嘉兴、绍兴、舟山、台州、丽水8市的47个县（市、区）。

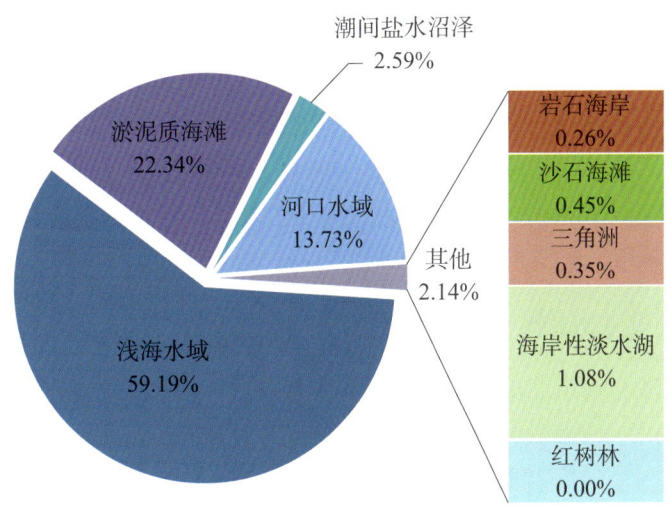

图3-2　近海与海岸湿地各湿地型面积比例

（一）浅海水域

浅海水域，指低潮时水深不足6m的永久性水域，植被盖度<30%，包括海湾、海

峡。全省浅海水域湿地型面积最大，为 $40.99×10^4hm^2$，占近海与海岸湿地面积59.19%，占全省湿地面积36.92%。该湿地类型涉及5市的26个县（市、区），象山县浅海水域面积最大，达 $5.41×10^4hm^2$；全省浅海水域面积 $2.00×10^4hm^2$ 以上的县（市、区）依次有象山县、临海市、洞头区、苍南县、玉环市、瑞安市、三门县、海盐县，合计面积 $23.81×10^4hm^2$，占该湿地型面积58.09%。

（二）岩石海岸

岩石海岸，指底部基质75%以上是岩石和砾石，植被盖度＜30%的岩质海岸，包括岩石性沿海岛屿、岩石峭壁。岩石性海岸被人工海岸等类型切割得比较零散，分布比较零星，连片面积 $8hm^2$ 以上的很少，主要集中在舟山群岛、宁波大榭岛、象山县东部诸岛等地。全省岩石海岸湿地面积 $0.18×10^4hm^2$，占近海与海岸湿地面积0.26%，占全省湿地面积0.16%。

（三）沙石海滩

沙石海滩，指底质由砂质或沙石组成的植被盖度＜30%的疏松海滩。沙石海滩在浙江省仅见于花岗岩组成的海洋动力强盛的岛屿迎风面或基岩岬角之间，主要分布于舟山市的普陀区、嵊泗县，宁波市的象山县，台州市的温岭市、临海市，温州市的平阳县、洞头区等地。全省沙石海滩面积 $0.31×10^4hm^2$，占近海与海岸湿地面积0.45%，占全省湿地面积0.28%。

（四）淤泥质海滩

淤泥质海滩，指底质以淤泥为主的植被盖度＜30%的海岸滩涂。淤泥质海滩是浙江省海岸湿地的主要类型之一，湿地面积 $15.47×10^4hm^2$，占近海与海岸湿地面积22.34%，占全省湿地面积13.94%。其分布十分广泛，涉及5市的25个县（市、区）。其中淤泥质海滩湿地面积超过 $1.00×10^4hm^2$ 的县（市、区）有6个，分别为慈溪市、象山县、宁海县、龙湾区、温岭市、乐清市，合计面积 $7.85×10^4hm^2$，占该湿地型面积50.73%。

（五）潮间盐水沼泽

潮间盐水沼泽，指潮间地带形成的植被盖度≥30%的潮间沼泽，包括盐碱沼泽、盐水草地和海滩盐沼。潮间盐水沼泽在宁波、温州、嘉兴、台州等地均有分布，面积尤以杭州湾、三门湾、乐清湾和温州湾为大。全省潮间盐水沼泽面积 $1.80×10^4hm^2$，占近海与海岸湿地面积2.59%，占全省湿地面积1.62%。

（六）红树林

红树林，指由红树科、海桑科植物为建群种所构成的沼泽。苦槛蓝科、锦葵科的一些树种由于具有与红树林植物类似的生态习性，称之为半红树林或亚红树林，也被归入此类。浙江省的红树林为我国人工引种分布的最北端，本省红树林有秋茄林、无瓣海桑林两个类型，半红树林有海滨木槿林、苦槛蓝林，均系人工栽培。浙江地处红树林分布北端，近几年虽有发展，但由于造林成本高、管护难度大，目前全省红树林单块面积8hm²以上的仅有20.11hm²，主要分布在台州市的温岭市、玉环市，温州市的乐清市、龙湾区、洞头区、苍南县等地。

（七）河口水域

河口水域，指从近口段的潮区界（潮差为零）至口外海滨段的淡水舌锋缘之间的永久性水域。浙江省入海河流众多，流域面积在$1.00×10^4$hm²以上的有20余条，在入海处均有一定面积的河口水域湿地分布，其主要面积分布在钱塘江、甬江、椒江、瓯江、飞云江、鳌江等处，见表3-2。全省河口水域湿地面积$9.51×10^4$hm²，占近海与海岸湿地面积13.73%，占全省湿地面积8.56%。

表3-2　各水系河口水域湿地面积统计表

水　系	湿地面积/hm²	所属县(市、区)面积/hm²
钱塘江	72390.33	上城(463.63)、江干(2060.96)、滨江(1075.62)、西湖(1446.28)、萧山(9383.47)、富阳(3940.49)、桐庐(1471.91)、海盐(8249.55)、海宁(13383.47)、越城(293.71)、绍兴(3461.30)、上虞(12559.77)、余姚(14600.17)
甬　江	1463.89	海曙(59.69)、江北(608.24)、镇海(334.92)、北仑(238.66)、鄞州(222.38)
椒　江	3847.08	椒江(1503.92)、黄岩(85.86)、临海(2257.30)
瓯　江	12416.95	鹿城(3117.45)、龙湾(3264.73)、乐清(1696.72)、永嘉(3729.29)、青田(608.76)
飞云江	4037.59	瑞安(4037.59)
鳌　江	918.11	苍南(257.23)、平阳(660.88)
合　计	95073.95	

（八）三角洲（沙洲、沙岛）

三角洲（沙洲、沙岛），指河口系统四周冲积的植被盖度<30%的泥（沙）滩、沙洲、沙岛（包括水下部分）。由于该类湿地大部分已被垦殖利用，目前湿地面积仅有$0.24×10^4$hm²，占近海与海岸湿地面积0.35%，占全省湿地面积0.22%，主要分布在钱塘江、瓯江、椒江、飞云江等较大的河口区。

（九）海岸性淡水湖

海岸性淡水湖，指起源于潟湖，与海隔离后演化而成的淡水湖泊。浙江省较为典型的海岸性淡水湖有杭州西湖、鄞州东钱湖、海盐南北湖、诸暨白塔湖等，湿地面积$0.75×10^4$hm²，占近海与海岸湿地面积1.08%，占全省湿地面积0.68%。

三、河流湿地

河流是陆地表面宣泄水流的通道，是江、河、川、溪的总称，河流湿地是围绕天然河流水体而形成的河床、河滩、洪泛区。浙江省江河众多，自北而南有苕溪、运河、钱塘江、甬江、椒江、瓯江、飞云江、鳌江八大主要水系；浙、赣、闽边界河流有信江、闽江水系，还有其他众多的小河流等。其中，运河北注入太湖，东注入黄浦江，部分水系经由南排工程注入钱塘江；苕溪注入太湖水系，信江注入鄱阳湖水系，其余均独流入海。在杭嘉湖和萧绍宁、温黄、温瑞等主要滨海平原，地势平坦，河港交叉，水网密布，形成平原河网，是著名的"江南水乡"。

浙江省河流湿地主要涉及2个类型，分别为永久性河流和洪泛平原湿地，面积 $14.12×10^4hm^2$，占全省湿地面积12.72%。其中，永久性河流湿地面积 $13.86×10^4hm^2$，占河流湿地面积98.16%；洪泛平原湿地面积 $0.26×10^4hm^2$，占河流湿地面积1.84%（图3-3）。

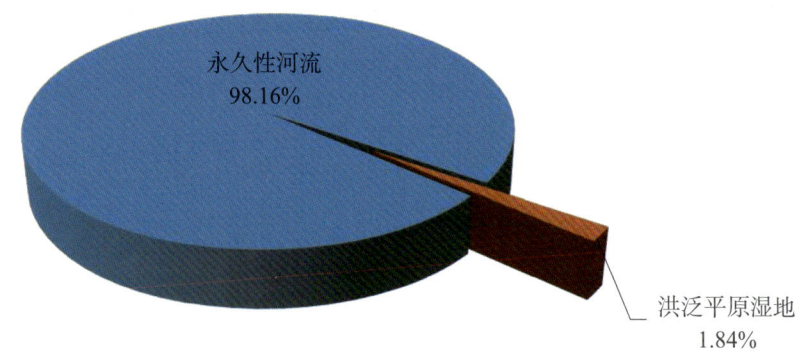

图3-3　河流湿地各湿地型面积比例

（一）永久性河流

永久性河流仅包括河床部分，采用遥感图上有明显的河道和水流痕迹部分。全省永久性河流湿地面积 $13.86×10^4hm^2$，占河流湿地面积98.16%，占全省湿地面积12.49%（表3-3）。

表3-3　各水系永久性河流湿地面积统计表

水系	湿地面积/hm²	所属设区市面积/hm²
钱塘江	47702.71	杭州(11835.03)、宁波(83.13)、绍兴(14161.69)、金华(10564.59)、衢州(9916.53)、台州(15.33)、丽水(1126.41)
苕溪	8244.29	杭州(1394.79)、湖州(6849.50)
运河	31762.21	杭州(3025.70)、湖州(10224.67)、嘉兴(18511.84)

续表

水　系	湿地面积/hm²	所属设区市面积/hm²
甬　江	8969.67	宁波(7763.19)、绍兴(1206.48)
椒　江	8302.17	金华(182.21)、台州(8017.37)、丽水(102.59)
瓯　江	16343.90	温州(4838.29)、金华(499.23)、台州(9.86)、丽水(10996.52)
飞云江	2711.88	温州(2625.25)、丽水(86.63)
鳌　江	2772.77	温州(2772.77)
独流入海	10288.20	宁波(3917.68)、温州(1369.75)、舟山(180.07)、台州(4820.70)
其他水系	1527.66	温州(720.94)、衢州(198.94)、丽水(607.78)
合　计	138625.46	

（二）洪泛平原湿地

洪泛平原湿地指在丰水季节由洪水泛滥形成的河滩、河心洲、河谷，季节性泛滥的草地，以及保持了常年或季节性被水浸润的内陆三角洲。全省洪泛平原湿地面积 $0.26\times10^4 hm^2$，占河流湿地面积1.84%，占全省湿地面积0.23%。该湿地类型主要分布在钱塘江水系、瓯江水系、椒江水系、苕溪水系、飞云江水系等。

四、湖泊湿地

湖泊是湖盆、湖水和水中所含物质（矿物质、溶解质、有机质以及水生生物等）组成的自然综合体。湖泊湿地主要包括永久性淡水湖、季节性淡水湖、永久性咸水湖、季节性咸水湖等。浙江省内仅有永久性淡水湖一个类型，湿地面积 $0.88\times10^4 hm^2$，占全省湿地面积0.79%。其中，面积大于 $100hm^2$ 的永久性淡水湖有21个，湿地面积 $0.37\times10^4 hm^2$，占湖泊湿地面积42.08%，见表3-4。

永久性淡水湖指长年积水的淡水湖泊，主要分布在浙北杭嘉湖平原和浙东萧绍宁平原。这些地区在历史上曾经有一个稠密的湖泊群。随着时间推移，由于自然淤积和人类活动的影响，许多湖泊已经湮废，有的经历代修筑、改造，已成为人工库塘，有的因开凿河渠，成为河流的一部分，多数已失去湖泊形态及其水文特征。

表3-4　面积大于 $100hm^2$ 的永久性淡水湖泊一览表

湿地名称	面积/hm²	所属县(市、区)	湿地名称	面积/hm²	所属县(市、区)
汾　湖	445.57	嘉善	南油盏荡	128.60	嘉兴
太　湖（浙江部分）	427.68	吴兴、长兴	双林漾	123.78	吴兴、南浔

续表

湿地名称	面积/hm²	所属县(市、区)	湿地名称	面积/hm²	所属县(市、区)
莲泗漾	246.86	秀洲	盛家漾	119.75	长兴
祥符荡	246.56	嘉善	大荡漾	115.82	长兴
夏墓荡	245.55	嘉善	长白荡	112.08	嘉善
西葑漾	173.00	德清	陆家漾	111.01	秀洲
溪 漾	168.17	德清	田北荡	109.73	秀洲
洛舍漾	151.12	吴兴、德清	西山漾	103.76	吴兴
东千亩荡	139.02	秀洲	天花荡	111.99	秀洲
和孚漾	132.03	南浔	虎啸荡	111.04	嘉善
湘家荡	131.98	南湖			

五、沼泽湿地

沼泽湿地是指受淡水、咸水或盐水的影响，地表经常过湿或有薄层积水；生长沼生和部分湿生、水生或盐生植物；有泥炭积累或尽管无泥炭积累，但在土壤层中具有明显的潜育层的基本特征的自然综合体。浙江省的沼泽湿地单个面积均较小，且零星分布于低中山的顶上部、山坳中的局部凹地以及湖泊、河流边缘地带。浙江省有面积8hm²以上的沼泽湿地面积743.54hm²，占全省湿地面积0.07%，涉及草本沼泽、灌丛沼泽、森林沼泽、沼泽化草甸4种湿地型（图3-4）。

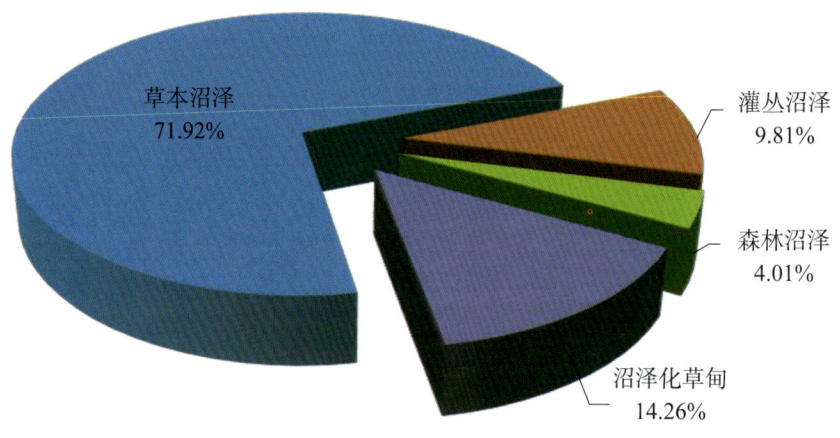

图3-4 沼泽湿地各湿地型面积比例

（一）草本沼泽

草本沼泽是指由水生和沼生的草本植物组成优势群落的淡水沼泽，常见于湖泊、河流边缘地带。全省草本沼泽湿地面积534.76hm^2，占沼泽湿地面积71.92%。主要分布在慈溪市、玉环市、长兴县、景宁畲族自治县等地。

（二）灌丛沼泽

灌丛沼泽是指以灌丛植物为优势群落的淡水沼泽。浙江省单块湿地面积8hm^{2}以上的灌丛沼泽，目前只发现分布在龙游县绿葱湖一处，面积72.96hm^2，占沼泽湿地面积9.81%，主要植被类型为圆锥绣球群系。

（三）森林沼泽

森林沼泽是指以乔木为优势群落的淡水沼泽。全省森林沼泽面积29.79hm^2，占沼泽湿地面积4.01%。植被类型有江南桤木群系、旱柳群系等。其中景宁望东垟森林沼泽以江南桤木为优势群落，为华东最大高山湿地。

（四）沼泽化草甸

沼泽化草甸是指典型草甸向沼泽植被的过渡类型，是在地势低洼、排水不畅、土壤过分潮湿、通透性不良等环境条件下发育起来的，包括分布在平原地区的沼泽化草甸以及高山沼泽化草甸。全省沼泽化草甸主要分布在淳安县、东阳市、莲都区等的低中山顶部及局部山坳地，总面积106.03hm^2，占沼泽湿地面积14.26%。

（五）地热湿地

地热湿地是指由地热补给为主的沼泽。目前，浙江省共发现地热异常点53处，经初步评价，允许每年开采的水量以数百万吨计（水温大于25℃）。其中较为著名的有泰顺承天氡泉、武义塔山温泉、遂昌湖山温泉等。由于该湿地型面积较小，故未统计其湿地面积。

（六）淡水泉湿地

淡水泉湿地是指由露头地下泉水补给为主的沼泽。浙江省的淡水泉数量多、分布广，但流量一般较小。其中杭州虎跑泉最为著名，有"天下第三泉"之称。淡水泉湿地因其面积较小，故未统计其湿地面积。

六、人工湿地

人工湿地包括面积大于8hm^{2}的库塘、运河（输水河）、水产养殖场和盐田等，稻田未列入本次调查统计范围。

此类湿地大多和人类的生产与生活休戚相关，因此其在经济社会发展中有着重要的作用及影响。全省现有人工湿地面积26.68×10^{4}hm^2，占全省湿地面积24.04%，涉及库塘、运河（输水河）、水产养殖场、盐田4种湿地型（图3-5）。

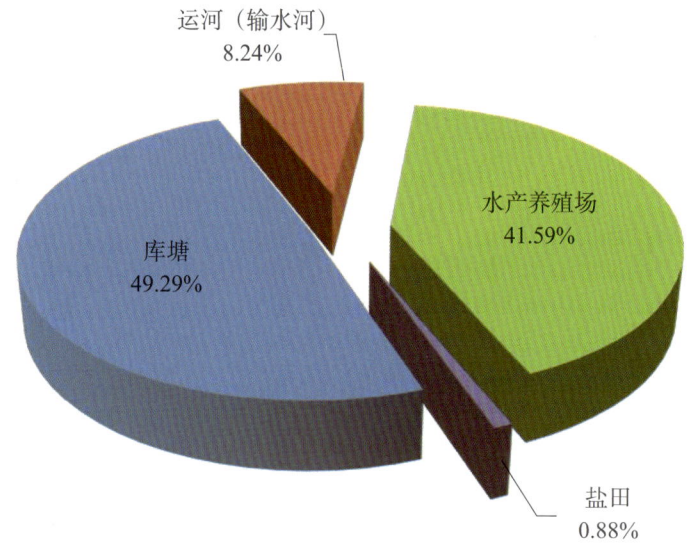

图3-5 人工湿地各湿地型面积比例

（一）库塘

库塘是指以蓄水、发电、农业灌溉、城市景观、农村生活为主要目的而建造的蓄水区。水库为库塘湿地型中最主要的湿地类型，其对本省的农、水、电、渔、旅游等多种行业发展起着重要作用，同时也是水鸟迁徙途经的重要"驿站"。截至2013年年底，全省共建大、中、小型水库4331座，总库容量445.24×10^{8}m^3。

湿地调查时将分布在支流河道上、湿地面积＜8hm^{2}的小型水库（含拦河坝、水电坝）划归为河流湿地。全省库塘湿地面积13.15×10^{4}hm^2，占人工湿地面积49.29%，占全省湿地面积11.85%。其中，单座水库湿地面积≥500hm^{2}的有27座，湿地面积8.41×10^{4}hm^2，占库塘湿地面积63.97%，见表3-5。

表3-5　湿地面积大于500hm²的水库一览表

水库名称	湿地面积/hm²	所属县(市、区)	水库名称	湿地面积/hm²	所属县(市、区)
新安江水库	47872.92	淳安、建德	赋石水库	790.01	安吉
滩坑水库	6785.35	景宁、青田	横锦水库	763.06	东阳
紧水滩水库	3408.75	云和、龙泉	白水坑水库	688.74	江山
湖南镇水库	3168.80	衢江、遂昌	四灶浦水库	675.80	慈溪
珊溪水库	3157.43	泰顺、文成	长诏水库	645.44	新昌
长潭水库	2934.21	黄岩	铜山源水库	624.55	衢江
富春江水库	1558.00	桐庐、建德	里石门水库	604.68	天台
汤浦水库	1377.67	绍兴、上虞	黄坛口水库	592.17	衢江
四明湖水库	1039.91	余姚	信安湖水库	566.77	衢江、柯城
青山湖水库	1019.15	临安	老石坎水库	542.28	安吉
胡陈港水库	1005.44	宁海	老虎潭水库	532.73	吴兴
牛头山水库	997.95	临海	南江水库	517.22	东阳
碗窑水库	903.67	江山	石塘水库	505.79	云和
分水江水库	854.85	桐庐			

（二）运河（输水河）

运河（输水河）是指为输水或水运而建造的人工河流湿地，包括以灌溉为主要目的的沟、渠，在全省各地均有分布。浙江省是一个人工河流湿地较为丰富的省份，主要集中在杭嘉湖平原地区。该区域河网密布，人工河流、自然河流交织，已经很难明确人工河流和自然河流的界限。全省运河（输水河）湿地面积$2.20×10^4hm^2$，占人工湿地面积8.24%，占全省湿地面积1.98%。

京杭运河南起杭州，北到北京，途经浙江、江苏、山东、河北四省及天津、北京两市，贯通海河、黄河、淮河、长江、钱塘江五大水系，全长约1797km，浙江段长约120km，湿地面积1580hm²。浙东运河又名杭甬运河，是浙江省境内的一条运河，西起杭州市滨江区西兴街道，经过绍兴市，跨曹娥江，东至宁波市甬江入海口，全长239km，湿地面积538hm²。

（三）水产养殖场

水产养殖场是指以水产养殖为主要目的而建造的人工湿地。浙江省淡水资源丰富，水产养殖业发达，特别是近几十年来，大量湖泊、河流开阔水域被围垦用于养殖，甚至部分农田也被改造为水产养殖场。在沿海地区，大量的沿海滩涂也被围垦用于各种类型的水产养殖。本次调查显示，水产养殖场湿地面积$11.10×10^4hm^2$，占人工湿地面积

41.59%，占全省湿地面积10.00%。其中水产养殖场累计面积大于5000hm²的有10个县（市、区），分别为萧山区、德清县、兰溪市、诸暨市、慈溪市、南浔区、宁海县、三门县、上虞区、象山县，合计面积6.78×10⁴hm²，占该湿地型面积61.10%，见表3-6。

表3-6 水产养殖场累计面积大于5000hm²的县（市、区）

县（市、区）	面积/hm²	占全省水产养殖场面积比例/%
萧山区	11103.20	10.00
德清县	7611.28	6.86
兰溪市	7069.21	6.37
诸暨市	6718.14	6.05
慈溪市	6536.83	5.89
南浔区	6326.23	5.70
宁海县	5939.68	5.35
三门县	5939.31	5.35
上虞区	5306.07	4.78
象山县	5261.69	4.74
合　计	67811.64	61.10

（四）盐田

盐田是指为获取盐业资源而修建的晒盐场所或盐池。盐业是浙江省一个传统的产业，盐田面积最多时超过1.00×10⁴hm²，产量曾达到80×10⁴t，随着沿海经济的发展，港口建设和临港工业开发，大量盐田被征用，盐业正在逐步萎缩。全省现有盐田面积2355.02hm²，占人工湿地面积0.88%。目前，舟山市仍是浙江省最重要的产盐基地。全省盐场面积分布详见表3-7。

表3-7 盐场规模分县（市、区）统计表

县（市、区）	面积/hm²	比例/%
岱山县	1347.72	57.23
象山县	379.72	16.12
玉环市	364.06	15.46
普陀区	146.95	6.24
宁海县	83.84	3.56
定海区	32.73	1.39
合　计	2355.02	100.00

第4章 湿地分布格局与动态变化

一、湿地分布格局

浙江省湿地从沿海到内陆、从平原到山区均有分布，呈现一个地区内有多种湿地类型和一个湿地类型分布于多个地区的特点，构成了丰富多样的类型组合。此外，本省湿地随气候的南北过渡和地形的东西转折而形成的区域分布十分明显，东部沿海地区以近海与海岸湿地为主，浙北平原以湖泊和平原河网湿地为主，丘陵、山区则以河流、库塘及沼泽湿地为主，形成明显的区域性分布特征。

（一）地理区分布

依据全省自然环境、湿地类型及区域分布特征，将全省湿地分为浙北水网平原、浙东滨海与岛屿、浙中西南内陆3个湿地地理区（图4-1）。

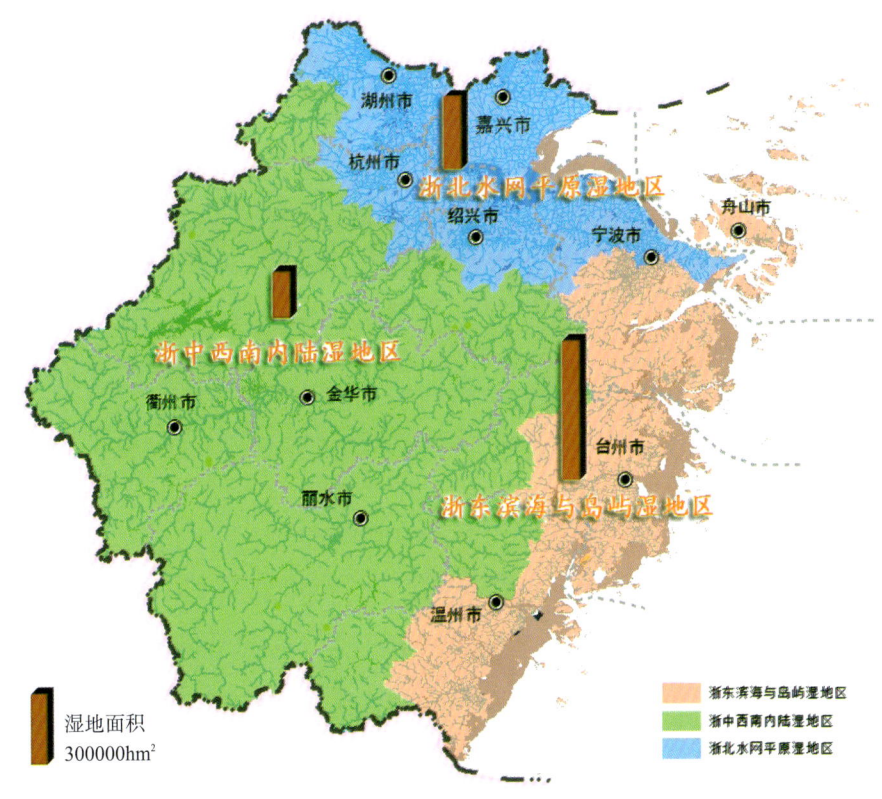

图4-1 各地理区湿地分布示意图

1. 浙北水网平原湿地区

本区位于浙北平原，包括杭嘉湖平原、萧绍宁平原等，其行政范围涉及嘉兴、湖州、杭州、绍兴、宁波5个市的29个县（市、区）。地貌以平原为主，地势低平，海拔多在10m以下，其间分布有少许海拔200m以下的孤山或丘陵，区内湖泊众多，水网密布，比降平缓，为典型的"江南水乡"。全区现有湿地面积313449.82hm^2，占全省湿地面积28.24%，涉及湿地类型5类15型，主要有近海与海岸湿地、河流湿地、湖泊湿地和人工湿地等。其中湖泊和平原河网湿地是该区域的最大特色，浙江省的湖泊湿地（永久性淡水湖）基本集中分布于该区域；此外，近海与海岸湿地也有较大面积分布，主要类型有浅水海域、淤泥质海滩、河口湿地、海岸性淡水湖、三角洲、潮间盐水沼泽等湿地类型。全省大部分的运河和输水河分布于该区。

2. 浙东滨海与岛屿湿地区

本区位于浙江东部沿海地区，是浙江省湿地分布面积最大的区域，其行政范围涉及舟山、宁波、台州、温州4个市的23个县（市、区）。地貌以低海拔山地和丘陵为主，其中舟山群岛是我国最大的群岛，海岸线曲折，港湾众多。区内主要河流有甬江、椒江、瓯江、飞云江、鳌江等。全区现有湿地面积600215.05hm^2，占全省湿地面积54.07%，涉及湿地类型5类17型，主要有近海与海岸湿地、河流湿地和人工湿地等。其中近海与海岸湿地是该区域湿地分布最主要的特征，面积达517440.59hm^2，占全省同类型湿地面积74.72%，主要湿地类型有浅海水域、淤泥质海滩、岩石海岸、海岸性淡水湖、三角洲、河口水域等。本区的乐清湾西门岛拥有目前全国最北端的一片红树林，也是浙江省鲜见的海岛红树林种植区。

3. 浙中西南内陆湿地区

本区位于浙江中、西、南部的内陆腹地，其行政范围涉及杭州、温州、绍兴、金华、衢州、台州、丽水7个市的38个县（市、区）。地貌以中、低山地和丘陵为主，间有河谷平原和盆地，多为浙江省主要河流水系的发源地，主要河流有钱塘江、瓯江、飞云江、鳌江等，以及曹娥江、椒江等水系的支流。全区现有湿地面积196464.18hm^2，占全省湿地面积17.70%，涉及湿地类型5类13型，主要有河流湿地、人工湿地。本区是全省大中型水库、溪源沼泽湿地的主要分布区域。

各地理区湿地面积见表4-1。

表4-1 各地理区湿地面积统计表

地理区	近海与海岸湿地/hm^2	河流湿地/hm^2	湖泊湿地/hm^2	沼泽湿地/hm^2	人工湿地/hm^2	合计/hm^2
浙北水网平原区	163783.64	53515.24	8505.52	452.89	87192.53	313449.82
浙东滨海与岛屿区	517440.59	23982.00	152.60	77.54	58562.32	600215.05
浙中西南内陆区	11299.13	63733.45	135.12	213.11	121083.37	196464.18
合　计	692523.36	141230.69	8793.24	743.54	266838.22	1110129.05

（二）流域分布

从流域的角度，浙江省可分为钱塘江、苕溪、运河、甬江、椒江、瓯江、飞云江、鳌江八大流域和浙东独流入海河流、浙西南跨省河流流域。为便于统计，本书将浙东独流入海河流、浙西南跨省河流流域合并称为其他流域；同时为便于对近海与海岸湿地的分类管理，增加了一个滨海湿地类（图4-2）。

图4-2 各流域湿地分布示意图

1. 钱塘江流域

钱塘江是浙江省最大的河流，也是我国东南沿海一条独特的河流，以雄伟壮观的涌潮著称于世。钱塘江，古称浙，全名"浙江"，又名"折江""之江"，浙江省因此而得名。钱塘江有南、北两源，均发源于安徽休宁县，流至建德梅城汇合后，流经杭州市并东流出杭州湾入东海。河长以北源为长，总长668km，流域面积55558km²。流域内现有湿地面积263991.65hm²，占全省湿地面积23.78%，涉及湿地类型5类13型。其中，近海与海岸湿地75588.46hm²，占28.63%；河流湿地49064.54hm²，占18.59%；湖泊湿地497.57hm²，占0.19%；沼泽湿地482.42hm²，占0.18%；人工湿地138358.66hm²，占52.41%。

2. 苕溪流域

苕溪古名苕水、苕溪水，在浙江北部，属长江水系的太湖流域，也是浙江主要河流中唯一不在本省入海的河流。苕溪有东苕溪、西苕溪两大源流，两溪在湖州市白雀塘桥汇合，经长兜港注入太湖。两溪流域面积相近，河源以东苕溪稍长。苕溪河长为158km，流域面积4576km²。流域内现有湿地面积22667.35hm²，占全省湿地面积2.04%，涉及湿地类型4类8型。其中，河流湿地8578.47hm²，占37.84%；湖泊湿地

1168.41hm², 占5.16%；沼泽湿地97.20hm²，占0.43%；人工湿地12823.27hm²，占56.57%。

3. 运河流域

运河水系属长江水系太湖流域，也称"杭嘉湖东部平原河网水系"。流域面积7500km²，其中浙江境内6481km²。运河水系是以纵横交错的河道形成的平原河网水系，流域内地表径流北注入太湖，东注入黄浦江；"南排工程"兴建后，有部分水量经由南排工程的各个排水闸注入钱塘江。由于京杭运河横贯其中，故称为"京杭运河水系"，简称"运河水系"。运河水系浙江境内大小河道总长度24600km，河网密度3.9km/km²，是著名的"鱼米之乡""丝绸之府"。流域内现有湿地面积73928.25hm²，占全省湿地总面积6.66%，涉及湿地类型5类12型。其中，近海与海岸湿地5197.57hm²，占7.03%；河流湿地31798.03hm²，占43.01%；湖泊湿地6889.91hm²，占9.32%；沼泽湿地52.92hm²，占0.07%；人工湿地29989.82hm²，占40.57%。

4. 甬江流域

甬江在浙江东部，因流经古甬地，故名。甬江由南源奉化江、北源姚江两江汇合而成，两江在宁波市区三江口汇合后向东北流经镇海外游山入海，总长133km，流域面积4518km²。甬江两源中，姚江略长，奉化江的流域面积略大。流域内现有湿地面积21629.62hm²，占全省湿地面积1.95%，涉及湿地类型4类8型。其中，近海与海岸湿地4134.18hm²，占19.11%；河流湿地9024.69hm²，占41.72%；湖泊湿地92.94hm²，占0.44%；人工湿地8377.81hm²，占38.73%。

5. 椒江流域

椒江，亦称灵江，发源于缙云、仙居与永嘉三县交界的括苍山水湖岗石长坑。干流流经仙居县、临海市、椒江区注入台州湾，河长209km，流域面积6603km²，是浙江省第三大河流。流域内现有湿地面积19721.40hm²，占全省湿地总面积1.78%，涉及湿地类型4类9型。其中，近海与海岸湿地4111.64hm²，占20.85%；河流湿地8417.12hm²，占42.68%；湖泊湿地80.94hm²，占0.41%；人工湿地7111.70hm²，占36.06%。

6. 瓯江流域

瓯江古名慎江，曾以地取名为永宁江、永嘉江、温江，发源于庆元、龙泉两县交界的百山祖锅帽尖，流经龙泉、云和、莲都、青田、永嘉、瓯海、鹿城、龙湾共8个县（市、区），出温州湾入东海，干流长384km，流域面积18100km²，是浙江省第二大河流。流域内现有湿地面积46525.76hm²，占全省湿地面积4.19%，涉及湿地类型4类10型。其中，近海与海岸湿地13010.00hm²，占27.96%；河流湿地16839.28hm²，占36.19%；沼泽湿地33.45hm²，占0.08%；人工湿地16643.03hm²，占35.77%。

7. 飞云江流域

飞云江在古代曾名罗阳江、安阳江、安固江、瑞安江，发源于景宁畲族自治县景南乡的白云尖西北坡，自西向东流经泰顺、文成两县，在瑞安市上望街道新村村入东海，干流长193km，流域面积3719km²。流域内现有湿地面积15210.72hm²，占全省湿地面积1.37%，涉及湿地类型4类8型。其中，近海与海岸湿地4159.55hm²，占27.34%；河流湿地

2895.45hm²，占19.04%；湖泊湿地12.05hm²，占0.08%；人工湿地8143.67hm²，占53.54%。

8. 鳌江流域

鳌江曾名始阳江、横阳江，又名钱仓江，发源于文成县桂山乡吴地山麓桂库村上游，干流长81km，流域面积1530km²。流域内现有湿地面积5071.39hm²，占全省湿地面积0.46%，涉及湿地类型3类6型。其中，近海与海岸湿地952.89hm²，占18.79%；河流湿地2806.08hm²，占55.33%；人工湿地1312.42hm²，占25.88%。

9. 其他流域

其他流域包括分布在庆元县、泰顺县、开化县流域面积较小的边界水系，以及分布在浙江东部沿海地区（海岸线以内）的独流入海河流的流域。流域内现有湿地面积55838.97hm²，占全省湿地面积5.03%，涉及湿地类型5类15型。其中，近海与海岸湿地10482.38hm²，占18.77%；河流湿地11537.03hm²，占20.66%；湖泊湿地51.42hm²，占0.09%；沼泽湿地77.55hm²，占0.14%；人工湿地33690.59hm²，占60.34%。

10. 滨海湿地

海岸线以外的近海与海岸湿地，包括岛屿上的河流湿地和人工湿地，均统计到滨海湿地中，其湿地面积585543.94hm²，占全省湿地面积52.75%，涉及湿地类型3类11型。其中，近海与海岸湿地574886.69hm²，占98.18%；河流湿地270.00hm²，占0.05%；人工湿地10387.25hm²，占1.77%。

各流域湿地面积见表4-2。

表4-2 各流域湿地面积统计表

流 域	近海与海岸湿地/hm²	河流湿地/hm²	湖泊湿地/hm²	沼泽湿地/hm²	人工湿地/hm²	合计/hm²
钱塘江流域	75588.46	49064.54	497.57	482.42	138358.66	263991.65
苕溪流域		8578.47	1168.41	97.20	12823.27	22667.35
运河流域	5197.57	31798.03	6889.91	52.92	29989.82	73928.25
甬江流域	4134.18	9024.69	92.94		8377.81	21629.62
椒江流域	4111.64	8417.12	80.94		7111.70	19721.40
瓯江流域	13010.00	16839.28		33.45	16643.03	46525.76
飞云江流域	4159.55	2895.45	12.05		8143.67	15210.72
鳌江流域	952.89	2806.08			1312.42	5071.39
其他流域	10482.38	11537.03	51.42	77.55	33690.59	55838.97
滨海湿地	574886.69	270.00			10387.25	585543.94
合 计	692523.36	141230.69	8793.24	743.54	266838.22	1110129.05

（三）设区市分布

在全省各市中，湿地面积位于前三位的分别是宁波市、温州市、台州市，合计面积65.23×10⁴hm²，占全省湿地面积58.76%。此外，舟山市是我国唯一的地级海岛市，湿地率高达47.33%（图4-3）。

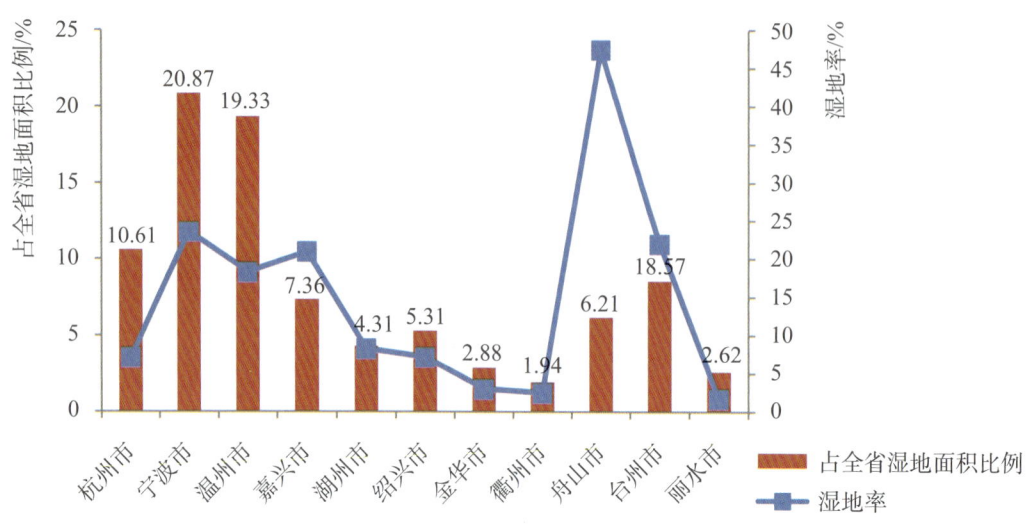

图4-3 各设区市湿地分布状况

宁波市地处长江三角洲的南翼，浙江省东北部的东海之滨，境内有"两湾两港"，即杭州湾、北仑港、象山港和三门湾，以及浙江省八大水系之一的甬江。宁波的河、湖、海、湾、港、岛孕育了丰富的湿地资源，全市湿地面积$23.17 \times 10^4 hm^2$，湿地率23.53%，占全省湿地面积20.87%，涉及湿地类型5类15型。慈溪庵东湿地是浙江省最大的海涂，其位于东亚-澳大利亚水鸟迁徙通道，是我国东部大陆海岸冬季水鸟最富集的地区之一，也是世界濒危物种黑嘴鸥和黑脸琵鹭的重要越冬地与迁徙停歇地之一。

温州市位于浙江省东南部，南接福建，境内港湾众多，有乐清湾、温州湾、沿浦湾、大渔湾四大海湾，主要水系有瓯江、飞云江、鳌江。全市湿地面积$21.46 \times 10^4 hm^2$，湿地率18.21%，占全省湿地面积19.33%，涉及湿地类型4类14型。温州湾、乐清湾滩涂湿地为重要鸟区，是世界濒危物种黑嘴鸥和卷羽鹈鹕的重要越冬地，也是世界濒危物种黑脸琵鹭的重要停歇地以及大量鸻鹬类水鸟的重要栖息地。

台州市位于浙江省中部沿海，是中国黄金海岸上一个新兴的组合式港口城市，境内港湾众多，有三门湾、台州湾、漩门湾、乐清湾等海湾，主要水系有浙江省第三大水系椒江水系。全市湿地资源丰富，湿地面积$20.61 \times 10^4 hm^2$，湿地率21.90%，占全省湿地面积18.57%，涉及湿地类型5类17型。漩门湾、乐清湾滩涂湿地为重要鸟区，是世界濒危物种黑嘴鸥的重要越冬地，也是大量鸻鹬类水鸟的重要栖息地。

舟山市位于我国大陆海岸线中部，长江口南侧，杭州湾外缘的东海洋面上，扼我国沿海黄金海岸和长江黄金水道交汇的咽喉要冲，镇守杭州湾及长三角出海口枢纽位置，是长江流域对外开放的海上门户。全市湿地面积$6.89 \times 10^4 hm^2$，湿地率47.33%，占全省湿地面积6.21%，涉及湿地类型3类10型，拥有五峙山列岛、秀山岛等具有很高生态价值的湿地，在全省湿地资源中占据重要地位。

全省各设区市湿地面积占比及湿地率见表4-3，各设区市湿地面积排序见表4-4。

表4-3　各设区市湿地面积占比及湿地率

各市	国土面积/hm²	湿地面积/hm²	占全省湿地面积比例/%	湿地率/%
杭州市	1657100	117821.27	10.61	7.11
宁波市	984500	231659.29	20.87	23.53
温州市	1178400	214551.87	19.33	18.21
嘉兴市	391500	81717.65	7.36	20.87
湖州市	582400	47812.51	4.31	8.21
绍兴市	827900	58945.59	5.31	7.12
金华市	1094200	32003.61	2.88	2.92
衢州市	884200	21503.39	1.94	2.43
舟山市	145500	68870.72	6.21	47.33
台州市	941100	206107.11	18.57	21.90
丽水市	1730800	29136.04	2.62	1.68

表4-4　各设区市湿地面积排序

各市	湿地面积 面积/hm²	位序	近海与海岸湿地 面积/hm²	位序	河流湿地 面积/hm²	位序	湖泊湿地 面积/hm²	位序	沼泽湿地 面积/hm²	位序	人工湿地 面积/hm²	位序
杭州市	117821.27	4	22491.86	6	16730.24	3	556.11	3	41.20	7	78001.86	1
宁波市	231659.29	1	181002.20	2	11764.00	8	123.64	5	269.99	1	38499.46	2
温州市	214551.87	2	184727.49	1	12512.36	7	12.06	8			17299.96	7
嘉兴市	81717.65	5	50462.90	5	18511.84	1	3689.47	2	42.38	6	9011.06	10
湖州市	47812.51	8			17196.35	2	3984.42	1	97.16	2	26534.58	3
绍兴市	58945.59	7	19004.09	7	15822.07	4	307.81	4	90.64	3	23720.98	4
金华市	32003.61	9			11262.85	9	38.79	7	8.54	9	20693.43	6
衢州市	21503.39	11			10735.20	10			82.45	4	10685.74	9
舟山市	68870.72	6	62621.36	4	180.07	11					6069.29	11
台州市	206107.11	3	171447.77	3	12977.35	6	80.94	6	77.54	5	21523.51	5
丽水市	29136.04	10	765.69	8	13538.36	5			33.64	8	14798.35	8
合　计	1110129.05		692523.36		141230.69		8793.24		743.54		266838.22	

二、湿地资源动态变化

（一）两次调查技术口径比较

浙江省第一次湿地资源调查（简称"一调"），根据原国家林业局颁布的《全国湿地资源调查与监测技术规程》（1997年）、《有关湿地资源调查技术问题的说明》（1997年）和原浙江省林业厅制定的《浙江省湿地资源调查及监测技术操作细则》（1997年）执行，于1997—2000年完成。

浙江省第二次湿地资源调查（简称"二调"），按照原国家林业局颁布的《全国湿地资源调查技术规程（试行）》（2010年）和原浙江省林业厅制定的《浙江省第二次湿地资源调查技术操作细则》（2011年）执行，于2011—2013年完成。全省两次湿地资源调查在调查起始面积、技术标准和调查手段等方面存在一定差异，详见表4-5。

表4-5　浙江省两次调查技术口径差异比较

类别		"一调"	"二调"
调查范围	起调面积	≥100hm²	≥8hm²
技术标准	浅海水域	低潮线与5m等深线之间的面积	低潮线与6m等深线之间的面积
	三角洲	指由沙岛、沙洲、沙嘴等发育而成的低冲积平原；含人工湿地——稻田	河口系统四周，冲积的泥（沙）滩、沙洲、沙岛，植被盖度<30%；不含稻田湿地
	永久性河流	10km长、10m宽以上	5km长、10m宽以上
	洪泛平原湿地	河水泛滥淹没的河流两岸地势平坦地区（泄洪区），包括河滩、泛滥的河谷、季节性泛滥的草地，也包括范围内的人工湿地——稻田	河床至河流多年平均最高水位所淹没的河滩、河心洲、河谷，季节性泛滥的草地，内陆三角洲。不含稻田湿地
	运河（输水河）	只调查京杭运河，未统计	均调查统计
	水产养殖场	未调查	均调查统计
	盐田	未调查	均调查统计
技术手段	调查底图	1:50000纸质地形图配以1998—1999年30m分辨率的美国陆地资源卫星（LANDSAT-5）数据	2009—2010年2.5m分辨率的SPOT 5数据；1:10000地形图基础矢量信息数据
	湿地面积求算	河口湿地、河流湿地等湿地面积以手工量算长度乘以平均宽度，库塘湿地面积以资料引用为主	所有湿地斑块均应用Arcgis软件求算

注：两次技术标准一致，本表不作说明。

（二）两次调查面积概况

"一调"调查起始面积为100hm^{2}以上的近海与海岸湿地、湖泊湿地、沼泽湿地和人工湿地（库塘）以及宽度大于10m、长度大于10km的河流。调查结果为湿地面积79.51×10^{4}hm^2，湿地率7.81%。其中，天然湿地面积68.88×10^{4}hm^2，人工湿地面积10.63×10^{4}hm^2。按湿地类型分，近海与海岸湿地面积57.43×10^{4}hm^2，占72.23%；河流湿地面积11.14×10^{4}hm^2，占14.01%；湖泊湿地面积0.30×10^{4}hm^2，占0.38%；沼泽湿地面积0.01×10^{4}hm^2，占0.01%；人工湿地面积10.63×10^{4}hm^2，占13.37%。

"二调"调查起始面积为8hm^{2}以上的近海与海岸湿地、湖泊湿地、沼泽湿地和人工湿地以及宽度大于10m、长度大于5km的河流。调查结果为全省湿地面积111.01×10^{4}hm^2，湿地率10.90%。其中，天然湿地面积84.33×10^{4}hm^2，人工湿地面积26.68×10^{4}hm^2。按湿地类型分，近海与海岸湿地面积69.25×10^{4}hm^2，占62.38%；河流湿地面积14.12×10^{4}hm^2，占12.72%；湖泊湿地面积0.88×10^{4}hm^2，占0.79%；沼泽湿地面积0.07×10^{4}hm^2，占0.07%；人工湿地面积26.68×10^{4}hm^2，占24.04%。两次调查湿地面积总体比较见表4-6。

表4-6　两次调查湿地面积总体比较

湿地类型	"一调"/hm^2	"二调"/hm^2
近海与海岸湿地	574254	692523.36
河流湿地	111405	141230.69
湖泊湿地	3020	8793.24
沼泽湿地	114	743.54
人工湿地	106267	266838.22
合　计	795060	1110129.05

（三）同口径比较

由于两次湿地资源调查在调查起始面积、技术标准、技术手段和调查方法上均不尽相同，因此需通过技术处理将"二调"湿地面积按"一调"调查范围、技术标准与统计口径进行汇总，汇总后其湿地面积为77.71×10^{4}hm^2，较"一调"湿地面积79.51×10^{4}hm^{2}减少了1.80×10^{4}hm^2，减幅2.26%。其中，近海与海岸湿地面积增加1.36×10^{4}hm^2，增幅2.38%；河流湿地面积减少3.01×10^{4}hm^2，减幅27.01%；湖泊湿地面积增加0.10×10^{4}hm^2，增幅32.60%；沼泽湿地面积增加0.02×10^{4}hm^2，增幅136.83%；人工湿地面积减少0.27×10^{4}hm^2，减幅2.52%。各湿地类型面积同口径比较详见表4-7。

表 4-7　两次调查湿地面积同口径比较

湿地类型	"一调"面积/hm²	"二调"按"一调"口径汇总的面积/hm²	差值/hm²	增减率/%	备 注
近海与海岸湿地	574254	587901.00	13647.00	2.38	
浅海水域	286453	302788.41	16335.41	5.70	在"二调"结果中剔除等深线 5～6m 浅海水域面积 65055hm²，剔除外岛浅海水域湿地 33530hm²
岩石海岸	6009		-6009.00	-100.00	
沙石海滩	628	2012.24	1384.24	220.42	
淤泥质海滩	145009	142913.82	-2095.18	-1.44	
潮间盐水沼泽	21024	16402.61	-4621.39	-21.98	
河口水域	78631	94394.86	15763.86	20.05	
三角洲	31341	23448.89	-7892.11	-25.18	在"二调"结果中增加范围内稻田湿地面积 22907hm²
海岸性淡水湖	5159	5940.17	781.17	15.14	
河流湿地	111405	81319.80	-30085.20	-27.01	
永久性河流	82503	62596.56	-19906.44	-24.13	
洪泛平原湿地	28902	18723.24	-10178.76	-35.22	在"二调"结果中增加范围内稻田湿地面积 18185hm²
湖泊湿地	3020	4004.51	984.51	32.60	
永久性淡水湖	3020	4004.51	984.51	32.60	
沼泽湿地	114	269.99	155.99	136.83	
草本沼泽	114	269.99	155.99	136.83	
人工湿地	106267	103588.20	-2678.80	-2.52	
库塘	106267	103588.20	-2678.80	-2.52	
合　计	795060	777083.50	-17976.50	-2.26	

第5章 湿地植物与植被

一、湿地植物

(一) 植物种类

高等植物包括苔藓、蕨类和种子植物,其中蕨类和种子植物称为维管植物。根据浙江省第二次湿地资源调查,并参考有关文献资料,全省有湿地高等植物1482种(含种下等级及栽培种,下同),隶属640属181科。其中苔藓植物79种,占5.33%;蕨类植物67种,占4.52%;种子植物1336种,占90.15%,详见表5-1。浙江湿地高等植物名录详见附录3。

表5-1 湿地高等植物种类组成

分类群			科		属		种	
			数量/个	比例/%	数量/个	比例/%	数量/个	比例/%
苔藓植物			24	13.26	36	5.63	79	5.33
维管植物	蕨类植物		28	15.47	41	6.41	67	4.52
	种子植物	裸子植物	2	1.10	4	0.63	7	0.47
		被子植物	127	70.17	559	87.34	1329	89.68
合 计			181	100.00	640	100.00	1482	100.00

(二) 区系特点

浙江省湿地植物在种类组成、生活方式、生活型、地理成分、区系起源等方面具有如下特征:

(1) 种类丰富。

浙江省湿地植物的科、属、种分别占全省高等植物数量的59.15%、39.78%和32.49%,种类资源十分丰富。其中被子植物所占比例最大,分别占73.41%、45.63%、39.93%;裸子植物所占比例最少,分别占22.22%、11.76%、11.67%,详见表5-2。

表5-2 湿地高等植物与全省植物数量比较

类 群	科			属			种		
	湿地区/个	全省/个	比例/%	湿地区/个	全省/个	比例/%	湿地区/个	全省/个	比例/%
苔藓植物	24	75	32.00	36	234	15.38	79	674	11.72
蕨类植物	28	49	57.14	41	116	35.34	67	499	13.43
裸子植物	2	9	22.22	4	34	11.76	7	60	11.67
被子植物	127	173	73.41	559	1225	45.63	1329	3328	39.93
合 计	181	306	59.15	640	1609	39.78	1482	4561	32.49

（2）科属组成以小型科、属居多。

在所有维管植物科中，按照所含种数分，含100种以上的特大科有3个，分别是禾本科（80属、179种）、莎草科（17属、146种）、菊科（53属、117种）；含20～99种的大科有唇形科（20属、45种）、蓼科（5属、43种）、玄参科（13属、37种）、伞形科（17属、31种）、百合科（14属、24种）等10个；含10～19种的中等科有旋花科（8属、19种）、毛茛科（6属、16种）、灯心草科（2属、10种）、水鳖科（5属、10种）等21个；含2～9种的小型科有谷精草科（1属、9种）、菱科（1属、9种）、小二仙草科（2属、5种）、黑三棱科（1属、2种）、水韭科（1属、2种）等75个；单种科有水蕨科、蘋科、槐叶蘋科、酢浆草科等48个。

表5-3 湿地维管植物科组成统计

科分类	科		属		种	
	数量/个	比例/%	数量/个	比例/%	数量/个	比例/%
特大科(≥100种)	3	1.91	150	24.83	442	31.50
大科(20～99种)	10	6.37	134	22.19	322	22.95
中等科(10～19种)	21	13.38	114	18.87	278	19.81
小型科(2～9种)	75	47.77	158	26.16	313	22.31
单种科(1种)	48	30.57	48	7.95	48	3.42
合 计	157	100.00	604	100.00	1403	100.00

由表5-3可知，湿地维管植物科组成以小型科和单种科占优势，两者共占78.34%；种组成以特大科和大科占优势，两者共占54.45%。

在所有维管植物属中，按照所含种数分，含20种以上的特大属有3个，分别是苔草属（52种）、蓼属（34种）、飘拂草属（22种）；含10～19种的大属有莎草属（19种）、薹草属（14种）、荸荠属（12种）、谷精草属（9种）等10个；含6～9种的中等属有眼子菜属（9种）、母草属（9种）、菱属（9种）、灯心草属（8种）、扁莎属（6种）等25个；含2~5种的小型属有茨藻属（5种）、节节菜属（3种）、水苋菜属（3种）、满江红属（2种）、水韭属（2种）等225个；单种属有水玉簪属、无根萍属、断节莎属、菰属、蕨草属、梯牧草属、沼原草属、白茅属、假俭草属等341个。

表5-4 湿地维管植物属组成统计

属分类	属		种	
	数量/个	比例/%	数量/个	比例/%
特大属(≥20种)	3	0.50	108	7.70
大属(10~19种)	10	1.66	136	9.69
中等属(6~9种)	25	4.14	182	12.97
小型属(2~5种)	225	37.25	636	45.33
单种属(1种)	341	56.46	341	24.31
合计	604	100.00	1403	100.00

由表5-4可知，湿地维管植物属组成以小型属和单种属占绝对优势，两者共占93.71%；种组成也以小型属和单种属为主，两者共占69.64%，这一特点与科组成特点刚好相反。

（3）生活方式以湿生植物为主。

湿地维管植物根据所需生境不同分为湿生、沼生、挺水植物等8个类型。其中以湿生植物为主，占82.25%；其次是沼生植物，占7.84%；其余类植物种比例均不足3%，详见表5-5。

表5-5 湿地维管植物生活方式统计

生境类型	科		属		种	
	数量/个	比例/%	数量/个	比例/%	数量/个	比例/%
湿生植物	125	79.62	490	81.13	1154	82.25
沼生植物	28	17.83	48	7.95	110	7.84
挺水植物	6	3.82	8	1.32	12	0.85
浮叶植物	5	3.18	8	1.32	25	1.78
浮水植物	8	5.10	10	1.66	14	1.00
沉水植物	7	4.46	10	1.66	28	2.00
盐沼植物	11	7.01	20	3.31	28	2.00

续表

生境类型	科		属		种	
	数量/个	比例/%	数量/个	比例/%	数量/个	比例/%
沙生植物	10	6.37	23	3.81	32	2.28
合　计	157	—	604	—	1403	100.00

（4）生活型组成以草本植物为主。

湿地维管植物的生活型以草本为主，占78.26%，其中多年生草本占比（49.11%）高于一、二年生草本占比（29.15%）。木本（乔木＋灌木）植物中落叶木本占比（9.13%）高于常绿木本占比（3.13%），详见表5-6。

表5-6　湿地维管植物生活型统计

生活型		科		属		种	
		数量/个	比例/%	数量/个	比例/%	数量/个	比例/%
乔木	小计	20	12.74	30	4.97	47	3.35
	常绿乔木	6	3.82	6	0.99	10	0.71
	落叶乔木	15	9.55	24	3.97	37	2.64
灌木	小计	40	25.48	72	11.92	125	8.91
	常绿灌木	17	10.83	24	3.97	34	2.42
	落叶灌木	29	18.47	54	8.94	91	6.49
草本	小计	112	71.34	454	75.17	1098	78.26
	多年生草本	96	61.15	320	52.98	689	49.11
	一、二年生草本	51	32.48	186	30.79	409	29.15
藤本	小计	32	20.38	65	10.76	108	7.70
	木质藤本	16	10.19	23	3.81	36	2.57
	草质藤本	21	13.38	45	7.45	72	5.13
竹类	小计	1	0.64	4	0.66	25	1.78
	乔木竹类	1	0.64	3	0.50	15	1.07
	灌木竹类	1	0.64	3	0.50	10	0.71
合　计		157	—	604	—	1403	100.00

（5）区系地理成分复杂多样。

按照吴征镒先生发表的《中国种子植物属的分布区类型》中的分类系统，浙江省湿地种子植物属的区系地理划分结果见表5-7。从表5-7中可以看出：湿地植物属的区系地理成分组成以世界分布、泛热带分布和北温带分布为主，特别是泛热带分布和北温带分布的属，其比例远高于全省的比例。

表5-7 湿地种子植物属的区系分布类型

序号	分布类型	湿地植物属数/个	比例/%	全省植物属数/个	比例/%
1	世界分布	82	—	83	—
2	泛热带分布	119	25.93	198	16.95
3	热带亚洲和热带美洲间断分布	16	3.49	59	5.05
4	旧世界热带分布	31	6.75	86	7.36
5	热带亚洲至热带大洋洲分布	22	4.79	61	5.22
6	热带亚洲至热带非洲分布	14	3.05	48	4.11
7	热带亚洲分布	27	5.88	107	9.16
8	北温带分布	98	21.35	190	16.27
9	东亚及北美间断分布	31	6.75	97	8.30
10	旧世界温带分布	40	8.71	73	6.25
11	温带亚洲分布	6	1.31	16	1.37
12	中亚分布	—	—	2	0.17
13	地中海地区,西亚至中亚分布	1	0.22	26	2.23
14	东亚分布	51	11.11	157	13.44
15	中国特有分布	3	0.65	48	4.11
	合计	541	100.00	1251	100.00

注：1. 剔除栽培属后计算；

2. 第2～15项的百分比为扣除世界分布属后的总数计算得出。

（6）区系起源古老、孑遗植物较多。

在浙江省湿地植物区系中，有不少古老的科属和孑遗植物，如蕨类植物中起源古老、分类地位比较孤立的水韭属，起源于中生代前的紫萁属，起源于第三纪的狗脊属、海金沙属等；裸子植物中有起源于晚石炭纪的松属；被子植物中也含有不少原始类群，如公认的多心皮类的金粟兰科、三白草科、睡莲科、木通科、毛茛科等。另外，"假花说"认为最原始的类群，如杨柳科的柳属、桦木科的桤木属、胡桃科的枫杨属、榆科的榆属等，在浙江省湿地中也均有分布。在单子叶植物中，公认的原始类群如泽泻目、眼子菜目、水鳖目、茨藻目等在浙江省湿地植物中均占有较重要的地位。

（7）重点保护及珍稀濒危植物较多。

浙江省湿地类型多样、分布广泛、水热条件良好，是生物多样性的荟萃之地，也为国家重点保护及珍稀濒危植物的生长、繁衍提供了场所。浙江省湿地中分布有国家重点保护野生植物11种，其中属于国家Ⅰ级保护的有中华水韭、东方水韭、毛茛泽泻、莼菜4种，属于国家Ⅱ级保护的有水蕨、野菱、中华结缕草、珊瑚菜、野大豆、野荞麦、毛红椿7种，详见表5-8。另外，海滨木槿、睡菜、芡实、睡莲等10种植物被列入《浙江省重点保护野生植物名录》。

表5-8 湿地重点保护植物

植物名称	保护级别	分布区域	生长环境
中华水韭	国Ⅰ	建德、诸暨、丽水、松阳、鄞州等地	生于浅水池沼、山沟沼泽中
东方水韭	国Ⅰ	松阳	生于海拔1200m的浅水池沼中
毛茛泽泻	国Ⅰ	丽水	生于池沼
莼菜	国Ⅰ	永康、瓯海、泰顺、庆元等地	生于海拔700m以下的池塘、湖沼中
水蕨	国Ⅱ	德清、鄞州、萧山等地	生于池塘、水沟、阡陌、农田等处
野菱	国Ⅱ	全省广布	生于湖泊、池塘中
中华结缕草	国Ⅱ	普陀、瑞安、乐清等地	生于滨海沙滩上
珊瑚菜	国Ⅱ	普陀、玉环、瑞安、平阳等地	生于滨海沙滩上
野大豆	国Ⅱ	全省广布	生于田边、空旷地及荒地上
野荞麦	国Ⅱ	全省广布	生于水沟边、路边及空旷地上
毛红椿	国Ⅱ	衢江	生于河滩边

（三）"一调"后新记录植物

通过第一次全省湿地资源调查，省内湿地植物种质资源已基本查明，但在随后的进一步调查中仍有不少新发现。编者通过外业调查、访问调查及资料收集等方法，综合整理了2000年以后发现的省级及以上新记录的湿地维管植物，共28种，隶属17科27属，其中新种2个，新变种2个，科级新记录种1个，属级新记录种3个，属级新归化种2个，种级新记录种13个，种级新归化种5个；确定了10种植物在浙江省的具体分布区，详见表5-9。

表5-9 第一次湿地资源调查后植物新记录

类别	科	植物名称	拉丁名	资料来源	发现地点	发现时间
新种	水韭科	东方水韭	*Isoetes orientalis*	文献搜集	松阳	2002
新种	蔷薇科	沼生矮樱	*Cerasus jingningensis*	文献搜集	景宁、龙游、临安	2009
新变种	马鞭草科	白花牡荆	*Vitex negundo* var. *cannabifolia* f. *alba*	湿地"二调"发现	温岭、苍南	2011
新变种	莎草科	千亩田龙师草	*Eleocharis tetraquetra* var. *qianmutianensis*	湿地"二调"发现	淳安	2011
科级新记录	田葱科	田葱	*Philydrum lanuginosum*	文献搜集	象山	2013
属级新记录	毛茛科	水毛茛	*Batrachium bungei*	文献搜集	建德	2001
属级新记录	禾本科	蒺藜草	*Cenchrus echinatus*	文献搜集	普陀	2008
属级新记录	禾本科	距花黍	*Ichnanthus vicinus*	湿地"二调"发现	泰顺、苍南	2011
属级新归化	菊科	梁子菜	*Erechtites hieracifolia*	湿地"二调"发现	泰顺、景宁、莲都	2011
属级新归化	菊科	裸冠菊	*Gymnocoronis spilanthoides*	文献搜集	岱山	2010
种级新记录	堇菜科	亮毛堇菜	*Viola lucens*	文献搜集	泰顺、庆元、松阳、衢江	2010
种级新记录	山矾科	朝鲜白檀	*Symplocos coreana*	文献搜集	景宁	2009
种级新记录	龙胆科	小莕菜	*Nymphoides coreamum*	湿地"二调"发现	松阳、鄞州	2011
种级新记录	旋花科	鱼黄草	*Merremia hederacea*	文献搜集	余杭、德清	2004
种级新记录	马鞭草科	广东牡荆	*Vitex sampsoni*	文献搜集	余杭	2004
种级新记录	玄参科	有腺泽番椒	*Deinostema adenocaula*	湿地"二调"发现	青田、东阳、临安	2011
种级新记录	玄参科	大叶石龙尾	*Linnophila rugosa*	文献搜集	文成	2013
种级新记录	菊科	三脉兔耳风	*Ainsliaea trinervis*	文献搜集	景宁、泰顺	2009
种级新记录	菊科	长叶紫菀	*Aster dolichophyllus*	湿地"二调"发现	泰顺	2011
种级新记录	禾本科	南荻	*Miscanthus lutarioriparius*	访问学者	泰顺、长兴	2013
种级新记录	禾本科	卡开芦	*Phragmites karka*	文献搜集	临安、玉环	2010
种级新记录	莎草科	穗芽水葱	*Schoenoplectus gemmifer*	访问学者	景宁	2013
种级新记录	兰科	香港绶草	*Spiranthes hongkongensis*	文献搜集	临安、余姚、衢江	2002
种级新归化	柳叶菜科	细果草龙	*Ludwigia leptocarpa*	湿地"二调"发现	临安、嘉善、吴兴	2011
种级新归化	桔梗科	串叶异檐花	*Triodanis perfoliata*	文献搜集	临海、龙泉	2010
种级新归化	菊科	夏威夷紫菀	*Aster sandwicensis*	文献搜集	全省湿地广布	2009

续表

类　别	科	植物名称	拉丁名	资料来源	发现地点	发现时间
种级新归化	菊科	加拿大苍耳	*Xanthium canadense*	湿地"二调"发现	洞头	2011
种级新归化	禾本科	丝毛雀稗	*Paspalum urvillei*	文献搜集	文成	2006
确定分布区	蓼科	暗果春蓼	*Polygonum persicaria* var. *opacum*	访问学者	温州	2013
确定分布区	水马齿科	栗苔	*Callitriche japonica*	乌溪江湿地公园科考	衢江	2009
确定分布区	玄参科	小果草	*Microcarpaea minima*	湿地"二调"发现	开化	2011
确定分布区	狸藻科	钩突耳草	*Utricularia warburgii*	文献搜集	景宁	2011
确定分布区	泽泻科	利川慈姑	*Sagittaria lichuanensis*	乌溪江湿地公园科考	衢江、宁海	2009
确定分布区	水鳖科	罗尼黑藻	*Hydrilla verticillata* var. *roxburghii*	访问学者	瓯海	2013
确定分布区	禾本科	瘦瘠伪针茅	*Paeudoraphis spinescens* var. *depauperata*	访问学者	婺城	2012
确定分布区	禾本科	碱茅	*Puccinellia distans*	文献搜集	温岭	2013
确定分布区	莎草科	断节莎	*Torulinium ferax*	湿地"二调"发现	西湖、越城、嘉善	2011
确定分布区	谷精草科	尼泊尔谷精草	*Eriocaulon nepalense*	访问学者	瑞安、泰顺	2013

二、湿地植被

（一）植被分类

1. 湿地植被分类单位

（1）植被型组。

植被型组为湿地植被分类系统的最高级单位。建群种生活型相近且群系外貌相似的植物群系联合为植被型组，如针叶林湿地植被型组、阔叶林湿地植被型组、灌丛湿地植被型组、草本湿地植被型组、浅水植物湿地植被型组等。

（2）植被型。

植被型为植被分类的高级单位。建群种生活型（一级或二级）相同或相似，水热条件生态关系一致的植物群系联合为植被型，如禾草型湿地植被型、莎草型湿地植被型、浮叶植物植被型、沉水植物植被型等。

（3）植被亚型。

植被亚型是植被型的辅助或补充单位。在类型复杂的植被型中，依据优势层片的生态差异将其进一步划分为亚型，如将竹林湿地植被型划分为丛生竹亚型和散生竹亚型，将禾草型湿地植被型划分为高禾草亚型和低禾草亚型等。

（4）群系。

群系是植被分类的中级单位。建群种或共建种相同（在亚热带有时是标志种相同）的植物群丛联合为群系，如枫杨群系、柽柳群系、斑茅群系、金鱼藻群系、苦草群系等。本书划分到群系为止。

2. 浙江湿地植被分类系统

根据实地调查并参考有关资料，将浙江省湿地植被划分为7个植被型组、16个植被型、268个群系，其中人工栽培群系35个，详见表5-10。

表5-10 浙江省湿地植被分类系统表

型 组	型	亚 型	群 系
针叶林湿地植被型组	暖性针叶林湿地植被型		（1）水松群系*（Form. *Glyptostrobus pensilis*） （2）水杉群系*（Form. *Metasequoia glyptostroboides*） （3）湿地松群系*（Form. *Pinus elliottii*） （4）马尾松群系（Form. *Pinus massoniana*） （5）黄山松群系（Form. *Pinus taiwanensis*） （6）落羽杉群系*（Form. *Taxodium distichum*） （7）池杉群系*（Form. *Taxodium distichum* var. *imbricarium*）
阔叶林湿地植被型组	落叶阔叶林湿地植被型		（1）江南桤木群系（Form. *Alnus trabeculosa*） （2）构树群系（Form. *Broussonetia papyrifera*） （3）苦楝群系（Form. *Melia azedarach*） （4）鲁桑群系*（Form. *Morus alba* var. *multicaulis*） （5）意杨群系*（Form. *Populus×canadensis*） （6）枫杨群系（Form. *Pterocarya stenoptera*） （7）垂柳群系*（Form. *Salix babylonica*） （8）银叶柳群系（Form. *Salix chienii*） （9）旱柳群系（Form. *Salix matsudana*） （10）南川柳群系（Form. *Salix rosthornii*）
	常绿阔叶林湿地植被型		（1）木麻黄群系*（Form. *Casuarina* spp.） （2）香樟群系*（Form. *Cinnamomum camphora*）
	竹林湿地植被型	散生竹亚型	（1）淡竹群系（Form. *Phyllostachys glauca*） （2）水竹群系（Form. *Phyllostachys heteroclada*） （3）红竹群系*（Form. *Phyllostachys iridescens*） （4）浙江淡竹群系（Form. *Phyllostachys meyeri*） （5）篌竹群系（Form. *Phyllostachys nidularia*） （6）石竹群系（Form. *Phyllostachys nuda*） （7）早园竹群系（Form. *Phyllostachys propinqua*） （8）高节竹群系*（Form. *Phyllostachys prominens*） （9）毛竹群系*（Form. *Phyllostachys pubescens*） （10）芽竹群系（Form. *Phyllostachys robustiramea*）

续表

型 组	型	亚 型	群 系
阔叶林湿地植被型组	竹林湿地植被型	丛生竹亚型	(1)绿竹群系*(Form. *Bambusa atrovirens*) (2)青皮竹群系*(Form. *Bambusa textilis*) (3)温州水竹群系*(Form. *Bambusa pachinensis*)
灌丛湿地植被型组		落叶阔叶灌丛湿地植被型	(1)细叶水团花群系(Form. *Adina rubella*) (2)紫穗槐群系*(Form. *Amorpha fruiticosa*) (3)白棠子树群系(Form. *Callicarpa dichotoma*) (4)白前群系(Form. *Cynanchum glaucescens*) (5)柳叶白前群系(Form. *Cynanchum stauntonii*) (6)江西绣球群系(Form. *Hydrangea jiangxiensis*) (7)圆锥绣球群系(Form. *Hydrangea paniculata*) (8)小蜡群系(Form. *Ligustrum sinense*) (9)映山红群系(Form. *Rhododendron simsii*) (10)乌桕矮生灌丛群系(Form. *Sapium sebiferum*) (11)地桃花群系(Form. *Urena lobata*) (12)牡荆群系(Form. *Vitex negundo* var. *cannabifolia*)
		常绿阔叶灌丛湿地植被型	芙蓉菊群系(Form. *Crossstephium chinense*)
		盐生灌丛湿地植被型	(1)南方碱蓬群系(Form. *Suaeda australis*) (2)柽柳群系(Form. *Tamarix chinensis*) (3)单叶蔓荆群系(Form. *Vitex trifolia* var. *simplicifolia*)
草本湿地植被型组		莎草型湿地植被型	高莎草亚型: (1)垂穗苔草群系(Form. *Carex dimorpholepis*) (2)糙叶苔草群系(Form. *Carex scabrifolia*) (3)咸水草群系(Form. *Cyperus malaccensis* var. *brevifolius*) (4)渐尖穗荸荠群系(Form. *Eleocharis attenuata*) (5)华东藨草群系(Form. *Scirpus karuizawensis*) (6)扁秆藨草群系(Form. *Scirpus planiculmis*) (7)百球藨草群系(Form. *Scirpus rosthornii*) (8)水葱群系*(Form. *Scirpus tabernaemontani*) (9)茸球藨草群系(Form. *Scripus lushanensis*) 低莎草亚型: (1)芒尖苔草群系(Form. *Carex doniana*) (2)砂钻苔草群系(Form. *Carex kobomugi*) (3)翼果苔草群系(Form. *Carex neurocarpa*) (4)粉被苔草群系(Form. *Carex pruinosa*) (5)矮生苔草群系(Form. *Carex pumila*) (6)大理苔草群系(Form. *Carex taliensis*) (7)单性苔草群系(Form. *Carex unisexualis*) (8)滨海苔草群系(Form. *Carex wahuensis* spp. *robusta*) (9)异型莎草群系(Form. *Cyperus difformis*) (10)畦畔莎草群系(Form. *Cyperus haspan*) (11)旋鳞莎草群系(Form. *Cyperus michelianus*) (12)香附子群系(Form. *Cyperus rotundus*) (13)龙师草群系(Form. *Eleocharis tetraquetra*) (14)荸荠、荩草群系(Form. *Eleocharis dulcis, Arthraxon hispidus*)

续表

型 组	型	亚 型	群 系
	莎草型湿地植被型	低莎草亚型	(15)牛毛毡群系(Form. *Eleocharis yokoscensis*) (16)弱锈鳞飘拂草群系(Form. *Fimbristylis ferruginea* var. *sieboldii*) (17)绢毛飘拂草群系(Form. *Fimbristylis sericea*) (18)水蜈蚣群系(Form. *Kyllinga brevifolia*) (19)细叶刺子莞群系(Form. *Rhynchospora faberi*) (20)刺子莞群系(Form. *Rhynchospora rubra*) (21)海三棱藨草群系(Form. *Scirpus × mariqueter*) (22)穗芽水葱群系(Form. *Schoenoplectus gemmifer*) (23)萤蔺群系(Form. *Scirups juncoides*)
草本湿地植被型组	禾草型湿地植被型	高禾草亚型	(1)野古草群系(Form. *Arundinella anomala*) (2)芦竹群系(Form. *Arundo donax*) (3)拂子茅群系(Form. *Calamagrostis* spp.) (4)疏花野青茅群系(Form. *Deyeuxia arundinacea* var. *laxiflora*) (5)长芒稗群系(Form. *Echinochloa caudata*) (6)光头稗群系(Form. *Echinochloa colonum*) (7)稗群系(Form. *Echinochloa crusgalli*) (8)无芒稗群系(Form. *Echinochloa crusgalli* var. *mitis*) (9)假鼠妇草群系(Form. *Glyceria leptolepis*) (10)白茅群系(Form. *Imperata cylindrica* var. *major*) (11)有芒鸭嘴草群系(Form. *Ischaemum aristatum*) (12)鸭嘴草群系(Form. *Ischaemum crassipes*) (13)柳叶箬群系(Form. *Isachne globosa*) (14)五节芒群系(Form. *Miscanthus floridulus*) (15)荻群系(Form. *Miscanthus sacchariflorus*) (16)芒群系(Form. *Miscanthus sinensis*) (17)沼原草群系(Form. *Moliniopsis hui*) (18)铺地黍群系(Form. *Panicum repens*) (19)丝毛雀稗群系(Form. *Paspalum urvillei*) (20)狼尾草群系(Form. *Pennisetum alopecuroides*) (21)束尾草群系(Form. *Phacelurus latifolius*) (22)虉草群系(Form. *Phalaris arundinacea*) (23)芦苇群系(Form. *Phragmites australis*) (24)卡开芦群系(Form. *Phragmites karka*) (25)鹅观草群系(Form. *Roegneria* spp.) (26)斑茅群系(Form. *Saccharum arundinaceum*) (27)甜根子草群系(Form. *Saccharum spontaneum*) (28)皱叶狗尾草群系(Form. *Setaria plicata*) (29)狗尾草群系(Form. *Setaria* spp.) (30)苏丹草群系*(Form. *Sorghum sudanense*) (31)互花米草群系*(Form. *Spartina alterniflora*) (32)大米草群系*(Form. *Spartina anglica*) (33)菰群系*(Form. *Zizania latifolia*)

续表

型组	型	亚型	群系
草本湿地植被型组	禾草型湿地植被型	低禾草亚型	(1)野燕麦群系(Form. *Avena fatua*)
			(2)茵草群系(Form. *Beckmannia syzigachne*)
			(3)狗牙根群系(Form. *Cynodon dactylon*)
			(4)升马唐群系(Form. *Digitaria ciliaris*)
			(5)牛筋草群系(Form. *Eleusine indica*)
			(6)假俭草群系(Form. *Eremochloa ophiuroides*)
			(7)牛鞭草群系(Form. *Hemarthria altissima*)
			(8)假稻群系(Form. *Leersia japonica*)
			(9)秕壳草群系(Form. *Leersia sayanuka*)
			(10)柔枝莠竹群系(Form. *Microstegium vimineum*)
			(11)糠稷群系(Form. *Panicum bisulcatum*)
			(12)双穗雀稗群系(Form. *Paspalum paspaloides*)
			(13)雀稗群系(Form. *Paspalum thunbergii*)
			(14)棒头草群系(Form. *Polypogon fugax*)
			(15)鼠尾粟群系(Form. *Sporobolus fertilis*)
			(16)盐地鼠尾粟群系(Form. *Sporobolus virginicus*)
			(17)结缕草群系(Form. *Zoysia japonica*)
			(18)中华结缕草群系(Form. *Zoysia sinica*)
	杂类草湿地植被型	高杂类草亚型	(1)菖蒲群系(Form. *Acorus calamus*)
			(2)合萌群系(Form. *Aeschynomene indica*)
			(3)窄叶泽泻群系(Form. *Alisma canaliculatum*)
			(4)黄花蒿群系(Form. *Artemisia annua*)
			(5)夏威夷紫菀群系(Form. *Aster sandwicensis*)
			(6)钻形紫菀群系(Form. *Aster subulatus*)
			(7)大狼把草群系(Form. *Bidens frondosa*)
			(8)海岛苎麻群系(Form. *Boehmeria formosana*)
			(9)菜蕨群系(Form. *Callipteris esculenta*)
			(10)青葙群系(Form. *Celosia argentea*)
			(11)狭叶尖头藜群系(Form. *Chenopodium acuminatum* ssp. *virgatum*)
			(12)藜群系(Form. *Chenopodium album*)
			(13)小藜群系(Form. *Chenopodium serotinum*)
			(14)白酒草群系(Form. *Conyza* spp.)
			(15)甘菊群系(Form. *Dendranthema lavandulifolia*)
			(16)萱草群系(Form. *Hemerocallis fulva*)
			(17)泥胡菜群系(Form. *Hemistepta lyrata*)
			(18)旋覆花群系(Form. *Inula japonica*)
			(19)玉蝉花群系(Form. *Iris ensata*)
			(20)翅茎灯心草群系(Form. *Juncus alatus*)
			(21)灯心草群系*(Form. *Juncus effusus*)
			(22)马兰群系(Form. *Kalimeris indica*)
			(23)益母草群系(Form. *Leonurus japonicus*)
			(24)山梗菜群系(Form. *Lobelia sessilifolia*)
			(25)海滨珍珠菜群系(Form. *Lysimachia mauritiana*)

续表

型组	型	亚型	群系
草本湿地植被型组	杂类草湿地植被型	高杂类草亚型	(26)草木樨群系(Form. *Melilotus officinalis*) (27)小鱼仙草群系(Form. *Mosla dianthera*) (28)莲群系*(Form. *Nelumbo nucifera*) (29)福建紫萁群系(Form. *Osmunda cinnamomea* var. *fokiense*) (30)水蓼群系(Form. *Polygonum hydropiper*) (31)蚕茧蓼群系(Form. *Polygonum japonicum*) (32)绵毛酸模叶蓼群系(Form. *Polygonum lapathifolium* var. *salicifolium*) (33)春蓼群系(Form. *Polygonum persicaria*) (34)大箭叶蓼群系(Form. *Polygonum sagittifolium*) (35)箭叶蓼群系(Form. *Polygonum sieboldii*) (36)戟叶蓼群系(Form. *Polygonum thunbergii*) (37)梭鱼草群系*(Form. *Pontederia cordata*) (38)羊蹄群系(Form. *Rumex japonicus*) (39)慈姑群系*(Form. *Sagittaria trifolia* var. *edulis*) (40)无翅猪毛菜群系(Form. *Salsola komarovii*) (41)刺沙蓬群系(Form. *Salsola ruthenica*) (42)田菁群系(Form. *Sesbania cannabina*) (43)加拿大一枝黄花群系(Form. *Solidago canadensis*) (44)黑三棱群系(Form. *Sparganium* spp.) (45)水苏群系(Form. *Stachys japonica*) (46)再力花群系*(Form. *Thalia dealbata*) (47)碱菀群系(Form. *Tripolium vulgare*) (48)水烛群系(Form. *Typha angustifolia*) (49)苍耳群系(Form. *Xanthium sibiricum*)
		低杂类草亚型	(1)石菖蒲群系(Form. *Acorus tatarinowii*) (2)藿香蓟群系(Form. *Ageratum conyzoides*) (3)空心莲子草群系(Form. *Alternanthera philoxeroides*) (4)皱果苋群系(Form. *Amaranthus viridis*) (5)滨蒿群系(Form. *Artemisia fukudo*) (6)肾叶打碗花群系(Form. *Calystegia soldanella*) (7)鸭跖草群系(Form. *Commelina communis*) (8)泽番椒群系(Form. *Deinostema violaceum*) (9)鱼眼菊群系(Form. *Dichrocephala integrifolia*) (10)谷精草群系(Form. *Eriocaulon* spp.) (11)泽漆群系(Form. *Euphorbia helioscopia*) (12)珊瑚菜群系(Form. *Glehnia littoralis*) (13)厚叶双花耳草群系(Form. *Hedyotis biflora* var. *parvifolia*) (14)节节草群系(Form. *Hippochaete ramosissima*) (15)天胡荽群系(Form. *Hydrocotyle sibthorpioides*) (16)地耳草群系(Form. *Hypericum japonicum*) (17)厚藤群系(Form. *Ipomoea pes-caprae*) (18)中华水韭群系(Form. *Isoetes sinensis*)

续表

型组	型	亚型	群系
草本湿地植被型组	杂类草湿地植被型	低杂类草亚型	(19)星花灯心草群系(Form. *Juncus diastrophanthus*)
			(20)野灯心草群系(Form. *Juncus setchuensis*)
			(21)北美独行菜群系(Form. *Lepidium virginicum*)
			(22)中华补血草群系(Form. *Limonium sinense*)
			(23)半边莲群系(Form. *Lobelia chinensis*)
			(24)假柳叶菜群系(Form. *Ludwigia epilobioides*)
			(25)睡菜群系(Form. *Menyanthes trifoliata*)
			(26)砂引草群系(Form. *Messerschmidia* spp.)
			(27)粟米草群系(Form. *Mollugo pentaphylla*)
			(28)杭州荠苧群系(Form. *Mosla hangchouensis*)
			(29)粉绿狐尾藻群系*(Form. *Myriophyllum aquaticum*)
			(30)西南水芹群系(Form. *Oenanthe dielsii*)
			(31)蓼子草群系(Form. *Polygonum criopolitanum*)
			(32)尼泊尔蓼群系(Form. *Polygonum nepalense*)
			(33)习见蓼群系(Form. *Polygonum plebeium*)
			(34)马齿苋群系(Form. *Portulaca oleracea*)
			(35)蛇含群系(Form. *Potentilla kleiniana*)
			(36)三叶朝天委陵菜群系(Form. *Potentilla supina* var. *ternata*)
			(37)长刺酸模群系(Form. *Rumex trisetifer*)
			(38)裸柱菊群系(Form. *Soliva anthemifolia*)
			(39)盐地碱蓬群系(Form. *Suaeda salsa*)
			(40)毛叶沼泽蕨群系(Form. *Thelypteris palustris* var. *pubescens*)
			(41)三腺金丝桃群系(Form. *Triadenum breviflorum*)
			(42)挖耳草群系(Form. *Utricularia bifida*)
			(43)庐山堇菜群系(Form. *Viola stewardiana*)
			(44)二叶丁癸草群系(Form. *Zornia cantoniensis*)
		藤蔓草亚型	(1)乌蔹莓群系(Form. *Cayratia japonica*)
			(2)野大豆群系(Form. *Glycine soja*)
			(3)绞股蓝群系(Form. *Gynostemma pentaphyllum*)
			(4)葎草群系(Form. *Humulus scandens*)
			(5)火炭母群系(Form. *Polygonum chinense*)
			(6)杠板归群系(Form. *Polygonum perfoliatum*)
苔藓湿地植被型组	苔藓湿地植被型		泥炭藓群系(Form. *Sphagnum* spp.)
浅水植物湿地植被型组	漂浮植物植被型		(1)满江红群系(Form. *Azolla imbricata*)
			(2)凤眼莲群系(Form. *Eichhornia crassipes*)
			(3)水鳖群系(Form. *Hydrocharis dubia*)
			(4)水禾群系(Form. *Hygroryza aristata*)
			(5)浮萍群系(Form. *Lemna minor*)
			(6)大薸群系*(Form. *Pistia stratiotes*)
			(7)槐叶萍群系(Form. *Salvinia natans*)
			(8)紫萍群系(Form. *Spirodela polyrhiza*)

续表

型　组	型	亚型	群　系
浅水植物湿地植被型组		浮叶植物植被型	(1)莼菜群系(Form. *Brasenia schreberi*) (2)芡实群系(Form. *Euryale ferox*) (3)黄花水龙群系(Form. *Ludwigia peploides* ssp. *stipulacea*) (4)蘋群系(Form. *Marsilea quadrifolia*) (5)睡莲群系(Form. *Nymphaea tetragona*) (6)莕菜群系(Form. *Nymphoides peltata*) (7)小叶眼子菜群系(Form. *Potamogeton cristatus*) (8)眼子菜群系(Form. *Potamogeton distinctus*) (9)野菱群系(Form. *Trapa incisa*) (10)菱群系(Form. *Trapa* spp.)
		沉水植物植被型	(1)水盾草群系(Form. *Cabomba caroliniana*) (2)金鱼藻群系(Form. *Ceratophyllum demersum*) (3)黑藻群系(Form. *Hydrilla verticillata*) (4)穗花狐尾藻群系(Form. *Myriophyllum spicatum*) (5)轮叶狐尾藻群系(Form. *Myriophyllum verticillatum*) (6)小茨藻群系(Form. *Najas minor*) (7)水车前群系(Form. *Ottelia alismoides*) (8)菹草群系(Form. *Potamogeton crispus*) (9)竹叶眼子菜群系(Form. *Potamogeton malaianus*) (10)篦齿眼子菜群系(Form. *Potamogeton pectinatus*) (11)川蔓藻群系(Form. *Ruppia maritima*) (12)狸藻群系(Form. *Utricularia* spp.) (13)亚洲苦草群系(Form. *Vallisneria asiatica*) (14)密齿苦草群系(Form. *Vallisneria denseserrulata*) (15)角果藻群系(Form. *Zannichellia palustris*)
红树林湿地植被型组		红树林湿地植被型	(1)秋茄树群系*(Form. *Kandelia candel*) (2)无瓣海桑群系*(Form. *Sonneratia apetala*)
		半红树林湿地植被型	(1)海滨木槿群系*(Form. *Hibiscus hamabo*) (2)苦槛蓝群系*(Form. *Myoporum bontioides*)

注：*表示人工栽培群系。

（二）植被分布

1. 近海与海岸湿地

近海与海岸湿地有9个植被型，48个群系。一般而言，近海与海岸湿地植物群系的种类组成通常比较单调，结构也较简单，群系中木本植物较为少见。这是因为滨海生境较为严酷，且有一定的稳定性，能很好适应的植物不多。由于生境土壤均具有一定含盐量，且局部地段为沙地，故种类多由耐盐植物或沙生植物组成。盐生植物通常呈现肉质化或根茎发达等特征，沙生植物则往往表现为根系特别发达。在近海与海岸湿地植被建群种中有南北沿海广布性种类，如芦苇、互花米草、糙叶苔草、盐地碱蓬等；也有一些南北不同的种类，如仅见于宁波、舟山等东部沿海的海滨木槿、砂引草、海三棱藨草、盐角草、无翅猪毛菜、刺沙蓬、珊瑚菜等，仅见于台州、温州等东南部、南部沿海的咸水草、秋茄树、铺地黍、蟛蜞菊、甜根子草、厚藤、苦槛蓝等。在这些种类中，如芦苇、海三棱藨草、柽柳、互花米草等可形成大面积群落，又如甜根子草、珊瑚菜、单叶蔓荆、砂引草、苦槛蓝、秋茄树等分布狭窄，相应组成的群落面积也较小。

2. 河流湿地

河流湿地有7个植被型，91个群系，主要群系为枫杨林、斑茅群系、芦竹群系、马尾松林等。相对而言，河流湿地植物群系的区系组成最为复杂，结构上常常形成明显层次，木本植物出现较多，有的甚至为木本植物群系，既有广布性湿生种类，也有随遇性杂草，部分中生甚至旱生种类也可出现，这是因为这类生境虽然每年均遭洪水短期淹没，但多数时间仍较干燥，能适应的植物较多。浙江省河流湿地中除最具优势的种类为枫杨、斑茅、水蓼等建群种外，在南北河滩中建群种、伴生种上也各有特色。如在北部河流中建群种多为枫杨，而在中、南部河流中除了枫杨外，还大面积分布有马尾松。在伴生种方面，中、南部河流中分布有梵天花、肖梵天花、白前、二叶丁癸草等；湖州市的河滩地上分布有丰富的刚竹属竹林，具有一定的北部河滩特色；温州市河滩上分布的温州水竹群系，则具有一定的南部河滩特色。

3. 湖泊湿地

湖泊湿地有6个植被型，87个群系，由于静水、深水、水底具有有机质含量高等特质，因此湖泊湿地是省内水生、沼生植被的主要聚居地。浙江省湖泊湿地较少，且常常因各种因素，如受旅游、围垦、基建、水产养殖等人为干扰较为严重，湿地植被通常呈支离破碎的状态，大面积群系较为少见。由于水环境的极端性，群系类型和种类组成均较单一，以广布性的水生植物为主，通常为单优群系，如芦苇群系、野菱群系、水鳖群系、菰群系、苦草群系、金鱼藻群系等。局部湖泊也分布有一些狭域性群系，如太湖中的莕菜群系、德清的竹叶眼子菜群系等。

4. 沼泽湿地

浙江沼泽湿地按分布区的不同，可分为山地沼泽湿地和平原沼泽湿地。因平原沼泽湿地植被类型与湖泊、库塘湿地植被类型较为相近，故不再介绍，此处主要对山地沼泽湿地植被类型作详细介绍。山地沼泽湿地有8个植被型，41个群系，主要群系为沼原草群系、玉蝉花群系、芒群系、华东藨草群系、萱草群系等。山地沼泽由于地处偏远，远离人烟，人为干扰较少，分布着大量的特有、稀有群系，如景宁的江南桤木林、曲轴黑三棱群系、莼菜群系、临安清凉峰的睡菜群系、假鼠妇草群系、丽水的睡莲群系、淳安的毛叶沼泽蕨群系等，以及多种特有植物，如山梗菜、西南水芹、三腺金丝桃、龙塘山谷精草等。

山地沼泽植被类型既有复杂性，又有特殊性，群系优势种多为多年生草本，也有灌木状散生竹种，有时还有乔木树种，组成群系的种类较丰富，层次分明，通常以沼生植物为主,但有时也会出现一些旱生种类,如黄山松、映山红等,这可能因沼泽湿地是一相对稳定的生境,分布在周围山坡上的树种大量下种到沼泽湿地中,最终有少量种子在突起的小土丘上发芽并逐渐适应其环境之故。

5. 人工湿地

人工湿地有9个植被型,115个群系,主要群系为狗牙根群系、双穗雀稗群系、藨草群系、蓼子草群系、旋鳞莎草群系、习见蓼群系、三叶朝天委陵菜群系、黄花蒿群系、荻群系等,常见于库塘湿地中。

在水库消落区中距河口较远且地势较低处的植物群系组成通常较为简单,均为一年生植物或多年生宿根性的苔草类及禾草类植物,多成单优群系,伴生植物的种类及个体均较少,并且各库区的群系类型也大致相同。一年生植物群系通常呈低矮的单层型,平整划一,形如地毯;多年生植物群系通常较高,密集而整齐,如千岛湖库尾植被群落。湿地植物能很好适应水库消落区生境并形成优势的植物并不多,一年生植物主要有习见蓼、蓼子草、地耳草、旋鳞莎草、茵草、三叶朝天委陵菜等,宿根性草本主要有牛鞭草、芒尖苔草、单性苔草、垂穗苔草、翼果苔草、藨草等。

水塘湿地的特点与湖泊有些相似,但面积较小,因分布区的生态环境多样,组成群系的种类相对复杂一些,各水塘间的群系优势种类常常有一定差异。优势种类主要有空心莲子草、满江红、浮萍、紫萍、槐叶萍、菱、凤眼莲、大藻、秕壳草、水蓼、水盾草等。

水产养殖场湿地由于人为活动较为强烈,植被群落结构更为单一,即水面上常常无植被,偶见有小面积的浮萍群系、紫萍群系;塘坝上常见有升马唐群系、田菁群系、碎米莎草群系等,均以一年生的草本植物为主。

第6章 湿地脊椎动物

一、鱼 类

（一）种类组成

浙江省海岸线绵长，内陆水域广阔，河道纵横交错，鱼塘星罗棋布，海洋和淡水鱼类资源十分丰富，共有鱼类699种（不含深海鱼类），约占全国鱼类种数16.40%，隶属38目169科。其中，近海与海岸湿地鱼类（近海鱼类）528种，以鲈形目（229种）占绝对优势，分别占浙江湿地鱼类种数32.76%和近海与海岸湿地鱼类种数43.37%；淡水鱼类171种，以鲤形目（104种）占绝对优势，分别占浙江湿地鱼类种数14.88%和淡水鱼类种数60.82%。湿地鱼类种类组成见表6-1。

表6-1 湿地鱼类种类组成

目	科	种 合计	种 近海鱼类	种 淡水鱼类	目	科	种 合计	种 近海鱼类	种 淡水鱼类
六鳃鲨目	1	1	1		鲇形目	7	30	3	27
虎鲨目	1	2	2		银汉鱼目	1	1	1	
鼠鲨目	3	3	3		颌针鱼目	3	16	16	
须鲨目	2	3	3		鳕形目	3	7	7	
真鲨目	4	13	13		鼬鳚目	1	2	2	
角鲨目	1	3	3		金眼鲷目	1	1	1	
扁鲨目	1	1	1		海鲂目	1	1	1	
锯鲨目	1	1	1		刺鱼目	3	11	11	
锯鳐目	1	1	1		鲻形目	3	12	12	
鳐形目	5	11	11		鲈形目	58	256	229	27
鲼形目	5	14	14		鲉形目	10	36	36	
电鳐目	1	2	2		鲽形目	6	39	39	
银鲛目	1	1	1		鲀形目	7	32	32	
鲟形目	2	3	2	1	海蛾鱼目	1	1	1	
海鲢目	3	3	3		鮟鱇目	3	5	5	

续表

目	科	种			目	科	种		
		合计	近海鱼类	淡水鱼类			合计	近海鱼类	淡水鱼类
鲱形目	4	33	32	1	鲤形目	5	104		104
鼠鳝目	2	2	2		鲈形目	1	1		1
鲑形目	5	13	7	6	合鳃目	1	1		1
灯笼鱼目	3	7	7		总 计	169	699	528	171
鳗鲡目	8	26	23	3					

（二）分布特征

1. 近海与海岸湿地鱼类

由于地理位置和环境条件不同，生物生态习性受季节变化的影响，浙江各海区优势种和主要种的分布，既具有多种鱼类相互重叠和交替出现的多样性特征，又具有各种鱼类自身的分布规律与差异。

（1）浙北海区。

根据全省海岛调查资料可知，该海区全年出现主要鱼类31种，其中等深线10m以内的浅海水域出现24种。浅海水域春季鱼类主要种有鰕虎鱼类、梅童鱼、鲳鱼、龙头鱼、鳀鱼、孔鰕虎鱼、红狼牙鰕虎鱼、马鲛鱼等8种；夏季有鰕虎鱼类、梅童鱼、黄鲫、鲳鱼、小黄鱼、带鱼、鲻鱼、矛尾鰕虎鱼、叫姑鱼等9种；秋季有梅童鱼、黄鲫、带鱼、鰕虎鱼类、鲚鱼、青鳞鱼、叫姑鱼、斑鰶、七星鱼、小沙丁鱼等10种；冬季有鰕虎鱼类、鲚鱼、龙头鱼、梅童鱼、叫姑鱼、鮸鱼、孔鰕虎鱼、红狼牙鰕虎鱼、黄吻棱鳀、鳐等10种。

（2）浙中海区。

该海区全年出现主要鱼类34种，其中等深线10m以内的浅海水域出现21种。浅海水域春季鱼类主要种有鲚鱼、鰕虎鱼类、鲀类、鳀鱼、舌鳎类、青鳞鱼、鳗类、梅童鱼、小公鱼等9种；夏季有鲀类、鳀鱼、小公鱼、鰕虎鱼类、带鱼、龙头鱼等6种；秋季有小公鱼、鰕虎鱼类、龙头鱼、棱鳀、鳗类、鲻鱼、鲐鲹、青鳞鱼、斑鰶等9种；冬季有龙头鱼、凤鲚、尖牙鰕虎鱼、带鱼、黄鲫、七星鱼、梅童鱼、鳀鱼、鰕虎鱼类等9种。

（3）浙南海区。

该海区全年出现主要鱼类38种，其中等深线10m以内的浅海水域出现26种。浅海水域春季鱼类主要种有鳀鱼、棱鲻、小公鱼、红狼牙鰕虎鱼、七星鱼、赤鼻棱鳀、大黄鱼、凤鲚、矛尾鰕虎鱼、栉孔鰕虎鱼等10种；夏季有带鱼、龙头鱼、白姑鱼、凤鲚、梅童鱼、棱鲻、黑姑鱼、银鲳、黄鲫、中国鲳、中华小公鱼、棱鳀、马鲅、鰕虎鱼类、蓝子鱼等15种；秋季有龙头鱼、青鳞鱼、鲻鱼、凤鲚、中华小公鱼、黄鲫、梅童鱼、康氏小公鱼等8种；冬季有中颌棱鳀、龙头鱼、孔鰕虎鱼、梅童鱼、大黄鱼、红狼牙鰕虎鱼、赤鼻棱鳀等7种。

2. 淡水鱼类

浙江淡水鱼类共有171种，隶属9目25科，其中在全省广泛分布的有66种，占38.60%。它们通常分布于各水系的江河、溪流及湖泊、水库、池塘等附属水体。常见种有棒花鱼、三角鲂、中华鳑鲏、高体鳑鲏、鲤鱼、鲫鱼、青鱼、草鱼、鳙鱼、鲢鱼、青鳉、翘嘴红鲌、戴氏红鲌、红鳍鲌、黑鳍鳈、华鳈、大眼华鳊、银鮈、嵊县胡鮈、似鮈、蛇鮈、银色颌须鱼、点纹颌须鱼、鲇、鳡鱼、宽鳍鱲、斑鳢、泥鳅、中华花鳅、刺鳅、黄鳝、鳗鲡、黄颡鱼、乌鳢、沙塘鳢、子陵栉鰕虎鱼等40种。

浙江主要水系除运河属人工河流、苕溪属长江水系外，其余均独流入海。由于山脉与海洋的阻隔等因素，各水系淡水鱼类资源分布情况各具特色。各水系淡水鱼类种类分布情况详见表6-2。

表6-2　八大水系淡水鱼类种类组成

分类单位	项目	钱塘江水系	苕溪水系	甬江水系	椒江水系	瓯江水系	飞云江水系	鳌江水系	运河水系	全省
目	数量/个	8	8	7	7	8	7	7	7	9
目	比例/%	88.89	88.89	77.78	77.78	88.89	77.78	77.78	77.78	100.00
科	数量/个	23	20	18	20	21	20	20	17	25
科	比例/%	92.00	80.00	72.00	80.00	84.00	80.00	80.00	68.00	100.00
种	数量/个	136	105	95	93	104	82	82	85	171
种	比例/%	79.53	61.40	55.56	54.39	60.82	47.95	47.95	49.71	100.00

（1）钱塘江水系是浙江最大的水系，共有淡水鱼类136种，隶属8目23科。除全省广布性的种类外，常见种有暗鳜、白头鲹、鳊、波氏栉鰕虎鱼、喀氏栉鰕虎鱼、寡鳞飘鱼、鳜鱼、蒙古红鲌、台湾铲颌鱼、西湖颌须鱼、银飘等11种。

（2）苕溪水系共有淡水鱼类105种，隶属8目20科。除全省广布性的种类外，尚有常见种鳊、波氏栉鰕虎鱼、寡鳞飘鱼、鳜鱼、蒙古红鲌、彩石鲋、鳟鱼等7种，其中鳟鱼在浙江范围内目前仅见于该水系和运河水系。

（3）甬江水系共有淡水鱼类95种，隶属7目18科。除全省广布性的种类外，尚有常见种鳊、彩石鲋、寡鳞飘鱼、鳜鱼、蒙古红鲌等5种。

（4）椒江水系共有淡水鱼类93种，隶属7目20科。除全省广布性的种类外，尚有常见种波氏栉鰕虎鱼、寡鳞飘鱼、台湾铲颌鱼、褐栉鰕虎鱼等4种。

（5）瓯江水系是浙江第二大水系，共有淡水鱼类104种，隶属8目21科。除全省广布性的种类外，尚有常见种寡鳞飘鱼、褐栉鰕虎鱼、台湾铲颌鱼、暗鳜、白头鲹、戴氏栉鰕虎鱼、中华鳗鲡等7种。

（6）飞云江水系共有淡水鱼类82种，隶属7目20科。除全省广布性的种类外，尚有常见种波氏栉鰕虎鱼、褐栉鰕虎鱼、中华鳗鲡、台湾铲颌鱼等4种。

（7）鳌江水系共有淡水鱼类82种，隶属7目20科。常见种与飞云江水系基本一致。

（8）运河水系共有淡水鱼类85种，隶属7目17科。除全省广布性的种类外，尚有常见种鳜鱼、彩石鲋、鳕鱼、西湖颌须鱼等4种。

（三）保护物种

浙江鱼类有国家重点保护的珍稀濒危鱼类8种，其中国家Ⅰ级保护3种，国家Ⅱ级保护5种，浙江省特有种11种。中华鲟属国家Ⅰ级保护易危种，分布于钱塘江、瓯江河口及其江河中，也见于舟山群岛浅海海域，在近海生长，有溯河性；白鲟属国家Ⅰ级保护濒危种，分布于钱塘江河口及江河中；达氏鲟属国家Ⅰ级保护易危种，分布于飞云江、瓯江，属淡水定居性鱼类，有溯河性。大海马属国家Ⅱ级保护种，仅分布于温州市南麂列岛浅海海藻丛中；黄唇鱼属国家Ⅱ级保护种，只见于温州市浅海水域底层；松江鲈鱼属国家Ⅱ级保护濒危种，分布于杭州、嘉兴、绍兴、宁波、温州沿岸浅海及钱塘江、甬江、鳌江河口区；花鳗鲡属国家Ⅱ级保护种，分布于椒江、瓯江、飞云江、鳌江水系，属河口性鱼类；香鱼属国家Ⅱ级保护易危种，分布于宁海凫溪、椒江、飞云江、鳌江等水系以及北雁荡。珍稀濒危鱼类种类与分布见表6-3。

表6-3 珍稀濒危鱼类种类与分布一览表

中文名	保护级别	浅海水域	钱塘江	苕溪	甬江	椒江	瓯江	飞云江	鳌江	运河
中华鲟	国Ⅰ	√	√				√			
白鲟	国Ⅰ		√							
达氏鲟	国Ⅰ						√	√		
大海马	国Ⅱ	√								
黄唇鱼	国Ⅱ	√								
松江鲈鱼	国Ⅱ	√	√		√				√	
花鳗鲡	国Ⅱ					√	√	√	√	
香鱼	国Ⅱ					√		√	√	
伍氏白鱼	浙江特有种		√							
金华拟（鲅鱼）	浙江特有种		√	√			√			

续表

中文名	保护级别	浅海水域	钱塘江	苕溪	甬江	椒江	瓯江	飞云江	鳌江	运河
少耙鳅鮀	浙江特有种		√				√			
长须鳅鮀	浙江特有种		√							
裸胸鳅鮀	浙江特有种		√							
斑条花鳅	浙江特有种		√		√		√			
天台薄鳅	浙江特有种					√				
原缨口鳅	浙江特有种		√	√	√	√	√	√	√	√
盎堂拟鲿	浙江特有种		√	√						
雀斑栉鰕虎鱼	浙江特有种						√		√	
密点栉鰕虎鱼	浙江特有种				√					
合 计		4	11	4	3	5	7	4	5	1

二、两栖类

（一）种类组成

根据全省第二次湿地资源调查，并参考有关文献资料，所有两栖动物在湿地内均有分布，浙江共44种，隶属2目（有尾目、无尾目）9科。在科级水平上，蛙科的种类最多，有19种，占43.18%；蝾螈科次之，有5种，占11.36%。

（二）区系成分

浙江湿地两栖动物区系以东洋界华中区为主，44种两栖动物中，东洋界成分38种，占86.36%，其中华中区23种，占东洋界成分的60.53%；华中、华南区15种，占39.47%；分布于福建、江西的华南区系成分未渗入本省。古北界成分的仅6种，占13.64%。湿地两栖类种类组成、分布与区系见表6-4。

与相邻省比较，浙江湿地两栖动物区系与福建最相近，其次为江西和安徽，但与江苏有明显差别。

表6-4 湿地两栖类种类组成、分布与区系

目	科/个	种/个	地理分布/种					从属区系/种		
			浙北平原	浙西丘陵盆地	浙东丘陵	浙南山区	海岛区	东洋界		古北界
								华中区	华中、华南区	
有尾目	3	8	1	5	5	5	2	7		1
无尾目	6	36	15	24	18	33	14	16	15	5
合计	9	44	16	29	23	38	16	23	15	6

（三）分布特征

1. 地理分布

根据湿地两栖动物的分布现状和浙江自然地理状况，全省分为5个地理区：

（1）浙北平原区。

本区生态环境单调，种类稀少。已知湿地两栖动物16种，占全省种数36.36%，其中有尾目仅东方蝾螈1种，无尾目15种，无斑雨蛙、北方狭口蛙为本区特有种。

（2）浙东丘陵区。

本区是典型的丘陵区，山间有少量平原，生境复杂。已知两栖动物23种，占全省种数52.27%，其中有尾目5种，无尾目18种，镇海棘螈为本区特有种。

（3）浙西丘陵盆地区。

本区地面切割强烈，沟谷纵横交错，生境复杂。已知两栖动物29种，占全省种数65.91%，其中有尾目5种，无尾目24种，区内分布有大绿臭蛙、竹叶蛙、武夷湍蛙、无斑肥螈、中国瘰螈，而且该区为这些种的最北分布区，安吉小鲵为本区特有种。

（4）浙南山区。

本区植被茂密，生境复杂，是本省动物区系最丰富的地区。已知两栖动物38种，占全省种数86.36%，而且特有种类多，如黑斑肥螈、崇安髭蟾、螯掌突蟾、大头蛙、崇安湍蛙、华南雨蛙和粗皮姬蛙等，此区也是大鲵的主要分布区。

（5）海岛区。

本区面积较小，生态环境严酷，动物种类稀少。已知两栖动物16种，占全省种数36.36%，无特有种。

2. 生境分布

一般来说，各种淡水水域都是两栖动物栖息的场所，但不同类群的两栖类物种生活在不同的淡水水域环境中，这与两栖动物的生活习性及活动方式有一定关系。

从河流湿地类型上看，两栖动物一般鲜见于大江大河水域，而主要以常年流水的小河、山区溪流为栖息场所。这些两栖类物种在浙江省的种类主要有有尾目的小鲵属、大

鲵属、肥螈属和瘰螈属，无尾目的锄足蟾科种类和蛙科的湍蛙属以及棘胸蛙、花臭蛙等。这些种类的垂直分布范围虽较广，海拔100～1500m均有分布，但多数分布在海拔800m以下区域。

从湖泊及库塘湿地类型上看，水体一般较深、表面宽阔，因而适于水蛙类型的物种栖息。在浙江省的两栖动物中，主要有弹琴水蛙、沼水蛙、阔褶水蛙等。这些种类的垂直分布范围也较广，海拔30～1500m均有分布，但大多数种类主要分布于海拔1000m以下区域。

稻田湿地及沼泽湿地所栖息的两栖动物种类较多，主要有蟾蜍科种类、树蛙科种类、姬蛙科种类和蛙科中的泽陆蛙、黑斑侧褶蛙、金线侧褶蛙、镇海林蛙、虎纹蛙等。这些种类的垂直分布范围最广，几乎在海拔0～1800m均有分布，但大多数种类主要分布于海拔800m以下区域。

沼泽化草甸湿地所栖息的两栖动物种类相对较少，主要是一些分布于较高海拔地区的种类，在繁殖季节分布于该湿地进行产卵繁殖的类群，如安吉小鲵等。

（四）保护物种

安吉小鲵、镇海棘螈为浙江省特有种。其中，安吉小鲵属极危种，仅分布在安吉龙王山自然保护区内，种群数量极少；镇海棘螈为国家Ⅱ级保护动物，属濒危种，分布于宁波北仑瑞岩寺林场周边，种群数量稀少。大鲵、虎纹蛙为国家Ⅱ级保护动物，其中大鲵属极危种，种群数量较少。崇安髭蟾、凹耳蛙、大树蛙属于浙江省重点保护物种，其中崇安髭蟾属于濒危种，凹耳蛙属易危种。

三、爬行类

（一）种类组成

根据全省第二次湿地资源调查，并参考有关文献资料，浙江省湿地爬行类动物有54种，隶属4目14科，分别占全省爬行类动物目、科、种的100%、93.33%、65.85%。其中，龟鳖目5科11种，蜥蜴目4科9种，蛇目4科33种，鳄目1科1种。在科级水平上，以游蛇科最大，共23种，占42.59%；蝰科次之，有5种，占9.26%。

（二）区系成分

浙江湿地的爬行动物区系以东洋界的华中、华南区为主。东洋界成分44种，占全省湿地爬行类种类的81.48%。其中华南区3种，占东洋界成分的6.82%；华中区11种，占东洋界成分的25.00%；华中、华南区29种，占东洋界成分的65.91%；华中、西南区

1种，占东洋界成分的2.27%。古北界东洋界10种，占全省湿地爬行类种类的18.52%。

表6-5 湿地爬行类种类组成、分布与区系

目	科/个	种/个	地理分布/种						从属区系/种				
			浙北平原	浙西丘陵盆地	浙东丘陵	浙南山区	海岛区	沿海近海区域	东洋界				古北界东洋界
									华南区	华中区	华中、华南区	华中、西南区	
龟鳖目	5	11	6	6	5	6	3	5	1	1	6		3
蜥蜴目	4	9	9	9	9	9	9			5	3		1
蛇 目	4	33	26	26	26	23	14	3	2	4	20	1	6
鳄 目	1	1	1							1			
合 计	14	54	42	41	40	38	26	8	3	11	29	1	10

浙江湿地的54种爬行动物，与江苏省相同的有34种，占62.96%；与安徽省相同的有37种，占68.52%；与江西省相同的有42种，占77.78%；与福建省相同的多达51种，占94.44%。说明与福建省的种最相近，南、北方的爬行动物均渗入本省。

（三）分布特征

1. 地理分布

根据湿地爬行动物的分布现状和浙江自然地理状况，全省分为6个地理区：

（1）浙北平原区。

本区湿地已知爬行动物42种，占全省种数77.78%。优势种有乌龟、中华鳖、石龙子、王锦蛇、红点锦蛇、赤链蛇、乌梢蛇、蝮蛇等，扬子鳄为本区特有种。

（2）浙东丘陵区。

本区湿地已知爬行动物40种，占全省种数74.07%。优势种有乌龟、中华鳖、石龙子、王锦蛇、灰鼠蛇、乌梢蛇、小头蛇、五步蛇、蝮蛇、竹叶青等。

（3）浙西丘陵盆地区。

本区湿地已知爬行动物41种，占全省种数75.93%。优势种有乌龟、中华鳖、石龙子、红点锦蛇、赤链蛇、乌梢蛇、小头蛇、五步蛇、竹叶青等。

（4）浙南山区。

本区湿地已知爬行动物38种，占全省种数70.37%。优势种有平胸龟、乌龟、北草蜥、水赤链游蛇、王锦蛇、灰鼠蛇、乌梢蛇、翠青蛇、小头蛇、五步蛇、舟山眼镜蛇、竹叶青等，特有种类有挂墩后棱蛇、鼋等。

（5）海岛区。

本区湿地已知爬行动物26种，占全省种数48.15%。优势种有北草蜥、王锦蛇、乌梢蛇、舟山眼镜蛇等。

（6）沿海近海区域。

本区湿地已知爬行动物8种，占全省种数14.81%。浙江沿海种群数量较小，均为本区特有种。

2. 生境分布

（1）近海与海岸湿地。

分布于该类湿地的爬行动物主要有海洋龟类和海蛇类，种类有蠵龟、海龟、玳瑁、丽龟、棱皮龟、青环海蛇、黑头海蛇、长吻海蛇等。

（2）河流湿地。

生活在河流及其附近的爬行动物中，常见的蛇类有虎斑颈槽蛇、赤链华游蛇、华游蛇和山溪后棱蛇；在龟鳖类中，平胸龟、乌龟和中华鳖等为常见种。

（3）湖泊湿地。

生活在该湿地类中常见的蛇类有红点锦蛇、灰鼠蛇等；在龟鳖类中，中华鳖和乌龟为常见种。

（4）沼泽湿地。

该湿地类中常见的蛇类有华游蛇、草腹链蛇、赤链蛇、赤链华游蛇和虎斑颈槽蛇等；在蜥蜴类中，北草蜥、石龙子、蓝尾石龙子和蝘蜓等为常见种。

（5）人工湿地。

该湿地类中常见的蛇类有华游蛇、草腹链蛇、赤链蛇、赤链华游蛇、虎斑颈槽蛇、乌梢蛇和蝮蛇等；在蜥蜴类中，常见的有北草蜥、石龙子和蓝尾石龙子等。

（四）保护物种

鼋目前在瓯江已难觅其踪迹，扬子鳄野生种已被转移到固定场所加以保护，二者均属于国家Ⅰ级保护动物。海龟、玳瑁、丽龟、棱皮龟、蠵龟5种海洋龟类均属于国家Ⅱ级保护动物，前四种目前已处于极危状态，蠵龟也正处濒危状态。脆蛇蜥、平胸龟、黑眉锦蛇、滑鼠蛇、舟山眼镜蛇、赤峰锦蛇、五步蛇7种被列为省级重点保护动物。

四、湿地鸟类

（一）种类组成

根据全省第二次湿地资源调查，并参考有关文献资料，浙江省湿地鸟类276种，隶属18目58科，分别占全省鸟类目、科、种的94.74%、84.06%、59.48%。其中湿地水鸟186种，占全省湿地鸟类67.39%。

湿地鸟类中雀形目有64种，非雀形目鸟类212种。非雀形目湿地鸟类中以鸻形目最多，有56种，雁形目次之，有33种；其余依次为鹳形目25种、鹤形目15种、隼形目14种、佛法僧目7种、鸮形目7种、鹱形目5种、䴙䴘目5种、鹈形目5种、鸽形目2种、鸡形目2种、鹃形目2种、䴉形目2种、潜鸟目2种、雨燕目2种。湿地鸟类种类组成见表6-6。

表6-6 湿地鸟类种类组成

目	科 数量	科 比例/%	种 数量	种 比例/%
潜鸟目	1	1.72	2	0.72
䴙䴘目	1	1.72	5	1.81
鹱形目	3	5.17	5	1.81
鹈形目	4	6.90	5	1.81
鹳形目	3	5.17	25	9.06
雁形目	1	1.72	33	11.96
隼形目	2	3.45	14	5.07
鸡形目	1	1.72	2	0.72
鹤形目	3	5.17	15	5.44
鸻形目	7	12.07	56	20.29
鸥形目	4	6.90	28	10.15
鸽形目	1	1.72	2	0.72
鹃形目	1	1.72	2	0.72
鸮形目	2	3.45	7	2.55
雨燕目	1	1.72	2	0.72
佛法僧目	2	3.45	7	2.55
䴉形目	2	3.45	2	0.72
雀形目	19	32.76	64	23.19
合计	58	100.00	276	100.00

（二）居留型

浙江省湿地鸟类中以冬候鸟的种类最多，有105种，占38.04%；留鸟次之，有68种，占24.64%；旅鸟和夏候鸟分别有52种和51种，各占18.84%和18.48%。各居留型种类分布详见表6-7。

表6-7 湿地鸟类居留型与地理型种类统计

目	种	居留型				地理型		
		冬候鸟	夏候鸟	留鸟	旅鸟	古北界	东洋界	广布
潜鸟目	2	2					1	1
䴙䴘目	5	3		1	1	4		1
鹱形目	5		3		2		2	3
鹈形目	5	3	1			4	1	
鹳形目	25	5	14	3	3	11	13	1
雁形目	33	32	1			32	1	
隼形目	14	6	1	5	2	7	6	1
鸡形目	2			2		1	1	
鹤形目	15	7	5	2	1	8	7	
鸻形目	56	19	1	1	35	53	2	1
鸥形目	28	15	9	2	2	18	9	1
鸽形目	2			2		2		
鹃形目	2		2				1	1
鸮形目	7	1	1			1	5	1
雨燕目	2		2				1	1
佛法僧目	7		1	5	1		6	1
鴷形目	2			2			2	
雀形目	64	12	10	37	5	26	31	7
合 计	276	105	51	68	52	167	89	20

1. 冬候鸟

冬候鸟105种,占38.04%,其中以鸻形目、鸥形目和雁形目种类较多,它们中又以古北界种类占据了绝大部分。这些鸟类高度依赖于湿地生境,以稻谷、藻类、鱼类、软体动物等为食。它们一般繁殖于我国的东北、华北及境外寒温带地区,秋冬季节沿着海岸线迁飞到长江中下游至华南一带越冬,有的可继续南飞至东南亚以及澳大利亚、新西兰等地,翌年3—5月返回繁殖地。常见的有鸬鹚、针尾鸭、白眉鸭、红头潜鸭、凤头潜鸭、骨顶鸡、红脚鹬和灰背鸥等。

2. 夏候鸟

夏候鸟51种,占18.48%,以雀形目、鹳形目、鸥形目为主。夏候鸟中大部分属分布于东洋界的鸟类,有36种,占夏候鸟种类的70.59%。这些鸟类绝大部分在湿地上繁殖,如大白鹭、中白鹭、夜鹭、牛背鹭、绿鹭、黄斑苇鳽、白胸苦恶鸟、白额燕鸥和大凤头燕鸥等。

3. 旅鸟

旅鸟52种，占18.84%，以鸻形目占优势，其中绝大部分属分布于古北界的鸟类，有48种，占旅鸟种类的92.31%。这些鸟主要出现在春、秋两季，停留时间较短，其中秋季停歇的时间较春季稍长。其种群数量在浙江省湿地极不稳定，据资料分析，它们过境的数量和停歇的时间与天气情况密切相关。如果天气晴好，特别是在春季，它们几乎不做停歇继续迁飞；如果天气恶劣，则它们停留的时间相对较长。较为常见的有金斑鸻、普通燕鸻、青脚滨鹬、中杓鹬、斑尾塍鹬、黑尾塍鹬和黑翅长脚鹬等。

4. 留鸟

留鸟68种，占24.64%，其中以雀形目为主。它们常年在本省留居和繁殖，较为常见的有普通翠鸟（图6-1）、冠鱼狗、蓝翡翠、戴胜、珠颈斑鸠、白鹭、苍鹭、黑水鸡、黑尾鸥、小鸊鷉、白头鹎、鹊鸲、白鹡鸰、大山雀、画眉、鸢和斑头鸺鹠等。

图6-1 普通翠鸟

（三）地理型

浙江省地处动物地理区划中东洋界中印亚界华中区东部丘陵和华南区闽广沿海亚区的交汇处。根据动物地理区划，浙江省湿地鸟类可分为3类，其中古北界种有167种，占60.51%；其次是东洋界种，有89种，占32.25%；广布种最少，仅20种，占7.25%。各地理型种类分布详见表6-7。

（四）数量分析

浙江近海与海岸湿地面积较大，且类型多样，其特殊的气候和地理、地貌及广阔的滩涂为各种游禽、涉禽鸟类提供了良好的觅食、栖息场所。同时由于海岸湿地处于各路候鸟迁徙的路线上，旅鸟种类丰富。

根据"二调"记录，在近海与海岸湿地共观察、记录湿地鸟类100种，其中水鸟55种，隶属9目14科。白鹭（图6-2）、中白鹭、黄嘴白鹭、夜鹭、黑水鸡、白腰草鹬、须浮鸥、环颈鸻、鸊鷉、斑嘴鸭、绿翅鸭和绿头鸭等30种在内陆湿地也有发现。在近海与海岸湿地中记录到的55种水鸟中，以骨顶鸡、白鹭、环颈鸻、黑腹滨鹬、斑嘴

图6-2 白鹭

鸭、牛背鹭和青脚鹬等8种的数量较大。

在内陆湿地共观察、记录湿地鸟类128种，其中水鸟48种，隶属8目14科。河流湿地常见的水鸟有苍鹭、池鹭、白鹭、夜鹭、绿翅鸭、绿头鸭、斑嘴鸭、白眉鸭、普通秋沙鸭、黑水鸡等。湖泊湿地常见的水鸟有夜鹭、绿头鸭、绿翅鸭、白眉鸭、斑嘴鸭、鸬鹚等，此外鸥科的若干种也较为常见。水库湿地常见的水鸟有小䴙䴘、鸬鹚、绿翅鸭、斑嘴鸭、白眉鸭、绿头鸭等。水鸟数量排序前十的种类见表6-8。

表6-8 调查、记录水鸟数量排序前十的种类

序号	近海与海岸湿地		序号	内陆湿地	
	种 名	记录数量		种 名	记录数量
1	黑腹滨鹬	++++	1	白鹭	++++
2	白鹭	++++	2	牛背鹭	+++
3	骨顶鸡	++++	3	夜鹭	+++
4	环颈鸻	++++	4	池鹭	++
5	斑嘴鸭	+++	5	骨顶鸡	++
6	红头潜鸭	+++	6	黑水鸡	++
7	牛背鹭	++	7	斑嘴鸭	++
8	青脚鹬	++	8	中白鹭	+
9	凤头潜鸭	++	9	绿头鸭	+
10	苍鹭	+	10	须浮鸥	+

注："++++"表示数量大于10000只，"+++"表示数量为5000～10000只，"++"表示数量为2000～5000只，"+"表示数量为1000～2000只。

由表6-8可知，白鹭无论在内陆湿地还是在近海与海岸湿地，出现种群数量最多，均在万只以上；在近海与海岸湿地中，骨顶鸡、环颈鸻、黑腹滨鹬3种水鸟的记录数量也都在万只以上；在内陆湿地中，牛背鹭、夜鹭的记录数量也有近万只。

(五) 珍稀鸟类

浙江湿地不乏珍稀濒危鸟类,列入《国际自然保护联盟濒危物种红色名录》(《IUCN 红色名录》)的鸟类有 30 种,列入《濒危野生动植物国际贸易公约》(CITES) 附录的鸟类有 34 种,列入《中国濒危动物红皮书》的鸟类有 33 种,列入《中国国家重点保护野生动物名录》的鸟类有 48 种,列入《浙江省重点保护陆生野生动物名录》的鸟类有 21 种,列入《中华人民共和国政府和日本国政府保护候鸟及其栖息环境协定》保护的鸟类有 136 种,列入《中华人民共和国政府和澳大利亚政府保护候鸟及其栖息环境的协定》保护的鸟类有 60 种。

1. 列入《国际自然保护联盟濒危物种红色名录》的鸟类

《国际自然保护联盟濒危物种红色名录》于 1963 年开始编制,是记录全球动植物物种保护现状最全面的名录,由国际自然保护联盟(IUCN)负责更新与维护。

列入《IUCN 红色名录》(2013 年更新)中濒危等级的鸟类有 30 种,其中极危(CR)物种 4 种,为白鹤、中华凤头燕鸥、青头潜鸭和勺嘴鹬;濒危(EN)物种 7 种,为栗头虎斑鳽、海南鳽、东方白鹳、朱鹮、黑脸琵鹭、中华秋沙鸭(图 6-3)和小青脚鹬;易危(VU)物种 11 种,为卷羽鹈鹕、黄嘴白鹭、鸿雁、小白额雁、长尾鸭、白头鹤、白枕鹤、大杓鹬、大滨鹬、遗鸥和黑嘴鸥;

图 6-3 中华秋沙鸭

近危(NT)物种 8 种,为黑脚信天翁、白鹮、罗纹鸭、白眼潜鸭、白腰杓鹬、黑尾塍鹬、半蹼鹬和白颈鸦。

2. 列入《濒危野生动植物国际贸易公约》(CITES) 附录的鸟类

《濒危野生动植物国际贸易公约》即《华盛顿公约》(CITES),该公约将管制国际贸易物种归类成三项附录,附录Ⅰ的物种为若再进行国际贸易会导致灭绝的动植物,明确规定禁止国际性的交易;附录Ⅱ的物种为目前无灭绝危机,管制其贸易的物种,若面临贸易压力,种群数量继续下降,则将其升入附录Ⅰ;附录Ⅲ是各国视其国内需要,区域性管制国际贸易的物种。

列入 CITES 附录的物种有 34 种,其中附录Ⅰ有 9 种,为卷羽鹈鹕、东方白鹳、中华秋沙鸭、白鹤、白头鹤、白枕鹤、小青脚鹬、遗鸥和白尾海雕;附录Ⅱ有 25 种,为黑鹳、白琵鹭、花脸鸭、赤腹鹰、松雀鹰、鸢、鹗、红隼、燕隼、草鸮、雕鸮和画眉等。

3. 列入《中国濒危动物红皮书》的鸟类

《中国濒危动物红皮书》是为了使政府部门、科学界和公众较为清楚地了解我国的动物物种现状,提高政府官员及公众对我国濒危物种的保护意识,针对我国实际情况,根据IUCN评级标准而编制的。

列入《中国濒危动物红皮书》的鸟类有33种，其中濒危（E）物种有8种，为黄嘴白鹭、海南鳽、东方白鹳、朱鹮、黑鹳、白鹤、白头鹤和黑脸琵鹭；易危（V）物种有12种，为褐鲣鸟、白琵鹭、鸳鸯（图6-4）、小天鹅、疣鼻天鹅、凤头蜂鹰、蛇雕、白枕鹤、黑嘴鸥、遗鸥、中华凤头燕鸥和扁嘴海雀；稀有（R）物种有10种，为斑头鸺鹠、岩

图6-4 鸳 鸯

鹭、棉凫、白鹇、中华秋沙鸭、鹗、灰胸秧鸡、半蹼鹬、毛脚鱼鸮和雕鸮；还有未定（I）物种3种，为黑尾塍鹬、小青脚鹬和白尾海雕。

4. 列入《中国国家重点保护野生动物名录》的鸟类

《中国国家重点保护野生动物名录》由林业部、农业部于1989年根据《中华人民共和国野生动物保护法》（1988年）发布实施的一个以保护濒危陆生、水生野生动物的名录。

列入《中国国家重点保护野生动物名录》的鸟类有48种，其中国家Ⅰ级保护鸟类有8种，为东方白鹳、黑鹳、白鹤、白头鹤、朱鹮、中华秋沙鸭、遗鸥和白尾海雕；国家Ⅱ级保护鸟类有40种，为黄嘴白鹭、岩鹭、海南鳽、白琵鹭、黑脸琵鹭、鸳鸯、小天鹅、赤腹鹰、苍鹰、雀鹰、松雀鹰、普通鵟、鸢、凤头蜂鹰、蛇雕、红隼、燕隼、小杓鹬、小青脚鹬和中华凤头燕鸥等。

5. 列入《浙江省重点保护陆生野生动物名录》的鸟类

《浙江省重点保护陆生野生动物名录》是浙江省为保护和拯救珍贵、濒危陆生野生动物，保护、发展和合理利用野生动物资源，维护生态环境，根据《中华人民共和国野生动物保护法》和有关法律、法规，结合浙江实际情况而编制的。

列入浙江省重点保护的鸟类有21种，为大白鹭、白鹭、中白鹭、夜鹭、黑尾鸥、黑嘴鸥、红翅凤头鹃、戴胜、棕背伯劳、虎纹伯劳、喜鹊和红嘴蓝鹊等。

6. 列入候鸟保护协定的鸟类

我国鸟类中候鸟占42%以上，多种候鸟迁徙于中日和中澳之间，进行季节性栖息。为了更好地保护这些候鸟，1981年我国政府与日本国政府签订了《中华人民共和国政府和日本国政府保护候鸟及其栖息环境协定》，将红喉潜鸟、黑喉潜鸟等227种候鸟列入中日两国共同保护名录；1986年与澳大利亚政府签订了《中华人民共和国政府和澳大利亚政府保护候鸟及其栖息环境的协定》，将白额鹱、灰鹱等81种候鸟列入中澳两国共同保护名录。

全省第二次湿地资源调查发现列入中日两国共同保护名录的候鸟有12种，较为常见的有牛背鹭、中白鹭、夜鹭、针尾鸭、绿翅鸭、绿头鸭（图6-5）、红头潜鸭、普通

秋沙鸭、黑水鸡、蛎鹬、金斑鸻、灰斑鸻、黑腹滨鹬、斑尾塍鹬、白腰杓鹬、中杓鹬、林鹬、矶鹬、青脚鹬、白腰草鹬、泽鹬、红脚鹬、黑翅长脚鹬、反嘴鹬、普通燕鸥、红嘴鸥、灰背鸥、凤头潜鸭和普通燕鸥等。

全省第二次湿地资源调查发现列入中澳两国共同保护名录的候鸟有55种，较为常见的有牛背鹭、大白鹭、黄斑苇鳽、琵嘴鸭、水雉、金斑鸻、红腹滨鹬、斑尾塍鹬、黑尾塍鹬、白腰杓鹬、小杓鹬、中杓鹬、黑腹滨鹬、林鹬、矶鹬、青脚鹬、泽鹬、红脚鹬、普通燕鸥、白翅浮鸥、小凤头燕鸥和普通燕鸥等。

图6-5　绿头鸭

（六）"一调"后新记录鸟类

通过第一次全省湿地资源调查，省内水鸟资源已基本查明，但在随后的进一步调查中仍有不少新发现，通过综合整理，2000年以后发现的水鸟新记录共有19种，隶属5目6科，其中国家Ⅰ级保护鸟类2种，国家Ⅱ级保护鸟类1种，"三有"保护动物15种，详见表6-9。

表6-9　第一次湿地资源调查后新记录鸟类

目	科	种	拉丁名	保护等级	发现地点	数据来源
雁形目	鸭科	赤麻鸭	*Tadorna ferruginea*	"三有"动物	松阳	文献检索
		翘鼻麻鸭	*Tadorna tadorna*	"三有"动物	杭州、宁波、温州、绍兴	湿地"二调"
		长尾鸭	*Clangula hyemalis*	"三有"动物	杭州	文献检索
鹤形目	鹤科	白头鹤	*Grus monacha*	国家Ⅰ级	杭州、温州、绍兴、衢州	湿地"二调"
鸻形目	鹬科	孤沙锥	*Gallinago solitaria*	"三有"动物	绍兴	湿地"二调"
		半蹼鹬	*Limnodromus semipalmatus*	"三有"动物	杭州	文献检索
		长嘴半蹼鹬	*Limnodromus scolopaceus*	"三有"动物	温州	文献检索
		红腹滨鹬	*Calidris canutus*	"三有"动物	宁波、温州	湿地"二调"
		长趾滨鹬	*Calidris subminuta*	"三有"动物	宁波	湿地"二调"
		流苏鹬	*Philomachus pugnax*	"三有"动物	杭州	文献检索
		红颈瓣蹼鹬	*Phalaropus lobatus*	"三有"动物	杭州、宁波	湿地"二调"

续表

目	科	种	拉丁名	保护等级	发现地点	数据来源
鸥形目	鸥科	小黑背银鸥	*Larus heuglini*	"三有"动物	杭州	文献检索
		渔鸥	*Larus ichthyaetus*	"三有"动物	宁波	文献检索
		棕头鸥	*Larus brunnicephalus*	"三有"动物	舟山	文献检索
		遗鸥	*Larus relictus*	国家Ⅰ级	宁波	湿地"二调"
	燕鸥科	褐翅燕鸥	*Sterna annethet*	"三有"动物	宁波、温州、台州	湿地"二调"
		小凤头燕鸥	*Thalasseus bengalensis*	"三有"动物	舟山	湿地"二调"
		中华凤头燕鸥	*Thalasseus bernsteini*	国家Ⅱ级	宁波、舟山	湿地"二调"
佛法僧目	翠鸟科	赤翡翠	*Halcyon coromanda*		宁波	文献检索

注："三有"动物指国家保护的有益的或者有重要经济、科学研究价值的陆生野生动物。

五、湿地兽类

（一）种类组成

根据全省第二次湿地资源调查，并参考有关文献资料，浙江省湿地兽类有34种，隶属7目18科，分别占全省兽类动物目、科、种的70.00%、54.55%、34.34%。其中，食虫目2科5种，啮齿目2科7种，鲸目8科10种，食肉目3科9种，鳍脚目1科1种，偶蹄目1科1种，兔型目1科1种。在科级水平上，以鼬科最大，共6种，占17.65%。

（二）区系成分

在浙江湿地兽类区系中古北界种类和东洋界种类虽混杂分布，但以东洋界种类占优势，共有21种，占61.76%；古北界种类共有13种，占38.24%。湿地兽类种类组成、分布与区系见表6-10。

表6-10 湿地兽类种类组成、分布与区系

目	科/个	种/个	地理分布/种					从属区系/种	
			浙北平原	浙西丘陵盆地	浙东丘陵	浙南山区	近海及海岛区	东洋界	古北界
食虫目	2	5	3	5	3	5	1	2	3
啮齿目	2	7	6	7	7	6	5	4	3

续表

目	科/个	种/个	地理分布/种					从属区系/种	
			浙北平原	浙西丘陵盆地	浙东丘陵	浙南山区	近海及海岛区	东洋界	古北界
鲸目	8	10		1			9	8	2
食肉目	3	9	9	9	9	9	3	5	4
鳍脚目	1	1					1		1
偶蹄目	1	1	1	1	1		1	1	
兔型目	1	1	1	1	1	1		1	
合计	18	34	20	24	21	21	20	21	13

（三）分布特征

1. 地理分布

根据湿地兽类的分布现状和浙江自然地理状况，全省分为5个地理区。

（1）浙北平原区。

本区湿地已知兽类20种，占全省种数58.82%。平原农田鼠类以黑线姬鼠与褐家鼠为主，食虫目有大麝鼩、臭鼩等，食肉目有黄鼬、貉、鼬獾等。

（2）浙东丘陵区。

本区湿地已知兽类21种，占全省种数61.76%。沿海平原以黄毛鼠较多，内地农田以黑线姬鼠为主，食肉目以貉、黄鼬、鼬獾较多。

（3）浙西丘陵盆地区。

本区湿地已知兽类24种，占全省种数70.59%。农田鼠类仍以黑线姬鼠与褐家鼠为主，食肉目有鼬獾、花面狸、食蟹獴，兔型目有华南兔。

（4）浙南山区。

本区湿地已知兽类21种，占全省种数61.76%。

（5）近海及海岛区。

本区湿地已知兽类20种，占全省种数58.82%。

2. 生境分布

（1）近海与海岸湿地。

分布于该类湿地的兽类主要为鲸类与海豹，种类有灰鲸、小鳁鲸、抹香鲸、白鳘豚、真海豚、宽吻海豚、江豚、虎鲸、伪虎鲸、髯海豹等10种，均为罕见种。

（2）河流、湖泊湿地。

生活在河流、湖泊及其附近的兽类主要有鼬科的鼬獾、狗獾、水獭，灵猫科的食蟹獴，鹿科的獐等，均为少见种。

（3）沼泽湿地。

生活在沼泽湿地的兽类主要有东北刺猬、华南兔以及一些鼠类，较为常见。

（4）人工湿地。

生活在人工湿地的兽类主要有大麝鼩、黄鼬、黄腹鼬以及一些鼠类，较为常见。

（四）保护物种

湿地兽类中珍稀濒危物种种类较多，白鱀豚属国家Ⅰ级保护动物；灰鲸、小鳁鲸、抹香鲸、真海豚、宽吻海豚、江豚、虎鲸、伪虎鲸、灰海豚、水獭、髯海豹和獐等12种属国家Ⅱ级保护动物，其中江豚、水獭分别属濒危、易危物种；貉、鼬獾、食蟹獴被列为浙江省重点保护动物。

第7章　湿地非生物资源

一、水资源

(一) 水资源总量

根据浙江省系列水资源公告，全省水资源总量多年平均955.41×10^{8}m^3，详见表7-1、表7-2。2013年水资源总量930.90×10^{8}m^3，其中地表水资源量916.86×10^{8}m^3，地下水资源量207.33×10^{8}m^3（地下水与地表水资源不重复计算量14.04×10^{8}m^3）。

2013年，全省入境水量126.77×10^{8}m^3，出境水量141.33×10^{8}m^3，入海水量829.51×10^{8}m^3。

表7-1　全省行政分区水资源总量情况

单位：10^{8}m^3

分区	全省	杭州市	宁波市	温州市	嘉兴市	湖州市	绍兴市	金华市	衢州市	舟山市	台州市	丽水市
2013年	930.90	141.15	81.03	138.08	21.70	30.19	67.04	81.66	72.18	5.69	99.79	192.40
2012年	1444.79	221.26	129.82	183.94	36.87	56.48	102.23	144.34	154.15	13.05	129.58	273.07
2011年	744.21	136.70	61.23	88.76	15.01	34.72	58.58	80.19	81.96	4.26	63.94	118.86
2010年	1397.61	190.40	30.04	46.30	75.90	96.22	7.53	152.22	158.77	196.47	139.62	304.13
2009年	931.35	141.50	26.48	46.71	65.78	87.48	7.11	80.48	80.73	140.86	83.96	170.28
多年平均	955.41	145.24	79.73	130.53	20.76	39.46	63.30	91.73	101.32	7.95	90.80	184.59

表7-2　全省流域分区水资源总量情况

单位：10^{8}m^3

分区	全省	鄱阳湖水系	太湖水系	钱塘江水系	浙东水系	浙南水系	闽东水系	闽江水系
2013年	930.90	4.88	74.55	343.57	107.53	370.10	18.15	12.12
2012年	1444.79	9.85	122.53	603.69	170.89	500.28	18.98	18.56
2011年	744.21	5.15	67.80	344.05	76.94	229.93	12.09	8.25
2010年	1397.61	9.95	100.06	568.75	128.32	546.68	21.29	22.55
2009年	931.35	5.26	93.73	352.13	112.60	337.32	18.78	11.52
多年平均	955.41	6.51	79.15	388.57	106.45	344.79	16.07	13.88

(二) 水库蓄水情况

2013年，全省185座大中型水库年末蓄水总量224.73×10^{8}m^3，占全省同年地表水资源量24.51%。其中大型水库33座，年末蓄水量201.79×10^{8}m^3；中型水库152座，年末蓄水量22.94×10^{8}m^3。

(三) 水质状况

2013年，全省江河干流总体水质基本良好，部分支流和流经城镇的局部河段仍存在不同程度的污染，鳌江、京杭运河和平原河网污染仍然严重；湖泊存在一定程度的富营养化现象，水库以中营养为主。水体主要污染指标是指总磷、氨氮、石油一类。大部分城市的主要饮用水源地水质良好。据全省221个省控断面监测结果统计，水质达到或优于地表水环境质量Ⅲ类标准的断面占63.8%（其中Ⅰ类9.1%，Ⅱ类27.1%，Ⅲ类27.6%），Ⅳ类占15.4%，Ⅴ类和劣Ⅴ类占20.8%（其中Ⅴ类8.6%，劣Ⅴ类12.2%）。浙江省江河干流水质状况见表7-1。

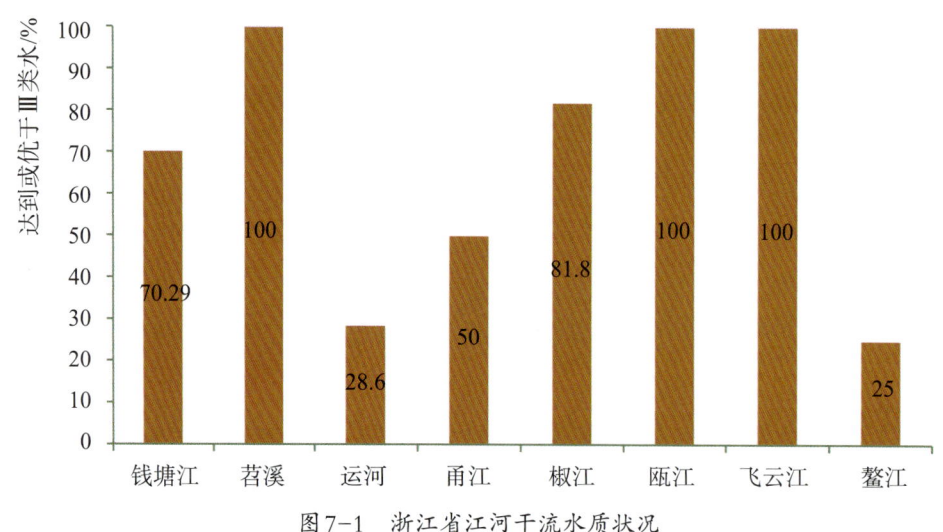

图7-1 浙江省江河干流水质状况

(四) 水资源特点

①降水和河川径流的地区分布不均，水土资源组合很不平衡。降水高值区主要在山区，低值区主要在杭嘉湖、萧绍宁平原和舟山群岛等处，全省80%的水资源分布在山区，而平原只有20%。

②降水及河川径流的年内分配集中，年际变化大。年际实测最大与最小的降水量比值为2～3倍。降水的年内分配也很不均匀，主要集中在3—6月春雨及梅雨期，约占年降水量的50%～60%；7—9月如无台风影响是干旱期，若台风带来暴雨，则又往往洪涝成灾。

③河川源短流急，丰枯相差悬殊。浙江河流大多在省内或邻省边界处发源，又在本省入海，河源较短，洪水和枯水流量变幅较大。

二、港口航道资源

(一) 内河航道资源

浙江省内河道密集、航道成网，钱塘江、京杭运河、长湖申线、杭申线、乍嘉苏线等骨干航道构成了发展水运的先天条件，内河不仅成为浙江省电煤、建材等大宗重要物资的主要运输通道，也是沿线企业运输大宗原材料等物资的交通大动脉。浙江省内河航道通航里程为9747km，居全国第五位，省内主要航道情况见表7-3。

表7-3 浙江省内主要航道情况表

航道名称	起讫点	省内航道		
		起讫地点	通航里程/km	通航吨级/t
京杭运河	北京—杭州	鸭子坝—杭州北星桥	85	500
		杭州北星桥—三堡	15	300
杭申线	杭州—上海	三堡—杭州北星桥	15	300
		杭州北星桥—红旗塘	128	500
长湖申线	长兴—上海	长兴小浦—雪水桥	32	300
		雪水桥—南浔	45	500
		钱家甸—丁栅银水庙	3	500
钱塘江	屯溪—杭州	淳安鸠坑口—桐庐	169	300
		桐庐—七堡	105	500
		七堡—赭山	15	1000
乍嘉苏线	乍浦—苏州	平湖乍浦港—嘉兴王江泾	59	300
杭湖锡线	杭州—无锡	杭州三堡—北星桥	15	300
		北星桥—武林头	17	500
		武林头—三星桥	48	100
		三星桥—雪水桥	14	500
		雪水桥—太湖新港口	14	300
六平申线	海宁—上海	海宁袁花—于城	20	100
		于城—泖口	52	300
杭甬运河	杭州—宁波	杭州三堡船闸—东江咀	27	500
		东江咀—三江口	199	50~100
		三江口—甬江口	26	3000

续表

航道名称	起讫点	省内航道		
		起讫地点	通航里程/km	通航吨级/t
椒江	临海—椒江	临海下桥码头—水银塘	4	300
		水银塘—红光码头	37	500
		红光码头—海门港4号码头	15	3000
瓯江	丽水—温州	丽水—温溪	86	50
		温溪—温州江心渡口	37	500

（二）沿海港口资源

浙江省海岸线曲折，港湾、河口、岛屿众多，港口资源丰富。在常规工程条件下，浙江沿海共有可建万吨以上泊位岸线253km，其中可建10万吨级以上泊位的岸线资源105.8km，各处的深水岸线均有深水航道与外海相连，并有相应的锚地，可供各类船舶避风、过驳、待泊。

浙江海岸从南到北都有港口分布，但主要集中分布于浙北杭州湾北岸的独山至金丝娘桥及乍浦岸段、宁波—舟山海域，浙中的三门湾、浦坝港及台州湾等岸段，浙南的瓯江口、乐清湾、沿浦湾等岸段。

杭州湾北岸的金丝娘桥至独山岸段有可建岸线17km，其中有12km岸线水深、岸直，且离上海市最近，可建成上海外贸物资的分流港口。乍浦岸段岸线稳定，其东南及东面有外蒲山、莱荠山等岛屿作掩护，背靠杭嘉湖地区，腹地广阔，交通便捷，是杭嘉湖地区的理想出海口。

宁波—舟山海域是深水港资源集中分布的区域，主要岸段有宁波港、镇海港岸段，北仑港区的长跳咀至穿山港西口岸段，舟山港域的六横岛、定海岑港、老塘山等岛屿岸段，象山港岸段等。港口岸线资源达210.3km，其中水深在10m以上的港口资源有94.5km，占港口资源总数44.93%。港域内水深较大，水域宽阔，航门水道众多，其中以金塘水道、册子水道、螺头水道、普陀水道、乌沙水道、佛渡水道、岱山水道等为主。众多的水道与航门组成口大、域广、水深的港域。港内避风条件良好，也是非常理想的锚地。

浙中港口资源共有11处，岸线长22.8km，只有三门湾南侧的健跳港一处为万吨级港口资源，其他均为中、小港口资源。主要港湾有三门湾、浦坝湾、台州湾、隘顽湾等。健跳港位于三门湾内南侧的健跳江北岸，口门有大、小狗头等岛屿，有北岸螺丝山、南岸园山等屏障，是三门湾内最好的避风港湾，可利用岸线5.4km。

浙南港口资源有12处，其中万吨级以上的港口资源有3处，位于瓯江河口及乐清湾口东侧，岸线长24.6km，其余均为中、小港口资源，分布于瓯江、飞云江、鳌江、楠溪江等河口及沿海一带。瓯江河口南北两岸港口资源丰富，已利用的有温州老港区和杨府山港区岸线、瓯江北岸的七里—黄华岸段和南岸的龙湾岸段，共有港口资源13.6km，有待开发利用。乐清湾东岸的大麦屿岸段，水域宽阔，水深为9～12m，北、东、东南三面均有低山环抱，南面和西南面又有大、小门岛屿作为屏障，是一个天然的避风良港，可利用岸线11km。

三、能源资源

（一）水能资源

浙江河流大多属于山溪性河道，峡谷多，落差大，水能资源丰富。全省水能理论蕴藏量$606×10^4$kW，以钱塘江最多，占35.50%；瓯江次之，占31.35%；飞云江、椒江、曹娥江、苕溪、甬江和鳌江分别占8.00%、7.76%、3.23%、2.18%、1.50%和1.42%，其他河流占9.06%。

全省平均每平方千米水能理论蕴藏量约84.5kW，各河流有差异，以飞云江最高，约130kW；瓯江次之，约106kW；甬江最小，约21.5kW。

全省可开发利用的水能资源约$530×10^4$kW，可开发电站数2446座，年发电量$163×10^8$kW·h。其中，可装机容量500kW以上电站845座，装机容量$470.02×10^4$kW，年发电量$147×10^8$kW·h。浙江省水能资源情况见表7-4。

表7-4　浙江省水能资源情况

水系	理论蕴藏量/10^4kW	可开发水能资源			500kW以上可开发水能资源		
		电站数/座	装机容量/10^4kW	年发电量/10^8kW·h	电站数/座	装机容量/10^4kW	年发电量/10^8kW·h
钱塘江	215.10	971	205.96	61.89	336	193.35	58.26
苕　溪	13.20	123	4.38	1.47	18	2.39	0.90
曹娥江	19.60	256	14.63	4.40	64	11.48	3.27
甬　江	9.10	100	5.38	1.74	24	3.90	1.26
椒　江	47.00	244	23.55	7.83	87	20.18	6.75
瓯　江	190.00	427	170.42	54.93	214	168.46	54.24
飞云江	48.50	89	41.41	12.68	39	40.03	12.25
鳌　江	8.60	46	4.00	1.46	16	3.57	1.25
其　他	54.90	190	29.54	9.59	47	26.66	8.82
全　省	606.00	2446	530.00	163.00	845	470.02	147.00

（二）海洋能资源

浙江沿海平均潮差2~5m，平均功率密度为2702kW/km²。全省近海单坝址技术可开发装机容量大于500kW的潮汐能资源坝址19个，理论装机容量964.36×10⁴kW，理论年发电量844.36×10⁸kW·h；技术可开发装机容量856.85×10⁴kW，年发电量235.60×10⁸kW·h，主要分布在杭州湾、象山港和乐清湾等港湾。近海潮流资源总量约519.10×10⁴kW，占全国潮流能资源总量的50%以上，主要集中于杭州湾口和舟山群岛海域。沿岸波浪能蕴藏量约196.79×10⁴kW，理论年发电量172.39×10⁸kW·h；技术可开发装机容量191.60×10⁴kW，年发电量167.84×10⁸kW·h，主要分布在舟山群岛、大陈岛沿岸和浙江省北部、中部沿岸海域，其次是浙江省南部沿岸。盐差能主要存在于江河入海口处，是海洋能中能量密度最大的一种。浙江省盐差能资源总蕴藏量约346×10⁴kW，主要集中在钱塘江、瓯江、椒江、飞云江和甬江。浙江省海洋能资源状况见表7-5。

表7-5 浙江省海洋能资源状况统计

能源类型	蕴藏量		技术可开发量		备注
	理论装机容量/10⁴kW	理论年发电量/10⁸kW·h	装机容量/10⁴kW	年发电量/10⁸kW·h	
潮汐能	964.36	844.36	856.85	235.60	500kW以上坝址统计
潮流能	519.10	454.70	103.80	90.90	
波浪能	196.79	172.39	191.60	167.84	
盐差能	346	303	34.60	30.30	主要河口

四、景观资源

浙江省湿地景观类型多样、资源丰富。按照《旅游资源分类、调查与评价》（GB/T 18972—2003）中的旅游资源分类方法，浙江省的湿地景观资源在地文景观类、水域风光类、生物景观类及古迹和建筑类中均有涉及。其中地文景观类中主要有沙砾石地型旅游地、滩地型旅游地、峡谷段落、沟壑地、岸滩、岛区、岩礁等基本类型；水域风光类中主要有观光游憩河段、观光游憩湖区、沼泽湿地、潭池、悬瀑、跌水、冷泉、温泉、河口涌潮等基本类型；生物景观类中有树林、草地、草场花卉地、古树名木、野生动物及其栖息地等基本类型；古迹和建筑类中主要有港口、水库观光游憩区段、运河与渠道段落、堤坝段落等基本类型；人文活动类中地方风俗、民间节庆、旅游节、文化节等基本类型也有很多与湿地内容直接相关的旅游资源。

根据2004年全省旅游资源普查结果显示，浙江省共有旅游资源单体21126个，其中与湿地景观资源密切相关的水域风光类旅游资源单体1553个，占全省基本单体总量的7.35%，覆盖了水域风光类中的6个亚类、14个基本类型，详见表7-6。浙江省水域风光类旅游资源单体中，优良级资源360个，占23.18%，其中五级单体26个，四级单体52个，三级单体282个。

表7-6 浙江省水域风光类基本类型的单体数量统计表

亚 类	基本类型	单体数量/个	比 例/%	排 序
河段	观光游憩河段	259	16.68	3
	暗河河段	2	0.13	13
	古河道段落	5	0.32	11
天然湖泊与池沼	观光游憩湖区	146	9.40	4
	沼泽湿地	40	2.58	7
	潭池	303	19.51	2
瀑布	悬瀑	519	33.42	1
	跌水	136	8.76	5
泉	冷泉	79	5.09	6
	地热与温泉	10	0.64	9
河口与海面	观光游憩海域	38	2.45	8
	涌潮现象	10	0.64	9
	击浪现象	5	0.32	11
冰雪地	常年积雪地	1	0.06	14
合 计		1553	100.00	

五、土地资源

湿地不仅提供了生物资源、水资源等，长期以来还作为一种重要的后备土地资源加以利用。特别是近几十年来，大量的滩涂被围垦用作工业用地、水产养殖塘或城镇建设用地，为浙江增强区域资源环境承载能力，缓解土地瓶颈制约，拓展发展战略空间做出了巨大贡献。根据《浙江省滩涂围垦总体规划（2005—2020年）》，2011—2020年全省将围垦$2.91 \times 10^4 hm^2$，以形成大规模的土地后备资源，但同时浙江省近海海域滩涂也将受到前所未有的威胁。

根据2007年《浙江省土地利用现状更新调查》统计资料可知，湿地资源涉及全省国土资源中8个一级类型，18个二级类型，具体情况见表7-7。

表7-7 浙江省湿地所涉及的土地类型情况表

类别	一级类型	二级类型	主要湿地类型
农用地	耕地	灌溉水田	稻田
		望天田	稻田
	园地	果园	洪泛平原湿地
		桑园	洪泛平原湿地
		其他园地	洪泛平原湿地
	林地	有林地	三角洲、洪泛平原湿地、森林沼泽
		灌木林地	洪泛平原湿地、灌丛沼泽
	其他农用地	养殖水面	水产养殖场
建设用地	工矿用地	盐田	盐田
	水利设施用地	水库库面	库塘
未利用地	未利用地	荒草地	三角洲、草本沼泽
		沼泽地	草本沼泽、沼泽化草甸
		裸岩石砾	岩石海岸
		沙地	沙石海滩
	其他土地	河流水面	河口水域、永久性河流、运河、输水河
		湖泊水面	海岸性淡水湖、永久性淡水湖、水产养殖场
		滩涂	淤泥质海滩、潮间盐水沼泽、红树林
		苇地	潮间盐水沼泽、草本沼泽

注：若按林业部门调查技术规程，园地属于有林地，纳入森林覆盖率计算，部分未利用地属于宜林地范畴。

六、矿物资源

（一）盐业资源

盐业是浙江省一个传统的产业，盐田面积最多时超过$1.00×10^4 hm^2$，产量曾达到$80×10^4 t$，随着沿海经济的发展、港口建设和临港工业开发，大量盐田被征用，盐业正在逐步萎缩。"二调"时全省盐田面积只有$2355.02 hm^2$，传统的产盐区象山县现在几乎不产盐，其盐田基本或废或转。目前，舟山市仍是浙江省最大的产盐基地，盐田面积1527.40hm^2，年产盐10.59×10^{4}t，分别占全省64.86%、72.53%。

（二）泥炭资源

浙江海岸带已被发现的泥炭资源矿点有50余处，点多面广，大多分布于沿海平原内侧近山麓地带，以瓯江以南至苍南县矿点最多，萧绍宁平原一带规模较大，有的已达到小型矿床。矿床主要赋存于全新统滨海组和上更新统东浦组上段2个层位。滨海组矿体埋藏深度为0.2～1（3.5）m，厚度0.2～0.5（3）m，均属潟湖或湖沼沉积类型，形成年代经^{14}C测定，为7450±300年。

（三）型砂资源

型砂资源主要分布于普陀区普陀山东部、朱家尖南沙村、桃花岛沙角岙及平阳县头沙村等地。海积砂产于近岸沙堤或潮间浅滩，主要由细砂组成，颗粒均匀，多数呈棱角状；风积砂是由前者经风吹扬，再被搬运堆积而成。两者均系全新统海积（或风积）细砂（局部为中细砂），粒径一般为0.2mm左右，局部含少量黏性土或砾石；其中石英含量达75%以上，其他各项技术指标也基本达到铸型砂要求。

全省型砂资源分布区多为风景名胜区，为保持自然景观而多被禁作矿物利用。

（四）沙砾料资源

湿地砂砾料资源十分丰富，分布于各河流水系心滩、溪滩，主要集中在中下游地区，如曹娥江新昌至上虞段、钱塘江富阳至萧山段、瓯江丽水至永嘉段、飞云江瑞安段。中上游地区也有，如钱塘江南干流衢江、兰江，支流金华江、东阳江、武义江、永康江等。海岛地区也有分布。

（五）蛎壳资源

浙江近岸沿海海底蛎壳资源广泛分布，象山至鳌江一带，特别是洞头海域的资源比较丰富，蛎壳夹泥层厚度大，一般有2～3m，厚者达5～6m，洞头华衦附近的蛎壳泥层厚达6.5m；蛎壳含量高，一般为30%～40%，高者可达71%；蛎壳比较完整，一般个体为1.5cm×3cm至2cm×5cm，个别地段虽为碎贝壳，但含量高达100%，厚3m左右。据若干个海湾勘定，可采资源量达2000×10^{4}t。

第8章　湿地生态功能

一、湿地生态服务功能

湿地为人类提供重要的生态服务功能，被誉为"地球之肾""生命的摇篮""物种基因库""鸟类乐园"。湿地生态服务功能不仅为人类生产、生活提供多种资源，如粮食、鱼类、肉类、药材、能源以及各种工业原料，而且具有巨大的环境调节功能和环境效益，在抵御洪水、减缓径流、蓄洪防旱、降解污染、调节气候、提供生物栖息地等方面有着重要作用。因此，湿地是重要的自然资源和人类生存环境资本，在支撑人类社会和谐发展和自然系统有序循环等方面发挥着举足轻重的作用。湿地的生态服务功能可归纳为供给服务、调节服务和文化服务三大方面。

（一）供给服务

供给服务是指湿地生态系统为人类提供各种产品的功能，如食物、纤维、淡水、能源以及生物遗传资源等。

1. 提供水资源

水是人类不可缺少的生态要素，人类的生存和发展离不开水。湿地可为周边地区及其下游地区提供宝贵的工农业生产用水和居民生活用水。据统计，2013年全省水资源总量$930.90×10^8m^3$，总用水量$224.75×10^8m^3$，人均生活年用水量$50.80m^3$，农田灌溉亩均年用水量$346m^3$，万元工业增加值用水量$35.90m^3$。

2. 提供食物与原材料

湿地是地球上生产力最高的生态系统，为人类提供了丰富的食物和生产生活原材料，包括粮食、鱼类、肉类、水果、蔬菜、药材、盐、建材、泥炭、树脂和生物化学品等。

浙江省位于我国东部沿海，自然环境优越，是著名的"鱼米之乡"。2013年全省稻谷栽培面积达$82.9×10^4hm^2$，年产稻谷$580.20×10^4t$。海水产品产量$443.19×10^4t$，其中海洋捕捞$356.02×10^4t$，海水养殖$87.17×10^4t$；淡水产品产量$107.63×10^4t$。生产食盐$14.60×10^4t$。此外，在湿地区还广泛种植莲、菱、茭白等经济作物，为农民增收做出了重要贡献。

3. 保护物种资源

湿地是陆地与水体的过渡地带，因此它同时兼具丰富的陆生和水生动植物资源，形成了其他任何单一生态系统都无法比拟的天然基因库和独特的生境。特殊的水文、土壤和气候提供了复杂且完备的植物群落，为野生动物提供了栖息、繁衍、迁徙、越冬的重要场所，广大沿海滩涂和众多库塘为各种涉禽、游禽提供了丰富的食物来源和营巢避敌的良好条件，成为珍稀野生生物的天然衍生地，对于保护区域遗传资源，维持野生物种种群的存续、筛选，以及改良物种均具有重要意义。

4. 水力发电

浙江省蕴藏着丰富的水能资源和巨大的潮汐能，潮汐能的开发尚处在试行发展时期，而水力资源的开发利用相对领先。全省可开发水能资源约 $804.6×10^4$kW，其中农村水电资源 $480×10^4$kW。截至2013年年底，全省共有规模以上（装机容量500kW以上）水电站1419座，装机容量 $953.36×10^4$kW；规模以下水电站1792座，装机容量 $40.43×10^4$kW；乡村办水电站2943处。资源开发率已超过70%，装机容量居全国第六位，开发率居全国第四位。

5. 水运

水运曾是物流运送的大动脉，是沿海、沿江地区快速发展的重要因素。浙江省港湾、河口、岛屿众多，港口资源丰富，境内河道密集、航道成网，浙东运河和京杭大运河横贯浙北平原，水运资源非常丰富，位居全国前列。2013年全省主要港口货物吞吐量 $13.81×10^8$t。其中，沿海港口 $10.06×10^8$t，分别为宁波—舟山港 $8.10×10^8$t，温州港 $0.74×10^8$t，台州港 $0.56×10^8$t，嘉兴港 $0.66×10^8$t。内河港口合计 $3.75×10^8$t，其中杭州港 $0.94×10^8$t，湖州港 $1.53×10^8$t，嘉兴港 $1.11×10^8$t。此外，水路运送旅客 $3111×10^4$ 人次。

（二）调节服务

调节服务是指湿地生态系统通过调节作用为社会经济发展提供支持，如净化污染、调节气候、调洪蓄水以及缓解自然灾害等。

1. 净化水质

湿地具有很强的降解污染功能，许多在自然湿地生长的湿地植物、微生物通过物理过滤、生物吸收和化学合成与分解等把人类排入湖泊、河流等湿地的有毒有害物质转化为无毒无害甚至有益的物质，湿地这一降解污染和净化水质的强大功能使其被誉为"地球之肾"。嘉兴石臼漾省级湿地公园是充分利用湿地自然净化水质功能的典范工程，根据2008年7月至2011年4月对该湿地公园出口水质跟踪监测结果，氨氮平均去除率为40.90%、总磷平均去除率为23.00%、总氮平均去除率为14.20%、浊度平均去除率为28.80%、耗氧量平均去除率为4.70%、铁平均去除率为29.20%、锰平均去除率为14.50%、溶解氧平均增加108.10%。水质指标为粪大肠菌群由Ⅳ类提高到Ⅱ类，五日生化需氧量由Ⅲ类提高到Ⅰ类，溶解氧、氨氮由Ⅳ类提高到Ⅲ类，高锰酸盐指数稳定在Ⅲ类，总磷由劣Ⅴ类提高到Ⅴ类，总氮、铁、锰有明显去除效果。

2. 调节局域气候

湿地被称为"天然氧吧"，对区域气候有巨大的调节作用。湿地的水分蒸发和植被叶面的水分蒸腾是个耗热过程，导致湿地区气温降低，同时也有效润泽和净化了空气。在有森林的湿地中，大量的降水通过树木被蒸发和转移，返回到大气中，然后又以雨的

形式降到周围的地区。附近有沼泽湿地的区域产生的晨雾可减少土壤水分的丧失。湿地在增加局部地区空气湿度、削弱风速、缩小昼夜温差、降低大气含尘量等气候调节方面都具有明显的作用。

3. 缓解自然灾害

湿地土壤孔隙大，渗透率高，是个"天然的蓄水库"，能实现"细水长流"。因此，湿地在控制洪水、调节水流方面作用巨大，在蓄水、调节河川径流、补给地下水和维持区域水平衡中发挥着重要作用。浙江省建有的新安江水库、滩坑水库、湖南镇水库等4000多座水库，以及浙北平原的广大湖塘湿地，在雨季调蓄洪水，保障了周边居民经济、生命安全；在旱季为周边提供水源，保证居民生活用水和工农业生产用水。

4. 减轻自然力侵蚀

湿地植被通过庞大的根系能有效稳固基底，削弱海浪和水流的冲力，可防止或减轻风力、波浪等对沿岸地区构成的巨大威胁。在江、河、海岸、农田湿地植被生长良好的地方，水流的流速和冲击力都会减弱。在沿海地区，互花米草、大米草繁殖力强，广泛用于保护围垦堤岸，同时发挥了促淤造陆的积极作用。在内陆江、河、湖湿地植被保存较好的滨岸区域，堤岸保存状况明显好于其他区域。近年来，随着防洪工程设施的大量建造，大型江、河、湖岸多采用混凝土或条石硬化处理，大量滨岸湿地植被带被破坏，原有的生物栖息地消失，应引起深思和重视。

（三）文化服务

文化服务是指湿地生态系统为人类提供非物质产品功能，如认知思考、生态教育、消遣娱乐、美学欣赏以及景观美化等。

1. 休闲生态旅游

"有山皆是园，无水不成景"，山泉小溪、飞流瀑布、径流河川、池沼湖泊，无不给人以美的感受，是游山玩水、休闲度假的好去处。据调查，浙江省分布有水域风光类旅游资源单体1553个，占全省基本单体总量的7.35%，其中以湿地为主要景观的著名风景名胜区有西湖、西溪、千岛湖、嵊泗列岛、朱家尖、富春江、南麂列岛、东钱湖、下渚湖等。2013年，全省共接待游客$4.43×10^8$人次，旅游收入$5536×10^8$元，其中入境游客$866×10^4$人次，创汇收入$54×10^8$美元。

2. 美学与文化价值

湿地常常是景观的关键内容，具有很高的美学价值。滨海湿地能给人以波澜壮阔的壮美，河流湿地的大江大河给人以思考生命意义的思想美，湖泊湿地给人以宁静美，人工湿地的水稻田和养殖塘给人以收获的丰美，沼泽湿地给人以生态美。浙江以江为名，因水而生，因水而美，自古以来，浙江人民"择水而栖，择江而居"，与水紧密相连，其中著名的有湖州的南浔、嘉兴的乌镇、西塘、杭州的塘栖、绍兴的安昌，均体现了江南水乡的灵秀之美。湿地文化可从水文化进行追寻，大禹治水是浙江水文化的精髓，约1万年前的上山文化、约8000年前的跨湖桥文化和其后的河姆渡文化、马家浜文化、良渚文化等，促进浙江湿地文化不断演进和升华，逐渐形成了博大精深、绵延不绝的文化底蕴。

3. 教育与科研价值

湿地独特的生境、多样的动植物群落、濒危物种等具有重要的科研价值，如何科学保护及合理利用湿地自然资源是当今生态生物学、社会经济学和环境保护等科学研究领域的重大课题。湿地为教育和科研提供了研究对象、研究材料和实验基地。同时，湿地公园、湿地保护区每年接待大量游客，成为人们认识湿地、体验湿地的重要场所，中国湿地博物馆、浙江自然博物院等在传播湿地科普知识、引领湿地文化建设等方面也发挥着重要作用。

二、湿地生态评估

（一）湿地生态状况评价

1. 评价方法

（1）评价指标。

湿地生态状况直接反映湿地生态系统的健康水平，也是评价湿地生态功能是否正常和满足人类需要的重要依据。依据全省第二次湿地资源调查成果数据，综合利用反映湿地生态状况的自然湿地面积、生物多样性、水环境及湿地利用和威胁状况等方面指标，选取部分重点调查湿地进行湿地生态状况的综合评价，详见表8-1。

表8-1 湿地生态状况评价指标体系一览表

一级指标	二级指标	三级指标	因子指标
自然指标	景观指标	自然湿地率	自然湿地面积/湿地总面积
		湿地密度	平均斑块面积/湿地总面积
		湿地斑块密度	湿地斑块数量/湿地总面积
	生物多样性指标	单位面积物种多度	物种数量/湿地面积
		植物覆盖度	植被面积/湿地面积
		外来物种入侵	有、无
	水环境指标	污染物	有、无
		富营养	贫、中、富
		水质级别	Ⅰ、Ⅱ、Ⅲ、Ⅳ、Ⅴ

续表

一级指标	二级指标	三级指标	因子指标
人为干扰指标	社会指标	人口密度	人口数量/重点调查面积
		利用情况	工业（旅游）、农业、水利、未利用
	威胁指标	威胁因子数量	数量
		威胁程度	安全、轻、重

（2）指标赋值。

采用层次分析法（AHP）和德尔菲法，对评价指标进行分级和赋值，确定权重，各指标权重详见表8-2。采用统计学累计求和，计算每处重点调查湿地生态状况综合得分。然后，根据综合得分，对重点调查湿地的生态状况进行综合评定，利用统计学自然断点法对重点调查湿地的生态状况综合得分划分为好、中、差三个等级。

$$综合得分 = \sum 指标值 \times 指标权重$$

指标赋值方法如下：

①自然湿地率、湿地密度、湿地斑块密度、单位面积物种多度、植被覆盖度和人口密度6个指标根据大小分为五级，分别赋值1、3、5、7、9，指标值越高，反映的生态状况越好。

②外来物种入侵和污染物2个指标分两个等级："有"赋值2，"无"赋值8。

③营养状况指标分三级："贫营养"赋值8，"中营养"赋值5，"富营养"赋值2。

④水质级别指标分五级，分别赋值9、7、5、3、1。

⑤利用情况指标分四级："工业"（旅游）赋值3，"农业"（种植业、畜牧业、林业）赋值5，"水利"赋值7，"未利用"赋值9。

⑥威胁因子数量指标分为十级，采用"10-数量"来赋值。

⑦威胁程度指标分为三级，"安全"赋值8，"轻度"赋值5，"重度"赋值2。

表8-2 湿地生态状况评价指标权重表

一级指标		二级指标		三级指标	
指标	权重	指标	权重	指标	权重
自然指标	0.6	景观指标	0.06	自然湿地率	0.03
				湿地密度	0.012
				湿地斑块密度	0.018
		生物多样性指标	0.27	单位面积物种多度	0.108
				植物覆盖度	0.108
				外来物种入侵	0.054

续表

一级指标		二级指标		三级指标	
指标	权重	指标	权重	指标	权重
自然指标	0.6	水环境指标	0.27	污染物	0.054
				富营养	0.081
				水质级别	0.135
人为干扰指标	0.4	社会指标	0.16	人口密度	0.064
				利用情况	0.096
		威胁指标	0.24	威胁因子数量	0.084
				威胁程度	0.156

2. 评价结果

根据上述评价方法对全省44处重点调查湿地进行生态状况评价，由于泰顺雅阳热矿泉地质遗迹省级自然保护区、宁波镇海棘螈自然保护区、绍兴兰亭大庙坞鹭鸟自然保护小区和丽水大山峰高山沼泽湿地4处重点调查湿地面积较小，采用上述方法进行湿地生态状况评价效果不佳，故未对上述4处重点调查湿地进行生态状况评价。其他40处重点调查湿地评价为"好"的有12处，大部分为湿地保护区、国家湿地公园；湿地评价为"中"的有18处，主要以省级湿地公园为主；湿地评价为"差"的有10处，主要集中在海岸湿地。评价结果见表8-3。

表8-3 各重点调查湿地生态状况评价得分与等级一览表

序号	湿地名称	得分	评价
1	景宁望东垟高山湿地省级自然保护区	0.8934	好
2	淳安千亩田山地沼泽湿地自然保护小区	0.8468	好
3	韭山列岛国家级海洋生态自然保护区	0.8378	好
4	南麂列岛国家级海洋生态自然保护区	0.8187	好
5	开化钱江源省级湿地公园	0.8014	好
6	衢州乌溪江国家湿地公园	0.7978	好
7	定海五峙山鸟类栖息和繁殖省级自然保护区	0.7752	好
8	德清下渚湖国家湿地公园	0.7523	好
9	杭州西溪国家湿地公园	0.7514	好
10	长兴仙山湖国家湿地公园	0.7359	好
11	千岛湖湿地	0.7170	好

续表

序 号	湿地名称	得 分	评 价
12	嘉兴石臼漾省级湿地公园	0.7168	好
13	宁波东钱湖湿地	0.6934	中
14	丽水九龙国家湿地公园	0.6920	中
15	龙游绿葱湖省级湿地公园	0.6860	中
16	东阳东白山省级湿地公园	0.6801	中
17	绍兴镜湖国家城市湿地公园	0.6657	中
18	玉环漩门湾国家湿地公园	0.6406	中
19	庵东沼泽区湿地	0.6300	中
20	长兴扬子鳄省级自然保护区	0.6184	中
21	西湖湿地	0.6038	中
22	台州鉴洋湖省级湿地公园	0.5874	中
23	临海三江国家城市湿地公园	0.5768	中
24	诸暨白塔湖国家湿地公园	0.5756	中
25	京杭古运河(浙江段)湿地	0.5703	中
26	岱山秀山岛省级自然保护区	0.5636	中
27	常山县同弓太公山鸟类自然保护区	0.5607	中
28	桐乡永秀白荡漾湿地生态自然保护区	0.5602	中
29	舟山群岛海岸湿地	0.5495	中
30	杭州湾海岸湿地	0.5271	中
31	安吉竹溪省级湿地公园	0.4843	差
32	青田鼋省级自然保护区	0.4798	差
33	象山港海岸湿地	0.4729	差
34	三门湾海岸湿地	0.4727	差
35	乐清湾海岸湿地	0.4710	差
36	温州湾海岸湿地	0.4708	差
37	嘉善汾湖湿地	0.4691	差
38	湖州双林漾湿地	0.4674	差
39	太湖湿地	0.4662	差
40	灵昆岛东滩湿地	0.4595	差

注：指标得分是经过归一化处理后的结果。

(二)湿地生态服务功能价值评估

湿地生态系统服务功能研究是20世纪70年代以后才逐渐发展起来的一个湿地科学研究分支,在我国起步较晚,但发展较快。定量评估湿地生态系统服务功能价值,已成为当前湿地生态经济学的研究热点,评估结果不仅为生态系统管理决策者和社会公众提供信息,而且能有效避免对生态系统服务功能产生不经济行为,从而有利于湿地生态系统的保护并最终有利于人类的可持续发展。

1. 价值构成

湿地生态系统服务功能价值可笼统地称为湿地效益,其价值大小取决于湿地的规模、作用性质和湿地所处的人类社会环境。湿地的各种效益大致可分为以下3种价值类型:

①直接经济价值,指湿地生态系统服务中自然资源产品所产生的价值,包括向人类供给动物资源、植物资源、水资源、矿产资源及土地资源等价值。

②生态环境价值,指湿地向人类提供无法商品化的生态系统服务功能或所体现的价值,如大气调节、水文调节、污染净化以及提供生物栖息地等价值。

③社会价值,指与社会文化有关的价值,主要为旅游休闲和科普教育价值。

2. 价值评估方法

湿地生态系统服务功能研究的重点和难点是对其进行价值估算,目前的很多估算方法都源于生态经济学、环境经济学和资源经济学的研究成果。常用的评估方法分为以下两类:一是直接或替代市场技术,它以计算直接市场价值或替代品的市场价值来表达生态服务功能价值,评估方法主要有市场价值法、费用支出法、机会成本法、旅行费用法和享乐价格法等;二是模拟市场技术,它以支付意愿或净支付意愿来表达生态服务功能价值,适用于缺乏实际市场或替代市场交换商品的价值评估,评估方法主要为条件价值法。

3. 几个典型湿地生态服务功能价值评估

(1)西溪湿地生态服务功能价值评估。

吴明等(2007年)对西溪国家湿地公园生态服务功能分成11项进行价值评估,评估结果详见表8-4。

表8-4 西溪国家湿地公园生态服务功能价值估算

序号	生态服务功能	价值估算量/(万元/年)	占总价值比例/%
1	生物栖息地	245.13	0.22
2	水调节和水资源供应	3212.55	2.84
3	过滤净化	3368.33	2.98
4	大气组分调节	107.25	0.09
5	土壤保护	6.18	0.01
6	抗干扰调节	3660.25	3.23

续表

序号	生态服务功能	价值估算量/(万元/年)	占总价值比例/%
7	科研科普文化	6942.75	6.13
8	旅游效益	42600.00	37.64
9	食物供应	206.43	0.18
10	原材料供应	85.47	0.08
11	提升周边土地价值	52752.00	46.61
	合　计	113186.34	100.00

由表8-4可知，西溪国家湿地公园生态服务功能年总价值为$113186.34×10^4$元/年。从价值构成进行分析，西溪湿地物质生产的直接价值（9项+10项）占据的比例很小，只有0.26%；而生态环境功能的价值（1～6项）占据的比例也不大，仅为9.37%；社会价值（7项+8项）则占据的比例较高，达到了43.77%；由于西溪湿地改善了城市人居环境，因此对提升周边土地价值（11项）的贡献最大，占46.61%。通过西溪国家湿地公园建设达到了改善西溪区块生态环境现状、维护西溪湿地生态系统、实现区域经济协调发展的目的。

（2）乐清湾湿地生态服务功能价值评估。

宋国利等（2011年）通过市场法、替代费用法等多种研究方法，对乐清湾（乐清段）湿地生态系统主导服务功能进行价值评估，评估结果详见表8-5。

表8-5　乐清湾（乐清段）湿地生态服务功能价值估算

序号	生态服务功能	价值估算量/(亿元/年)	占总价值比例/%
1	物质生产	10.04	26.48
2	旅游休闲	3.67	9.68
3	科研文化	1.01	2.67
4	大气组分调节	0.10	0.26
5	净化水质	0.15	0.40
6	消浪护岸和抵御风暴	21.97	57.95
7	生物多样性	0.97	2.56
	合　计	37.91	100.00

由表8-5可知，乐清湾（乐清段）湿地生态服务功能总价值为$37.91×10^8$元/年。其中物质生产功能价值（1项）$10.04×10^8$元/年，占26.48%；社会价值（2项+3项）$4.68×10^8$元/年，占12.35%；而生态环境价值（4～7项）$23.19×10^8$元/年，占61.17%，这充分体现了乐清湾湿地以生态环境价值为主体的特征。

(3) 浙江省六大重点水库生态服务功能价值评估。

孙作雷等（2015年）以浙江省六大重点水库为研究对象，采用市场价值法、影子工程法和成果参照法等方法对水库生产供给、娱乐文化和环境调节三大功能的9个子服务功能进行分析与价值评估。评估结果详见表8-6。

表8-6 浙江省六大重点水库生态服务功能价值估算

单位：亿元/年

生态服务功能		长潭水库	珊溪水库	汤浦水库	新安江水库	皎口-周公宅水库	湖山水库
生产供给	渔业生产	0.0315	0.0047	0.000	1.8623	0.000	0.0212
	供水	6.1065	27.2432	6.3112	84.2310	4.1803	13.5324
	发电	0.1242	2.2716	0.0869	12.5372	0.2400	4.4952
	小计	6.2325	29.5184	6.3980	98.6133	4.4200	18.0482
娱乐文化	旅游休闲	0.0018	0.0047	0.0006	39.0385	0.0003	0.0020
环境调节	涵养水源	4.9050	12.2174	1.5694	119.5278	1.5520	11.1586
	调蓄洪水	2.1843	2.4115	0.4200	31.6984	1.1323	4.1000
	净化水质	0.3560	1.4220	0.1760	14.1646	0.0065	0.0050
	调节气候	0.000	0.000	0.000	0.000	0.000	0.000
	维护生物多样性	0.0009	0.0024	0.0003	0.0115	0.0001	0.0010
	小计	7.4475	16.0568	2.168	165.4251	2.6907	15.2662
总计		13.68	45.58	8.56	303.06	7.11	33.31

由表8-6可知，浙江省六大重点水库生态服务功能总价值为411.30×10^8元/年，各子功能价值量大小依次为：涵养水源>供水>调蓄洪水>旅游休闲>发电>净化水质>渔业生产>维护生物多样性>调节气候。总体来看，浙江省六大重点水库在涵养水源、供水及调蓄洪水等方面发挥着重要作用，亦是其核心服务功能。

(4) 仙山湖国家湿地公园生态服务功能价值评估。

张华等（2015年）运用影子工程法、旅行费用法、市场价值法、生态评估法和碳税法等多种方法对仙山湖湿地生态系统的多种服务功能进行价值估算。评估结果详见表8-7。

表8-7 仙山湖国家湿地公园生态服务功能价值估算

序号	生态服务功能	功能评估/(万元/年)	占总价值的比例/%
1	供给水源	440	2.32
2	滞留污染	3640	19.18
3	生态旅游	1630	8.59
4	生态产出	3940	20.76
5	蓄洪控水	6900	36.35

续表

序号	生态服务功能	功能评估/(万元/年)	占总价值的比例/%
6	调节气候平衡	1160	6.11
7	文化科研	650	3.42
8	多样性保护	620	3.27
	合计	18980	100.00

结果表明：仙山湖湿地服务功能总价值为 $1.90×10^8$ 元/年，蓄洪控水功能价值最高，达到 $0.69×10^8$ 元/年，占总价值的36.35%；其次是生态产出和滞留污染功能，分别为 $0.39×10^8$ 元/年和 $0.36×10^8$ 元/年，分别占20.76%和19.18%。估值最低的是供给水源功能，仅为 $0.44×10^8$ 元/年。

（5）杭州湾国家湿地公园湿地生态服务功能价值评估。

宁潇等（2016年）运用市场价值法、碳税法、影子工程法、旅行费用法等生态系统服务评估方法，对研究区的各项生态服务进行了价值估算。评估结果详见表8-8。

表8-8 杭州湾国家湿地公园生态服务功能价值估算

序号	生态服务功能	价值估算量/(亿元/年)	占总价值比例/%
1	物质资源	0.8494	20.25
2	水质净化	1.2679	30.22
3	涵养水源	0.3284	7.83
4	固碳服务	0.0544	1.30
5	调节气温	0.1011	2.41
6	大气调节	0.0725	1.73
7	维护生物多样性	0.8385	19.99
8	土壤保持	0.1378	3.28
9	休闲旅游	0.5144	12.26
10	文化科研	0.0306	0.73
	合计	4.1950	100.00

由表8-8可知，杭州湾国家湿地公园湿地生态服务总价值约为 $4.1950×10^8$ 元/年。不同生态服务功能价值对总价值的贡献率差异非常明显，水质净化服务价值最高，为 $1.2679×10^8$ 元/年，占总价值的30.22%，这说明水质净化服务是杭州湾国家湿地公园较为重要的生态系统服务，湿地能够净化水质、减轻陆源污染、改善近海水环境，从而保护近海生态系统健康；其次是物质资源，服务价值为 $0.8494×10^8$ 元/年，占总价值的20.25%；第三为维护生物多样性，服务价值为 $0.8385×10^8$ 元/年，占总价值的19.99%。由此表明，杭州湾国家湿地公园的主导生态系统为水质净化、物质资源和维护生物多样性。

三、湿地生态监测

对湿地进行定期、定位监测，是《湿地公约》对各缔约国规定的一项重要任务，也符合浙江省湿地保护、管理和合理利用工作的实际需要。及时、准确地掌握全省湿地资源及生态状况动态变化，预测发展趋势，定期提供动态监测数据和报告，分析变化原因，提出湿地保护与合理利用的对策与措施，可为政府及相关湿地主管部门宏观决策提供科学依据，对科学保护湿地，维护湿地的生态功能，促进社会的可持续发展具有重大意义。

（一）监测内容

湿地监测涵盖着资源与生态变化的多个方面，主要内容包括：
①湿地的类型、面积与分布。
②湿地水文系统状况。
③湿地生物多样性及其珍稀、濒危野生动植物。
④湿地区土地利用状况。
⑤湿地周边地区的社会经济发展对湿地资源与环境带来的影响。
⑥湿地保护管理状况。
⑦湿地受威胁状况。
⑧其他状况。

（二）监测指标

通过对湿地自然环境、水环境、野生动物、植物植被、保护管理、功能与利用、受威胁状况以及周边地区社会经济状况等监测内容的因素分析，建立湿地监测指标体系，确定相应的监测方式，详见表8-9。

表8-9 湿地资源监测指标与监测方式

监测内容		监测指标	监测方式
自然环境	湿地类型	湿地类型与面积	遥感判读、实地验证
	地形地貌	区域地形	遥感判读
	土壤	土壤类型、泥炭厚度	实地调查、查阅有关资料
	气候	气温、积温、降水量、蒸发量等	查阅当地气象观测资料
湿地水环境	水文	水源补给、流出状况、积水状况、水位、水深、蓄水量等	查阅当地水文观测资料
	水质	pH、矿化度、透明度、营养物、营养状况、化学需氧量、主要污染因子、水质级别	实地调查、查阅当地环境监测资料

续表

监测内容	监测指标		监测方式
湿地野生动物	水鸟	种类、数量、分布、迁徙情况、栖息地状况	实地调查
	两栖类、爬行类、兽类	种类、数量及种群状况	实地调查
	鱼类、软体类、甲壳类	种类、数量及种群状况	实地调查、查阅有关资料
湿地植物植被	湿地植物	植物种类，保护植物、有害植物状况	实地调查
	湿地植被	植被类型、分布	遥感判读、实地调查
湿地保护管理	已有保护措施	各种保护措施、时间和效果	实地调查、查阅有关资料
	湿地保护区（小区）	名称、级别、对象、各功能区面积、建立时间、主管部门、科研活动	实地调查、查阅有关资料
	湿地公园	名称、级别、面积、建立时间、主管部门、经营单位	实地调查、查阅有关资料
	土地权属	所有权、经营权	实地调查、查阅有关资料
湿地利用及经济功能	湿地植物资源	种类、产量、经济效益	实地调查、查阅有关资料
	湿地动物资源	养殖(驯养)规模、种类、产量、经济效益	实地调查、查阅有关资料
	水资源	总供水量、总用水量、总耗水量	查阅有关资料
	能源资源	水能、潮汐能、波浪能等装机容量、年发电量	查阅有关资料
	港口航运	航运里程、货运量、客运量	查阅有关资料
	旅游资源	游客量、旅游收入	查阅有关资料
湿地受威胁状况	围垦、污染、外来物种、基建、旱化等威胁因子的影响面积、危害程度及潜在威胁等		遥感判读、实地调查、查阅有关资料
周边地区社会经济状况	湿地周边土地面积、人口、主要产业、国民经济状况等		查阅有关资料

（三）监测方法

湿地监测方法应与调查时的方法基本一致，要根据不同的监测指标选择相适应的监测方法，具体的监测方法一般可归纳为以下4种：

（1）定位连续监测。

定位连续监测即对湿地进行长期的定位、定期监测，通过对同一地区、同一项目在不同时间所获得的数据进行对比分析，以便了解湿地在特定时间内发生的变化，并通过资源分析预测湿地系统的运行状况。湿地水文、水质、土壤监测，以及湿地鸟类迁徙、生物栖息地变迁状况等，适于进行定位连续监测。

（2）宏观监测。

宏观监测的对象是大范围内各类型湿地的组合方式、镶嵌特征、动态变化和空间分布格局以及人类活动对其影响变化，主要是监测重点湿地的分布及面积动态变化情况。宏观监测以空间遥感技术（RS）、卫星定位技术（GPS）和地理信息技术（GIS）为主要技术支撑，在原有调查底图和有关专业图件的基础上，建立湿地管理信息系统，开展定期变更调查。

（3）微观监测。

微观监测主要指地面野外核查及典型抽样调查，以物理、化学或生物学的方法获取湿地生态系统属性信息，并可帮助检验修正遥感判读结果。微观监测主要用于湿地动物、植物的种类与数量监测分析，重要湿地单位（如湿地公园、保护区）特定监测目的或指标的定向监测。微观信息通过固定样带、样方、观测点的观测获取，这些微观监测地点的布设既要有代表性，又要工作相对方便，并满足一定的强度控制要求。

（4）间接监测。

对某些指标直接的监测比较困难，可采用间接监测方法，如通过对一些大型水生生物、涉水植物和陆生植物等生物化验分析，可进行重金属污染、化学毒物的监测。利用数学模型模拟湿地生态系统的变化及其演替规律，深化其机理研究，虽精度可能不是很高，但可模拟出湿地的各项监测指标的变化。

（四）监测网络

湿地监测是一个系统工程，涉及多部门、多学科，需要相互协调、综合和渗透，建立一个层级清楚、职责分明的网络化监测体系，才能做好湿地监测工作。

（1）纵向建立国家、省、市、县四级监测体系。

在与国家做好对接的前提下，以浙江省湿地与野生动植物监测中心为依托，以县级机构为基础，充分发挥市级机构承上启下的作用，形成湿地监测的垂直管理体系和工作机制。

（2）横向形成各相关部门协调工作体系。

在省湿地保护委员会的统一协调下，林业、水利、农业、海洋渔业、环保、国土、气象等部门负责开展各自职责范围内的湿地监测工作，形成系统合力，定期形成全省湿地综合监测成果。林业部门要切实起到组织、协调、指导和监督作用，充分利用现有的水文、水质、渔政、环保、气象等监测站的常年观测数据，利用高校和科研院所的最新研究成果，发挥湿地保护区、湿地公园及有关重要湿地的微观监测作用，加强资源共享，逐步建立各湿地监测部门普遍接受的技术标准和监测机制。

第9章　设区市湿地资源分述

一、杭州市

（一）自然地理概况

杭州市，浙江省省会，地处长江三角洲南翼、浙江省西北部，东临杭州湾，南与金华、衢州、绍兴三市相接，西与安徽省交界，北与湖州、嘉兴两市毗邻。市域为北纬29°11′~30°34′、东经118°20′~120°37′，东西长约250km，南北宽约130km，土地总面积16571km^2。下辖10区、1市、2县，分别为上城区、下城区、江干区、拱墅区、西湖区、滨江区、萧山区、余杭区、富阳区、临安区，建德市，桐庐县、淳安县。

杭州市境内地势西高东低，由西南向东北倾降，呈喇叭形向东北张开。全市地貌以低山、丘陵为主，西部、中部、南部属浙西中低山丘陵；东北部属浙北平原，地势低平，河网密布，是典型的"江南水乡"杭嘉湖平原和宁绍平原的组成部分。境内河流纵横，主要有钱塘江、东苕溪、京杭运河等，建有新安江水库、富春江水库等大型水库4座，中型水库13座。市域地处中北亚热带过渡区，冬、夏季风交替变化明显，温暖湿润，四季分明，光照充足，雨量充沛。年平均气温15.3~17.0℃，年平均降水量1100~1600mm，降水量季节分配不均，全年有两个雨季和一个多雨时段。年平均蒸发量1150~1400mm。

（二）湿地类型、面积与分布

杭州市拥有杭州西溪国家湿地公园、富春江咕噜咕噜岛省级湿地公园、千岛湖、西湖、京杭古运河、钱塘江等重要湿地，现有湿地面积117821.27hm^2，占全省湿地面积10.61%，涉及湿地类型5类11型。其中，近海与海岸湿地22491.86hm^2，占全市湿地面积19.09%；河流湿地16730.24hm^2，占全市湿地面积14.20%；湖泊湿地556.11hm^2，占全市湿地面积0.47%；沼泽湿地41.20hm^2，占全市湿地面积0.04%；人工湿地78001.86hm^2，占全市湿地面积66.20%。各湿地面积详见表9-1。

近海与海岸湿地面积22491.86hm^2，有河口水域、三角洲、海岸性淡水湖3型，占全市湿地面积19.09%。河口水域湿地面积19842.36hm^2，占近海与海岸湿地面积88.22%，包括芦茨埠—闻家堰河流段水域、闻家堰—绍兴交界河口段水域；三角洲湿地面积857.27hm^2，占近海与海岸湿地面积3.81%，包括河口水域四周冲积的泥滩、沙滩、沙洲、沙岛等，主要集中在钱塘江富阳段；海岸性淡水湖湿地面积1792.23hm^2，占近海与海岸湿地面积7.97%，杭州西湖、萧山湘湖、滨江白马湖等为典型的海岸性淡水湖。

表9-1 杭州市湿地面积统计表

湿地类型	面积/hm²	比例/%
近海与海岸湿地	22491.86	19.09
河口水域	19842.36	16.84
三角洲	857.27	0.73
海岸性淡水湖	1792.23	1.52
河流湿地	16730.24	14.20
永久性河流	16255.52	13.80
洪泛平原湿地	474.72	0.40
湖泊湿地	556.11	0.47
永久性淡水湖	556.11	0.47
沼泽湿地	41.20	0.04
草本沼泽	10.57	0.01
沼泽化草甸	30.63	0.03
人工湿地	78001.86	66.20
库塘	54550.82	46.30
运河、输水河	4173.67	3.54
水产养殖场	19277.37	16.36
合计	117821.27	100.00

河流湿地包括永久性河流和洪泛平原湿地，湿地面积16730.24hm²，占全市湿地面积14.20%。其中永久性河流湿地面积16255.52hm²、洪泛平原湿地面积474.72hm²，分别占河流湿地面积97.16%、2.84%。

湖泊湿地仅有永久性淡水湖一个类型，湿地面积556.11hm²，占全市湿地面积0.47%，该类型在杭州市主要分布在余杭区平原水网一带，其中面积最大的为三白潭。

沼泽湿地单块面积均较小，且零星分布于低中山顶部、局部山坳地以及湖泊、河流边缘地带，湿地面积41.20hm²，占全市湿地面积0.04%。其中草本沼泽湿地面积10.57hm²，占沼泽湿地面积25.66%；沼泽化草甸湿地面积30.63hm²，占沼泽湿地面积74.34%，主要分布在淳安县千亩田。

人工湿地面积78001.86hm²，占全市湿地面积66.20%。其中库塘、运河与输水河、水产养殖场面积分别为54550.82hm²、4173.67hm²、19277.37hm²，各占全市人工湿地面积69.94%、5.35%、24.71%。

杭州市各县（市、区）湿地面积详见表9-2。淳安县湿地面积最大，位列全省第三，为49302.94hm²，占全市湿地面积41.85%，占全省湿地面积4.44%；萧山区次之，湿地面积26404.86hm²，占全市湿地面积22.41%；下城区湿地面积最小，仅有123.31hm²，只占全市湿地面积0.10%。

表9-2 杭州市各县（市、区）湿地面积统计表

行政单位	近海与海岸湿地/hm²	河流湿地/hm²	湖泊湿地/hm²	沼泽湿地/hm²	人工湿地/hm²	合计/hm²
上城区	463.63				16.29	479.92
下城区		77.17			46.14	123.31
江干区	2364.00	139.54			1309.80	3813.34
拱墅区		130.27			144.70	274.97
西湖区	2773.36	321.67		10.57	2123.70	5229.30
滨江区	1169.27	117.52			13.44	1300.23
萧山区	9688.60	2081.89	162.90		14471.47	26404.86
余杭区	263.35	3462.71	384.14		4644.07	8754.27
富阳区	4168.34	1178.79			1270.21	6617.34
临安区		2514.44			1665.11	4179.55
桐庐县	1601.31	1645.64			1907.36	5154.31
淳安县		1393.70		30.63	47878.61	49302.94
建德市		3666.90	9.07		2510.96	6186.93
合 计	22491.86	16730.24	556.11	41.20	78001.86	117821.27

（三）湿地生物多样性

1. 湿地植物与植被

（1）湿地植物种类。

杭州市湿地高等植物989种，隶属151科469属。其中苔藓植物74种，占7.48%；蕨类植物36种，占3.64%；种子植物879种，占88.88%。各类植物科、属、种数量状况详见表9-3。

湿地植物按生活方式分沉水植物20种、浮水植物10种、浮叶植物22种、沙生植物4种、挺水植物11种、盐沼植物6种、沼生植物86种、湿生植物830种。

表9-3 杭州市湿地高等植物种类组成

分类群			科			属			种		
			杭州湿地	全省湿地	比例/%	杭州湿地	全省湿地	比例/%	杭州湿地	全省湿地	比例/%
苔藓植物			22	24	91.67	33	36	91.67	74	79	93.67
维管植物	蕨类植物		21	28	75.00	29	41	70.73	36	67	53.73
	种子植物	裸子植物	2	2	100.00	4	4	100.00	7	7	100.00
		被子植物	106	127	83.46	403	559	72.09	872	1329	65.61
合 计			151	181	83.43	469	640	73.28	989	1482	66.73

在全市湿地植物中，分布有珍稀濒危植物14种，其中国家Ⅰ级保护植物有中华水韭、莼菜（栽培）2种，国家Ⅱ级保护植物有水蕨、野大豆、野荞麦、野菱、中华结缕草5种，省级重点保护植物有芡、睡莲、睡菜、曲轴黑三棱、水蕹、水车前、薏苡7种。其他比较珍稀的有沼生矮樱、虾须草、玉蝉花、线叶玉凤花、小沼兰、香港绶草、绶草、小花蜻蜓兰等。

（2）湿地植被。

杭州市湿地植被按照建群种生活型为主进行分类，划分为6个植被型组、12个植被型、166个群系，分别占全省85.71%、75.00%、61.94%。

杭州市东部水网平原湿地区，有河口、泥质滩涂、湖泊、草本沼泽、水塘等生境，常见植被有空心莲子草群系、凤眼莲群系、芦苇群系、意杨群系、轮叶狐尾藻群系、浮萍群系等；稀有植被有糙叶苔草群系、野菱群系等。中西部丘陵河流湿地区有河滩、库塘等生境，植被主要以枫杨群系、南川柳群系、斑茅群系、芦苇群系、牛鞭草群系、蕺草群系、旱柳群系、银叶柳群系等占优势；稀有植被有柳叶白前群系、囊苞苔草群系等。北部高山沼泽湿地区，除常见的芒群系、水竹群系、沼原草群系外，还分布一些特有的、稀有的湿地植被群落，如睡莲群系、睡菜群系、玉蝉花群系、假鼠妇草群系、毛叶沼泽蕨群系、三腺金丝桃群系等。

2. 湿地脊椎动物

全市湿地脊椎动物491种，隶属5纲43目121科。其中两栖类2目9科32种，爬行类3目9科36种，鸟类17目51科218种，兽类6目12科26种，鱼类15目40科179种。在全市218种湿地鸟类中，有水鸟110种，隶属10目20科。杭州市湿地脊椎动物目、科、种数量状况详见表9-4。

表9-4 杭州市湿地脊椎动物种类组成

纲名称	目数量			科数量			种数量		
	杭州湿地/个	全省湿地/个	比例/%	杭州湿地/个	全省湿地/个	比例/%	杭州湿地/个	全省湿地/个	比例/%
两栖纲	2	2	100.00	9	9	100.00	32	44	72.73
爬行纲	3	4	75.00	9	14	64.29	36	54	66.67
鸟　纲	17	18	94.44	51	58	87.93	218	276	78.99
兽　纲	6	7	85.71	12	18	66.67	26	34	76.47
鱼　纲	15	38	39.47	40	169	23.67	179	699	25.61
合　计	43	69	62.32	121	268	45.15	491	1107	44.35

在全市湿地脊椎动物中，分布有珍稀保护动物75种，占全市湿地脊椎动物15.15%。其中国家Ⅰ级保护动物8种，分别为东方白鹳、黑鹳、白尾海雕、白头鹤、白鹤、白鱀豚、中华鲟、白鲟；国家Ⅱ级保护动物主要有大鲵、虎纹蛙、海南鸦、白琵鹭、黑脸琵鹭、小天鹅、水獭、松江鲈鱼等40种；省级重点保护动物主要有凹耳蛙、大树蛙、平胸龟、脆蛇蜥、滑鼠蛇、大白鹭、中白鹭、鼬獾等27种。杭州市湿地脊椎动物保护物种见表9-5。

表9-5 杭州市湿地脊椎动物保护物种统计表

类　别	种　类	保护级别			
		国家Ⅰ级	国家Ⅱ级	省重点	合计
两栖纲	32		2	2	4
爬行纲	36			6	6
鸟　纲	218	5	32	16	53
兽　纲	26	1	4	3	8
鱼　纲	179	2	2		4
合　计	491	8	40	27	75

二、宁波市

（一）自然地理概况

宁波市，浙江省第二大城市、国家计划单列市，地处东南沿海，北濒钱塘江、杭州湾，与嘉兴市和舟山市隔海相望；南连天台山，紧靠三门湾，与台州市交界；西与绍兴市相连。市域为北纬28°55′~30°33′、东经120°55′~122°16′，东西宽约175km，南北长约192km，土地总面积9845km²。下辖7区、2市、2县，分别为海曙区、江东区、江北区、镇海区、北仑区、鄞州区、奉化区，余姚市、慈溪市，象山县、宁海县。

宁波市境内地势西南高、东北低，三面环海，一面依山，西部为四明山山脉，西南部为天台山山脉，东南部为天台山余脉，间有诸多滨海平原，沿海港湾、岛屿众多，中部和北部为平原，间有丘陵分布。境内主要河流有余姚江、奉化江、甬江，建有亭下水库、白溪水库等大型水库6座，中型水库26座。市域地处亚热带季风气候区，温和湿润，四季分明。多年平均气温16.4℃，多年平均降水量1480mm，山地丘陵降水量一般要比平原多三成，主要雨季有3—6月的春雨连梅雨和8—9月的台风雨和秋雨，主汛期5—9月的降水量占全年的60%。

（二）湿地类型、面积与分布

宁波市拥有韭山列岛国家级海洋生态自然保护区、镇海棘螈市级保护区、慈溪杭州湾国家湿地公园、镇海九龙湖省级湿地公园、东钱湖、象山港等重要湿地，现有湿地面积231659.29hm²，占全省湿地面积20.87%，涉及湿地类型5类15型。其中近海与海岸湿地181002.20hm²，占全市湿地面积78.13%；河流湿地11764.00hm²，占全市湿地面积5.08%；湖泊湿地123.64hm²，占全市湿地面积0.05%；沼泽湿地269.99hm²，占全市湿地面积0.12%；人工湿地38499.46hm²，占全市湿地面积16.62%。各湿地面积详见表9-6。

近海与海岸湿地面积181002.20hm²，有浅海水域、岩石海岸、沙石海滩、淤泥质海滩、潮间盐水沼泽、河口水域、三角洲、海岸性淡水湖8型，占全市湿地面积78.13%。其中浅海水域湿地面积100432.89hm²，淤泥质海滩湿地面积52676.07hm²，分别占近海与海岸湿地面积55.49%和29.10%，主要分布在象山港、杭州湾、三门湾等主要港湾；岩石海岸、沙石海滩面积较小，主要分布在象山港；潮间盐水沼泽湿地面积8755.68hm²，占近海与海岸湿地面积4.84%，主要分布在杭州湾；河口水域湿地面积16064.06hm²，占近海与海岸湿地面积8.88%，主要为甬江三江口—外游山水域；海岸性淡水湖湿地面积2192.03hm²，占近海与海岸湿地面积1.21%，宁波东钱湖、余姚牟山湖等为典型的海岸性淡水湖。

境内大部分河流属甬江水系，少部分属钱塘江水系或独流入海，河流湿地仅有永久性河流湿地一个类型，湿地面积11764.00hm²，占全市湿地面积5.08%。

湖泊湿地仅有永久性淡水湖一个类型，湿地面积123.64hm²，占全市湿地面积0.05%。

沼泽湿地仅草本沼泽一个类型，湿地面积269.99hm²，占全市湿地面积0.12%。

人工湿地面积38499.46hm²，占全市湿地面积16.62%。其中，库塘、运河与输水河、水产养殖场、盐田面积分别为12231.62hm²、4589.40hm²、21214.88hm²、463.56hm²，

各占全市人工湿地面积31.77%、11.92%、55.10%、1.20%。

表9-6 宁波市湿地面积统计表

湿地类型	面积/hm²	比例/%
近海与海岸湿地	181002.20	78.13
浅海水域	100432.89	43.35
岩石海岸	461.78	0.20
沙石海滩	370.50	0.16
淤泥质海滩	52676.07	22.74
潮间盐水沼泽	8755.68	3.78
河口水域	16064.06	6.93
三角洲	49.19	0.02
海岸性淡水湖	2192.03	0.95
河流湿地	11764.00	5.08
永久性河流	11764.00	5.08
湖泊湿地	123.64	0.05
永久性淡水湖	123.64	0.05
沼泽湿地	269.99	0.12
草本沼泽	269.99	0.12
人工湿地	38499.46	16.62
库塘	12231.62	5.28
运河、输水河	4589.40	1.98
水产养殖场	21214.88	9.16
盐田	463.56	0.20
合　计	231659.29	100.00

宁波市各县（市、区）湿地面积详见表9-7。象山县湿地面积最大，位列全省第一，为80537.93hm²，占全市湿地面积34.77%，占全省湿地面积7.25%；慈溪市次之，位列全省第二，为51635.04hm²，占全市湿地面积22.29%，占全省湿地面积4.65%；江东区湿地面积最小，仅有232.31hm²，只占全市湿地面积0.02%。

表9-7 宁波市各县（市、区）湿地面积统计表

行政单位	近海与海岸湿地/hm²	河流湿地/hm²	湖泊湿地/hm²	沼泽湿地/hm²	人工湿地/hm²	合计/hm²
海曙区	59.69	128.40	13.53		47.51	249.13
江东区	101.74	103.31			27.26	232.31
江北区	506.50	356.18	23.34		391.52	1277.54
北仑区	7532.40	336.96			1366.81	9236.17
镇海区	10572.93	420.27			535.75	11528.95
鄞州区	3518.96	3350.77	8.24		2523.34	9401.31
奉化区	3709.12	1640.48			2007.29	7356.89
象山县	72319.83	1057.01	51.36		7109.73	80537.93
宁海县	23145.81	1998.49			8416.69	33560.99
余姚市	20723.52	2170.11	27.17		3722.23	26643.03
慈溪市	38811.70	202.02		269.99	12351.33	51635.04
合　计	181002.20	11764.00	123.64	269.99	38499.46	231659.29

（三）湿地生物多样性

1. 湿地植物与植被

（1）湿地植物种类。

宁波市湿地高等植物690种，隶属119科377属。其中苔藓植物18种，占2.61%；蕨类植物25种，占3.62%；种子植物647种，占93.77%。各类植物科、属、种数量状况详见表9-8。

表9-8 宁波市湿地高等植物种类组成

分类群		科			属			种		
		宁波湿地	全省湿地	比例/%	宁波湿地	全省湿地	比例/%	宁波湿地	全省湿地	比例/%
苔藓植物		8	24	33.33	9	36	25.00	18	79	22.78
维管植物	蕨类植物	17	28	60.71	20	41	48.78	25	67	37.31
	种子植物 裸子植物	1	2	50.00	3	4	75.00	4	7	57.14
	种子植物 被子植物	93	127	73.23	345	559	61.72	643	1329	48.38
合　计		119	181	65.75	377	640	58.91	690	1482	46.56

湿地植物按生活方式分沉水植物18种、浮水植物11种、浮叶植物13种、沙生植物19种、挺水植物7种、盐沼植物20种、沼生植物49种、湿生植物553种。

在全市湿地植物中，分布有珍稀濒危植物12种，其中国家Ⅰ级保护植物有中华水韭，国家Ⅱ级保护植物有水蕨、野荞麦、野大豆、野菱、珊瑚菜、中华结缕草6种，省级重点保护植物有芡、海滨木槿、红山茶、水车前、薏苡5种。其他比较珍稀的有虾须草、大花无柱兰、线叶玉凤花、小沼兰、香港绶草、绶草、小花蜻蜓兰等。

（2）湿地植被。

宁波市湿地植被按照建群种生活型为主进行分类，划分为6个植被型组、12个植被型、101个群系，分别占全省85.71%、75.00%、37.69%。

宁波市中北部滨海平原湿地区，有泥质滩涂、泥质河滩、湖泊、盐水沼泽、水塘等生境，常见植被有互花米草群系、芦苇群系、碱蓬群系、空心莲子草群系、凤眼莲群系、枫杨群系、白茅群系等；稀有植被有海三棱藨草群系、野菱群系、芡群系等。东南部滨海丘陵湿地区，有岩石海岸、海滩、沙质河滩等生境，植被以互花米草群系、芦苇群系、碱蓬群系、白茅群系等较为常见；稀有植被有海滨木槿群系、珊瑚菜群系、单叶蔓荆群系等。西部山地溪源湿地区，有沙质河滩、库塘等生境，植被以枫杨群系、旱柳群系、芦苇群系及多种水生植被为主。

2. 湿地脊椎动物

全市湿地脊椎动物787种，隶属5纲62目211科。其中，两栖类2目8科28种，爬行类3目11科36种，鸟类18目53科236种，兽类7目11科22种，鱼类32目128科465种。在全市236种湿地鸟类中，有水鸟137种，隶属11目24科。宁波市湿地脊椎动物目、科、种数量状况详见表9-9。

表9-9 宁波市湿地脊椎动物种类组成

纲名称	目数量			科数量			种数量		
	宁波湿地/个	全省湿地/个	比例/%	宁波湿地/个	全省湿地/个	比例/%	宁波湿地/个	全省湿地/个	比例/%
两栖纲	2	2	100.00	8	9	88.89	28	44	63.64
爬行纲	3	4	75.00	11	14	78.57	36	54	66.67
鸟纲	18	18	100.00	53	58	91.38	236	276	85.51
兽纲	7	7	100.00	11	18	61.11	22	34	64.71
鱼纲	32	38	84.21	128	169	75.74	465	699	66.52
合计	62	69	89.86	211	268	78.73	787	1107	71.09

在全市湿地脊椎动物中，分布有珍稀保护动物73种，占全市湿地脊椎动物9.28%。其中国家Ⅰ级保护动物5种，分别为东方白鹳、中华秋沙鸭、遗鸥、中华鲟、白鲟；国家Ⅱ级保护动物主要有玳瑁、海龟、镇海棘螈、卷羽鹈鹕、白琵鹭、黑脸琵鹭、小天鹅、江豚、獐、松江鲈鱼等39种；省级重点保护动物主要有凹耳蛙、大树蛙、脆蛇蜥、黑眉锦蛇、大白鹭、中白鹭、鼬獾、髯海豹等29种。宁波市湿地脊椎动物保护物

种见表9-10。

表9-10 宁波市湿地脊椎动物保护物种统计表

类 别	种 类	保护级别			
		国家Ⅰ级	国家Ⅱ级	省重点	合计
两栖纲	28		2	2	4
爬行纲	36		4	4	8
鸟纲	236	3	28	19	50
兽纲	22		3	4	7
鱼纲	465	2	2		4
合计	787	5	39	29	73

三、温州市

（一）自然地理概况

温州市位于浙江省东南部，东濒东海，南毗福建，西及西北部与丽水市相连，北和东北部与台州市接壤。市域为北纬27°03′～28°36′、东经119°37′～121°18′，南北长约176km，东西宽约163km，土地总面积11784km²。下辖4区、2市、5县，分别为鹿城区、龙湾区、瓯海区、洞头区、乐清市、瑞安市、永嘉县、文成县、平阳县、泰顺县、苍南县。

温州市境内地势从西南向东北呈梯形倾斜，山地多，平原少，全市地貌可分为西部中低山区，中部低山丘陵盆地区，东部平原滩涂区和沿海岛屿区。境内港湾众多，有乐清湾、温州湾、沿浦湾、大渔湾四大海湾，主要水系有瓯江、飞云江、鳌江，在浙江省八大水系中占三条；沿海平原河网主要有温瑞塘河、瑞平塘河、平苍河网、柳乐虹平原河网等内河水网。全市有1座大型水库（珊溪水利枢纽）、18座中型水库。市域地处中亚热带季风气候区，冬夏季风交替显著，温度适中，四季分明，雨量充沛。年平均气温17.3～19.4℃，1月平均气温4.9～9.9℃，7月平均气温26.7～29.6℃。冬无严寒，夏无酷暑。年降水量1113～2494mm。春夏之交有梅雨，7—9月有热带气旋，无霜期241～326d。全年日照数1442～2264h。

（二）湿地类型、面积与分布

温州市拥有南麂列岛国家级海洋自然保护区、泰顺雅阳热矿泉地质遗迹省级自然保护区、苍南山海省级湿地公园、三垟湿地、乐清湾、温州湾等重要湿地，现有湿地面积214551.87hm^2，占全省湿地面积19.33%，涉及湿地类型4类14型。其中近海与海岸湿地184727.49hm^2，占全市湿地面积86.10%；河流湿地12512.36hm^2，占全市湿地面积5.83%；湖泊湿地12.06hm^2，占全市湿地面积0.01%；人工湿地17299.96hm^2，占全市湿地面积8.06%。各湿地面积详见表9-11。

表9-11 温州市湿地面积统计表

湿地类型	面积/hm^2	比例/%
近海与海岸湿地	184727.49	86.10
浅海水域	108936.13	50.77
岩石海岸	379.22	0.18
沙石海滩	65.97	0.03
淤泥质海滩	53550.02	24.96
潮间盐水沼泽	4418.66	2.06
红树林	8.93	0.00
河口水域	16763.89	7.81
三角洲	604.67	0.28
河流湿地	12512.36	5.83
永久性河流	12327.00	5.75
洪泛平原湿地	185.36	0.09
湖泊湿地	12.06	0.01
永久性淡水湖	12.06	0.01
人工湿地	17299.96	8.06
库塘	6197.56	2.89
运河、输水河	3514.53	1.64
水产养殖场	7587.87	3.54
合计	214551.87	100.00

近海与海岸湿地面积184727.49hm^2，有浅海水域、岩石海岸、沙石海滩、淤泥质海滩、潮间盐水沼泽、红树林、河口水域、三角洲8型，占全市湿地面积86.10%。其中浅海水域湿地面积108936.13hm^2、淤泥质海滩湿地面积53550.02hm^2，分别占近海与海岸湿地面积58.97%、28.99%，主要分布在乐清湾、温州湾、大渔港、霞关港等地；潮间盐水沼泽湿地面积4418.66hm^2，占近海与海岸湿地面积2.39%，主要分布在乐清湾、温

州湾；河口水域湿地面积16763.89hm²，占近海与海岸湿地面积9.07%，主要分布在瓯江、飞云江、鳌江的潮区界至潮流段的淡水舌锋之间的永久性河流，具体为瓯江河口温溪魁石—梅岙—龙湾—岐头角水域、楠溪江河口清水埠—沙头下庙水域、飞云江河口滩脚—马屿—宝香—上望陡门水域、鳌江河口水头—仙人岩水域；岩石海岸、沙石海滩、红树林、三角洲湿地面积很小，4型湿地面积合计仅占近海与海岸湿地面积0.57%。

河流湿地包括永久性河流湿地和洪泛平原湿地，湿地面积12512.36hm²，占全市湿地面积5.83%。其中永久性河流湿地面积12327.00hm²、洪泛平原湿地面积185.36hm²，分别占河流湿地面积98.52%、1.48%。

湖泊湿地仅有永久性淡水湖一个类型，湿地面积12.06hm²，占全市湿地面积0.01%。

人工湿地面积17299.96hm²，占全市湿地面积8.06%。其中库塘、运河与输水河、水产养殖场面积分别为6197.56hm²、3514.53hm²、7587.87hm²，各占全市人工湿地面积35.82%、20.32%、43.86%。

温州市各县（市、区）湿地面积详见表9-12。瑞安市湿地面积最大，位列全省第五，为41870.61hm²，占全市湿地面积19.52%，占全省湿地面积3.77%；苍南县次之，为41428.30hm²，占全市湿地面积19.31%；瓯海区湿地面积最小，仅有1614.28hm²，只占全市湿地面积0.75%。

表9-12 温州市各县（市、区）湿地面积统计表

行政单位	近海与海岸湿地/hm²	河流湿地/hm²	湖泊湿地/hm²	人工湿地/hm²	合计/hm²
鹿城区	3185.32	395.85		117.82	3698.99
龙湾区	22536.88	371.48		4269.50	27177.86
瓯海区		1296.93		317.35	1614.28
洞头区	35925.99			145.08	36071.07
永嘉县	4049.75	2613.66		343.62	7007.03
平阳县	19921.01	987.54		936.12	21844.67
苍南县	37810.74	2022.87		1594.69	41428.30
文成县		787.09		1965.95	2753.04
泰顺县		1099.11		2079.23	3178.34
瑞安市	38017.00	1467.13	12.06	2374.42	41870.61
乐清市	23280.80	1470.70		3156.18	27907.68
合 计	184727.49	12512.36	12.06	17299.96	214551.87

（三）湿地生物多样性

1. 湿地植物与植被

（1）湿地植物种类。

温州市湿地高等植物811种，隶属124科404属。其中苔藓植物18种，占2.22%；蕨类植物39种，占4.81%；种子植物754种，占92.97%。各类植物科、属、种数量状况详见表9-13。

表9-13　温州市湿地高等植物种类组成

分类群			科			属			种		
			温州湿地	全省湿地	比例/%	温州湿地	全省湿地	比例/%	温州湿地	全省湿地	比例/%
苔藓植物			8	24	33.33	9	36	25.00	18	79	22.78
维管植物	蕨类植物		20	28	60.71	26	41	48.78	39	67	37.31
	种子植物	裸子植物	1	2	50.00	3	4	75.00	4	7	57.14
		被子植物	95	127	73.23	366	559	61.72	750	1329	48.38
合　计			124	181	65.75	404	640	58.91	811	1482	46.56

湿地植物按生活方式分沉水植物18种、浮水植物11种、浮叶植物12种、沙生植物23种、挺水植物9种、盐沼植物22种、沼生植物59种、湿生植物657种。

在全市湿地植物中，分布有珍稀濒危植物11种，其中国家Ⅰ级保护植物有莼菜1种，国家Ⅱ级保护植物有水蕨、野荞麦、野大豆、野菱、珊瑚菜、中华结缕草6种，省级重点保护植物有芡、曲轴黑三棱、水车前、薏苡4种。其他比较珍稀的有苦槛蓝、水仙、小毛兰、线叶玉凤花、香港绶草、绶草、小花蜻蜓兰等。

（2）湿地植被。

温州市湿地植被按照建群种生活型为主进行分类，划分为6个植被型组、15个植被型、124个群系，分别占全省85.71%、93.75%、46.27%。

温州市东部滨海湿地区，有海滩、岩石海岸、海水养殖塘等生境，常见植被有互花米草群系、碱蓬群系、南方碱蓬群系等；稀有植被有厚藤群系、卤地菊群系、糙叶苔草群系，省内仅有的几处红树林也分布在该区域内。中部平原河网湿地区，有河口水域、平原河网、水塘等生境，植被以枫杨群系、构树群系、芦苇群系、辣蓼群系及多种水生植被等为主。西部山地湿地区，有沙质河滩、库塘、高山沼泽等生境，有马尾松群系、狗尾草群系、白茅群系、溪黄草群系、假稻群系等；稀有植被有温州水竹群系、莼菜群系等。

2. 湿地脊椎动物

全市湿地脊椎动物859种，隶属5纲67目236科。其中，两栖类2目8科29种，爬行类3目12科47种，鸟类18目54科250种，兽类6目13科24种，鱼类38目149科509种。在全市250种湿地鸟类中，有水鸟134种，隶属11目23科。温州市湿地脊椎动物目、科、种数量状况详见表9-14。

表9-14　温州市湿地脊椎动物种类组成

纲名称	目数量			科数量			种数量		
	温州湿地/个	全省湿地/个	比例/%	温州湿地/个	全省湿地/个	比例/%	温州湿地/个	全省湿地/个	比例/%
两栖纲	2	2	100.00	8	9	88.89	29	44	65.91
爬行纲	3	4	75.00	12	14	85.71	47	54	87.04
鸟纲	18	18	100.00	54	58	93.10	250	276	90.58
兽纲	6	7	85.71	13	18	72.22	24	34	70.59
鱼纲	38	38	100.00	149	169	88.17	509	699	72.82
合计	67	69	97.10	236	268	88.06	859	1107	77.60

在全市湿地脊椎动物中，分布有珍稀保护动物91种，占全市湿地脊椎动物10.59%。其中国家Ⅰ级保护动物8种，分别为鼋、东方白鹳、黑鹳、中华秋沙鸭、白头鹤、白鹤、中华鲟、达氏鲟；国家Ⅱ级保护动物主要有大鲵、玳瑁、海龟、卷羽鹈鹕、白琵鹭、黑脸琵鹭、小天鹅、鸳鸯、江豚、香鱼、黄唇鱼等53种；省级重点保护动物主要有大树蛙、黑眉锦蛇、滑鼠蛇、黑嘴鸥、大白鹭、中白鹭、鼬獾、髯海豹等30种。温州市湿地脊椎动物保护物种见表9-15。

表9-15　温州市湿地脊椎动物保护物种统计表

类别	种类	保护级别			
		国家Ⅰ级	国家Ⅱ级	省重点	合计
两栖纲	29		2	1	3
爬行纲	47	1	5	6	12
鸟纲	250	5	36	19	60
兽纲	24		5	4	9
鱼纲	509	2	5		7
合计	859	8	53	30	91

四、嘉兴市

(一) 自然地理概况

嘉兴市位于浙江省东北部、杭嘉湖平原腹地，东邻上海，西南连杭州，西与湖州接壤，北接苏州，南濒杭州湾，与绍兴、宁波隔杭州湾相望。市域为北纬30°21′～31°02′、东经120°18′～121°16′，东西长约92km，南北宽约76km，土地总面积3915km²。下辖2区、3市、2县，分别为南湖区、秀洲区、海宁市、平湖市、桐乡市、嘉善县、海盐县。

嘉兴市地势低平，大致呈东南向西北倾斜，全市有山丘200余个，零散分布在钱塘江杭州湾北岸一线，海拔大多在200m以下。由于数千年来人类的垦殖开发，境内平原被纵横交错的塘浦河渠所分割，田、地、水交错分布，形成"六田一水三分地"，旱地栽桑、水田种粮、湖荡养鱼的立体地形结构，人工地貌明显，水乡特色浓郁。市域地处北亚热带南缘，属东亚季风区，冬夏季风交替，四季分明，气温适中，雨水丰沛，日照充足，具有春湿、夏热、秋燥、冬冷的特点。年平均气温15.4～16.4℃，年平均降水量1168.6mm。

(二) 湿地类型、面积与分布

嘉兴市拥有嘉兴石臼漾省级湿地公园、秀洲莲泗荡省级湿地公园、汾湖、京杭古运河等重要湿地，现有湿地面积81717.65hm²，占全省湿地面积7.36%，涉及湿地类型5类12型。其中近海与海岸湿地50462.90hm²，占全市湿地面积61.75%；河流湿地18511.84hm²，占全市湿地面积22.65%；湖泊湿地3689.47hm²，占全市湿地面积4.52%；沼泽湿地42.38hm²，占全市湿地面积0.05%；人工湿地9011.06hm²，占全市湿地面积11.03%。各湿地面积详见表9-16。

近海与海岸湿地面积50462.90hm²，有浅海水域、岩石海岸、淤泥质海滩、潮间盐水沼泽、河口水域、海岸性淡水湖6型，占全市湿地面积61.75%。其中浅海水域湿地面积25554.15hm²、淤泥质海滩湿地面积2619.58hm²、潮间盐水沼泽湿地面积520.81hm²，3型湿地面积合占近海与海岸湿地面积56.86%，主要分布在杭州湾；河口水域湿地面积21633.02hm²，占近海与海岸湿地面积42.87%，主要分布在钱塘江闻家堰—澉浦嘉兴段水域；海岸性淡水湖湿地面积116.25hm²，占近海与海岸湿地面积0.23%，海盐南北湖为典型的海岸性淡水湖；岩石海岸湿地面积很小，仅占近海与海岸湿地面积0.04%。

河流湿地仅有永久性河流湿地一个类型，湿地面积18511.84hm²，占全市湿地面积22.65%。

湖泊湿地仅有永久性淡水湖一个类型，湿地面积3689.47hm²，占全市湿地面积4.52%，占全省湖泊湿地面积41.96%，为浙江省湖泊湿地的主要分布区。其中嘉善县境内的汾湖为浙江省面积最大的永久性淡水湖。

人工湿地面积9011.06hm²，占全市湿地面积11.03%。其中库塘、运河与输水河、水产养殖场面积分别为733.13hm²、3112.12hm²、5165.81hm²，各占全市人工湿地面积8.14%、34.53%、57.33%。

表9-16 嘉兴市湿地面积统计表

湿地类型	面积/hm²	比例/%
近海与海岸湿地	50462.90	61.75
浅海水域	25554.15	31.27
岩石海岸	19.09	0.02
淤泥质海滩	2619.58	3.21
潮间盐水沼泽	520.81	0.64
河口水域	21633.02	26.47
海岸性淡水湖	116.25	0.14
河流湿地	18511.84	22.65
永久性河流	18511.84	22.65
湖泊湿地	3689.47	4.52
永久性淡水湖	3689.47	4.52
沼泽湿地	42.38	0.05
草本沼泽	42.38	0.05
人工湿地	9011.06	11.03
库塘	733.13	0.90
运河、输水河	3112.12	3.81
水产养殖场	5165.81	6.32
合　计	81717.65	100.00

嘉兴市各县（市、区）湿地面积详见表9-17。海盐县湿地面积最大，为35285.52hm²，占全市湿地面积43.18%；海宁市次之，为17482.91hm²，占全市湿地面积21.39%；南湖区湿地面积最小，为2931.45hm²，只占全市湿地面积4.04%。

表9-17　嘉兴市各县（市、区）湿地面积统计表

行政单位	近海与海岸湿地/hm²	河流湿地/hm²	湖泊湿地/hm²	沼泽湿地/hm²	人工湿地/hm²	合计/hm²
南湖区		2484.96	213.13		233.36	2931.45
秀洲区		2424.29	1521.49	42.38	2034.38	6022.54
嘉善县		3634.91	1882.02		2874.79	8391.72
海盐县	32143.30	2559.14			583.08	35285.52
海宁市	13383.47	2105.62			1993.82	17482.91
平湖市	4936.13	2519.15	46.30		796.47	8298.05
桐乡市		2783.77	26.53		495.16	3305.46
合　计	50462.90	18511.84	3689.47	42.38	9011.06	81717.65

（三）湿地生物多样性

1. 湿地植物和植被

（1）湿地植物种类。

嘉兴市湿地高等植物482种，隶属98科284属。其中苔藓植物18种，占3.73%；蕨类植物12种，占2.49%；种子植物452种，占93.78%。各类植物科、属、种数量状况详见表9-18。

表9-18　嘉兴市湿地高等植物种类组成

分类群		科			属			种		
		嘉兴湿地	全省湿地	比例/%	嘉兴湿地	全省湿地	比例/%	嘉兴湿地	全省湿地	比例/%
苔藓植物		8	24	33.33	9	36	25.00	18	79	22.78
维管植物	蕨类植物	10	28	35.71	10	41	24.39	12	67	17.91
	种子植物 裸子植物	2	2	100.00	3	4	75.00	4	7	57.14
	种子植物 被子植物	78	127	61.42	262	559	46.87	448	1329	33.71
合　计		98	181	54.14	284	640	44.38	482	1482	32.52

湿地植物按生活方式分沉水植物12种、浮水植物10种、浮叶植物13种、沙生植物5种、挺水植物6种、盐沼植物6种、沼生植物33种、湿生植物397种。

在全市湿地植物中，分布有珍稀濒危植物6种，其中国家Ⅱ级保护植物有水蕨、野荞麦、野大豆、野菱4种，省级重点保护植物有芡、薏苡2种。其他比较珍稀的有虾须草、绶草等。

（2）湿地植被。

嘉兴市湿地植被按照建群种生活型为主进行分类，划分为4个植被型组、9个植被型、79个群系，分别占全省57.14%、56.25%、29.48%。

嘉兴市东南部滨海湿地区有河口水域、滩涂、盐水沼泽等生境,常见植被有互花米草群系、芦苇群系等。中北部平原水网湿地区有泥质河滩、荡漾、沟渠、水塘等生境,主要植被有枫杨群系、辣蓼群系、芦苇群系、穗花狐尾藻群系、水鳖群系及多种眼子菜群系等;稀有植被有苔菜群系、野菱群系、水禾群系等。

2. 湿地脊椎动物

全市湿地脊椎动物295种,隶属5纲38目86科。其中,两栖类1目3科7种,爬行类3目7科13种,鸟类15目42科153种,兽类5目8科18种,鱼类14目26科104种。在全市153种湿地鸟类中,有水鸟83种,隶属10目17科。嘉兴市湿地脊椎动物目、科、种数量状况详见表9-19。

表9-19 嘉兴市湿地脊椎动物种类组成

纲名称	目数量			科数量			种数量		
	嘉兴湿地/个	全省湿地/个	比例/%	嘉兴湿地/个	全省湿地/个	比例/%	嘉兴湿地/个	全省湿地/个	比例/%
两栖纲	1	2	50.00	3	9	33.33	7	44	15.91
爬行纲	3	4	75.00	7	14	50.00	13	54	24.07
鸟纲	15	18	83.33	42	58	72.41	153	276	55.43
兽纲	5	7	71.43	8	18	44.44	18	34	52.94
鱼纲	14	38	36.84	26	169	15.38	104	699	14.88
合计	38	69	55.07	86	268	32.09	295	1107	26.65

在全市湿地脊椎动物中,分布有珍稀保护动物40种,占全市湿地脊椎动物13.56%。其中国家Ⅰ级保护动物3种,分别为东方白鹳、中华鲟、白鲟;国家Ⅱ级保护动物主要有虎纹蛙、黄嘴白鹭、小天鹅、鹗、江豚、水獭、松江鲈鱼等21种;省级重点保护动物主要有凤头鹛鹛、大白鹭、黑尾鸥、獾、食蟹獴等16种。嘉兴市湿地脊椎动物保护物种见表9-20。

表9-20 嘉兴市湿地脊椎动物保护物种统计表

类 别	种 类	保护级别			
		国家Ⅰ级	国家Ⅱ级	省重点	合计
两栖纲	7		1		1
爬行纲	13				
鸟纲	153	1	17	14	32
兽纲	18		2	2	4
鱼纲	104	2	1		3
合计	295	3	21	16	40

五、湖州市

（一）自然地理概况

湖州市地处浙江省北部，东邻嘉兴市，南接杭州市，西依天目山，北濒太湖，与无锡市、苏州市隔湖相望，是环太湖地区唯一因湖而得名的城市。市域为北纬30°22′～31°11′、东经119°14′～120°29′，东西长约126km，南北宽约90km，土地总面积5824km²。下辖2区、3县，分别为吴兴区、南浔区、德清县、长兴县、安吉县。

湖州市地势大致由西南向东北倾斜，形成山地、丘陵、平原三大地貌。西南部为山地丘陵，属天目山余脉；西部垄岗蜿蜒，构成大小不等的河谷平原；东北部为水网平原，河港密布，属长江三角洲冲积平原的一部分。境内河流以东、西苕溪为主，自西南向东北注入太湖；自西向东流向的顿塘、双林塘诸水，大多汇入运河，经黄浦江出海。全市建有老石坎水库、赋石水库等大型水库4座和中型水库7座。市域地处北亚热带季风气候区，季风显著，四季分明，雨热同季，降水充沛，温和湿润，年平均气温12.2～17.3℃，年均降水量761～1780mm。

（二）湿地类型、面积与分布

湖州市拥有德清下渚湖国家湿地公园、长兴仙山湖国家湿地公园、安吉竹溪省级湿地公园、长兴扬子鳄省级自然保护区、太湖、双林漾等重要湿地，现有湿地面积47812.51hm²，占全省湿地面积4.31%，涉及湿地类型4类8型。其中河流湿地17196.35hm²，占全市湿地面积35.97%；湖泊湿地3984.42hm²，占全市湿地面积8.33%；沼泽湿地97.16hm²，占全市湿地面积0.20%；人工湿地26534.58hm²，占全市湿地面积55.50%。各湿地面积详见表9-21。

湖州市河流绝大部分属于苕溪水系，境内的主要干流分别有东苕溪、西苕溪和苕溪；在市域内汇入苕溪的主要一级支流有北苕溪、余英溪、南溪、浒溪等。河流湿地面积17196.35hm²，占全市湿地面积35.97%。其中永久性河流湿地面积17074.17hm²、洪泛平原湿地面积122.18hm²，分别占河流湿地面积99.29%、0.71%。

沼泽湿地面积97.16hm²，占全市湿地面积0.20%。其中草本沼泽湿地面积83.88hm²，占沼泽湿地面积86.33%，主要分布在德清下渚湖湿地公园和长兴仙山湖湿地公园内；森林沼泽湿地面积13.28hm²，占沼泽湿地面积13.67%，主要为分布在长兴仙山湖湿地公园内的旱柳林，如此大面积的旱柳林在浙江省内罕见。

人工湿地面积26534.58hm²，占全市湿地面积55.50%。其中库塘、运河与输水河、水产养殖场面积分别为7085.51hm²、1524.69hm²、17924.38hm²，各占全市人工湿地面积

26.70%、5.75%、67.55%。

表9-21　湖州市湿地面积统计表

湿地类型	面积/hm²	比例/%
河流湿地	17196.35	35.97
永久性河流	17074.17	35.71
洪泛平原湿地	122.18	0.26
湖泊湿地	3984.42	8.33
永久性淡水湖	3984.42	8.33
沼泽湿地	97.16	0.20
草本沼泽	83.88	0.18
森林沼泽	13.28	0.03
人工湿地	26534.58	55.50
库塘	7085.51	14.82
运河、输水河	1524.69	3.19
水产养殖场	17924.38	37.49
合　计	47812.51	100.00

湖州市各县（市、区）湿地面积详见表9-22。德清县湿地面积最大，为15129.93hm²，占全市湿地面积31.64%；南浔区次之，为12783.72hm²，占全市湿地面积26.74%；安吉县湿地面积最小，为4743.55hm²，只占全市湿地面积9.92%。

表9-22　湖州市各县（市、区）湿地面积统计表

行政单位	河流湿地/hm²	湖泊湿地/hm²	沼泽湿地/hm²	人工湿地/hm²	合计/hm²
吴兴区	2819.27	1490.94		5544.55	9854.76
南浔区	5269.51	733.17		6781.04	12783.72
德清县	4277.29	1051.18	40.41	9761.05	15129.93
长兴县	2768.34	621.87	56.75	1853.59	5300.55
安吉县	2061.94	87.26		2594.35	4743.55
合　计	17196.35	3984.42	97.16	26534.58	47812.51

（三）湿地生物多样性

1. 湿地植物与植被

（1）湿地植物种类。

湖州市湿地高等植物656种，隶属118科359属。其中苔藓植物21种，占3.20%；蕨类植物17种，占2.59%；种子植物618种，占94.21%。各类植物科、属、种数量状况详见表9-23。

表9-23　湖州市湿地高等植物种类组成

分类群			科			属			种		
			湖州湿地	全省湿地	比例/%	湖州湿地	全省湿地	比例/%	湖州湿地	全省湿地	比例/%
苔藓植物			10	24	41.67	11	36	30.56	21	79	26.58
维管植物	蕨类植物		14	28	50.00	14	41	34.15	17	67	25.37
	种子植物	裸子植物	2	2	100.00	3	4	75.00	4	7	57.14
		被子植物	92	127	72.44	331	559	59.21	614	1329	46.20
合计			118	181	65.19	359	640	56.09	656	1482	44.26

湿地植物按生活方式分沉水植物18种、浮水植物10种、浮叶植物14种、挺水植物6种、沼生植物40种、湿生植物568种。

在全市湿地植物中，分布有珍稀濒危植物8种，其中国家Ⅱ级保护植物有水蕨、野荞麦、野大豆、野菱4种，省级重点保护植物有芡、睡莲、水车前、薏苡4种。其他比较珍稀的有虾须草、绥草等。

（2）湿地植被。

湖州市湿地植被按照建群种生活型为主进行分类，划分为5个植被型组、10个植被型、92个群系，分别占全省71.43%、62.50%、34.33%。

湖州市西南部山地丘陵湿地区有沙质河滩、湖泊、高山沼泽、库塘等生境，植被主要有枫杨群系、辣蓼群系、斑茅群系、牛鞭草群系等；稀有植被有玉蝉花群系、假鼠妇草群系等。另外，安吉河滩上的多种刚竹类植被在省内较具特色。中东部、北部平原水网湿地区有泥质河滩、湖泊、荡漾、沟渠、水塘等生境，植被以芦苇群系、构树群系、苦草群系、黑藻群系、浮萍群系、凤眼莲群系、水鳖群系、荻群系等分布最广；稀有植被有水禾群系、莕菜群系、野菱群系等。

2. 湿地脊椎动物

全市湿地脊椎动物335种，隶属5纲34目91科。其中两栖类2目8科21种，爬行类4目9科26种，鸟类15目45科162种，兽类4目8科20种，鱼类9目21科106种。在全市162种湿地鸟类中，有水鸟79种，隶属8目17科。湖州市湿地脊椎动物目、科、种数量状况详见表9-24。

表9-24 湖州市湿地脊椎动物种类组成

纲名称	目数量			科数量			种数量		
	湖州湿地/个	全省湿地/个	比例/%	湖州湿地/个	全省湿地/个	比例/%	湖州湿地/个	全省湿地/个	比例/%
两栖纲	2	2	100.00	8	9	88.89	21	44	47.73
爬行纲	4	4	100.00	9	14	64.29	26	54	48.15
鸟 纲	15	18	83.33	45	58	77.59	162	276	58.70
兽 纲	4	7	57.14	8	18	44.44	20	34	58.82
鱼 纲	9	38	23.68	21	169	12.43	106	699	15.16
合 计	34	69	49.28	91	268	33.96	335	1107	30.26

在全市湿地脊椎动物中，分布有珍稀保护动物43种，占全市湿地脊椎动物12.84%。其中国家Ⅰ级保护动物2种，分别为扬子鳄、朱鹮；国家Ⅱ级保护动物主要有虎纹蛙、小天鹅、鸳鸯、水獭、香鱼、松江鲈鱼等19种；省级重点保护动物主要有大树蛙、黑眉锦蛇、凤头鹏鹧、大白鹭、中白鹭、鼬獾、食蟹獴等22种。湖州市湿地脊椎动物保护物种见表9-25。

表9-25 湖州市湿地脊椎动物保护物种统计表

类 别	种 类	保护级别			
		国家Ⅰ级	国家Ⅱ级	省重点	合计
两栖纲	21		1	1	2
爬行纲	26	1		3	4
鸟 纲	162	1	15	15	31
兽 纲	20		1	3	4
鱼 纲	106		2		2
合 计	335	2	19	22	43

六、绍兴市

（一）自然地理概况

绍兴市位于浙江省中北部、钱塘江南岸，东连宁波市，南临台州、金华两市，西接杭州市，北隔钱塘江，与嘉兴市相望。市域为北纬29°14′～30°16′、东经119°53′～121°14′，东西长约130km，南北宽约118km，全市土地总面积8279km²。下辖1区、3市、2县，分别为越城区、上虞市、诸暨市、嵊州市、绍兴县、新昌县。

绍兴市境内地势由西南向东北倾斜。全市地貌可概括为"四山三盆两江一平原"，即会稽山、四明山、天台山、龙门山、诸暨盆地、新嵊盆地、三界-章镇盆地，浦阳江、曹娥江，绍虞平原。境内河道密布，湖泊众多，素以"水乡泽国"著称，主要河流有曹娥江、浦阳江和浙东运河，建有汤浦水库、长诏水库等大型水库5座，中型水库12座。市域地处亚热带季风气候区，季风显著，四季分明，气候温和，湿润多雨，年平均气温16.2～16.5℃，年平均降水量1439mm且分布不均，降水年变化呈双峰型且年际变化较大。

（二）湿地类型、面积与分布

绍兴市拥有诸暨白塔湖国家湿地公园、绍兴镜湖国家城市湿地公园、浙东古运河等重要湿地，现有湿地面积58945.59hm²，占全省湿地面积5.31%，涉及湿地类型5类11型。其中近海与海岸湿地19004.09hm²，占全市湿地面积32.24%；河流湿地15822.07hm²，占全市湿地面积26.84%；湖泊湿地307.81hm²，占全市湿地面积0.52%；沼泽湿地90.64hm²，占全市湿地面积0.16%；人工湿地23720.98hm²，占全市湿地面积40.24%。各湿地面积详见表9-26。

近海与海岸湿地面积19004.09hm²，有河口水域、三角洲、海岸性淡水湖3型，占全市湿地面积32.24%。其中河口水域湿地面积16314.78hm²，占近海与海岸湿地面积85.85%，包括钱塘江河口水域绍兴段、曹娥江上浦闸-曹娥-新三江闸河口段水域；三角洲湿地面积619.76hm²，占近海与海岸湿地面积3.26%，包括河口水域四周冲积的泥滩、沙滩、沙洲、沙岛等，主要集中在曹娥江上虞段；海岸性淡水湖湿地面积2069.55hm²，占近海与海岸湿地面积10.89%，白塔湖、镜湖、皂李湖、瓜渚湖等为典型的海岸性淡水湖。

河流湿地包括永久性河流湿地和洪泛平原湿地，湿地面积共15822.07hm²，占全市湿地面积26.84%。其中永久性河流湿地面积15368.17hm²、洪泛平原湿地面积453.90hm²，分别占河流湿地面积97.13%、2.87%。

湖泊湿地仅有永久性淡水湖一个类型，湿地面积307.81hm²，占全市湿地面积0.52%。

沼泽湿地面积90.64hm²，占全市湿地面积0.16%。其中草本沼泽湿地面积32.79hm²，占沼泽湿地面积36.18%；沼泽化草甸湿地面积57.85hm²，占沼泽湿地面积63.82%，主要分布在嵊州市的西白山、覆卮山等地。

人工湿地面积23720.98hm²，占全市湿地面积40.24%。其中库塘、运河与输水河、水产养殖场面积分别为6141.32hm²、2163.81hm²、15415.85hm²，各占全市人工湿地面积25.89%、9.12%、64.99%。

表9-26　绍兴市湿地面积统计表

湿地类型	面积/hm²	比例/%
近海与海岸湿地	19004.09	32.24
河口水域	16314.78	27.68
三角洲	619.76	1.05
海岸性淡水湖	2069.55	3.51
河流湿地	15822.07	26.84
永久性河流	15368.17	26.07
洪泛平原湿地	453.90	0.77
湖泊湿地	307.81	0.52
永久性淡水湖	307.81	0.52
沼泽湿地	90.64	0.16
草本沼泽	32.79	0.06
沼泽化草甸	57.85	0.10
人工湿地	23720.98	40.24
库塘	6141.32	10.42
运河、输水河	2163.81	3.67
水产养殖场	15415.85	26.15
合　计	58945.59	100.00

绍兴市各县（市、区）湿地面积详见表9-27。上虞市湿地面积最大，为24086.40hm²，占全市湿地面积40.86%；绍兴县次之，为11926.18hm²，占全市湿地面积20.23%；新昌县湿地面积最小，为2246.85hm²，只占全市湿地面积3.81%。

表9-27　绍兴市各县（市、区）湿地面积统计表

行政单位	近海与海岸湿地/hm²	河流湿地/hm²	湖泊湿地/hm²	沼泽湿地/hm²	人工湿地/hm²	合计/hm²
越城区	690.46	3606.35	277.53	32.79	861.13	5468.26
绍兴县	4124.06	3487.90	9.66		4304.56	11926.18
新昌县		1245.77			1001.08	2246.85
上虞市	13475.53	2726.72	20.62		7863.53	24086.40
诸暨市	702.53	2455.46			8493.40	11651.39
嵊州市	11.51	2299.87		57.85	1197.28	3566.51
合　计	19004.09	15822.07	307.81	90.64	23720.98	58945.59

（三）湿地生物多样性

1. 湿地植物与植被

（1）湿地植物种类。

绍兴市湿地高等植物549种，隶属115科320属。其中苔藓植物18种，占3.28%；蕨类植物20种，占3.64%；种子植物511种，占93.08%。各类植物科、属、种数量状况详见表9-28。

表9-28 绍兴市湿地高等植物种类组成

分类群			科			属			种		
		绍兴湿地	全省湿地	比例/%	绍兴湿地	全省湿地	比例/%	绍兴湿地	全省湿地	比例/%
苔藓植物			8	24	33.33	9	36	25.00	18	79	22.78
维管植物	蕨类植物		17	28	60.71	18	41	43.90	20	67	29.85
	种子植物	裸子植物	2	2	100.00	3	4	75.00	4	7	57.14
		被子植物	88	127	69.29	290	559	51.88	507	1329	38.15
合 计			115	181	63.54	320	640	50.00	549	1482	37.04

湿地植物按生活类型分沉水植物15种、浮水植物10种、浮叶植物13种、沙生植物3种、挺水植物8种、盐沼植物3种、沼生植物31种、湿生植物466种。

在全市湿地植物中，分布有珍稀濒危植物6种，其中国家Ⅰ级保护植物有中华水韭1种，国家Ⅱ级保护植物有野大豆、野荞麦、野菱3种，省级重点保护植物有茯、薏苡2种。其他比较珍稀的有大花无柱兰、绶草等。

（2）湿地植被。

绍兴市湿地植被按照建群种生活型为主进行分类，划分为5个植被型组、10个植被型、83个群系，分别占全省71.43%、62.50%、30.97%。

绍兴市北部河口平原湿地区，常见植被有芦苇群系、意杨群系、空心莲子草群系等；稀有植被有海三棱藨草群系。中部平原水网湿地区有泥质河滩、沟渠、荡漾、水塘等生境，植被主要为芦苇群系、构树群系、水烛群系、莲群系、凤眼莲群系、水鳖群系、苦草群系、黑藻群系等；稀有植被有莕菜群系、甜根子草群系、野菱群系等。西南部山地丘陵湿地区有沙质河滩、高山沼泽、库塘等生境，植被主要有枫杨群系、辣蓼群系、斑茅群系、芦苇群系、芒群系、萱草群系、牛鞭草群系等。

2. 湿地脊椎动物

全市湿地脊椎动物376种，隶属5纲38目95科。其中两栖类2目6科17种，爬行类3目8科26种，鸟类16目46科170种，兽类4目8科21种，鱼类13目27科142种。在全市170种湿地鸟类中，有水鸟84种，隶属9目18科。绍兴市湿地脊椎动物目、科、种数量状况详见表9-29。

表9-29 绍兴市湿地脊椎动物种类组成

纲名称	目数量			科数量			种数量		
	绍兴湿地/个	全省湿地/个	比例/%	绍兴湿地/个	全省湿地/个	比例/%	绍兴湿地/个	全省湿地/个	比例/%
两栖纲	2	2	100.00	6	9	66.67	17	44	38.64
爬行纲	3	4	75.00	8	14	57.14	26	54	48.15
鸟　纲	16	18	88.89	46	58	79.31	170	276	61.59
兽　纲	4	7	57.14	8	18	44.44	21	34	61.76
鱼　纲	13	38	34.21	27	169	15.98	142	699	20.31
合　计	38	69	55.07	95	268	35.45	376	1107	33.97

在全市湿地脊椎动物中，分布有珍稀保护动物45种，占全市湿地脊椎动物11.97%。其中国家Ⅰ级保护动物3种，分别为东方白鹳、黑鹳、白头鹤；国家Ⅱ级保护动物主要有虎纹蛙、黄嘴白鹭、小天鹅、鸳鸯、小杓鹬、水獭、松江鲈鱼等19种；省级重点保护动物主要有大树蛙、黑眉锦蛇、凤头鹛鹛、大白鹭、中白鹭、鼬獾、食蟹獴等23种。绍兴市湿地脊椎动物保护物种见表9-30。

表9-30 绍兴市湿地脊椎动物保护物种统计表

类　别	种　类	保护级别			
		国家Ⅰ级	国家Ⅱ级	省重点	合计
两栖纲	17		1	1	2
爬行纲	26			3	3
鸟　纲	170	3	16	16	35
兽　纲	21		1	3	4
鱼　纲	142		1		1
合　计	376	3	19	23	45

七、金华市

（一）自然地理概况

金华市位于浙江省中部偏西、金衢盆地东段，东邻台州市，南毗丽水市，西连衢州市，北接绍兴市、杭州市。市域为北纬28°32′～29°41′、东经119°14′～120°47′，东西长约151km，南北宽约129km，土地总面积10942km²。下辖2区、4市、3县，分别为婺城区、金东区、兰溪市、义乌市、东阳市、永康市、武义县、浦江县、磐安县。

金华市境内地势南北高、中部低，南北两侧以低山为主，山地内侧散布起伏相对和缓的丘陵；中部以金衢盆地东段为主体，四周镶嵌着武义盆地、永康盆地等山间小盆地，形成"三面环山夹一川，盆地错落涵三江"的基本地貌。境内江河分属钱塘江、瓯江、椒江三大水系，有兰江、衢江、浦阳江、宣平溪、溪炉港等县级以上河流80条，建有横锦水库、南江水库等大型水库2座，中型水库27座。市域地处亚热带季风气候区，四季分明，年温适中，热量丰富，雨量充沛。年平均气温17.5℃，年平均降水量1424mm，季节降水量分布呈单峰型，即春雨多、梅雨量大，夏、秋、冬季雨量少。

（二）湿地类型、面积与分布

金华市拥有东阳东白山省级湿地公园、磐安七仙湖省级湿地公园、浦江翠湖等重要湿地，现有湿地面积32003.61hm^2，占全省湿地面积2.88%，涉及湿地类型4类7型。其中河流湿地11262.85hm^2，占全市湿地面积35.19%；湖泊湿地38.79hm^2，占全市湿地面积0.12%；沼泽湿地8.54hm^2，占全市湿地面积0.03%；人工湿地20693.43hm^2，占全市湿地面积64.66%。各湿地面积详见表9-31。

表9-31 金华市湿地面积统计表

湿地类型	面积/hm^2	比例/%
河流湿地	11262.85	35.19
永久性河流	11246.03	35.14
洪泛平原湿地	16.82	0.05
湖泊湿地	38.79	0.12
永久性淡水湖	38.79	0.12
沼泽湿地	8.54	0.03
草本沼泽	8.54	0.03
人工湿地	20693.43	64.66
库塘	11241.71	35.13
运河、输水河	16.62	0.05
水产养殖场	9435.10	29.48
合　计	32003.61	100.00

金华市大部分河流属钱塘江水系，境内有衢江、兰江干流和金华江、东阳江、武义江、浦阳江、壶源江等主要支流。河流湿地面积11262.85hm^2，占全市湿地面积35.19%。其中永久性河流湿地面积11246.03hm^2、洪泛平原湿地面积16.82hm^2，分别占河流湿地面积99.85%、0.15%。

湖泊湿地仅有永久性淡水湖一个类型，湿地面积38.79hm²，占全市湿地面积0.12%。

沼泽湿地仅有草本沼泽一个类型且面积较小，湿地面积8.54hm²，占全市湿地面积0.03%。

人工湿地面积20693.43hm²，占全市湿地面积64.66%。其中库塘、运河与输水河、水产养殖场面积分别为11241.71hm²、16.62hm²、9435.10hm²，各占全市人工湿地面积54.33%、0.08%、45.59%。

金华市各县（市、区）湿地面积详见表9-32。全市仅兰溪市湿地面积超过1万公顷，为11321.40hm²，占全市湿地面积35.38%；婺城区次之，为4715.38hm²，占全市湿地面积14.73%；磐安县湿地面积最小，仅有938.68hm²，只占全市湿地面积2.93%。

表9-32　金华市各县（市、区）湿地面积统计表

行政单位	河流湿地/hm²	湖泊湿地/hm²	沼泽湿地/hm²	人工湿地/hm²	合计/hm²
婺城区	1800.75	12.93		2901.70	4715.38
金东区	1122.23			1612.03	2734.26
武义县	1170.96			1126.13	2297.09
浦江县	577.16			675.04	1252.20
磐安县	681.94			256.74	938.68
兰溪市	2818.13	25.86		8477.41	11321.40
义乌市	976.79			2263.31	3240.10
东阳市	1388.86		8.54	1947.31	3344.71
永康市	726.03			1433.76	2159.79
合　计	11262.85	38.79	8.54	20693.43	32003.61

（三）湿地生物多样性

1. 湿地植物和植被

（1）湿地植物种类。

金华市湿地高等植物621种，隶属129科356属。其中苔藓植物20种，占3.22%；蕨类植物35种，占5.64%；种子植物566种，占91.14%。各类植物科、属、种数量状况详见表9-33。

湿地植物按生活方式分沉水植物17种、浮水植物10种、浮叶植物12种、挺水植物8种、沼生植物37种、湿生植物537种。

表9-33 金华市湿地高等植物种类组成

分类群		科			属			种		
		金华湿地	全省湿地	比例/%	金华湿地	全省湿地	比例/%	金华湿地	全省湿地	比例/%
苔藓植物		9	24	37.50	10	36	27.78	20	79	25.32
维管植物	蕨类植物	22	28	78.57	27	41	65.85	35	67	52.24
	种子植物 裸子植物	2	2	100.00	3	4	75.00	4	7	57.14
	被子植物	96	127	75.59	316	559	56.53	562	1329	42.29
合 计		129	181	71.27	356	640	55.63	621	1482	41.90

在全市湿地植物中，分布有珍稀濒危植物6种，其中国家Ⅱ级保护植物有野大豆、野荞麦、野菱3种，省级重点保护植物有芡、睡莲、薏苡3种。其他比较珍稀的有江南桤木、鹅毛玉凤花、绶草、小花蜻蜓兰等。

（2）湿地植被。

金华市湿地植被按照建群种生活型为主进行分类，划分为5个植被型组、10个植被型、70个群系，分别占全省71.43%、62.50%、26.12%。

金华市中部丘陵盆地湿地区有河滩、库塘等生境，植被以枫杨群系、芦苇群系、假稻群系、秕壳草群系、空心莲子草群系等为主。东北部、西南部低山丘陵湿地区有沙质河滩、高山沼泽、库塘等生境，植被主要有枫杨群系、辣蓼群系、斑茅群系、芦苇群系等。东部高山沼泽湿地区，植被以芦苇群系、华东蔍草群系、野古草群系、白茅群系、萱草群系等较为常见。

2. 湿地脊椎动物

全市湿地脊椎动物335种，隶属5纲32目88科。其中两栖类2目8科23种，爬行类3目9科24种，鸟类16目45科144种，兽类4目8科21种，鱼类7目18科123种。在全市144种湿地鸟类中，有水鸟51种，隶属8目14科。金华市湿地脊椎动物目、科、种数量状况详见表9-34。

表9-34 金华市湿地脊椎动物种类组成

纲名称	目数量			科数量			种数量		
	金华湿地/个	全省湿地/个	比例/%	金华湿地/个	全省湿地/个	比例/%	金华湿地/个	全省湿地/个	比例/%
两栖纲	2	2	100.00	8	9	88.89	23	44	52.27
爬行纲	3	4	75.00	9	14	64.29	24	54	44.44
鸟纲	16	18	88.89	45	58	77.59	144	276	52.17
兽纲	4	7	57.14	8	18	44.44	21	34	61.76
鱼纲	7	38	18.42	18	169	10.65	123	699	17.60
合 计	32	69	46.38	88	268	32.84	335	1107	30.26

在全市湿地脊椎动物中，分布有珍稀保护动物41种，占全市湿地脊椎动物12.24%。其中国家Ⅱ级保护动物主要有虎纹蛙、小天鹅、鸳鸯、水獭等20种；省级重点保护动物主要有大树蛙、平胸龟、五步蛇、凤头鹛鹩、大白鹭、中白鹭、鼬獾、食蟹獴等21种。金华市湿地脊椎动物保护物种见表9-35。

表9-35 金华市湿地脊椎动物保护物种统计表

类别	种类	保护级别		
		国家Ⅱ级	省重点	合计
两栖纲	23	1	1	2
爬行纲	24		3	3
鸟纲	144	18	14	32
兽纲	21	1	3	4
鱼纲	123			
合计	335	20	21	41

八、衢州市

（一）自然地理概况

衢州市位于浙江省西部、钱塘江上游、金（华）衢（州）盆地西端，南接福建南平，西连江西上饶、景德镇，北邻安徽黄山，东与省内金华、丽水、杭州三市相交，素有"四省通衢、五路总头"之称。市域为北纬28°14′~29°30′、东经118°01′~119°20′，东西宽约128km，南北长约140km，土地总面积8845km²。下辖2区、1市、3县，分别为柯城区、衢江区，江山市，常山县、开化县、龙游县。

衢州市境内地势总体呈南北高、西矮、中平、东低。地貌类型以衢江为中轴，向南北对称展布，两侧依次为河谷平原缓坡岗地、低中丘陵、山地；衢州中部常山港、江山港、衢江贯穿其间，江河两侧沿河有众多大小盆地、河谷平原，地势平缓。全市建有湖南镇水库、碗窑水库等大型水库4座，中型水库9座。市域地处亚热带季风气候区，具有"春早秋短、夏冬长，温适、光足，旱涝明显"的特征。年平均气温16.3~17.4℃，年平均降水量1500~2300mm，降水地域差异明显，南北山区降水量多于中部平原，西部降水量多于东部。

（二）湿地类型、面积与分布

衢州市拥有衢州乌溪江国家湿地公园、龙游绿葱湖省级湿地公园、开化钱江源省级湿地公园等重要湿地，现有湿地面积21503.39hm^2，占全省湿地面积1.94%，涉及湿地类型3类7型。其中河流湿地10735.20hm^2，占全市湿地面积49.92%；沼泽湿地82.45hm^2，占全市湿地面积0.38%；人工湿地10685.74hm^2，占全市湿地面积49.70%。各湿地面积详见表9-36。

表9-36　衢州市湿地面积统计表

湿地类型	面积/hm^2	比例/%
河流湿地	10735.20	49.92
永久性河流	10115.47	47.04
洪泛平原湿地	619.73	2.88
沼泽湿地	82.45	0.38
灌丛沼泽	72.96	0.34
沼泽化草甸	9.49	0.04
人工湿地	10685.74	49.70
库塘	9147.01	42.54
运河、输水河	45.86	0.22
水产养殖场	1492.87	6.94
合　计	21503.39	100.00

衢州市河流绝大部分属于钱塘江南源水系，境内的主要干流分别有马金溪、常山港和衢江；在市域内汇入衢江干流的主要一级支流有江山港、乌溪江、灵山江等。河流湿地面积10735.20hm^2，占全市湿地面积49.92%。其中永久性河流湿地面积10115.47hm^2、洪泛平原湿地面积619.73hm^2，分别占河流湿地面积94.23%、5.77%。

沼泽湿地面积较小，仅有82.45hm^2，占全市湿地面积0.38%。其中灌丛沼泽湿地面积72.96hm^2，占沼泽湿地面积88.49%，主要分布在绿葱湖湿地公园内，为浙江省内面积最大的灌丛沼泽湿地；沼泽化草甸湿地面积9.49hm^2，占沼泽湿地面积11.51%。

人工湿地面积10685.74hm^2，占全市湿地面积49.70%。其中库塘、运河与输水河、水产养殖场面积分别为9147.01hm^2、45.86hm^2、1492.87hm^2，各占全市人工湿地面积85.60%、0.43%、13.97%。

衢州市各县（市、区）湿地面积详见表9-37。衢江区湿地面积最大，为6265.82hm^2，占全市湿地面积29.14%；龙游县次之，为5205.76hm^2，占全市湿地面积24.21%；柯城区湿地面积最小，为1768.17hm^2，占全市湿地面积8.22%。

表9-37　衢州市各县（市、区）湿地面积统计表

行政单位	河流湿地/hm²	沼泽湿地/hm²	人工湿地/hm²	合计/hm²
柯城区	1024.17		744.00	1768.17
衢江区	2342.46		3923.36	6265.82
常山县	1383.60		935.71	2319.31
开化县	1790.74		277.22	2067.96
龙游县	2533.96	82.45	2589.35	5205.76
江山市	1660.27		2216.10	3876.37
合　计	10735.20	82.45	10685.74	21503.39

（三）湿地生物多样性

1. 湿地植物与植被

（1）湿地植物种类。

衢州市湿地高等植物746种，隶属134科400属。其中苔藓植物19种，占2.55%；蕨类植物37种，占4.96%；种子植物690种，占92.49%。各类植物科、属、种数量状况详见表9-38。

表9-38　衢州市湿地高等植物种类组成

分类群			科			属			种		
			衢州湿地	全省湿地	比例/%	衢州湿地	全省湿地	比例/%	衢州湿地	全省湿地	比例/%
苔藓植物			9	24	37.50	10	36	27.78	19	79	24.05
维管植物	蕨类植物		23	28	82.14	29	41	70.73	37	67	55.22
	种子植物	裸子植物	2	2	100.00	3	4	75.00	5	7	71.43
		被子植物	100	127	78.74	358	559	64.04	685	1329	51.54
合　计			134	181	74.03	400	640	62.50	746	1482	50.34

湿地植物按生活方式分沉水植物12种、浮水植物9种、浮叶植物10种、挺水植物6种、沼生植物44种、湿生植物665种。

在全市湿地植物中，分布有珍稀濒危植物10种，其中国家Ⅱ级保护植物有野荞麦、野大豆、毛红椿、野菱4种，省级重点保护植物有芡、曲轴黑三棱、薏苡3种。其他比较珍稀的有大花无柱兰、线叶玉凤花、小沼兰、香港绶草、绶草等。

（2）湿地植被。

衢州市湿地植被按照建群种生活型为主进行分类，划分为6个植被型组、12个植被型、111个群系，分别占全省85.71%、75.00%、41.42%。

衢州市中部河谷平原湿地区有河滩、水塘等生境，主要植被有枫杨群系、南川柳群系、五节芒群系、斑茅群系及多种水生植被等。西北部、东南部中低山湿地区有河滩、高山沼泽、库塘等生境，主要植被有枫杨群系、白茅群系、白酒草群系、斑茅群系、圆锥绣球群系、芦苇群系、萱草群系、龙师草群系、牛鞭草群系等。

2. 湿地脊椎动物

全市湿地脊椎动物371种，隶属5纲31目88科。其中两栖类2目8科34种，爬行类3目9科34种，鸟类16目46科160种，兽类4目8科21种，鱼类6目17科122种。在全市160种湿地鸟类中，有水鸟55种，隶属8目15科。衢州市湿地脊椎动物目、科、种数量状况详见表9-39。

表9-39 衢州市湿地脊椎动物种类组成

纲名称	目数量			科数量			种数量		
	衢州湿地/个	全省湿地/个	比例/%	衢州湿地/个	全省湿地/个	比例/%	衢州湿地/个	全省湿地/个	比例/%
两栖纲	2	2	100.00	8	9	88.89	34	44	77.27
爬行纲	3	4	75.00	9	14	64.29	34	54	62.96
鸟　纲	16	18	88.89	46	58	79.31	160	276	57.97
兽　纲	4	7	57.14	8	18	44.44	21	34	61.76
鱼　纲	6	38	15.79	17	169	10.06	122	699	17.45
合　计	31	69	44.93	88	268	32.84	371	1107	33.51

在全市湿地脊椎动物中，分布有珍稀保护动物56种，占全市湿地脊椎动物15.09%。其中国家Ⅰ级保护动物2种，分别为白头鹤、白鹤；国家Ⅱ级保护动物主要有大鲵、虎纹蛙、岩鹭、小天鹅、鸳鸯、水獭等26种；省级重点保护动物主要有崇安髭蟾、大树蛙、平胸龟、黑眉锦蛇、滑鼠蛇、大白鹭、中白鹭、鼬獾、食蟹獴等28种。衢州市湿地脊椎动物保护物种见表9-40。

表9-40 衢州市湿地脊椎动物保护物种统计表

类别	种类	保护级别			
		国家Ⅰ级	国家Ⅱ级	省重点	合计
两栖纲	34		2	3	5
爬行纲	34			6	6
鸟　纲	160	2	23	16	41
兽　纲	21		1	3	4
鱼　纲	122				
合　计	371	2	26	28	56

九、舟山市

（一）自然地理概况

舟山市地处我国东南沿海、长江口南侧、杭州湾外缘的东海洋面上。2011年国务院正式批准设立浙江舟山群岛新区。舟山群岛新区成为继上海浦东新区、天津滨海新区、重庆两江新区之后，国务院批复的第四个国家级新区。市域为北纬29°32′~31°04′、东经121°30′~123°25′，全市土地总面积1455km²。下辖2区、2县，分别为定海区、普陀区，岱山县、嵊泗县。

舟山市为海岛丘陵地貌，全市岛屿呈西南-东北走向排列，南部以大岛居多，海拔较高，排列密集；北部以小岛为主，地势较低，分布稀散。岛上丘陵起伏，一般大岛中央都有绵亘的山脊或分水岭，滨海围涂造田，成为小块平原。全境与大陆分离，无过境客水，且岛上河流基本互不相通，山低源短；岛屿分散，导致地面径流差异大，水系很不发达，多为季节性间歇河流。全市建有1座中型水库——虹桥水库。境内气候受西太平洋、欧亚大陆影响，形成了独特的海岛气候——北亚热带南缘海洋性季风气候，冬暖夏凉，温和湿润，光照充足。年平均气温16℃，年均降水量927~1620mm。

（二）湿地类型、面积与分布

舟山市拥有普陀桃花岛大深水滨海省级湿地公园、定海五峙山鸟类省级自然保护区、秀山岛等重要湿地，现有湿地面积68870.72hm²，占全省湿地面积6.20%，涉及湿地类型3类10型。其中近海与海岸湿地62621.36hm²，占全市湿地面积90.93%；河流湿地180.07hm²，占全市湿地面积0.26%；人工湿地6069.29hm²，占全市湿地面积8.81%。各湿地面积详见表9-41。

全市境内近海与海岸湿地面积62621.36hm²，有浅海水域、岩石海岸、沙石海滩、淤泥质海滩、潮间盐水沼泽5型，占全市湿地面积90.93%。其中浅海水域湿地面积46396.29hm²，淤泥质海滩湿地面积12829.21hm²，分别占全市近海与海岸湿地面积74.09%、20.49%；岩石海岸湿地面积578.25hm²，占全市近海与海岸湿地面积0.92%，占全省岩石海岸面积32.24%，主要呈条带状零星分布在泗礁山、花鸟岛、桃花岛、六横岛等岛屿周边；沙石海滩湿地面积2513.66hm²，占全市近海与海岸湿地面积4.01%，占全省沙石海滩面积81.42%，主要分布在嵊泗基湖沙滩、岱山鹿栏晴沙以及普陀朱家尖东沙、南沙、西岙沙滩；潮间盐水沼泽湿地面积303.95hm²，占全市近海与海岸湿地面积0.49%。

舟山市河流湿地资源非常匮乏，全市河流湿地面积180.07hm²，仅占全市湿地面积0.26%。

人工湿地面积6069.29hm², 占全市湿地面积8.81%。其中盐田面积1527.40hm², 占全市人工湿地面积25.17%, 占全省盐田面积64.86%。库塘、运河与输水河、水产养殖场面积分别为1202.77hm²、277.10hm²、3062.02hm², 各占全市人工湿地面积19.82%、4.57%、50.45%。

表9-41 舟山市湿地面积统计表

湿地类型	面积/hm²	比例/%
近海与海岸湿地	62621.36	90.93
浅海水域	46396.29	67.37
岩石海岸	578.25	0.84
沙石海滩	2513.66	3.65
淤泥质海滩	12829.21	18.63
潮间盐水沼泽	303.95	0.44
河流湿地	180.07	0.26
永久性河流	180.07	0.26
人工湿地	6069.29	8.81
库塘	1202.77	1.75
运河、输水河	277.10	0.40
水产养殖场	3062.02	4.45
盐田	1527.40	2.22
合　计	68870.72	100.00

舟山市4个县、区的湿地面积详见表9-42，从大到小依次为岱山县、普陀区、定海区和嵊泗县，湿地面积分别为26725.69hm²、25247.64hm²、10057.60hm²、6839.79hm²，各占全市湿地总面积38.81%、36.66%、14.60%、9.93%。

表9-42 舟山市各县（市、区）湿地面积统计表

行政单位	近海与海岸湿地/hm²	河流湿地/hm²	人工湿地/hm²	合计/hm²
定海区	8579.34	73.67	1404.59	10057.60
普陀区	22884.75	90.58	2272.31	25247.64
岱山县	24355.01	15.82	2354.86	26725.69
嵊泗县	6802.26		37.53	6839.79
合　计	62621.36	180.07	6069.29	68870.72

(三)湿地生物多样性

1. 湿地植物与植被

(1)湿地植物种类。

舟山市湿地高等植物678种,隶属105科348属。其中苔藓植物18种,占2.65%;蕨类植物20种,占2.95%;种子植物640种,占94.40%。各类植物科、属、种数量状况详见表9-43。

表9-43 舟山市湿地高等植物种类组成

分类群			科			属			种		
			舟山湿地	全省湿地	比例/%	舟山湿地	全省湿地	比例/%	舟山湿地	全省湿地	比例/%
苔藓植物			8	24	33.33	9	36	25.00	18	79	22.78
维管植物	蕨类植物		14	28	50.00	16	41	39.02	20	67	29.85
	种子植物	裸子植物	1	2	50.00	3	4	75.00	4	7	57.14
		被子植物	82	127	64.57	320	559	57.25	636	1329	47.86
合计			105	181	58.01	348	640	54.38	678	1482	45.75

湿地植物按生活方式分沉水植物15种、浮水植物9种、浮叶植物10种、沙生植物30种、挺水植物6种、盐沼植物19种、沼生植物41种、湿生植物548种。

在全市湿地植物中,分布有珍稀濒危植物9种,其中国家Ⅱ级保护植物有野荞麦、野大豆、野菱、珊瑚菜、中华结缕草5种,省级重点保护植物有芡、海滨木槿、水车前、薏苡4种。其他比较珍稀的有匙叶紫菀、水仙、绶草、小花蜻蜓兰等。

(2)湿地植被。

舟山市湿地植被按照建群种生活型为主进行分类,划分为6个植被型组、12个植被型、86个群系,分别占全省85.71%、75.00%、32.09%。

舟山市环岛滨海湿地区有海滩、岩石海岸、养殖塘等生境,主要植被有互花米草群系、碱蓬群系、芦苇群系、水烛群系、狗尾草群系等;稀有植被有海滨木槿群系、珊瑚菜群系。本岛中南部丘陵湿地区以河滩、库塘生境为主,植被主要有水烛群系、芦苇群系、空心莲子草群系等。

2. 湿地脊椎动物

全市湿地脊椎动物690种,隶属5纲63目210科。其中两栖类2目7科15种,爬行类3目11科23种,鸟类17目49科196种,兽类6目11科18种,鱼类35目132科438种。在全市196种湿地鸟类中,有水鸟115种,隶属11目23科。舟山市湿地脊椎动物目、科、种数量状况详见表9-44。

表9-44 舟山市湿地脊椎动物种类组成

纲名称	目数量			科数量			种数量		
	舟山湿地/个	全省湿地/个	比例/%	舟山湿地/个	全省湿地/个	比例/%	舟山湿地/个	全省湿地/个	比例/%
两栖纲	2	2	100.00	7	9	77.78	15	44	34.09
爬行纲	3	4	75.00	11	14	78.57	23	54	42.59
鸟 纲	17	18	94.44	49	58	84.48	196	276	71.01
兽 纲	6	7	85.71	11	18	61.11	18	34	52.94
鱼 纲	35	38	92.11	132	169	78.11	438	699	62.66
合 计	63	69	91.30	210	268	78.36	690	1107	62.33

在全市湿地脊椎动物中，分布有珍稀保护动物59种，占全市湿地脊椎动物8.55%。其中国家Ⅰ级保护动物2种，分别为黑鹳、白鱀豚；国家Ⅱ级保护动物主要有蠵龟、玳瑁、海龟、赤颈鸊鷉、小天鹅、鸳鸯、中华凤头燕鸥、小鳁鲸、真海豚、江豚、獐等35种；省级重点保护动物主要有平胸龟、舟山眼镜蛇、凤头鸊鷉、大白鹭、中白鹭、鼬獾、髯海豹等22种。舟山市湿地脊椎动物保护物种见表9-45。

表9-45 舟山市湿地脊椎动物保护物种统计表

类 别	种 类	保护级别			
		国家Ⅰ级	国家Ⅱ级	省重点	合计
两栖纲	15				
爬行纲	23		5	3	8
鸟 纲	196	1	22	17	40
兽 纲	18	1	8	2	11
鱼 纲	438				
合 计	690	2	35	22	59

十、台州市

（一）自然地理概况

台州市地处浙江省中部沿海，东濒东海，南邻温州市，西与金华和丽水两市毗邻，北与绍兴、宁波两市接壤，市域为北纬28°01′～29°20′、东经120°17′～121°56′，东西长约173km，南北宽约148km，土地总面积9411km²。下辖3区、3市、3县，分别为椒江区、黄岩区、路桥区、临海市、温岭市、玉环市、天台县、仙居县、三门县。

台州市三面环山，一面傍海，地势自西向东倾斜，东南丘陵缓延，平原滩涂宽广，河道纵横，呈"水乡泽国"风貌，南面以雁荡山为屏，有括苍山、大雷山和天台山等主要山峰，属中低山区。境内有灵江、永宁江、永安溪、始丰溪等大小河流700多条，建有牛头山水库、长潭水库等大型水库4座，中型水库9座。市域地处中亚热带季风区，境内夏少酷热，冬无严寒，热量丰富，雨水充沛，气候温和湿润，年气温16.6～17.5℃，自南向北递减，年平均降水量1632mm，年均日照时数1800～2037h，无霜期235～322d。

（二）湿地类型、面积与分布

台州市拥有玉环漩门湾国家湿地公园、台州鉴洋湖省级湿地公园、温岭龙门湖省级湿地公园、临海三江国家城市湿地公园、三门湾、台州湾等重要湿地，现有湿地面积206107.11hm²，占全省湿地面积18.57%，涉及湿地类型5类17型。其中近海与海岸湿地171447.77hm²，占全市湿地面积83.18%；河流湿地12977.35hm²，占全市湿地面积6.30%；湖泊湿地80.94hm²，占全市湿地面积0.04%；沼泽湿地77.54hm²，占全市湿地面积0.04%；人工湿地21523.51hm²，占全市湿地面积10.44%。各湿地面积详见表9-46。

近海与海岸湿地面积171447.77hm²，有浅海水域、岩石海岸、沙石海滩、淤泥质海滩、潮间盐水沼泽、红树林、河口水域、三角洲、海岸性淡水湖9型，占全市湿地面积83.18%。其中浅海水域湿地面积128576.44 hm²、淤泥质海滩湿地面积33055.97 hm²、潮间盐水沼泽湿地面积3971.11hm²，3型湿地面积合计占近海与海岸湿地面积96.59%，占绝对优势，主要分布在三门湾、浦坝港、台州湾、隘顽湾、漩门湾、乐清湾等地；河口水域湿地面积3847.08hm²，占近海与海岸湿地面积2.24%，主要为椒江河口段毛良店—牛头颈水域；海岸性淡水湖湿地面积1337.21hm²，占近海与海岸湿地面积0.78%，鉴洋湖、玉环湖等为典型的海岸性淡水湖；岩石海岸、沙石海滩、红树林、三角洲湿地面积很小，4型湿地面积合计仅占近海与海岸湿地面积0.39%。

河流湿地包括永久性河流湿地和洪泛平原湿地，湿地面积12977.35hm²，占全市湿地面积6.30%。其中永久性河流湿地面积12863.26hm²、洪泛平原湿地面积114.09hm²，分别占河流湿地面积99.12%、0.88%。

湖泊湿地仅有永久性淡水湖一个类型，湿地面积80.94hm²，占全市湿地面积0.04%。

沼泽湿地仅有草本沼泽一个类型，湿地面积77.54hm²，占全市湿地面积0.04%。

人工湿地面积21523.51hm²，占全市湿地面积10.44%。其中库塘、运河与输水河、水产养殖场、盐田面积分别为8303.52hm²、2541.10hm²、10314.83hm²、364.06hm²，各占全市人工湿地面积38.58%、11.81%、47.92%、1.69%。

表9-46　台州市湿地面积统计表

湿地类型	面积/hm²	比例/%
近海与海岸湿地	171447.77	83.18
浅海水域	128576.44	62.38
岩石海岸	355.02	0.17
沙石海滩	137.00	0.07
淤泥质海滩	33055.97	16.04
潮间盐水沼泽	3971.11	1.93
红树林	11.18	0.01
河口水域	3847.08	1.87
三角洲	156.76	0.08
海岸性淡水湖	1337.21	0.65
河流湿地	12977.35	6.30
永久性河流	12863.26	6.24
洪泛平原湿地	114.09	0.06
湖泊湿地	80.94	0.04
永久性淡水湖	80.94	0.04
沼泽湿地	77.54	0.04
草本沼泽	77.54	0.04
人工湿地	21523.51	10.44
库塘	8303.52	4.03
运河、输水河	2541.10	1.23
水产养殖场	10314.83	5.00
盐田	364.06	0.18
合　计	206107.11	100.00

台州市各县（市、区）湿地面积详见表9-47。临海市湿地面积最大，位列全省第四，为48636.45hm²，占全市湿地面积23.60%，占全省湿地面积4.38%；三门县次之，为38730.01hm²，占全市湿地面积18.79%；天台县湿地面积最小，仅有2812.57hm²，占全市湿地面积1.36%。

表9-47　台州市各县（市、区）湿地面积统计表

行政单位	近海与海岸湿地/hm²	河流湿地/hm²	湖泊湿地/hm²	沼泽湿地/hm²	人工湿地/hm²	合计/hm²
椒江区	21376.31	9.28			808.09	22193.68
黄岩区	192.35	1076.66			3391.74	4660.75
路桥区	13343.95	237.03			1026.02	14607.00

续表

行政单位	近海与海岸湿地/hm²	河流湿地/hm²	湖泊湿地/hm²	沼泽湿地/hm²	人工湿地/hm²	合计/hm²
三门县	31057.85	1120.39			6551.77	38730.01
天台县		1665.04			1147.53	2812.57
仙居县		3569.63			851.16	4420.79
温岭市	27566.69	2144.67			3191.21	32902.57
临海市	42767.30	2496.60	80.94		3291.61	48636.45
玉环市	35143.32	658.05		77.54	1264.38	37143.29
合　计	171447.77	12977.35	80.94	77.54	21523.51	206107.11

（三）湿地生物多样性

1. 湿地植物与植被

（1）湿地植物种类。

台州市湿地高等植物838种，隶属132科423属。其中苔藓植物18种，占2.15%；蕨类植物28种，占3.34%；种子植物792种，占94.51%。各类植物科、属、种数量状况详见表9-48。

表9-48　台州市湿地高等植物种类组成

分类群		科			属			种		
		台州湿地	全省湿地	比例/%	台州湿地	全省湿地	比例/%	台州湿地	全省湿地	比例/%
苔藓植物		8	24	33.33	9	36	25.00	18	79	22.78
维管植物	蕨类植物	20	28	71.43	23	41	56.10	28	67	41.79
	种子植物 裸子植物	2	2	100.00	4	4	100.00	6	7	85.71
	种子植物 被子植物	102	127	80.31	387	559	69.23	786	1329	59.14
合　计		132	181	72.93	423	640	66.09	838	1482	56.55

湿地植物按生活方式分沉水植物15种、浮水植物10种、浮叶植物13种、沙生植物15种、挺水植物7种、盐沼植物18种、沼生植物52种、湿生植物708种。

在全市湿地植物中，分布有珍稀濒危植物10种，其中国家Ⅰ级保护植物有中华水韭1种，国家Ⅱ级保护植物有野荞麦、野大豆、野菱、中华结缕草4种，省级重点保护植物有芡、睡莲、曲轴黑三棱、水车前、薏苡5种。其他比较珍稀的有江南桤木、虾须草、水仙、线叶玉凤花、绶草、小花蜻蜓兰等。

（2）湿地植被。

台州市湿地植被按照建群种生活型为主进行分类，划分为6个植被型组、14个植被型、127个群系，分别占全省85.71%、87.50%、47.39%。

台州市东部滨海湿地区有河口水域、海滩、岩石海岸、盐水沼泽、海水养殖塘等生境，主要植被有互花米草群系、芦苇群系、碱蓬群系、水烛群系、意杨群系以及河口湿地指示植被如鸭嘴草群系、扯根菜群系、蚕茧蓼群系等。中部平原湿地区有泥质河滩、沟渠、水塘等生境，主要有菖蒲群系、芦苇群系、空心莲子草群系、芦竹群系、凤眼莲群系等。西部内陆湿地区有河滩、库塘等生境，常见的有枫杨群系、银叶柳群系、南川柳群系、斑茅群系、水蓼群系等，特别是河滩两岸的枫杨林、银叶柳林树大多型、风景秀美。

2. 湿地脊椎动物

全市湿地脊椎动物616种，隶属5纲58目178科。其中两栖类2目8科25种，爬行类3目10科31种，鸟类18目49科200种，兽类5目10科22种，鱼类30目101科338种。在全市200种湿地鸟类中，有水鸟104种，隶属11目20科。台州市湿地脊椎动物目、科、种数量状况详见表9-49。

表9-49　台州市湿地脊椎动物种类组成

纲名称	目数量			科数量			种数量		
	台州湿地/个	全省湿地/个	比例/%	台州湿地/个	全省湿地/个	比例/%	台州湿地/个	全省湿地/个	比例/%
两栖纲	2	2	100.00	8	9	88.89	25	44	56.82
爬行纲	3	4	75.00	10	14	71.43	31	54	57.41
鸟　纲	18	18	100.00	49	58	84.48	200	276	72.46
兽　纲	5	7	71.43	10	18	55.56	22	34	64.71
鱼　纲	30	38	78.95	101	169	59.76	338	699	48.35
合　计	58	69	84.06	178	268	66.42	616	1107	55.65

在全市湿地脊椎动物中，分布有珍稀保护动物55种，占全市湿地脊椎动物8.93%。其中国家Ⅰ级保护动物1种，为东方白鹳；国家Ⅱ级保护动物主要有虎纹蛙、角䴙䴘、黄嘴白鹭、小天鹅、小青脚鹬、江豚、水獭、香鱼等29种；省级重点保护动物主要有平胸龟、黑眉锦蛇、大白鹭、中白鹭、夜鹭、鼬獾、食蟹獴等25种。台州市湿地脊椎动物保护物种见表9-50。

表9-50　台州市湿地脊椎动物保护物种统计表

类别	种类	保护级别			
		国家Ⅰ级	国家Ⅱ级	省重点	合计
两栖纲	25		1	1	2
爬行纲	31			4	4
鸟　纲	200	1	23	17	41
兽　纲	22		3	3	6
鱼　纲	338		2		2
合　计	616	1	29	25	55

十一、丽水市

（一）自然地理概况

丽水市地处浙江省西南、浙闽两省接合部，东南与温州市接壤，西南与福建省宁德市、南平市毗邻，西北与衢州市相接，北部与金华市交界，东北与台州市相连。市域为北纬27°25′~28°57′、东经118°41′~120°26′，东西长约164km，南北宽约150km，土地总面积17308km²。下辖1区、1市、7县，分别为莲都区，龙泉市，青田县、缙云县、遂昌县、松阳县、云和县、庆元县、景宁畲族自治县。

丽水市境内以中山、丘陵地貌为主，地势由西南向东北倾斜，西南部以中山为主，有低山、丘陵和山间谷地；东北部以低山为主，间有中山及河谷盆地。境内有瓯江、钱塘江、飞云江、闽江、交溪水系，与山脉平衡，各河流两岸地形陡峻，江溪源短流急，水力资源蕴藏丰富，建有紧水滩水库、滩坑水库等大型水库2座，中型水库26座。市域地处中亚热带季风气候区，气候温和，冬暖春早，无霜期长，雨量丰沛。年平均气温17.8℃，年平均降水量1568.4mm，大致自南向北减少。

（二）湿地类型、面积与分布

丽水市拥有丽水九龙国家湿地公园、云和梯田国家湿地公园、景宁望东垟高山湿地省级自然保护区、景宁大仰湖湿地群省级自然保护区、青田鼋省级自然保护区、滩坑水库、紧水滩水库等重要湿地，现有湿地面积29136.04hm²，占全省湿地面积2.62%，涉及湿地类型4类10型。其中近海与海岸湿地765.69hm²，占全市湿地面积2.63%；河流湿地13538.36hm²，占全市湿地面积46.47%；沼泽湿地33.64hm²，占全市湿地面积0.11%；人工湿地14798.35hm²，占全市湿地面积50.79%。各湿地面积详见表9-51。

全市境内近海与海岸湿地面积765.69hm²，仅有河口水域、三角洲2型，占全市湿地面积2.63%。其中河口水域湿地面积608.76hm²、三角洲湿地面积156.93hm²，分别占近海与海岸湿地面积79.50%、20.50%，主要分布在瓯江青田温溪段。

河流湿地包括永久性河流湿地和洪泛平原湿地，湿地面积13538.36hm²，占全市湿地面积46.47%。其中永久性河流湿地面积12919.93hm²、洪泛平原湿地面积618.43hm²，分别占河流湿地面积95.43%、4.57%。

沼泽湿地面积33.64hm²，占全市湿地面积0.11%。其中草本沼泽湿地面积9.07hm²，占沼泽湿地面积26.96%，主要分布在景宁大仰湖湿地群省级自然保护区内；森林沼泽湿地面积16.51hm²，占沼泽湿地面积49.08%，主要为分布在景宁望东垟高山湿地自然保护区内的江南桤木林；沼泽化草甸湿地面积8.06hm²，占沼泽湿地面积23.96%，主要分布在云和朱宅高山湿地范围内。

人工湿地面积14798.35hm^2，占全市湿地面积50.79%。其中库塘、运河与输水河、水产养殖场面积分别为14679.48hm^2、18.67hm^2、100.20hm^2，各占全市人工湿地99.20%、0.12%、0.68%。

表9-51 丽水市湿地面积统计表

湿地类型	面积/hm^2	比例/%
近海与海岸湿地	765.69	2.63
河口水域	608.76	2.09
三角洲	156.93	0.54
河流湿地	13538.36	46.47
永久性河流	12919.93	44.34
洪泛平原湿地	618.43	2.12
沼泽湿地	33.64	0.11
草本沼泽	9.07	0.03
森林沼泽	16.51	0.05
沼泽化草甸	8.06	0.03
人工湿地	14798.35	50.79
库塘	14679.48	50.38
运河、输水河	18.67	0.07
水产养殖场	100.20	0.34
合　计	29136.04	100.00

丽水市各县（市、区）湿地面积详见表9-52。青田县湿地面积最大，为7681.17hm^2，占全市湿地面积26.36%；景宁畲族自治县次之，为4905.46hm^2，占全市湿地面积16.84%；庆元县湿地面积最小，为1145.16hm^2，只占全市湿地面积3.93%。

表9-52 丽水市各县（市、区）湿地面积统计表

行政单位	近海与海岸湿地/hm^2	河流湿地/hm^2	沼泽湿地/hm^2	人工湿地/hm^2	合计/hm^2
莲都区		2549.96		487.86	3037.82
青田县	765.69	3203.98		3711.50	7681.17
缙云县		1556.56		240.18	1796.74
遂昌县		1122.78		1749.29	2872.07
松阳县		1208.44		229.70	1438.14
云和县		484.66	8.06	2691.45	3184.17
庆元县		857.10		288.06	1145.16

续表

行政单位	近海与海岸湿地/hm²	河流湿地/hm²	沼泽湿地/hm²	人工湿地/hm²	合计/hm²
景宁畲族自治县		1188.32	25.58	3691.56	4905.46
龙泉市		1366.56		1708.75	3075.31
合 计	765.69	13538.36	33.64	14798.35	29136.04

（三）湿地生物多样性

1. 湿地植物与植被

（1）湿地植物种类。

丽水市湿地高等植物860种，隶属138科426属。其中苔藓植物24种，占2.79%；蕨类植物42种，占4.88%；种子植物794种，占92.33%。各类植物科、属、种数量状况详见表9-53。

表9-53 丽水市湿地高等植物种类组成

分类群			科			属			种		
			丽水湿地	全省湿地	比例/%	丽水湿地	全省湿地	比例/%	丽水湿地	全省湿地	比例/%
苔藓植物			12	24	50.00	13	36	36.11	24	79	30.38
维管植物	蕨类植物		19	28	67.86	27	41	65.85	42	67	62.69
	种子植物	裸子植物	2	2	100.00	3	4	75.00	5	7	71.43
		被子植物	105	127	82.68	383	559	68.52	789	1329	59.37
合 计			138	181	76.24	426	640	66.56	860	1482	58.03

湿地植物按生活方式分沉水植物18种、浮水植物9种、浮叶植物14种、挺水植物10种、沼生植物66种、湿生植物743种。

在全市湿地植物中，分布有珍稀濒危植物13种，其中国家Ⅰ级保护植物有东方水韭、中华水韭、莼菜、毛茛泽泻4种，国家Ⅱ级保护植物有野荞麦、野大豆、野菱3种，省级重点保护植物有芡、睡莲、曲轴黑三棱、水蕹、水车前、薏苡6种。其他比较珍稀的有江南桤木、江西马先蒿、风箱树、冠果草、线叶玉凤花、绶草、小花蜻蜓兰等。

（2）湿地植被。

丽水市湿地植被按照建群种生活型为主进行分类，划分为6个植被型组、12个植被型、108个群系，分别占全省85.71%、75.00%、40.30%。

丽水市中部、东北部丘陵河谷湿地区有河口水域、河滩、库塘等生境，植被有马尾松群系、芦苇群系、斑茅群系、狗牙根群系、空心莲子草群系、水蓼群系等；稀有植被有温州水竹群系、二叶丁癸草群系、白前群系等。西南部中山溪源湿地植被区有河滩、库塘、高山沼泽等生境，主要植被有斑茅群系、芦苇群系、枫杨群系、水蓼群系、沼原草群系、萱草群系、朝鲜白檀群系等，其中高山沼泽中有多种珍稀植被，如江南桤木群系、莼菜群系、睡莲群系、曲轴黑三棱群系、三腺金丝桃群系等。

2. 湿地脊椎动物

全市湿地脊椎动物401种，隶属5纲31目90科。其中两栖类2目7科37种，爬行类3目9科41种，鸟类16目49科190种，兽类4目8科20种，鱼类6目17科113种。在全市190种湿地鸟类中，有水鸟75种，隶属8目16科。丽水市湿地脊椎动物目、科、种数量状况详见表9-54。

表9-54 丽水市湿地脊椎动物种类组成

纲名称	目数量			科数量			种数量		
	丽水湿地/个	全省湿地/个	比例/%	丽水湿地/个	全省湿地/个	比例/%	丽水湿地/个	全省湿地/个	比例/%
两栖纲	2	2	100.00	7	9	77.78	37	44	84.09
爬行纲	3	4	75.00	9	14	64.29	41	54	75.93
鸟纲	16	18	88.89	49	58	84.48	190	276	68.84
兽纲	4	7	57.14	8	18	44.44	20	34	58.82
鱼纲	6	38	15.79	17	169	10.06	113	699	16.17
合计	31	69	44.93	90	268	33.58	401	1107	36.22

在全市湿地脊椎动物中，分布有珍稀保护动物61种，占全市湿地脊椎动物15.21%。其中国家Ⅰ级保护动物5种，分别为鼋、白尾海雕、中华秋沙鸭、白头鹤、白鹤；国家Ⅱ级保护动物主要有虎纹蛙、黄嘴白鹭、海南鳽、小天鹅、鸳鸯、水獭等30种；省级重点保护动物主要有崇安髭蟾、大树蛙、平胸龟、脆蛇蜥、黑眉锦蛇、滑鼠蛇、大白鹭、中白鹭、夜鹭、鼬獾、食蟹獴等26种。丽水市湿地脊椎动物保护物种见表9-55。

表9-55 丽水市湿地脊椎动物保护物种统计表

类别	种类	保护级别			
		国家Ⅰ级	国家Ⅱ级	省重点	合计
两栖纲	37		1	2	3
爬行纲	41	1		6	7
鸟纲	190	4	28	15	47
兽纲	20		1	3	4
鱼纲	113				
合计	401	5	30	26	61

第10章 浙江省重要湿地概述

一、重要湿地名录

根据《浙江省湿地保护条例》有关规定，浙江省人民政府办公厅于2014年11月公布了32处湿地为首批省重要湿地，见表10-1。其中，国家湿地公园9个、省级湿地公园13个、国家城市湿地公园2个、国家级自然保护区2个、省级自然保护区6个。浙江省人民政府办公厅于2017年3月公布了48处湿地为第二批省重要湿地，见表10-2。

表10-1 浙江省首批重要湿地名录

序号	类别	名称	所属县(市、区)
1	国家湿地公园	杭州西溪国家湿地公园	西湖区、余杭区
2		德清下渚湖国家湿地公园	德清县
3		丽水九龙国家湿地公园	莲都区
4		衢州乌溪江国家湿地公园	衢江区
5		诸暨白塔湖国家湿地公园	诸暨市
6		长兴仙山湖国家湿地公园	长兴县
7		玉环漩门湾国家湿地公园	玉环县
8		慈溪杭州湾国家湿地公园	慈溪市
9		云和梯田国家湿地公园	云和县
10	省级湿地公园	龙游绿葱湖省级湿地公园	龙游县
11		嘉兴石臼漾省级湿地公园	秀洲区
12		安吉竹溪省级湿地公园	安吉县
13		开化钱江源省级湿地公园	开化县
14		东阳东白山省级湿地公园	东阳市
15		普陀桃花岛大深水滨海省级湿地公园	普陀区
16		苍南山海省级湿地公园	苍南县
17		富春江咕噜咕噜岛省级湿地公园	富阳市
18		台州鉴洋湖省级湿地公园	黄岩区
19		温岭龙门湖省级湿地公园	温岭市
20		秀洲莲泗荡省级湿地公园	秀洲区
21		镇海九龙湖省级湿地公园	镇海区
22		磐安七仙湖省级湿地公园	磐安县

续表

序号	类别	名称	所属县(市、区)
23	国家城市湿地公园	绍兴镜湖国家城市湿地公园	越城区
24		临海三江国家城市湿地公园	临海市
25	国家级自然保护区	南麂列岛国家级海洋自然保护区	平阳县
26		韭山列岛国家级海洋生态自然保护区	象山县
27	省级自然保护区	长兴扬子鳄省级自然保护区	长兴县
28		景宁望东垟高山湿地省级自然保护区	景宁畲族自治县
29		景宁大仰湖湿地群省级自然保护区	景宁畲族自治县
30		青田鼋省级自然保护区	青田县
31		定海五峙山鸟类栖息和繁殖省级自然保护区	定海区
32		岱山秀山岛省级自然保护区	岱山县

注：2014年云和梯田省级湿地公园升级为国家湿地公园。

表10-2　浙江省第二批重要湿地名录

序号	县(市、区)	名称
1	杭州市萧山区	萧山湘湖湿地
2	杭州市余杭区	余杭三白潭湿地
3	淳安县	淳安千亩田山地沼泽湿地
4	宁波市江北区	浙东运河江北段湿地
5	宁波市镇海区	杭州湾河口海岸镇海段湿地
6	宁波市镇海区	浙东运河镇海段湿地
7	宁波市奉化区	奉化缸爿山岛海岸湿地
8	余姚市	杭州湾河口海岸余姚段湿地
9	余姚市	浙东运河余姚段湿地
10	余姚市	余姚牟山湖湿地
11	温州市瓯海区	瓯海三垟湿地
12	温州市洞头区	洞头南北爿山鸟岛保护区
13	瑞安市	瑞安铜盘岛海洋特别保护区
14	瑞安市	瑞安林垟湿地
15	苍南县	苍南龙港镇新美洲红树林湿地
16	湖州市吴兴区	吴兴太湖南岸湿地
17	湖州市吴兴区	吴兴长田漾湿地
18	湖州市吴兴区	吴兴西山漾湿地
19	湖州市吴兴区	吴兴移沿山湿地
20	长兴县	长兴太湖图影湿地
21	安吉县	安吉南北湖省级湿地公园
22	平湖市	平湖东湖湿地

续表

序号	县(市、区)	名称
23	平湖市	杭平申线平湖段湿地
24	平湖市	乍嘉苏航道平湖段湿地
25	桐乡市	京杭大运河桐乡段及周边湿地
26	桐乡市	乌镇镇旅游景区湿地
27	桐乡市	桐乡白荡漾湿地
28	桐乡市	桐乡范蠡湖湿地
29	绍兴市越城区	越城青甸湖湿地
30	绍兴市上虞区	上虞杭州湾海上花田省级湿地公园
31	嵊州市	嵊州西白山湿地自然保护小区
32	金华市婺城区	婺城莘畈溪湿地
33	永康市	永康南溪湾湿地
34	武义县	武义熟溪省级湿地公园
35	武义县	武义十里荷花湿地
36	磐安县	磐安夹溪湿地
37	衢州市衢江区	衢江中央徐洪泛湿地
38	衢州市衢江区	衢江月牙湖滩林湿地
39	衢州市衢江区	衢江前松园洪泛湿地
40	衢州市衢江区	衢江灰坪天坑湿地
41	开化县	开化苏庄溪湿地
42	开化县	开化古田溪湿地
43	开化县	开化余村溪湿地
44	嵊泗县	嵊泗马鞍列岛海洋特别保护区
45	玉环县	玉环披山海洋特别保护区
46	玉环县	玉环海山乡红树林湿地
47	龙泉市	龙泉宝溪湿地
48	青田县	青田县方山乡龙现村稻鱼共生湿地

二、国家湿地公园

（一）杭州西溪国家湿地公园

西溪国家湿地公园（图10-1）位于杭州市区西部，横跨西湖、余杭两区，距杭州市中心武林门约6km，距西湖约5km，地理位置为北纬30°14′02″~30°17′56″、东经120°02′11″~120°05′09″，范围面积1008hm²，湿地面积966.62hm²。

西溪湿地以"冷、野、淡、雅"的意境和"一曲溪流一曲烟"的典型江南水乡风光而著称，曾与西湖、西泠并称杭州"三西"。湿地公园集生态湿地、农耕湿地、城市湿地、文化湿地于一身，堪称"中国湿地第一园"，她以其独特的风光和生态，成为一种极富吸引力的湿地景观旅游资源。园内由福堤、绿堤、寿堤及秋芦飞雪、火柿映波、龙舟盛会、莲滩鹭影、洪园余韵、蒹葭泛月、渔村烟雨、曲水寻梅、高庄宸迹、河渚听曲组成的"三堤十景"令游客流连忘返。西溪湿地以打造"世界湿地保护和利用的典范"和"国际级旅游目的地"为两大目标，切实做好"保护、管理、经营、研究"四篇文章，向中外游客充分展现"一曲溪流一曲烟"的独特韵味和别样精彩。

公园生态资源丰富。已知湿地植物有95科229属304种，其中水蕨、野菱、野荞麦和野大豆为国家Ⅱ级保护植物；湿地植被主要有枫杨群系、早园竹群系、芦苇群系、浮萍群系等。湿地脊椎动物有鱼类6目14科45种、两栖类1目4科10种、爬行类3目5科13种、湿地鸟类8目19科46种、兽类5目7科14种，主要种类有鲢鱼、鲤鱼、泥鳅、泽陆蛙、金线侧褶蛙、饰纹姬蛙、北草蜥、红点锦蛇、赤链华游蛇、小䴙䴘、白鹭、斑嘴鸭、黑水鸡、水雉、凤头麦鸡、白腰草鹬、斑鱼狗、黄鼬等。

西溪湿地自2002年起一直遵循"科学保护、规划先行、生态优先、最小干预"原则，着手保护和恢复工作。2005年，经国家林业局批准成立西溪国家湿地公园，为国内首个建立的国家湿地公园；2009年，西溪湿地一期、二期范围内325hm²湿地被列入《国际重要湿地名录》；2011年，被评为浙江省第一批生态文明教育基地，同年获"中国最美湿地"综合大奖；2012年，被正式授予国家5A级旅游景区。

图10-1　杭州西溪国家湿地公园

(二)德清下渚湖国家湿地公园

下渚湖国家湿地公园(图10-2)位于德清县东南部,距莫干山风景名胜区约26km、杭州约40km、上海约210km,地理位置为北纬30°30′03″～30°32′35″、东经120°00′41″～120°03′43″,范围面积1241hm²,湿地面积418.94hm²。

下渚湖是具有多样性景观的典型天然湖泊湿地,古称防风湖,为浙江省第五大内陆湖,有"地裂防风国,天开下渚湖"之称。传说当年大禹为表彰防风氏治水有功,特赐封禺山方圆百里,立为防风国,为良渚文化的发祥地之一。下渚湖湖面或开阔如漾,或狭窄如巷,汊道曲折,遍布湖荡的岛屿、沙渚、土墩形态各异,约600个,大多为竹园和芦苇地,海拔一般为2～5m。湖中有墩,墩中有湖,港中有汊,汊中有港,水网交错,宛若迷宫。地势高处生长有樟、枫杨、桑、竹等植物;地势低处芦荻飘荡,荻花泛光,令游客赞叹不已。另外,下渚湖和尚山、道观山一带有近万只鹭鸟集群觅食、栖息、繁殖,景象颇为壮观。

下渚湖湿地芦苇丛生、水鸟飞鸣、野趣盎然。已知湿地植物有77科188属232种,其中水蕨、野大豆、野菱和野荞麦为国家Ⅱ级保护植物;湿地植被以芦苇群系、野菱群系分布最广。湿地脊椎动物有鱼类8目14科32种、两栖类2目6科12种、爬行类3目8科13种、湿地鸟类10目21科44种,常见种类有鲢鱼、鳙鱼、草鱼、弹琴水蛙、泽陆蛙、黑斑侧褶蛙、中华鳖、王锦蛇、渔游蛇、小鸊鷉、斑鱼狗、绿头鸭、黑水鸡、水雉等。其中,鸳鸯、黄嘴白鹭为国家Ⅱ级保护鸟类。此外,2008年从陕西引种国家Ⅰ级保护鸟类朱鹮5对,经过几年的培育繁殖,截至2013年年底,种群数量达到115只,2014年对33只朱鹮进行野化放归。

图10-2 德清下渚湖国家湿地公园

2005年，下渚湖被列为省级风景名胜区；2006年，获批建立浙江省第一个省级湿地公园；2008年，升格为国家湿地公园；2011年获"中国最美湿地"称号；2012年，被评为浙江省第二批生态文明教育基地。

（三）丽水九龙国家湿地公园

九龙国家湿地公园（图10-3）位于浙西南的山水名城丽水，是浙江省第二大江、丽水和温州人民的"母亲河"——瓯江的自然江段，是八百里瓯江的精华所在。公园范围从玉溪水利枢纽大坝以下至南明湖回水尾部白岩大桥处，地理位置为北纬28°17′00″～28°27′30″、东经119°42′15″～119°50′45″，范围面积1044hm^2，湿地面积993.97hm^2。

公园自然景观秀丽多姿，人文景观底蕴深厚。瓯江水流蜿蜒曲折，水质明净，沿河两岸分布大量的浅水河滩、水道等典型湿地，两侧层林叠翠，江中变化万千，美不胜收；古堰、古庙、古树、古村落、古碑文、古窑址历史遗迹众多。园内人文景观与湿地景观交相辉映，农耕文化、水利文化、摄影文化与田园风光完美结合。园内有通济堰、碧湖秋墅、樟荫古渡、碧溪鹭影、松坑绿渚、梓福樟荫、水上森林、石牛镜潭、松堤撷翠、茵草柔风等多处旅游景点。

公园内野生动植物资源丰富。已知湿地植物有48科101属164种，主要种类以枫杨、香樟、斑茅、水蓼为主；湿地植被以枫杨群系、水蓼群系、斑茅群系等为主。湿地脊椎动物有两栖类2目7科17种、爬行类3目8科22种、湿地鸟类7目16科23种，主要种类有中华大蟾蜍、花臭蛙、虎纹蛙、王锦蛇、乌梢蛇、普通翠鸟、黄嘴白鹭、白鹭、斑鱼狗等。其中，黄嘴白鹭、虎纹蛙为国家Ⅱ级保护动物。

图10-3　丽水九龙国家湿地公园

2008年，获批建立国家湿地公园，作为建设生态河道的典型样板，计划分三期开发建设，建成为一个以沼泽-滩涂-森林为生态系统，具有江南独特的江域湿地生态景观、旖旎的自然景观、深厚的历史人文底蕴和浓郁的田园水乡风情，集保护、科研、休闲、旅游、科普为一体的国家级湿地公园。

（四）衢州乌溪江国家湿地公园

乌溪江国家湿地公园位于衢州市衢江区南部山区，距衢州城区约15km，范围涉及湖南镇、举村乡、岭洋乡、黄坛口乡4个乡镇，南北长33.39km，东西宽13.64km，地理位置为北纬28°31′40″～28°49′45″、东经118°47′28″～118°55′50″，范围面积14445hm^2，湿地面积2484.41hm^2。

湿地公园是高峡水库的典型代表，是低山区库塘湿地、河流湿地的典型类型，乌溪江呈现出"一江两湖、两岸青山、山水相连"的景观，自然景观、人文景观类型丰富。园内水力建筑设施、山区古村落、节理石柱、山水风光等景观融为一体，极具特色，内有月亮岛、太阳岛、九龙湖水上乐园、华家节理石柱、文昌阁、古廊桥、湘思亲水园、卧龙山庄、仙霞山庄等多处旅游景点。园内水质环境良好，属优质饮用水源。

公园湿地生物类群多样。已知湿地植物有118科299属459种，其中野荞麦、野大豆、毛红椿、野菱为国家Ⅱ级保护植物；此外，公园内的柳叶白前群系、百球薹草群系在浙江湿地中比较少见。湿地脊椎动物有鱼类4目9科43种、两栖类2目8科24种、爬行类3目7科21种、湿地鸟类7目16科47种、兽类4目7科15种，主要种类有青鱼、草鱼、中华大蟾蜍、花臭蛙、王锦蛇、乌梢蛇、小鹛鹛、普通翠鸟、斑鱼狗、白鹭、绿翅鸭、白胸苦恶鸟等。其中，大鲵、虎纹蛙、鸳鸯、小天鹅、岩鹭、水獭为国家Ⅱ级保护动物。

2009年，获批建立国家湿地公园，规划建设成以饮用水源和生物多样性为重点保护对象，以高峡库塘湿地和山区河流湿地为核心，以山水景观、水利文明、山区村落文

化、节理地质为特色，集水源供应、科普教育、综合利用示范、防洪减灾等功能于一体的近郊大型国家级湿地公园。

（五）诸暨白塔湖国家湿地公园

白塔湖国家湿地公园（图10-4）位于诸暨市东北部，范围涉及店口镇、阮市镇、山下湖镇和江藻镇，地理位置为北纬29°52′48″～29°54′04″、东经120°19′59″～120°23′18″，范围面积1386hm²，湿地面积981.18hm²。

白塔湖湿地是诸暨市最大的集渔业、农业灌溉于一体的天然湖畈，也是该市北部重要的生态屏障。白塔湖三面环山，一面临江，排灌渠道纵横交错呈网状，78个岛屿散布其间，俯瞰似仙人抛洒的珍珠，呈现"湖中有田、田中有湖、人湖共居"的景象。园内水陆相通，风光旖旎，生态资源丰富，自然景观质朴，文化积淀深厚，素有"诸暨白塔湖，浙中小洞庭"之美称，是一个集自然湿地、农耕湿地、文化湿地于一体的国家湿地公园。1964年，著名记者范长江即兴赋诗："白塔本云水，龙治三千年。鲧禹随解放，稻麦出湖田。渔港如蛛网，桑林似锦边。笑餐胖鱼首，美景在明天。"

图10-4 诸暨白塔湖国家湿地公园

公园已知有湿地植物76科148属194种，其中野荞麦、野大豆、野菱为国家Ⅱ级保护植物；湿地植被以垂柳群系、芦苇群系、凤眼莲群系等分布较广。湿地脊椎动物有鱼类7目11科26种、两栖类1目5科8种、爬行类3目8科16种、湿地鸟类9目17科32种，主要种类有青鱼、草鱼、鲫鱼、中华大蟾蜍、沼水蛙、泽陆蛙、中华鳖、赤链蛇、乌梢蛇、小䴘䴘、普通翠鸟、牛背鹭、绿头鸭等。

2009年，获批建立国家湿地公园；2013年，被评为浙江省第三批生态文明教育基地。

（六）长兴仙山湖国家湿地公园

仙山湖国家湿地公园（图10-5）地处浙、苏、皖三省交界处，太湖上游，距长兴县城25km，离杭州85km、上海170km，地理位置为北纬30°52′08″～30°55′25″、东经119°33′51″～119°38′38″，范围面积2638hm²，湿地面积528.66hm²。

仙山湖湿地公园处于浙北平原区和浙西中山丘陵区交界地带，湖周山地相对较高，坝下侧平坦。景观资源以浑然一体的名山名湖、江南少见的水上柳林、酷似迷宫的港汊

图10-5　长兴仙山湖国家湿地公园

苇荡、瑰丽迷人的水乡田园、内涵丰富的湿地文化为特色,具有较强的感染力、亲和力和吸引力。园内有仙山(泗安山,亦称小九华)、仙山湖、苇风絮舞、水上柳林、栖鹭岛、显圣禅寺、广安桥等多处自然古朴、野趣浓郁的旅游景点,令人心驰神往,痴迷沉醉。

湿地公园生物多样性丰富。已知湿地植物有80科170属228种,其中野大豆、野菱为国家Ⅱ级保护植物;湿地植被有落叶阔叶林湿地型、高草湿地型、低草湿地型、浅水植物湿地型等分布,成群的鹭鸟、雁鸭、鹤等鸟类在此栖息。湿地脊椎动物有鱼类7目13科59种、两栖类2目6科12种、爬行类3目7科16种、湿地鸟类11目29科77种、兽类4目6科13种,主要种类有鲢鱼、鳙鱼、草鱼、青鱼、弹琴水蛙、泽陆蛙、黑斑侧褶蛙、大树蛙、中华鳖、王锦蛇、渔游蛇等。其中,鸳鸯、小天鹅、白琵鹭、水獭为国家Ⅱ级保护动物。

2006年,获批建立省级湿地公园;2009年,升格为国家湿地公园。仙山湖湿地公园的建设不仅对保障饮用水安全,改善区域生态环境和维持生物多样性,提高公众湿地保护意识具有重要意义,而且对于太湖流域湿地生态系统保护及其上游水环境治理具有重要示范作用。

(七)玉环漩门湾国家湿地公园

漩门湾国家湿地公园(图10-6)位于浙江东南沿海玉环市,东接清港与楚门两镇,南靠玉环本岛北岸的芦蒲镇,西嵌乐清湾与雁荡山隔海相望,北与温岭市南界相接,地理位置为北纬28°11′53″~28°15′47″、东经121°10′40″~121°16′59″,范围面积3075hm^2,湿地面积1935.05hm^2。

公园兼具近海与湖泊两种不同类型的湿地，拥有浅海湿地、淤泥质海滩、红树林、海岸性淡水湖、永久性河流、草本沼泽、水产养殖场、稻田等。园内水面宽阔，微风起时，烟波浩渺，波光粼粼，水天一色，形成了颇具特色的滨海湿地景观，在浙江省乃至全国都罕见。环湖四周自浅水区至堤坝岸边形成自然宽窄不一的岸线，生长着不同的湿地植物，现有野鸭部落、海上长城、公社棉田、水寨司台、生态湿地、九眼鱼塘、应公数帆、深浦古渡等多处旅游景点，令人流连忘返。

图10-6　玉环漩门湾国家湿地公园

漩门湾湿地是我国东南沿海十分典型的海岸湿地生态系统，类型多样的湿地环境聚集了丰富的动植物资源。已知湿地植物有40科85属101种，湿地植被以互花米草群系、芦苇群系、水烛群系为主。湿地脊椎动物有鱼类106种，优势种有鲈鱼、鲻鱼、银鲳、鮸鱼、马鲛鱼、龙头鱼、梅童鱼、舌鳎等，以鲈鱼、鲻鱼和海鳗数量最多。湿地鸟类12目23科76种，主要种类有小鸊鷉、普通翠鸟、反嘴鹬、环颈鸻、金斑鸻、苍鹭、白鹭、黑尾鸥、小天鹅、斑嘴鸭、普通秧鸡、中杓鹬和矶鹬等。其中小天鹅、小青脚鹬为国家Ⅱ级保护鸟类。

2009年，获批建立省级湿地公园；2011年，升级为国家湿地公园，为浙江省第一个滨海型国家级湿地公园，并获得"中国生态保护最佳湿地"称号；2012年，被评为浙江省第二批生态文明教育基地。

（八）慈溪杭州湾国家湿地公园

杭州湾湿地中心位于宁波市杭州湾新区西北部、杭州湾跨海大桥的西侧，总面积43.5km²。杭州湾国家湿地公园为湿地中心东部的一期建设区域，地理位置为北纬

30°17′54″~30°20′10″、东经121°08′33″~121°10′03″,湿地面积470hm²。

湿地公园主要是对区域内湿地进行生态恢复和保护,促进滩涂底栖生物种群恢复和创建良好的鸟类栖息地以吸引更多鸟类,并利用工程措施对受污染的水体进行净化,向公众展示湿地去污功能。公园及附近拥有大面积海湾、潮间带、海湾型湖泊、内河港湾、湖泊边缘洼地等,是我国东部沿海冬季水鸟最富集的地区之一,为世界级观鸟胜地。目前已初步形成了长廊曼回、溪影花语、天鹅戏晖、乌篷樵风、碧沙宿鹭、蒹葭秋雪、麋鹿悠游、镜花水月、林光罨画、巢林鹨归十大湿地景观。园内教育中心大楼为整个湿地中心的地标性建筑,大楼广泛采用太阳能、生物能、风能、地源能等可再生能源,使建筑既具时代特征又能充分融入湿地环境。2013年9月正式开放的候鸟博物馆,分为"飞越中国""迁徙之谜""留梦杭州湾"三大展区,通过声、光、电等高科技手段以及鸟类标本、游客互动等形式,对杭州湾湿地鸟类的多样性、鸟类迁徙等多方面鸟类知识以及湿地与鸟类相互关系等向游客进行系统地介绍,多角度地展现了候鸟的相关知识和杭州湾湿地鸟类的概况。

湿地公园动植物资源丰富。已知湿地植物有86科281种,木本植物多为栽培种,草本植物以禾本科、菊科、莎草科、藜科为主;湿地植被主要以互花米草群系、海三棱藨草群系、芦苇群系、碱蓬群系、柽柳群系为主。湿地脊椎动物有鱼类9目16科41种,以鲤形目的鲤鱼科鱼类和鲈形目鱼类为主,尤其以鲫鱼、麦穗鱼、红鳍原鲌和鲻鱼比较常见。湿地鸟类有10目21科91种,主要种类有小䴙䴘、普通翠鸟、黑翅长脚鹬、环颈鸻、白琵鹭、鸬鹚、白鹭、夜鹭、黑尾鸥、须浮鸥、豆雁、绿翅鸭、黑水鸡、林鹬和水雉等。其中,中华秋沙鸭、白鹤、白头鹤、遗鸥为国家Ⅰ级保护鸟类;白琵鹭、黑脸琵鹭、小天鹅、鸳鸯、小杓鹬、卷羽鹈鹕为国家Ⅱ级保护鸟类。

2011年,获批建立国家湿地公园,它是全球环境基金(GEF)和世界银行合作支持的第一个项目,是集湿地恢复、湿地研究和环境教育于一体的湿地生态旅游区。

（九）云和梯田国家湿地公园

云和梯田又称"梅源梯田"，地处瓯江上游，浙江西南部的云和县崇头镇，距县城10km，主要由南山、吴坪、下垟、叶垟、梅竹五大梯田区块组成，地理位置为北纬27°59′16″~28°04′21″、东经119°25′48″~119°29′56″，范围面积2385hm²，湿地面积995.14hm²。

云和梯田最早的开垦历史可追溯到云和梅氏迁入梅源的唐代，之后随明代当地银冶炼业的兴起逐渐形成今日之梯田群。云和梯田依山势水平开垦，最多有700多层，跨越高山、丘陵、谷地三个地质景观带，形成早晚不同、四季各异的自然景观。"云雾奇观，浮云世界"是云和梯田的一大特色与亮点，因此云和梯田曾被誉为"中国最美梯田"。美轮美奂的梯田景观与底蕴深厚的梯田文化、畲族文化、银矿文化、女神文化交相辉映，形成多幅如诗如画的农耕画卷，令人心驰神往、痴迷沉醉。

公园生物多样性丰富。已知湿地植物有70科296种，其中野荞麦、野大豆为国家Ⅱ级保护植物；湿地植被以农田植被为主，四季更替。湿地脊椎动物有鱼类4目6科13种、两栖类2目7科21种、爬行类3目7科25种、湿地鸟类8目12科36种、兽类3目3科11种，主要种类有鲤鱼、草鱼、泥鳅、中华大蟾蜍、黑斑侧褶蛙、金线侧褶蛙、泽陆蛙、弹琴水蛙、北草蜥、赤链蛇、王锦蛇、乌梢蛇、小䴙䴘、牛背鹭、绿头鸭、红尾水鸲、黄鼬等。其中，虎纹蛙、鸳鸯为国家Ⅱ级保护动物。

2010年，获批建立省级湿地公园；2014年，升级为国家湿地公园。近年来，云和梯田凭借优美的自然风光和浓郁的历史文化，先后获得"国际艺术家采风创作基地""国家文化遗产抢救与保护实践基地""国家民俗摄影采风创作基地""中国特色旅游最佳湿地""中国最美40个景点"等荣誉称号。

三、省级湿地公园

（一）龙游绿葱湖省级湿地公园

绿葱湖（又名"六春湖"）省级湿地公园（图10-7）位于龙游县南部山区，距龙游县城40km，地理位置为北纬28°46′39″～28°48′21″、东经119°03′35″～119°05′08″，海拔1390m，范围面积160hm²，湿地面积82.45hm²。

绿葱湖湿地是一处罕见的沼泽化草甸型天然湿地，分布于低中山上部，自然景观丰富而独特，园内天然分布着老鹰峰、乌龟石、将军石、石林、美女双乳峰等十几处尚待开发的处女级景观，蕴藏着巨大的旅游资源。"满地绿葱供我采，一池碧水任人看。几疑此地似仙寰，峭拔高峰压万山。绝顶应志红日晒，深岩惟有白云还。南窥姑蔑苍茫里，北望柯城隐约间……"这是清朝诗人姜美琼在游绿葱湖时，陶醉于绿葱湖的美景而写下的诗句。

湿地公园属仙霞岭南麓余脉，山势高峻，山峰林立，生物多样性丰富。已知湿地植物有32科55属69种，湿地植被以圆锥绣球群系、细叶刺子莞群系等分布面积最大，其

图10-7 龙游绿葱湖省级湿地公园

他尚有江西绣球群系、龙师草群系、泥炭藓群系等小面积分布。湿地脊椎动物有两栖类1目3科8种、爬行类2目5科15种、湿地鸟类2目7科13种，主要种类有中华大蟾蜍、泽陆蛙、棘胸蛙、蝘蜓、北草蜥、赤链蛇、红头长尾山雀、红嘴蓝鹊等。

2009年，获批建立省级湿地公园，并在湿地公园界定范围埋设永久性界桩，竖立护林公约宣传警示牌，实施禁伐、禁猎、禁火和禁止采石、取土、采药等一切人为破坏活动，还采取引水修复湿地等恢复性措施。

（二）嘉兴石臼漾省级湿地公园

石臼漾省级湿地公园位于嘉兴市区西北角，紧邻城市供水水厂，南临新塍塘，西依义庄河，地理位置为北纬30°46′13″～30°47′02″、东经120°41′52″～120°42′42″，范围面积113hm²，湿地面积63.11hm²。

公园通过新开湖泊、渠道引水形成大面积的水域，利用湿地植物根孔系统的生态功能，降解和转化微污染物含量，提升水厂原水水质，成效显著。根据2008—2011年对湿地公园进、出口水质进行的跟踪监测，水质标准测定结果显示：粪大肠菌群由Ⅳ类提高到Ⅱ类，五日生化需氧量由Ⅲ类提高到Ⅰ类，溶解氧、氨氮由Ⅳ类提高到Ⅲ类，高锰酸盐指数稳定在Ⅲ类，总磷由劣Ⅴ类提高到Ⅴ类，总氮、铁、锰有明显去除效果。

公园内已知湿地植物有51科103属117种，湿地植被以芦苇群系、芦竹群系为主。湿地鸟类8目20科23种，主要种类有白鹭、池鹭、黑水鸡、环颈雉、家燕、夜鹭、喜鹊、棕背伯劳等。

2009年，获批建立省级湿地公园，公园以净化和涵养水源为突破口，通过自然生态景观改造，形成主题鲜明、独具特色的现代化水源生态湿地。

(三) 安吉竹溪省级湿地公园

竹溪省级湿地公园位于湖州市安吉县的昆铜溪流域谷地，处于山谷与平原农区的交界处，范围自独山头至江家边，沿昆溪上溯至大路口，沿铜溪上溯至路西村，地理位置为北纬30°44′53″～30°45′25″、东经119°46′45″～119°48′24″，范围面积172hm^2，湿地面积10.69hm^2。

公园以山涧河流、溪流以及季节性河漫滩为主，是"谷口-平原"过渡地区典型的湿地类型。园内竹海中河道蜿蜒，河流、洪泛湿地与阶地之上林地、农田、村落等乡村景观相互衬托，湿地景观优美而富于变化。同时湿地公园所在区域历史文化积淀深厚，特别是典型的农耕文明与竹文化赋予湿地景观以特殊的魅力。

竹溪湿地生态系统独特，具有较高生物多样性。已知湿地植物有60科138属186种，其中野大豆、野菱为国家Ⅱ级保护植物；湿地植被以河滩两岸淡竹林、红竹林，河漫滩升马唐群系、狗牙根群系、水蜈蚣群系为主。湿地脊椎动物有鱼类7目18科84种、两栖类1目5科10种、爬行类3目7科15种、湿地鸟类8目18科31种，主要种类有鳗鲡、翘嘴红鲌、黄颡鱼、沙塘鳢、草鱼、鲤鱼、鲫鱼、中华大蟾蜍、黑斑侧褶蛙、金线侧褶蛙、泽陆蛙、饰纹姬蛙、石龙子、北草蜥、赤链蛇、王锦蛇、乌梢蛇、小鹀鹇、普通翠鸟、池鹭、白鹭等。

2010年，获批建立省级湿地公园。目前，该公园尚处在规划建设阶段。

(四) 开化钱江源省级湿地公园

钱江源省级湿地公园（图10-8）位于衢州市开化县西北部，钱塘江源头，范围从齐溪水库大坝起至莲花尖与江西、安徽交界处，包括齐溪水库及主要支流上的湿地、河滩、林带，地理位置为北纬29°21′24″～29°29′47″、东经118°11′45″～118°20′53″，范围面积1143hm^2，湿地面积200.34hm^2。

钱江源自然景观秀丽多姿，人文景观底蕴深厚，有诗云："齐溪高峡出平湖，四面青峰映碧波。溪水晶莹鱼米足，明珠遍闪马金河。"园内以"钱江探源"为主题的莲花塘，以"戏溪、观瀑、休闲、赏景"为特色的钱江源大峡谷，以"揽松"为主题的卓马坑，以休闲娱乐为主的枫楼坑，以"游湖"为特色的水上乐园等生态旅游项目已粗具规模。每个到过钱江源的人，

图10-8 开化钱江源省级湿地公园

都会为浙江西部这颗璀璨的绿色明珠而震撼！

公园地处钱江源，自然条件优越，生物资源丰富。已知湿地植物有48科90属115种；湿地植被以斑茅群系、狗牙根群系、银叶柳群系等为主。湿地脊椎动物有两栖类2目6科15种、爬行类3目6科19种、湿地鸟类7目16科34种，主要种类有中国瘰螈、大头蛙、花臭蛙、华南湍蛙、斑腿树蛙、棘胸蛙、饰纹姬蛙、石龙子、蝘蜓、赤链蛇、王锦蛇、红尾水鸲、鸳鸯等。其中，鸳鸯为国家Ⅱ级保护鸟类。

2011年，获批建立省级湿地公园。作为浙江省的母亲河——钱塘江的源头，公园建设突出水资源保护，在实施人工库塘生态系统修复和保护湿地生态系统完整性的基础上，合理、适度地开展湿地的综合开发和利用，为公众游览、休闲和进行科学、文化教育活动提供一个良好的空间和平台。

（五）东阳东白山省级湿地公园

图10-9　东阳东白山省级湿地公园

东白山省级湿地公园（图10-9）位于浙江省中部东阳市虎鹿镇境内，海拔840m，北接诸暨市，东接嵊州市，距东阳城区约40km，地理位置为北纬29°28′16″～29°30′01″、东经120°26′27″～120°28′27″，范围面积75hm^2，湿地面积16.95hm^2。

湿地公园主要由仙女湖、鸳鸯湖及东白天池三部分组成，自仙女湖至鸳鸯湖一带，由库塘、溪流、滩地、高山沼泽与连片的芦苇荡以及高山茶园构成，位于鸳鸯湖的大面积芦苇荡是典型的高海拔沼泽化草甸湿地，是湿地公园最具特色和保护价值的湿地类型。公园以其独特的高山湿地景观，丰富的历史人文景观，吸引了大量的旅客来此旅游观光。七夕节登东白山太白峰已经成为当地旅游品牌项目，每年这个时候都有上万人到东白山祈福。

东白山高山湿地是典型的高海拔草本沼泽湿地与人工湿地的复合生态系统，生物多样性丰富。已知湿地植物有121科254属373种，湿地植被有芦苇群系、鸭嘴草群系、华东蔍草群系、箭叶蓼群系、萱草群系等。湿地脊椎动物有两栖类2目7科19种、爬行类3目6科16种、湿地鸟类7目10科41种，主要种类有虎纹蛙、棘胸蛙、花臭蛙、泽陆蛙、黑斑侧褶蛙、蝘蜓、北草蜥、赤链蛇、王锦蛇、乌梢蛇、普通翠鸟、白鹭、普通秧鸡、水雉、灰头麦鸡、鸬鹚等。其中，东方白鹳为国家Ⅰ级保护鸟类；虎纹蛙、鸳鸯、小天鹅为国家Ⅱ级保护动物。

2011年，获批建立省级湿地公园。湿地公园建设以鸳鸯湖和仙女湖为重点，对原有水系及库塘采取疏浚、水生植被补植和恢复及周边环境绿化等生态修复措施，通过设置湿地生态游憩项目，满足游客湿地参与性体验、科普观察等活动需求，发展湿地生态旅游。

（六）普陀桃花岛大深水滨海省级湿地公园

桃花岛大深水滨海省级湿地公园位于舟山市普陀区桃花岛，与射雕城隔岸相望，东南背依大佛山，西北面向虾峙门国际航道，东距桃花镇2km，南至茅山码头2km，地理位置为北纬29°50′03″～29°50′50″、东经122°13′09″～122°14′10″，范围面积100hm^2，湿地面积21.04hm^2。

桃花岛作为武侠圣地已"名满江湖"，"爱情"则是桃花岛旅游的另一张"名片"。湿地公园三面环山，一面傍海，山水景观优美，清幽宁静，大深水看上去呈"心"形，旁边海湾至小深水呈半"心"形，加上中央台岗景观轴、两翼的湿地自然集水区和散花峰景观区，构成的全园景观结构酷似一只飞翔的蝴蝶，寓意美好的爱情。根据规划，大深水湿地公园将分为"两带三区"，"两带"为湿地与山体交界处的山缘景观带和堤岸景观带；"三区"包括入口景观区、淡水沼泽区和芦苇荡景观区。

大深水滨海湿地原为围垦滩涂、废弃鱼虾养殖塘，因人为干扰强烈，植被盖度较低，以碱蓬、盐地碱蓬、海三棱藨草、狭叶尖头藜等盐碱先锋植物与钻形紫菀、一年蓬、白茅、芦苇等耐盐植物为主。湿地鸟类以白鹭、苍鹭、黑尾鸥、环颈鸻、黑水鸡、绿翅鸭等较为常见。

2011年，获批建立省级湿地公园，将通过实施生态修复、重建工程，建成以芦苇荡景观为主体，"山、海、湖、沼"一体化的完整湿地生态系统，成为桃花岛旅游的一个新亮点。

（七）苍南山海省级湿地公园

图10-10　苍南山海省级湿地公园

山海省级湿地公园（图10-10）位于苍南县中心区苍南工业园区内，由肖江塘河、园区内河和中平桥河所形成的环形河道及两侧缓冲带构成，范围东至经五路，西至苍南大道，南至玉苍路，北至环城北路，地理位置为北纬27°31′18″~27°32′52″、东经120°25′48″~120°27′56″，范围面积105hm²，湿地面积84.19hm²。

山海湿地是包含河流及人工库塘、沟渠和稻田等人工湿地在内的复合湿地，区域现状基本无人为修饰痕迹，自然景观质朴，生态环境宜人，有诸多水禽栖息。区域水系蜿蜒曲折，水中有生态绿岛点缀，岛上植被生长茂盛，有较多树形优美的高大乔木。河滨两侧分布有形状各异的水塘、农田以及少量农居、祠堂、寺庙等，与河岸景观融合，突显生态人文、水乡风情。

湿地公园处于典型的平原水网交错区，湿地植物以香蒲、毛茛、水芹菜、稗等较为常见。湿地鸟类已知有6目9科20种，常见种类有牛背鹭、白鹭、夜鹭、绿翅鸭、黑水鸡、普通翠鸟等。

2012年，获批建立省级湿地公园。根据湿地公园现有自然景观，规划打造肖江塘风情园、龙庭月色园、柳岸寻趣、水月绿廊、岸芷汀兰、桃源览胜、芦荡探幽、泗水寻芳园和林蔼漫步等一批新景点。

（八）富春江咕噜咕噜岛省级湿地公园

咕噜咕噜岛省级湿地公园（图10-11）位于杭州市富阳区东洲岛的东南边，为东洲岛的附岛，地理位置为北纬30°02′43″~30°03′35″、东经120°02′22″~120°03′41″，范围面积93hm²，湿地面积70.51hm²。

咕噜咕噜岛湿地是富春江江心的一个无人定居的沙洲，呈狭长形，中间稍鼓。岛内主要景观类型有河汊、沼泽、浅滩、绿洲、湖岛、鱼塘、森林、草甸、农田、丘坡、路堤等。其景观格局、地貌结构、水系底质等留有较多的自然真迹，是繁华的富春江航线上不可多得的一片净土，为《富春山居图》后段景观的现实留存。

公园内已知湿地植物有62科176属225种，其中，野荞麦、野大豆为国家Ⅱ级保护植物；湿地植被以意杨林占优势，其他尚有以半枝莲、看麦娘、蓼子草、空心莲子草、接骨草、乌蔹莓等为建群种的植被。咕噜咕噜岛周边水域是富春江多种鱼类聚居之地，更是鱼类洄游通道上的一个重要停留点，主要种类有大银鱼、鲶鱼、鲫鱼、鲤鱼、三角鲂等；湿地鸟类7目9科22种，主要种类有小䴙䴘、白鹭、牛背鹭、夜鹭、绿头鸭、黑水鸡、普通翠鸟、红尾水鸲等。

图10-11 富春江咕噜咕噜岛省级湿地公园

2007年，由企业投资开始建设咕噜咕噜岛湿地公园；2012年，获批建立省级湿地公园。目前，整个景区尚在建设完善之中，规划打造河曲橹音、林光罨画、汉港戏鱼、浮沙宿鹭、沼原蒸雾、老树饮江、惊蟹夺穴、沙尖斗浪湿地八景，以展现《富春山居图》自然画境和原始野趣的湿地景观。

（九）台州鉴洋湖省级湿地公园

鉴洋湖省级湿地公园（图10-12）位于台州市黄岩区院桥镇东南约5km处，距黄岩城区18km，路桥城区约5km，椒江城区约20km，地理位置为北纬28°32′27″~28°33′28″、东经121°16′10″~121°18′39″，范围面积592hm²，湿地面积106.49hm²。

鉴洋湖是距今约2000年的古海湾演变而成的潟湖，湖区河道弯曲、沙洲众多，湖内有岛、岛上有湖，人称"黄岩的沙家浜"。悠久的鉴洋湖历史，积淀了深厚的历史文化遗产，主要包括清乾隆五十六年（1791年）重建的鉴洋桥，鸡笼山的杨府庙、半山庙、山城寨遗址，已消失的寄傲轩、湖心亭等诸多历史遗迹，以及清光绪时期杨晨、南舜谐组建的"寄傲轩"文人团体——"九老会"，每逢农历三月初三、九月初九，诸多会员聚集于此，吟诗作赋，交流作品，编纂成册，并有《湖墅昌和集》与《生辰昌和集》留世，今已遗佚，仅部分诗篇传于民间，得以保留。此外，以圩田间作为代表的农业耕作方式，以舞狮为代表的民间舞蹈，以泥塑为代表的民间手工艺，都是鉴洋湖地区"活"的文化遗产。

鉴洋湖四面环山，生态环境良好，动植物资源种类繁多。已知湿地植物有48科80属282种，其中，野荞麦、野大豆、野菱为国家Ⅱ级保护植物；湿地植被以野菱群系、菰群系、芦苇群系分布最广。湿地脊椎动物有两栖类1目5科11种、爬行类3目7科18

种、湿地鸟类9目14科31种，主要种类有中华大蟾蜍、沼水蛙、泽陆蛙、黑斑侧褶蛙、乌龟、石龙子、乌梢蛇、赤链蛇、红点锦蛇、小䴙䴘、普通翠鸟、蓝翡翠、白鹭、牛背鹭、绿鹭、绿头鸭、黑水鸡和青脚鹬等。其中，虎纹蛙为国家Ⅱ级保护动物。现鉴洋湖大水面已全部被鱼塘分割，格局明显，主要养殖"四大家鱼"以及鲈鱼、鳜鱼等。

2011年，获批建立国家城市湿地公园；2012年，获批建立省级湿地公园。目前，湿地公园正处在保护建设初期阶段。

图10-12　台州鉴洋湖省级湿地公园

（十）温岭龙门湖省级湿地公园

龙门湖省级湿地公园（图10-13）位于温岭市东部新区中片，南临严石航道，西接山海路，东至北港山西侧山体，北面为锦鳞湖片区，南面为龙门湖片区，东北面为自然滩涂，地理位置为北纬28°24′02″～28°26′27″、东经121°36′15″～121°39′05″，范围面积784hm²，湿地面积716.60hm²。

龙门湖湿地自然景观资源丰富，湿地公园融合多种多样的景观元素，山、海、湖、河、堤坝、渠、塘、养殖池、农田等类型齐全，是欣赏各类湿地美景的良好场所。不仅如此，由于地理位置的特殊性，每年还为各种海鸟提供越冬地、中转站、繁育场和觅食地。另外，园内20座风力发

图10-13　温岭龙门湖省级湿地公园

电机沿海岸线一字排开，巨大的叶片缓缓转动着，如此壮丽美景，每看一遍，便会陶醉一回。

湿地公园内生物多样性丰富。已知湿地植物有56科122属137种，湿地植被以芦苇群系、互花米草群系、南方碱蓬群系为主，滨海特色明显。湿地鸟类9目22科40种，主要种类有黑尾鸥、白鹭、黑尾塍鹬、黑腹滨鹬、青脚鹬、夜鹭等。其中，黑脸琵鹭为国家Ⅱ级保护鸟类。

2012年，获批建立省级湿地公园。目前，湿地公园的修复和保护工作已逐步开展，规划打造成一个以龙门湖湿地为核心，依托海、湖、涂、岛等自然资源的城市旅游休闲新区。

（十一）秀洲莲泗荡省级湿地公园

莲泗荡省级湿地公园（图10-14）位于嘉兴市秀洲区北部油车港镇和王江泾镇交界处，以莲泗荡天然湖荡为核心，包括东、南侧自然圩区，以自然水域为界，东至莲泗荡、曹君荡和火烧荡东水岸，西至莲泗荡西水岸—行灶河—金家堂桥港—洪典桥港—东围河，南至湖嘉申航道，北至铁店港—刘王庙航道。地理位置为北纬30°51′42″～30°54′02″、东经120°43′21″～120°45′58″，范围面积821hm²，湿地面积379.12hm²。

湿地公园自然景观以湖荡大水面景观为核心，水流汩汩，盛产鱼虾；环湖四周，烟村远树，自成佳景。古代文人墨客对该片湿地留有"蟹舍渔村两岸平，菱花十里棹歌声""堤外湖光堤内池，露荷珠缀夜凉时"等佳句。同时，作为古太湖遗存之一的莲泗荡，其湿地水乡文化深厚，历史遗迹独特。如莲泗荡水上庙会——网船会，每年清明和中秋时节，浙江、江苏、上海等地的渔民驾船汇集于此，船队从莲泗荡延伸至古运河，

图10-14 秀洲莲泗荡省级湿地公园

长达5km，人数达数万之众，祭祀、会亲、娱乐、交易，成为江南独特的水上庙会和"渔民狂欢节"。2011年，网船会被列入《第三批国家级非物质文化遗产名录》。

莲泗荡湿地公园属典型的水网平原地带，生物多样性相对丰富。已知湿地植物有63科124属134种，其中禾本科、菊科、蓼科和苋科物种较多；湿地植被以莲群系、南湖菱群系、凤眼莲群系、空心莲子草群系、香蒲群系为主。湿地脊椎动物有鱼类80余种，分属33科，主要经济鱼类有青鱼、草鱼、鲢鱼、鳙鱼、鲤鱼、鲫鱼、黄鳝等；湿地鸟类8目17科25种，主要种类有小䴙䴘、白鹭、夜鹭、普通翠鸟、绿翅鸭等。公园所在地王江泾镇是"中国青鱼之乡"，拥有国家级"四大家鱼"原种场及省级青鱼良种场。

1986年，在刘王庙基础上建成刘公祠；1992年，扩建成刘公园；1995年，改名为嘉兴市莲泗荡公园（嘉兴市第一个农民公园）；2000年，更名为嘉兴市莲泗荡风景区；2012年，获批建立省级湿地公园。

（十二）镇海九龙湖省级湿地公园

九龙湖省级湿地公园（图10-15）位于宁波市镇海区西北部九龙湖镇境内，以九龙湖为核心，北至达蓬山慈溪界，南至环湖南路，西至九龙源景区，东至庙山九龙山庄，地理位置为北纬30°01′52″～30°02′19″、东经121°29′51″～121°31′05″，范围面积522hm²，湿地面积150.45hm²。

图10-15　镇海九龙湖省级湿地公园

湿地公园群山环抱，层峦叠嶂，烟波浩渺，碧波荡漾，湖光山色，交相辉映，是欣赏湿地美景的良好场所。如登临其北缘海拔415m的达蓬山顶，浩瀚的东海和杭州湾跨海大桥清晰可见，广袤的东部平原及西部峰峦亦尽收眼底。除了旖旎的自然风光外，九龙湖还具有丰富的人文历史资源，有志载秦始皇东巡驻留过附近的达蓬山，也是徐福率三千童男童女渡海求仙的启航地；此外，它还是唐宋时期重要的青瓷生产地。先辈们在创造物质财富的同时，还给我们留下了至今仍令人无限遐思的种种古迹、遗址与让人津津乐道的传说，给景区平添了许多迷人的魅力。

公园水域部分湿地植物种类较少、植被相对简单，而公园山地部分则植物种类丰富、植被繁茂，公园南部为外貌齐整、青翠翁郁的毛竹林，西侧基本上为阔叶林、经济林，北部山体为马尾松林和次生阔叶林。湿地脊椎动物资源较为丰富，主要种类有青鱼、草鱼、中华大蟾蜍、花臭蛙、泽陆蛙、王锦蛇、乌梢蛇、小鹀鹩、普通翠鸟、斑鱼狗、白鹭、绿头鸭等。

2013年，获批建立省级湿地公园，规划将湿地公园建设成为宁波的"后花园"，是现代人生活的天然氧吧和远离城市浮华、荡涤满身尘嚣、养心修身的天堂。

（十三）磐安七仙湖省级湿地公园

七仙湖省级湿地公园位于金华市磐安县东南部高二乡，距县城40km，距诸永高速双峰出口25km，地理位置为北纬28°52′18″～28°54′21″、东经120°31′54″～120°33′29″，范围面积418hm^2，湿地面积76.21hm^2。

公园内自北往南串珠状排列的醉蝶湖、紫堇湖、香果湖、玉荷湖、连蕊湖、秋罗湖、留兰湖7个高海拔人工湖泊，形态各异，湖水清澈，生机盎然。湖群周围集水面积很小，湖水绝大部分由天然泉水补给，水质清洌甘甜，富含人体所需的微量元素，达到天然矿泉水标准。湖群东西两侧山麓、草地连片，暮春初夏山花灿烂，姹紫嫣红，深秋时节山野一片金黄，令人心旷神怡。相传高姥七仙见此，赞叹不已，并沐浴于此。

公园地处大盘山脉的中心地段，生物多样性丰富。已知湿地植物有67科215属307种，其中莼菜为国家Ⅰ级保护植物，野荞麦、野大豆为国家Ⅱ级保护植物；湿地植被有细叶水团花群系、曲轴黑三棱群系、弯囊苔草群系、莼菜群系、水蓼群系等。湿地脊椎动物有鱼类2目3科4种、两栖类2目6科15种、爬行类3目6科21种、湿地鸟类9目23科46种、兽类4目9科10种，主要种类有鲤鱼、泥鳅、黄鳝、中华大蟾蜍、泽陆蛙、花臭蛙、棘胸蛙、赤链蛇、翠青蛇、乌梢蛇、小鹀鹩、普通翠鸟、白鹭、绿头鸭、黄鼬等。其中，鸳鸯、虎纹蛙为国家Ⅱ级保护动物。

2014年，获批建立省级湿地公园。目前，尚处在规划建设初期。

四、国家城市湿地公园

（一）绍兴镜湖国家城市湿地公园

镜湖国家城市湿地公园（图10-16）位于绍兴城北，地处绍兴中心城市三大组团越城、柯桥、袍江之间，东起解放北路西侧河流及梅山公园，西至张家潭等河流，南临鸭沙滩、荸荠泾，北依狭猇湖环湖路，地理位置为北纬30°03′40″～30°05′13″、东经120°32′22″～120°35′18″，范围面积1580hm²，湿地面积671.65hm²。

公园独特的荷叶地地形，充分展示了平原河网地区丰富的湿地景观。公园内水网密集，洲渚无数，旷野平川，景色天然质朴；人文资源积淀深厚，堪称绍兴水乡、酒乡、桥乡、名士之乡的一个缩影。公园西侧的东浦古镇，是典型的江南水乡古镇，形态保存基本完好，拥有216座形态各异的桥梁、36条清澈的河流以及徐锡麟故居、狭猇湖避塘、东浦老街等。公园东侧的梅山，早在春秋时期越王勾践就在山上建有斋戒之台，后因汉代名士梅福隐居而得名；至唐代，在山西侧建有永觉寺，历代有巫山之穴、梅子真泉、适南亭、尚书墓、茶坞等名胜古迹。镜湖湿地公园作为融自然与文化为一体的旅游景区，以优美的环境和悠闲的氛围吸引着众多游客。

镜湖湿地地处萧绍平原水乡地带，生物多样性丰富。已知湿地植物有70科162属198种，其中野大豆、野菱为国家Ⅱ级保护植物；湿地植被以莲群系、芦苇群系、垂柳群系、再力花群系、菰群系、水葱群系为主。湿地脊椎动物有两栖类1目5科10种、爬行类3目7科13种、湿地鸟类7目14科18种，较为常见的有中华大蟾蜍、泽陆蛙、黑斑侧褶蛙、饰纹姬蛙、石龙子、北草蜥、赤链蛇、乌梢蛇、小䴙䴘、白鹭、池鹭、牛背鹭、黑水鸡等。

图10-16　绍兴镜湖国家城市湿地公园

2005年,获批建立国家城市湿地公园;2006年,颁布《绍兴市镜湖国家城市湿地公园保护管理办法(试行)》,实现了对镜湖国家湿地公园依法管理、规范管理。

(二)临海三江国家城市湿地公园

三江国家城市湿地公园(图10-17)位于临海市西北方向近郊,距市区12km,地处灵江、永安溪、始丰溪三条河流的汇合处,地理位置为北纬28°51′44″～28°53′13″、东经121°02′40″～121°05′35″,范围面积482hm²,湿地面积264.15hm²。

三江湿地为感潮河段,有着独特的潮汐湿地景观。"春去花无迹,潮归岸有痕"形象地描述了公园的生态环境和自然景观一切都源于潮水的自然涨落。涨潮时,潮水顺着灵江从下游慢慢地向上游涌去,当潮水涨至三江村时,则一分为二,一泓潮水与永安溪汇在一起,一直涌到杨杜村才慢慢歇下来;一泓潮水则与始丰溪水混为一体,最后涌到坊前村才停止流淌。当人们站在白马山或灵江岸边最佳观察点眺望"三江"汇合处,眼前的景色似一幅苍茫浑厚、墨彩交融的山水图。潮水退后,"三江"汇集处一下子变得宁静,眼前是潮水浸泡后光滑细腻的滩涂和长满野草、芦苇、树木的湿地。

公园生物多样性丰富。已知湿地植物有53科114属143种,湿地植被以芦苇群系、意杨群系、扯根菜群系等分布广泛。湿地脊椎动物有两栖类1目3科6种、爬行类2目4科11种、湿地鸟类7目17科26种,较为常见的有中华大蟾蜍、泽陆蛙、黑斑侧褶蛙、饰纹姬蛙、金线侧褶蛙、王锦蛇、赤链蛇、乌梢蛇、白鹭、苍鹭、池鹭、牛背鹭、环颈鸻、矶鹬、泽鹬等。其中,虎纹蛙为国家Ⅱ级保护动物,种群数量较多。

2007年,获批建立国家城市湿地公园。目前,湿地公园已完成石板道、木栈道等基础设施建设。

图10-17 临海三江国家城市湿地公园

五、国家级自然保护区

图10-18　南麂列岛

（一）南麂列岛国家级海洋自然保护区

1. 地理位置

南麂列岛自然保护区（图10-18）是我国首批5个海洋自然保护区之一，主要保护对象是海洋贝类及其生态环境。保护区位于温州市平阳县鳌江口外56km的东海洋面上，地理位置为北纬27°24′30″～27°30′00″、东经120°56′30″～121°08′30″，范围面积12171hm^2。

2. 自然概况

南麂列岛由52个面积大于500m^{2}的岛屿组成，其中以南麂岛面积最大（7.64km^2）。该区海底地形自西北向东南下倾，水深一般为15～25m。南麂列岛东北和西南两侧为两条深水通道，其水深在30m以上，最深处可达45m。

保护区属典型中亚热带海洋性季风气候区，冬暖夏凉，四季分明。年平均气温16.5℃，最冷2月，月均气温6.6℃，极端最低温-4.5℃；最热8月，月均气温26.2℃，极端最高温34.3℃。年平均降水量1063.4mm，降雨一般集中在3—6月；年平均蒸发量1270.3mm。热带气旋是影响本区最重要的灾害性天气，受其影响时常伴随狂风、暴雨和风暴潮。

3. 湿地面积与类型

保护区湿地面积759.26hm^2，其中浅海水域731.36hm^2，占96.33%；沙石海滩10.49hm^2，占1.38%；淤泥质海滩17.41hm^2，占2.29%。各湿地型面积比例见图10-19。

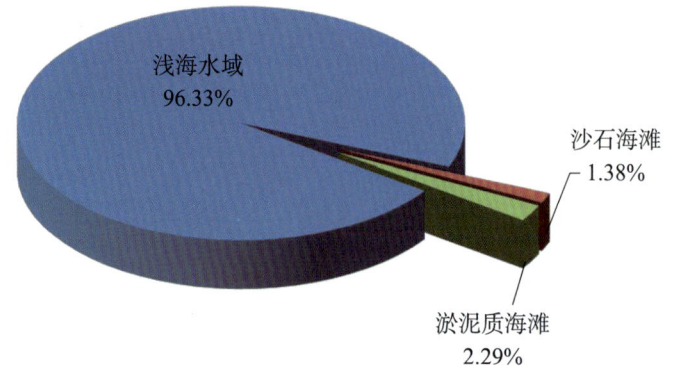

图10-19　各湿地型面积比例

4. 水环境状况

南麂列岛及其周围海域岛礁罗列、海岸线曲折、水道纵横，东接东海大陆架受外海环境因子影响比较显著，使本区具有独特的海洋水文特征。潮汐属于正规半日潮，平均潮差3.74m，最大潮差可达6.76m，属于我国主要的强潮海区。由于本区远离大陆，涨潮落潮时间基本相同。潮流运动以往复流为主，流速的区域分布差异大。海水年平均水温17.8℃，8月最高，月均水温27.8℃；2月最低，月均水温9.6℃。年平均盐度30.10‰，7月盐度最高，为32.09‰，10月盐度最低，为28.01‰。海水水质总体良好，活性磷酸盐、沉积物含量（有机碳、硫化物、石油类等）等重要指标均达到国家Ⅰ类海水水质标准。

5. 植物与植被

湿地植物有84种，隶属38科66属，其中湿生植物60种、沼生植物4种、漂浮植物1种、沉水植物1种、盐沼植物8种、滨海沙生植物10种。

湿地植被大都处在潮上带，潮间带仅有稀疏的矮生苔草和滨海珍珠菜生长。潮上带共有3个植被型组、5个植被型、11个群系，以假俭草群系、五节芒群系、黑松群系为主，滨海珍珠菜群系、单叶蔓荆群系、矮生苔草群系等也有小面积分布。

6. 湿地脊椎动物

湿地鸟类有40种，隶属9目17科。其中水鸟有12种，隶属5目5科，主要种类有小鹈鹕、苍鹭、白鹭、海鸥、黑尾鸥和矶鹬等。水鸟中有留鸟4种，夏候鸟1种，冬候鸟7种；浙江省重点保护鸟类有5种，为白鹭、黑尾鸥、凤头鹈鹕、黑嘴鸥和黑枕燕鸥；列入《中日候鸟保护协定》的共同保护候鸟有6种；列入《中澳候鸟保护协定》的共同保护候鸟有2种。

鱼类有397种，隶属30目128科。鱼类中以鲈形目占绝对优势，其他依次为鲽形目、鲱形目、鲀形目、鳗鲡目、真鲨目、鲉形目、鱼刺目、鲱形目等。其中白鲟、中华鲟和达氏鲟为国家Ⅰ级保护鱼类；黄唇鱼、大海马和香鱼为国家Ⅱ级保护鱼类。

两栖类有11种，隶属1目5科，主要有沼水蛙、泽陆蛙、黑斑侧褶蛙、饰纹姬蛙等。

爬行类有13种，隶属3目5科，主要有海龟、多疣壁虎、石龙子、蓝尾石龙子、赤链蛇、乌梢蛇等。

7. 受威胁状况

湿地受威胁因子主要是海水环境恶化，近年来温州市近海海域水质污染状况总体趋重，水体富营养化较严重。其次是海洋赤潮，南麂列岛海域是温州市赤潮频发海域之一。然后是旅游业快速发展，保护区内已呈现出生态环境与自然资源受到人为影响的迹象。

湿地受威胁状况等级——安全。

8. 利用状况

保护区不但为藻类、贝类、鱼类、甲壳类等水生动植物提供了优良的生存场所，也为区域内多种珍稀濒危野生动物，特别是水禽提供了必要的栖息、越冬和繁殖场所；同时还为人类提供了大量的海洋水产品。

保护区是海洋生物"南种北移，北种南移"的资源库，在海洋生态方面有着重要的研究价值，是国内外各大科研院所争相研究的热点区域，产出了一大批科研成果。

南麂列岛优良的生态环境、秀丽的自然风光、丰富的生物资源和独特的风俗人情，吸引了大量的旅客来此旅游观光。常年接待国内外游客逾6万人次，实现旅游收入达$3667×10^4$元。

9. 保护管理状况

1990年，建立南麂列岛国家级海洋类型自然保护区。1991年，成立南麂列岛国家海洋自然保护区管理局，现有人员编制42人，包括管理人员11人，事业科技人员31人。1998年，颁布《浙江省南麂列岛国家级海洋自然保护区管理条例实施细则》，同年纳入联合国教科文组织世界生物圈保护区网络。2000年，被列入《中国重要湿地名录》。2005年，获全球环境基金（GEF）资助，南麂列岛被列为海域生物多样性管理项目示范区。

保护区管理局在管理体制上引进社区共管制度，实行局、镇主要负责人相互兼职的管理体制，保证保护区与地方管理的有效衔接，有利于保护区开展各项保护工作。

（二）韭山列岛国家级海洋生态自然保护区

1. 地理位置

韭山列岛（图10-20）位居舟山群岛最南端，东濒东海，西隔牛鼻山水道与大陆相对，距大陆最近点象山县爵溪街道所辖之长嘴头18.5km，地理位置为北纬29°22′30″～29°28′36″、东经122°09′18″～122°15′24″，范围面积48776hm^2。

图10-20　韭山列岛

2. 自然概况

韭山列岛由76个岛礁组成（其中岛屿28个，礁48个），呈东北-西南向排列，南北长11.5km，东西宽10km，岛礁面积7.3km²。地貌属于低丘陵，最高海拔165m，山体坡度一般为20°～30°，多呈直线坡和微凸形坡。岸滩地貌岬短湾浅，几乎都是基岩海岸，海蚀地貌发育。潮间带地貌有岩滩、沙滩、砾滩和泥滩。

保护区属欧亚大陆东部的副热带季风气候区，温度适中，四季分明。年平均气温16.4℃，最冷1月，月均气温5.5℃；最热7月，月均气温27℃。年平均降水量1522mm，变化范围1277～1809mm，全年降水主要集中在3—6月、9月两个雨季；年平均蒸发量1472mm。灾害性天气有大风、海雾、风暴潮等。

3. 湿地面积与类型

保护区湿地面积1914.74hm²，湿地类型以浅海湿地为主，面积1881.29hm²，占98.25%；淤泥质海滩33.45hm²，占1.75%。各湿地型面积比例见图10-21。

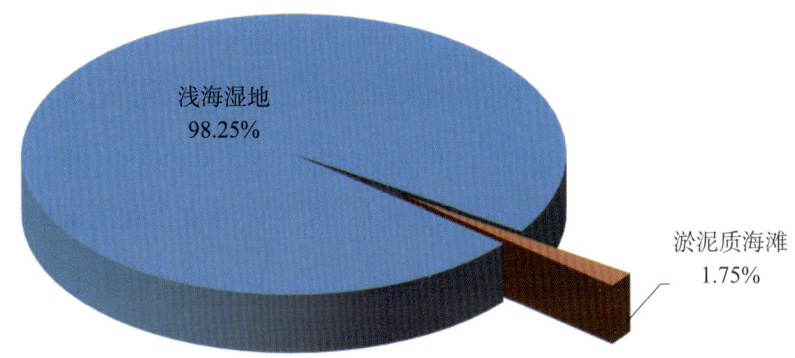

图10-21 各湿地型面积比例

4. 水环境状况

保护区冬季表层水温10.3～11.3℃，由南韭山岛向东递增，表底层温差较小；夏季表层水温27.0～28.0℃，呈东北低、西南高的分布趋势，表底层温差较大，在列岛北面有温跃层出现。海域冬季平均盐度27.95‰，由东向西递减，盐度梯度较大；夏季平均盐度31.83‰，分布较均匀。海域的含沙量冬季最高，为0.22kg/m³，夏季一般在0.03kg/m³以下，并随深度的增加而增加，梯度较大。

韭山列岛附近海域属于严重污染海域，无机氮污染较为严重，无机氮平均含量劣于Ⅳ类海水水质标准，磷酸盐平均含量符合Ⅱ、Ⅲ类海水水质标准，石油类平均含量劣于Ⅱ类海水水质标准，另有局部海域重金属铅的平均含量劣于Ⅰ类海水水质标准。

5. 植物与植被

湿地植物有49种，隶属31科42属，其中湿生植物46种、沼生植物1种、滨海沙生植物2种。

湿地植被有3个植被型组、4个植被型、6个群系，以五节芒群系为陆地湿地主要群系、单叶蔓荆群系、芙蓉菊群系、厚叶双花耳草群系为海岸湿地的主要代表类型。

6. 湿地脊椎动物

湿地鸟类有110种，隶属11目35科。其中水鸟63种，隶属5目15科，主要种类有红喉潜鸟、黑叉尾海燕、鸬鹚、苍鹭、大白鹭、黄嘴白鹭、豆雁、斑嘴鸭、蛎鹬、环颈鸻、白腰杓鹬、灰背鸥、黑嘴鸥、须浮鸥和普通燕鸥等。水鸟中有留鸟10种，夏候鸟14种，冬候鸟25种，旅鸟14种；国家Ⅱ级保护鸟类有3种，为中华凤头燕鸥、黄嘴白鹭和岩鹭；浙

图10-22　招引燕鸥

江省重点保护鸟类有8种，为黑脚信天翁、大白鹭、中白鹭、白鹭、夜鹭、黑尾鸥、黑嘴鸥和黑枕燕鸥；列入《中日候鸟保护协定》的共同保护候鸟有37种；列入《中澳候鸟保护协定》的共同保护候鸟有27种。保护区不仅可招引燕鸥（图10-22），而且是中华凤头燕鸥全球已知的三个繁殖地之一（另外两个为台湾省马祖列岛和浙江省舟山市五峙山列岛），其生态地位十分重要。据专家调查估计，保护区内有近20只中华凤头燕鸥，占全球数量40%以上。

鱼类有54种，主要有带鱼、大黄鱼、小黄鱼、鲳鱼、曼氏无针乌贼、梅童鱼、石斑鱼、龙头鱼、日本鳀鱼、小公鱼、鰕虎鱼、褐葛鲉、青鳞鱼等。

两栖类有7种，隶属1目4科，其中中华大蟾蜍、泽陆蛙和黑斑侧褶蛙属于常见种类，主要分布在南韭山岛的房屋周围和海边陆地上。

爬行类有15种，隶属3目8科，其中多疣壁虎、北草蜥和石龙子属于常见种类，蠵龟、海龟、玳瑁、棱皮龟属国家Ⅱ级保护动物。

兽类有6种，隶属5目5科，国家Ⅱ级保护动物江豚聚居于韭山列岛的环状区域及周围海域。

7. 受威胁状况

湿地受威胁因子主要是海洋环境污染和过度捕捞。其次是海岛旅游带来的生态生境破坏，特别是中华凤头燕鸥对人类极度恐惧，不利其营建巢穴繁育。然后是海洋赤潮频发。

湿地受威胁状况等级——中度。

8. 利用状况

韭山列岛周围海域是大黄鱼、曼氏无针乌贼等重要渔业资源的产卵场及苗种保护区，同时也是江豚较大种群分布区及中华凤头燕鸥、黄嘴白鹭、岩鹭、白鹭、中白鹭和黑尾鸥等重要水鸟的繁殖和栖息地。保护区良好的自然本底和丰富的生物资源，成为省

内外科研院所、大专院校科研人员、学生从事科学研究和实习的重要基地。独特的海岛风光对游客有很大的吸引力,是旅游度假、海上运动等游乐项目的天然胜地。

9. 保护管理状况

2003年,建立省级海洋生态自然保护区。2007年,《宁波市韭山列岛海洋生态自然保护区条例》实施,成为全国首个被专门地方法规保护的自然保护区。2011年,升级为国家级自然保护区,是浙江省第二个国家级岛屿型自然保护区。

保护区通过多年的建设,各项基础性建设如管理用房、码头、宣传牌、船坞基本建成,同时在区内开展完成了各类自然资源和生物资源调查。

六、省级自然保护区

(一) 长兴扬子鳄省级自然保护区

1. 地理位置

长兴扬子鳄自然保护区(图10-23)是以保护、拯救国家Ⅰ级濒危野生动物——扬子鳄为主要目的而建立的省级自然保护区。保护区位于浙江北部长兴县西北方向的泗安、林城两镇交界处,距长兴县城16km,地理位置为北纬30°55′17″~30°55′28″、东经119°43′38″~119°43′52″,范围面积127hm²。

图10-23 长兴扬子鳄省级自然保护区

2. 自然概况

保护区处在天目山余脉末端,为平原水网地貌,地形平坦,与道路、河流、村庄、农田相接,形成与土墩、水塘、河流、洼地、沟壑连贯的整体,海拔2~15m。

保护区地处中亚热带季风气候北缘,温暖湿润,四季分明。年平均气温15.6℃,极端最高温39℃,极端最低温-9℃。年均日照时数1810h。年平均降水量1309mm,主要集中在3—9月,占年降水量75%以上;年平均蒸发量1292mm。主要灾害性天气有暴雨、冰雹、台风。

3. 湿地面积与类型

保护区湿地面积28.78hm²,湿地类型为水产养殖场。

4. 水环境状况

保护区水源主要来自泗安镇仙山湖、林城镇新星村及二界岭乡上游山溪等,其水位高低受集中降水量影响较大,一般以7—8月汛期水位最高,最高水位达到5m以上,最低时水位下降到2.5m，一般出现在12月枯水期。

5. 植物与植被

湿地植物有160种，隶属58科129属，其中湿生植物143种、沼生植物11种、挺水植物1种、漂浮植物2种、浮叶植物2种、沉水植物1种。保护区内有国家Ⅱ级保护植物野大豆和野菱2种。

湿地植被有3个植被型组、7个植被型、18个群系，其中水鳖群系、升马唐群系、水烛群系、紫萍群系等分布面积较大，其他较常见的群系有野菱群系、异型莎草群系、芦苇群系、合萌群系、金色狗尾草群系等。

6. 湿地脊椎动物

湿地鸟类有38种，隶属8目19科。其中水鸟23种，隶属6目7科，主要种类有小䴙䴘、普通翠鸟、白鹭、黑鹎、红脚苦恶鸟、黑水鸡、环颈鸻、白腰草鹬和绿翅鸭等。水鸟中有留鸟7种，夏候鸟10种，冬候鸟6种；国家Ⅱ级保护鸟类有1种，为黄嘴白鹭；浙江省重点保护鸟类有3种，为白鹭、中白鹭和夜鹭；列入《中日候鸟保护协定》的共同保护的候鸟有10种；列入《中澳候鸟保护协定》的共同保护的候鸟有3种。

鱼类有27种，隶属7目12科，主要种类有鲤鱼、鲫鱼、鳊鱼、鳙鱼、青鱼、黄鳝、泥鳅等。

两栖类有10种，隶属1目4科，主要有中华大蟾蜍、黑斑侧褶蛙、金线侧褶蛙、泽陆蛙、饰纹姬蛙等，其中大树蛙为浙江省重点保护动物。

爬行类有15种，隶属4目10科，主要有扬子鳄（图10-24）、中华鳖、石龙子、北草蜥、赤链华游蛇、乌梢蛇等。扬子鳄为保护区的主要保护对象。中华人民共和国成立初期，长兴、安吉野生扬子鳄较多，1983年野生扬子鳄普查，发现长兴县有30条，安吉县有26条，并将其转移到固定场所加以保护。目前，野生扬子鳄数量极少，最近一次野外出现是在1993年。

图10-24 扬子鳄

兽类有15种，隶属5目9科，主要种类有黄鼬、鼬獾、花面狸、刺猬、华南兔等，其中鼬獾为浙江省重点保护动物。

7. 受威胁状况

湿地受威胁因子主要是周边频繁的农业生产活动对其构成潜在威胁。

湿地受威胁状况等级——安全。

8. 利用状况

保护区集生物保护拯救、生态旅游、科普教育等多种功能于一体，是浙江省道德教育基地、青少年科普教育基地、国家AAA级风景旅游区。

同时，保护区也为研究扬子鳄各类相关课题提供了场所。自2004年对外开放以来，年接待游客近10万人次，其中青少年5万人次左右，使青少年在参观过程中学习了科学知识，提高了科学素质。

9. 保护管理状况

长兴扬子鳄自然保护区最早为1979年6月由尹家边农民自发建立的保护区；1988年，成立县级自然保护区；1999年，更名为长兴扬子鳄自然保护区，设立了长兴扬子鳄自然保护区管理处；2007年，升格为省级自然保护区。保护区经过多年的努力，截至2013年年底，扬子鳄种群数量从2000年的248条增至4398条，大大改善了扬子鳄种群的濒危状态。

（二）景宁望东垟高山湿地省级自然保护区

1. 地理位置

景宁望东垟高山湿地自然保护区是华东最大的高山湿地，被誉为"华东第一湿地"。保护区位于浙江省景宁畲族自治县南部，东与泰顺乌岩岭国家级自然保护区毗连，南与福建省寿宁县李家垟接壤，西与景南乡渔际村相邻，北与景南乡东塘村交界，地理位置为北纬27°40′00″～27°44′19″、东经119°34′28″～119°38′54″，范围面积1238hm^2。

2. 自然概况

望东垟森林沼泽湿地所在地四面环山，中部及西南面较宽敞，最高点海拔1500m，西北、东南、西南分别有海拔1411m、1489m、1353m的三座山峰环绕；出水口位于东北面，两侧分别有海拔1431m、1500m的山峰强烈切割、近距对峙。沼泽地海拔1300m。

保护区属于亚热带季风气候，温暖湿润，水热资源充沛。年平均气温12.0℃，较全县年平均气温低5℃，最冷1月，平均气温1.8℃，极端最低温-8.3℃；最热7月，平均气温21.8℃，极端最高温40.5℃。年平均日照时数1774h，年平均降水量2066.7mm，无霜期241d。

3. 湿地面积与类型

保护区湿地面积16.51hm^2，主要湿地类型为森林沼泽。

4. 水环境状况

保护区是飞云江水系的源头和瓯江水系的发源地之一，属两江分水岭。区内主干溪流有谋人坑（飞云江源头）、上标溪和渔际坑溪（瓯江水系发源地），保护区内水质良好，达到Ⅰ类水质标准。

5. 植物与植被

湿地植物有126种，隶属46科91属，其中湿生植物98种、沼生植物25种、挺水植物3种。"二调"发现浙江省属级新归化种——梁子菜。另有珍稀植物闪光红山茶。

湿地植被有4个植被型组、8个植被型、15个群系，以江南桤木群系、沼原草群系、茸球藨草群系为主，另有水毛花群系、山梗菜群系、水竹群系等小面积分布。其中江南桤木山地森林沼泽是本省一个比较特殊的类型，在全国也较为罕见。

6. 湿地脊椎动物

湿地鸟类有67种，隶属12目23科。其中水鸟47种，隶属8目11科，主要种类有小䴙䴘、蓝翡翠、白鹭、黑水鸡、环颈鸻、水雉、白腰草鹬、须浮鸥、鸬鹚和普通秋沙鸭等。水鸟中有留鸟10种，夏候鸟10种，冬候鸟24种，旅鸟3种；国家Ⅱ级保护鸟类有3种，为鸳鸯、海南鳽和白枕鹤；浙江省重点保护鸟类有5种，为白鹭、大白鹭、中白鹭、夜鹭和凤头䴙䴘；列入《中日候鸟保护协定》的共同保护候鸟有27种；列入《中澳候鸟保护协定》的共同保护候鸟有12种。

两栖类有22种，隶属2目7科，常见的有中国瘰螈、中华大蟾蜍、三港雨蛙、棘胸蛙、大树蛙等，其中虎纹蛙为国家Ⅱ级保护动物，大树蛙为浙江省重点保护动物，武夷湍蛙为中国特有种。

爬行类有28种，隶属3目8科，常见的有石龙子、蓝尾石龙子、蝘蜓、北草蜥、王锦蛇、赤链华游蛇、山溪后棱蛇、灰鼠蛇、竹叶青等，其中五步蛇、舟山眼镜蛇属浙江省重点保护动物。

7. 受威胁状况

湿地受威胁因子主要是早年农业开垦项目挖沟排水，致使沼泽干涸。

湿地受威胁状况等级——安全。

8. 利用状况

首先，保护区湿地为动植物生长、繁育提供了良好的栖息场所。其次，保护区作为高山湿地生物多样性区域，为国内外科研院所的研究工作提供了重要的场所，获得了一大批科研成果。另外，保护区湿地景观优美，物种多样，吸引了大量的游客来此旅游观光。

9. 保护管理状况

2002年，建立望东垟县级高山湿地自然保护区；2007年，升级为省级自然保护区；2009年，设立景宁畲族自治县望东垟高山湿地自然保护区管理局，与林业总场合署办公；2011年，被评为浙江省第一批生态文明教育基地。保护区现有工作人员33人，其中管理人员3人。

（三）景宁大仰湖湿地群省级自然保护区

1. 地理位置

大仰湖湿地群省级自然保护区（图10-25）是以保护山地沼泽湿地生态系统为主的自然保护区。保护区位于景宁畲族自治县东南部，分布在县林业总场大仰、草鱼塘、荒田湖三个分场范围内，地理位置为北纬27°50′47″~27°58′11″、东经119°41′00″~119°45′25″，范围面积2131.2hm²。

2. 自然概况

大仰湖自然保护区属于浙南中山区，位于浙西南新构造运动强烈上升区，地貌以深切割山地为主，类型属小丘地貌。境内峰峦起伏，山势高峻，山谷相间，地形复杂。海拔多在千米以上，主要山峰有大仰湖尖、牛塘岙尖、牛岗山头等，最高峰为大仰湖尖，海拔1557m，海拔最低处为大仰分场夕阳坑林区陈潭坑614m，相对高差943m。

保护区属亚热带海洋性季风气候区，沿海山地湿润气候型，温暖湿润，雨量充沛，四季分明，自然气热条件十分优越。年平均气温12.8℃，极端最低温-14.0℃。无霜期196d左右，年日照时数1617.6h，年降水量1918mm，年平均相对湿度80%以上。保护区内天蓝如碧，空气清新，盛夏时节，凉爽无比，为度夏避暑之胜地。

图10-25 景宁大仰湖湿地群省级自然保护区

3. 湿地面积与类型

保护区湿地总面积9.07hm²，湿地类型为草本沼泽。

4. 水环境状况

保护区大坳头坑、三重际、大浪坑流入小溪，为瓯江水系最大支流，流域面积约占保护区面积60%；陈潭坑（驮际源坑、东降坑）、箬坑流入三插溪，在泰顺百丈口与洪口溪汇合后称飞云江，流域面积约占保护区面积40%。保护区内地下水资源丰富，给水方便，未受污染，水质优良，各项指标均达到国家Ⅰ级饮用水标准。溪流多为间歇性溪流，呈"V"形谷，下切较深，巨砾累累，汛潮来临时，流急且流量突然增大。

5. 植物与植被

湿地植物有281种，隶属于77科178属，其中莼菜为国家Ⅰ级保护植物，其他比较珍稀的有矮生沼樱、三腺金丝桃、闪光红山茶、曲轴黑三棱、线叶十字兰、香港绶草6种。根据生活方式不同分浮水植物6种、浮叶植物2种、沉水植物1种、沼生植物44种、湿生植物228种。

湿地植被共有5个植被型、18个群系，常见植被有沼原草群系、芒群系、野古草群系、浙江柳叶箬群系、华东藨草群系、萱草群系等，比较稀有的植被有莼菜群系、萱草群系等。

6. 湿地脊椎动物

湿地鸟类有62种，隶属10目18科。其中水鸟40种，隶属8目9科，主要种类有小䴙䴘、蓝翡翠、白鹭、苍鹭、黑水鸡、白腰草鹬、鸳鸯等。水鸟中有留鸟12种，夏候鸟12种，冬候鸟16种；国家Ⅱ级保护鸟类有2种，为鸳鸯和小天鹅；浙江省重点保护鸟类有6种，为白鹭、大白鹭、中白鹭、夜鹭、绿鹭和凤头䴙䴘；列入《中日候鸟保护协定》的共同保护候鸟有18种；列入《中澳候鸟保护协定》的共同保护候鸟有4种。

两栖类有28种，隶属2目7科，常见的有中华大蟾蜍、弹琴水蛙、棘胸蛙、大树蛙等，其中虎纹蛙为国家Ⅱ级保护动物，大树蛙为浙江省重点保护动物，武夷湍蛙为中国特有种。

爬行类有36种，隶属3目8科，常见的有石龙子、北草蜥、草腹游蛇、王锦蛇、赤链华游蛇、山溪后棱蛇、竹叶青等，其中五步蛇、舟山眼镜蛇属于浙江省重点保护动物。

7. 受威胁状况

湿地主要潜在威胁是黄山松、沼生矮樱、山橿、朝鲜白檀等乔灌木树种的入侵，将会导致沼泽湿地逐渐旱化。

湿地受威胁状况等级——安全。

8. 利用状况

保护区主要保护高山沼泽湿地生态系统及珍稀濒危物种。保护区不仅为民众提供了一个优质的生态环境以供休憩调养，而且保护区丰富的可利用资源为开展旅游和多种经营提供了有利条件，可以促进当地的经济发展。

9. 保护管理状况

2008年，获批建立大仰湖湿地群县级自然保护区；2013年，升级为省级自然保护区。目前，保护区实行"管理局—保护站"二级管理，下设大仰湖、菖蒲湖、荒田湖3个保护站。

（四）青田鼋省级自然保护区

1. 地理位置

青田鼋自然保护区是为保护国家Ⅰ级保护动物鼋的种群数量和栖息地而建立的省级自然保护区。保护区位于浙江省青田县境内的瓯江干流大溪和支流小溪，离青田县城30km，地理位置为北纬28°15′58″～28°16′37″、东经120°06′33″～120°11′53″，范围面积377hm^2。

2. 自然概况

青田县属浙南中山区地貌，北有括苍山脉，南有雁荡山脉，西有洞宫山脉，地势西高东低，略呈由西北向东南倾斜。瓯江沿岸有石帆、船寮、温溪等河谷平原，海拔100m以下。

青田县属中亚热带季风气候区，温暖湿润，四季分明。保护区年平均气温18.3℃，≥10℃积温5804℃，年平均日照时数1841h。年降水量1600～1700mm，无霜期279d。

3. 湿地面积与类型

保护区湿地面积353.58hm^2，其中永久性河流258.03hm^2，占72.98%；洪泛平原湿地95.55 hm^2，占27.02%。各湿地型面积比例见图10-26。

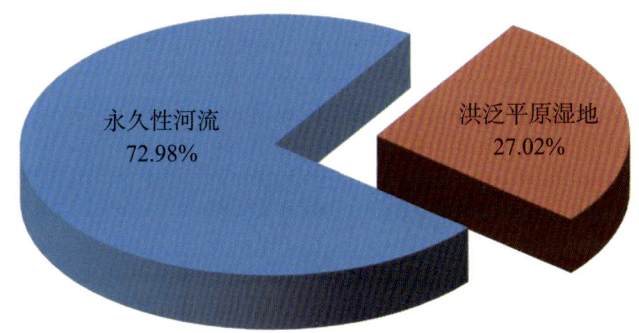

图10-26　各湿地型面积比例

4. 水环境状况

保护区地处瓯江中上游的河谷平原，水流缓慢，水位和河床基本稳定，多年平均流量大于259m^3/s。保护区所在江段未受海潮的侵袭，水质良好，pH7.3～7.4，溶解氧7.8～8.4mg/L，高锰酸盐指数1.88mg/L，总磷0.02mg/L，平均总硬度0.2mg当量，属极软水，符合国家地表水Ⅱ类水质标准。

5. 植物与植被

湿地植物有106种，隶属41科82属，其中湿生植物96种、沼生植物6种、漂浮植物1种、浮叶植物1种、沉水植物2种。"二调"发现浙江省新记录种——有腺泽番椒。

保护区内有国家Ⅱ级保护植物野荞麦和野大豆2种。

湿地植被有5个植被型组、8个植被型、20个群系，以斑茅群系、狗牙根群系、枫杨群系等为主，其他尚有马尾松群系、水蓼群系、乌桕矮生灌丛群系、地桃花群系等小面积分布。保护区内白前群系、二叶丁癸草群系在浙江省湿地植被中较有特色。

6. 湿地脊椎动物

湿地鸟类有18种，隶属4目14科，主要种类有白鹭、白腰草鹬、斑鱼狗、红尾水鸲、红嘴蓝鹊、牛背鹭和蓝翡翠等，其中留鸟14种，夏候鸟3种，冬候鸟1种；浙江省重点保护鸟类有3种，为白鹭、红嘴蓝鹊和棕背伯劳；列入《中日候鸟保护协定》的共同保护候鸟有5种；列入《中澳候鸟保护协定》的共同保护候鸟有3种。

鱼类有95种，隶属14目46科，主要有青鱼、草鱼、鲢鱼、鲤鱼、鲫鱼、泥鳅、中华花鳅、鲶鱼、黄颡鱼、花鳗鲡等，其中花鳗鲡为国家Ⅱ级保护动物。

两栖类有13种，隶属1目5科，常见种有中华大蟾蜍、黑斑侧褶蛙、华南湍蛙、泽陆蛙等，其中大鲵为国家Ⅱ级保护动物。

爬行类有15种，隶属3目5科，常见种有王锦蛇、乌梢蛇、石龙子等，其中鼋为国家Ⅰ级保护动物。根据1997—2000年的调查、评估，鼋在瓯江的数量约为80只。2011年实地调查访问多名沿岸百姓，均表示近5年来都未曾见过或听过有人发现鼋实体。

7. 受威胁状况

湿地受威胁因子主要是保护区内的非法采挖沙行为导致鼋孵化场所面积减少。其次是沿江工业、生活污水排放增多造成水质富营养化。然后是瓯江流域梯级水电站的建设，改变当地原有的水文与环境，影响水生生态的稳定性。

湿地受威胁状况等级——中度。

8. 利用状况

保护区主要是为鼋、大鲵、花鳗鲡等珍稀濒危物种提供良好的生存环境；其次是为沿江两岸群众生产、生活提供水源；还有调节洪水、航运等功能。

9. 保护管理状况

2000年，建立青田鼋省级自然保护区。保护区建有稳定的渔政水政执法队伍，负责保护区资源保护。保护区核心区长年禁捕，禁止一切捕捞活动。制定定期巡查制度，有效制止了保护区内采砂、直排工业污水等违法行为。

（五）定海五峙山鸟类栖息和繁殖省级自然保护区

1. 地理位置

五峙山列岛是全国三大鸟类保护区之一，也是浙江省唯一的省级海洋鸟类自然保护区。保护区位于浙江东部舟山群岛，地处杭州湾口门外的灰鳖洋海域，距舟山本岛约7km，地理位置为北纬30°08′30″～30°13′35″、东经121°52′49″～121°57′28″，范围面积370hm^2。

2. 自然概况

保护区由龙洞山、馒头山、鸦鹊山、无毛山、大五峙、小五峙、老鼠山7个无人岛屿组成，为丘陵地貌，最高海拔46.6m，是水鸟理想的繁殖栖息场所。

保护区属北亚热带海洋性季风气候，温暖湿润，夏无酷暑，冬无严寒。年平均气温16.3℃，最冷1月，平均气温5.5℃，极端最低温-6℃；最热8月，平均气温27.2℃，极端最高温39.1℃。年平均日照时数2038.5h，年平均降水量1322.5mm，年平均蒸发量1245.2mm，无霜期251d。

3. 湿地面积与类型

保护区湿地面积118.03hm^2，湿地类型为浅海水域。

4. 水环境状况

五峙山列岛海域属浙北水文区，潮差小，一般在2～3m，最大潮差5～9m；潮流强且以往复流为主，属典型的河口回转流。受杭州湾排出的江水影响，有机质含量较高，鱼、虾、贝、藻类资源充足。海水pH为8.6，海水水质全部超Ⅳ类标准，主要超标因子为无机氮和活性磷酸盐。

5. 植物与植被

湿地植物有60种，隶属25科51属，其中湿生植物47种、沼生植物3种、盐沼植物6种、滨海沙生植物4种。

保护区在潮间带几乎无植被，偶见有芙蓉菊生长。潮上带的植被也较简单，仅有3个植被型组、5个植被型、6个群系，以山合欢群系、滨海苔草群系、芙蓉菊群系等为主。

6. 湿地脊椎动物

湿地鸟类有51种，隶属10目16科。其中水鸟45种，隶属7目10科，主要种类有普通翠鸟、针尾鸭、苍鹭、黑腹滨鹬、环颈鸻、白翅浮鸥、骨顶鸡、蛎鹬、角䴙䴘等。水鸟中有留鸟5种，夏候鸟9种，冬候鸟22种，旅鸟9种；国家Ⅱ级保护鸟类有5种，为黄嘴白鹭、角䴙䴘、黑脸琵鹭、中华凤头燕鸥和小青脚鹬；浙江省重点保护鸟类有5种，为大白鹭、中白鹭、白鹭、黑嘴鸥和黑枕燕鸥；列入《中日候鸟保护协定》的共同保护候鸟有30种；列入《中澳候鸟保护协定》的共同保护候鸟有19种。

据保护区多年观察，每年有近10000只水鸟在此栖息、繁殖。2008年，首次发现"世界神话之鸟"中华凤头燕鸥10余只。

7. 受威胁状况

湿地受威胁因子主要是近海海域海水污染严重；其次是人为偷捡鸟蛋，影响鸟类繁殖。湿地受威胁状况等级——轻度。

8. 利用状况

保护区海域有机质含量较高，鱼、虾、贝、藻类资源充足，给鸟类提供了丰富的饵料食物。保护区内有多种水鸟，特别是中华凤头燕鸥的栖息、繁殖为科研人员调查分析鸟类的资源动态、区系特征等提供了科研素材。

9. 保护管理状况

1999年，成立定海区五峙山鸟岛保护管理委员会（以下简称"管委会"）。2001年，建立五峙山列岛省级鸟类自然保护区，为浙江省唯一的省级鸟类保护区，列入《中国重点鸟区名录》。多年来，在鸟类繁殖期，管委会指派专人进行巡回管理保护。2011年，管委会在五峙山列岛上安装了视频监控系统，加强鸟类的跟踪监控与实时保护。

（六）岱山秀山岛省级自然保护小区

1. 地理位置

秀山岛位于舟山岛与岱山岛之间，传说秀山岛乃海上三仙山之一的"方丈岛"，素有"海上香格里拉"之誉，距离舟山本岛约5km，地理位置为北纬30°08′00″～30°12′18″、东经122°08′23″～122°12′04″，范围面积3100hm²。

2. 自然概况

保护小区属于典型的海岛丘陵地貌，海岸线长40km，多礁石、沙滩、泥涂。保护小区气候属北亚热带南缘，季风性海洋气候，一年四季分明，日照充足。年平均气温16.2℃，年平均降水量1100～1200mm，年平均蒸发量1200mm，无霜期长达240～270d，每年7、8、9月受台风影响。

3. 湿地面积与类型

保护小区湿地面积2932.08hm²，其中浅海水域2495.08hm²，占85.10%；沙石海滩84.72hm²，占2.89%；淤泥质海滩352.28hm²，占12.01%。各湿地型面积比例见图10-27。

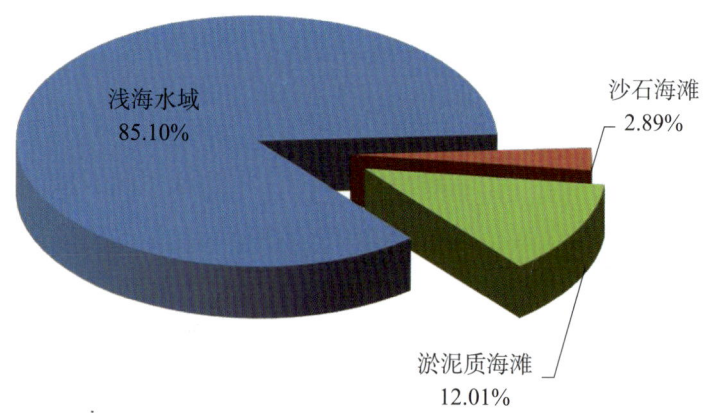

图10-27　各湿地型面积比例

4. 水环境状况

保护小区海域为半日浅海潮流区，潮流较强，最大涨潮流速达1.82m/s，最大落潮流速为1.48m/s，涨、落潮流向稳定，且与岸线平行。海水表层年平均水温17～19℃；平均盐度30‰～40‰，受内陆径流低盐水和外海高盐水影响，季节变化大；pH变化范围为7.97～8.59。本海域位于长江、钱塘江、甬江的入海交汇处，受上游江河入海的大陆污染源影响，海水大部分为劣Ⅳ类海水。

5. 植物与植被

保护小区有湿地植物24种，隶属14科21属，其中湿生植物14种、沼生植物2种、盐沼植物5种、滨海沙生植物3种。

湿地植被有2个植被型组、4个植被型、8个群系，以互花米草群系、南方碱蓬群系、盐地碱蓬群系分布最广，其他群系有细叶结缕草群系、束尾草群系、矮生苔草群系等。

6. 湿地脊椎动物

保护小区有鸟类26种，隶属8目13科。其中水鸟20种，隶属6目8科，主要种类有普通翠鸟、绿头鸭、苍鹭、环颈鸻、东方白鹳、红嘴鸥、小杓鹬和小鹀鹀等。水鸟中有留鸟4种，夏候鸟1种，冬候鸟9种，旅鸟6种；国家Ⅰ级保护鸟类有1种，为东方白鹳；国家Ⅱ级保护鸟类有2种，为小杓鹬和小青脚鹬；列入浙江省重点保护鸟类有2种，为白鹭、大白鹭；列入《中日候鸟保护协定》的共同保护候鸟有12种；列入《中澳候鸟保护协定》的共同保护候鸟有8种。

鱼类有360种，主要有小黄鱼、带鱼、鲥鱼、鲳鱼、蓝点马鲛、鳗鱼、比目鱼、鲐鱼、鲷鱼等。

兽类有15种，隶属6目11科，主要有臭鼬、黄鼬、水獭、獐等，其中獐属国家Ⅱ级保护动物。目前，獐在全国种群数量仅有万余只，而秀山岛周围多草丛、灌木，且食料丰富，是獐理想的栖息地。据有关专家调查估计，2008年舟山群岛獐的资源总量为2100～2600只，其中秀山岛为其主要分布区。

7. 受威胁状况

湿地受威胁因子首先是围海造地导致湿地面积减少；其次是内陆江河漂流来的各种污染物导致水质恶化；最后是渔业捕捞过度导致保护区周边鱼类资源严重下降。

湿地受威胁状况等级——中度。

8. 利用状况

秀山岛有大量可供海带、紫菜、贻贝等养殖的水域和适合蛏子、蚶子养殖的滩涂。秀山岛滩涂海泥中含多种对人体有益的维生素、氨基酸、矿物质和微量元素，具有保健、护肤等功效，为此开发了中国首个以泥为主题的滑泥公园，每年接待大量游客前来做泥疗，放松身心。

9. 保护管理状况

2001年，获批建立省级保护小区，为浙江省第一批重点自然保护小区。保护区周边海域是多种鱼类越冬、产卵和仔幼鱼索饵的重要场所，为保护鱼类资源，每年实行季节性休渔。同时，岛内实行全部封山育林、退耕还"湿"，加强野生动植物栖息地保护，严厉打击各种非法猎捕野生动物的行为。

第11章　湿地资源可持续利用

一、湿地资源利用状况

(一) 湿地生物资源利用

1. 湿地植物利用

浙江湿地植物与植被资源丰富，水稻、莲等粮蔬植物，蔺草等纤维植物，海带等海藻类植物，木麻黄、水杉、水仙等绿化观赏植物的开发和利用已取得了显著成效，在农业生产、人民生活和经济建设方面发挥着重要作用。

(1) 粮食植物。

水稻是浙江栽培历史最为悠久、栽培面积最大、最重要的粮食作物。在距今7000年前的余姚河姆渡新石器时代，浙江的先民已经种植水稻。据统计，2013年全省稻谷年栽培面积达$82.9×10^4 hm^2$，年产稻谷$580.2×10^4 t$。

(2) 蔬食植物。

蔬食植物主要有莲、菱、荸荠、芋、慈姑、茭（茭白）、莼菜等。莲主产于金华、湖州，其次为杭州、嘉兴、绍兴、丽水等地，以西湖藕粉、建德白莲、武义宣莲最负盛名。菱在浙江的栽培种类较多，有南湖菱、乌菱、二角菱、四角菱及若干地方品种，其中南湖菱已有5000多年历史，其栽培范围北起江苏平望，东至嘉善魏塘，西达桐乡石门，南到海盐半路，鼎盛时期种植面积达$600 hm^2$，产量3250t，由于经济效益下降等原因，南湖菱的种植面积逐年减少，其产量下降幅度很大，但目前主产区仍然是嘉兴南湖及其附近。茭（茭白）是浙江省种植面积最广的水生蔬菜，主要有四季茭白、高山茭白和冷水茭白，产地集中在余姚、嘉兴、黄岩、缙云等地，年产茭白在$50×10^4 t$以上，其中余姚的"古址"牌无公害茭白近几年盛销上海、杭州和宁波等城市，并少量出口到日本，已成为浙江省效益农业的一大亮点。莼菜历来为人们所珍爱，杭州西湖莼菜早在晋代，就被当作珍贵食品，相传清代乾隆皇帝巡视江南，每到杭州都必须以莼菜进餐。中华人民共和国成立前，杭州西湖区农民大多采集野生的莼菜食用，目前已有人工栽培，西湖区周浦乡铜鉴湖村、萧山区湘湖为莼菜的主要产地。此外，紫萁、菜蕨、鱼腥草、虎杖、水芹、败酱类、蒿类、鼠麴草、革命菜、马兰、萱草等野生蔬菜类利用历史也十分悠久，目前仍有少量利用，其中水芹、败酱类、马兰、萱草等已有人工栽培。

(3) 药用植物。

浙江湿地中的药用植物十分丰富，主要有驴蹄草、珊瑚菜、中华补血草、活血丹、益母草、半枝莲、续断、半边莲、苍耳、黑三棱、香蒲、半夏、绶草等。薏苡的颖果称米仁，营养价值丰富，并有特殊的薏仁酯，入药有健脾、利尿、清热、镇咳的功效。泰顺栽培薏苡历史悠久，为当地中药材第一大品种。2010年，泰顺薏苡种植面积420hm^2，产量突破1000t，为省内最大薏苡种植基地。黑三棱在《抱朴子》《开宝本草》《本草图经》等古籍中均有记载，块茎入药具破血行气、消积止痛的功效，目前在东阳、武义、义乌等地有种植，亩产值约8000元。此外，菰（茭白）的颖果称茭米，有很高的营养价值，入药可解烦热，清肠胃；珊瑚菜的根入药名为"北沙参"，具清肺泻火、养阴止咳等功效。

（4）纤维植物。

蔺草俗称席草，是浙江著名经济特产，已有2000多年利用和栽培历史，主产于鄞州、黄岩、临海、瓯海、平阳、乐清、永康、东阳等县（市、区），20世纪80年代末栽培面积达6000hm^2以上，约占全国的三分之一。宁波鄞州作为"中国蔺草之乡"，现有蔺草加工企业近200家，联系带动农户4×10^4户以上，年出口额7×10^8元，内销4×10^8元，是全国最大的蔺草生产和出口基地，产品占全国总量的85%以上。黄古林草席编织技艺于2009年被列入浙江省非物质文化遗产。

（5）饲料植物。

20世纪80年代以前，紫云英、空心莲子草、凤眼莲、浮萍、紫萍、满江红、大薸等水生植物曾被大量栽培用作猪饲料或绿肥。20世纪80年代以后，猪饲料被混合饲料代替，该类植物失去了管控，其中空心莲子草、凤眼莲因繁殖力强而大量滋生，已成为水产养殖、水上交通的害草。

（6）海藻类。

海带曾经是最大宗的养殖种类，目前由于价格较低，养殖面积减少。2013年藻类养殖面积10007hm^2，产量4.52×10^4t。紫菜是目前养殖面积最大的种类，2013年养殖面积达7782hm^2，产量1.93×10^4t；其他养殖种类尚有羊栖菜、裙带菜、海带等。

（7）绿化观赏与防护植物。

木本植物中，柳树、柽柳、枫杨、乌桕、海滨木槿、绿竹、温州水竹、散生竹类、马尾松、香樟等在绿化、观赏、护岸固堤方面早有利用，目前仍然是主要栽培对象；中华人民共和国成立后引种的水杉、池杉、落羽杉，目前已广泛分布于全省平原地区，是营造平原农田防护林和沿海防护林的主栽树种；木麻黄则是台州湾以南沿海地区海岸防护林的骨干树种，以其为主构成的防护林网已成为玉环文旦、黄岩蜜橘等经济林和水稻、蔬菜基地抵御台风的重要屏障；秋茄在20世纪50年代末期开始引入浙江栽培，至今在乐清湾西门岛仍有小面积残存，由于它在消浪促淤、护岸保堤和绿化美化等方面的生态、社会效益显著，20世纪90年代后期开始，瑞安、平阳、苍南、永嘉等县（市）逐渐引种栽培，面积有所扩大。草本植物中，芦竹曾在全省主要江河沿岸、水库坝堤、海堤堤岸广泛栽培，现已成为部分流域湿地的优势植被类型，在沿海地区，芦竹仍是固堤护岸的优良植物。为了消浪促淤，20世纪80年代玉环、瓯海、三门等县（市、区）又引进了原产欧美海岸地区的互花米草，由于其适应性强，后迅速自然扩展到沿海各县

（市、区）海滩，现已成为浙中南沿海滩涂的优势植被类型，给当地滩涂养殖带来了较大危害。

在观赏花卉方面，睡莲、莲、金鱼藻、菖蒲、萱草、马蹄金、蝴蝶花、文殊兰、水仙等草本花卉的栽培利用历史同样悠久，目前依然是主要利用对象。普陀水仙是我国继福建漳州水仙后的第二大品种，是我国十大名花之一，也是舟山市的市花，种植面积曾达到166.67hm^2，总产值约1500×10^{4}元。近年来，普陀水仙产量急剧萎缩，曾经红极一时的普陀水仙渐渐被人们淡忘。

2. 湿地动物利用

利用湿地动物可追溯到远古人类，可以说，湿地动物作为食物和药物一直伴随着人类历史的发展。目前对湿地动物的利用范围更加广泛，捕捞和养殖水产资源利用是浙江湿地动物利用的重点和特色所在，渔业特别是远洋渔业是浙江沿海地区的传统优势产业。

（1）水产资源利用状况。

①海洋捕捞。浙江渔业以捕捞业为主，长期以来海洋捕捞的产量占全省水产品总产量的70%左右。2013年，全省共有捕捞专业劳动力14.85×10^{4}人，拥有海洋机动渔船46667艘，总吨位279.57×10^{4}t，总动力458.42×10^{4}kW，非机动渔船31759艘，总吨位3.62×10^{4}t，海洋捕捞产量达319.20×10^{4}t，其中鱼类210.81×10^{4}t。2011—2013年海洋捕捞主要种类产量见表11-1。

表11-1 2011—2013年海洋捕捞主要种类产量

单位：10^{4}t

种　类	2011年	2012年	2013年
渔获总量	303.02	316.02	319.20
鱼　类	210.51	211.49	210.81
带　鱼	46.94	45.25	44.05
大黄鱼	0.06	0.06	0.04
小黄鱼	10.71	10.34	8.82
鲳　鱼	11.51	10.36	8.53
海　鳗	7.96	8.65	8.51
蓝圆鲹	11.85	10.99	10.09
梅童鱼	17.56	17.83	16.91
甲壳类	73.35	84.66	88.43
贝　类	1.66	1.76	1.84
藻　类	0.25	0.27	0.28
头足类	14.69	14.46	14.72
其　他	2.56	3.38	3.12

②海水养殖。海水养殖是水产业的重要组成部分。浙江省海水养殖历史悠久,早在唐代,浙江已有养殖贝类的记载。近年来,浙江省海水养殖发展迅速,海带、紫菜、贻贝和对虾等主要经济品种的发展尤为突出,乐清的"蛏子"、宁海的"牡蛎"、奉化的"奉蚶"、三门的"锯缘青蟹"和舟山的"泥螺"等闻名遐迩,成为沿海地区的一大产业。2013 年,全省海水养殖专业劳动力 6.12×10^4 人,养殖面积 $8.94\times10^4 hm^2$,总产量 $87.17\times10^4 t$,主要养殖种类、面积与产量情况详见表 11-2。

表 11-2 2013 年海水养殖种类、面积与产量一览表

种 类	面 积/hm^2	产 量/$10^4 t$
鱼 类	4423	2.95
甲壳类	30081	9.61
贝 类	44377	69.75
藻 类	10007	4.52
其 他	470	0.34
合 计	89358	87.17

③淡水养殖。浙江江河湖泊众多,素有"鱼米之乡"的美称。全省可用于水产养殖的江河湖泊和水库面积达 $20\times10^4 hm^2$ 之多,新安江、富春江、钱塘江、甬江、瓯江、千岛湖等水系和湖泊交叉,适合发展名特优、高产高效和出口创汇品种。采用精养、混养以及"稻鱼共生"等生态循环养殖模式,慈溪的"鳗鱼"、青田的"田鱼"、千岛湖的"淳牌有机鱼"和余杭的"黑鱼"等特色品牌走销国内外。2013 年全省淡水养殖面积 $28.84\times10^4 hm^2$(含稻田养殖面积 $7.54\times10^4 hm^2$),产量 $98.05\times10^4 t$,其中鱼类产量 $64.70\times10^4 t$,甲壳类产量 $13.83\times10^4 t$,贝类产量 $1.17\times10^4 t$,藻类产量 $0.01\times10^4 t$,其他产量 $18.34\times10^4 t$。各类水域养殖面积与产量详见表 11-3。此外,2013 年全省淡水捕捞产量 $9.58\times10^4 t$。

表 11-3 2013 年淡水养殖面积与产量

养殖水域	合 计	池 塘	湖 泊	水 库	河 沟	稻 田	其 他
养殖面积/hm^2	288415	72329	2800	95808	35779	75397	6302
产 量/$10^4 t$	98.05	42.80	0.56	8.73	8.00	30.24	7.72

(2)其他动物资源利用状况。

两栖类、鸟类、兽类的利用起步较晚,产业优势不强,目前主要体现在驯养繁殖利用方面。浙江省野生动物驯养繁殖利用大致经历了 3 个历史时期。第一阶段是利用野外资源为主的初步发展期。1988 年《中华人民共和国野生动物保护法》颁布实施,按照"加强资源保护,积极驯养繁殖,合理开发利用"方针,野生动物驯养繁殖利用逐渐在浙江兴起,一些蛇类、龟鳖类养殖单位如同雨后春笋般涌现。据统计,20 世纪 90 年

代，蛇类养殖户就达400余家，但由于这些养殖户大多规模较小，利用的基本还是野外资源，并未实现真正意义上的驯养繁殖利用，因而产业维护时间不长。第二阶段是2003年后的选择淘汰期。2003年"非典"流行期间，野生动物成为"SARS"病毒疑似携带者，人们对野生动物避而远之。国家林业局也随之对野生动物驯养繁殖利用进行引导。由于国家调控、市场需求减少、野外资源日渐匮乏等因素，一些蛇类、小型兽类养殖经营户纷纷倒闭，野生动物驯养繁殖利用进入选择淘汰期。第三阶段是近几年的恢复发展期。2010年，浙江省林业厅制定出台了《关于加快发展野生动植物产业的若干意见》，大力鼓励发展国家林业局公布的商业性经营利用驯养繁殖技术成熟的陆生野生动物的养殖，并积极支持野鸭、野猪、河麂、梅花鹿等33种驯养繁殖技术成熟的陆生野生动物养殖。至此，浙江的野生动物驯养繁殖利用进入恢复发展期，并已从之前的蛇类养殖为主，转为包括兽类、鸟类等多方位养殖和利用。

目前，全省的野生动物驯养繁殖利用主导品种为鹿类、鳄鱼类、雁鸭类、其他鸟类、蛙类、其他兽类、蛇类、龟类等，且具有明显的区域化特征，鳄鱼类和蛇类主要分布在湖州市，雁鸭类主要分布在宁波市、杭州市和嘉兴市，蛙类主要分布在丽水市、衢州市和温州市，兽类主要分布在宁波市和嘉兴市，龟类主要分布在湖州市和杭州市。2013年，全省野生动物驯养繁殖利用总产值53.93×10^8元，其中第一产业13.59×10^8元，第二产业21.70×10^8元，第三产业18.64×10^8元，详见表11-4。

表11-4　2013年全省野生动物驯养繁殖利用产业统计表

单位	第一产业				第二产业产值/万元	第三产业产值/万元	小计
	产值/万元	存栏数/万只	从业人员/人	带动农户/户			
杭州市	32382.96	1421521	2669	3146	11517.37	38922.44	82822.77
宁波市	14633.88	321917	1083	296	85995.10	4312.09	104941.07
温州市	10711.21	790243	708	714	3551.89	2380.29	16643.39
嘉兴市	11274.68	1939022	542	220	95296.41	132647.45	239218.54
湖州市	43732.22	14351950	1858	12699	2722.54	559.70	47014.47
绍兴市	463.10	7964	427	1066	16.00	526.86	1005.96
金华市	5611.86	279226	736	1816	13904.35	1322.03	20838.24
衢州市	4643.71	313381	657	406	1054.46	1324.03	7022.19
舟山市	940.65	4698	358	10		6.58	947.23
台州市	4607.77	1377214	1349	824	2369.85	2739.82	9717.44
丽水市	6923.36	1449695	968	873	524.82	1661.34	9109.52
合　计	135925.39	22256831	11355	22070	216952.78	186402.62	539280.79

(二)湿地非生物资源利用

1. 水资源利用

（1）水资源利用概况。

2013年全省总水资源量930.90×10^{8}m^3，人均水资源量1693.10m^3，人均生活用水量50.80m^3（城镇公共用水和农村牲畜用水不计入生活用水量中），其中城镇和农村居民人均生活用水量分别为55.50m^{3}和42.40m^3。农田灌溉亩均年用水量346m^3，其中水田灌溉亩均年用水量407m^3。万元工业增加值用水量35.90m^3（可比价）。全省水资源利用率24.10%。

（2）供水量。

2013年全省总供水量224.75×10^{8}m^3，其中地表水源供水量221.07×10^{8}m^3，占98.36%；地下水源供水量2.52×10^{8}m^3，占1.12%；其他水源供水量1.17×10^{8}m^3，占0.52%。在地表水源供水量（除环境供水外）中，蓄水工程供水量82.22×10^{8}m^3，占37.19%；引水工程供水量36.96×10^{8}m^3，占16.72%；提水工程供水量88.74×10^{8}m^3，占40.14%；调水工程供水量13.15×10^{8}m^3，占5.95%。

（3）用水量。

2013年全省总用水量224.75×10^{8}m^3，其中农田灌溉用水量75.79×10^{8}m^3，占33.72%；林牧渔畜用水量16.16×10^{8}m^3，占7.19%；工业用水量58.75×10^{8}m^3，占26.14%；城镇公共用水量14.53×10^{8}m^3，占6.46%；居民生活用水量27.93×10^{8}m^3，占12.43%；生态环境用水量5.17×10^{8}m^3，占2.30%；环境配水量26.42×10^{8}m^3，占11.76%。

（4）耗水量。

2013年全省总耗水量110.10×10^{8}m^3，平均耗水率55.50%，其中农田灌溉耗水量54.63×10^{8}m^3，占49.61%；林牧渔畜耗水量12.81×10^{8}m^3，占11.63%；工业耗水量20.02×10^{8}m^3，占18.18%；城镇公共耗水量6.04×10^{8}m^3，占5.49%；居民生活耗水量12.55×10^{8}m^3，占11.40%；生态环境耗水量4.06×10^{8}m^3，占3.69%。

2013年全省行政分区水资源利用情况见表11-5，全省流域分区水资源利用情况见表11-6。

表11-5　2013年全省行政分区水资源利用情况

单位：10^{8}m^3

分区	全省	杭州市	宁波市	温州市	嘉兴市	湖州市	绍兴市	金华市	衢州市	舟山市	台州市	丽水市
降水量	1647.44	251.12	151.47	220.57	49.57	70.98	126.12	154.55	130.84	14.91	166.28	311.03
总水资源量	930.91	141.15	81.03	138.08	21.70	30.19	67.04	81.66	72.18	5.69	99.79	192.40
用水量	224.76	57.77	22.32	22.83	20.24	18.07	21.10	18.78	14.09	1.49	19.25	8.82

表11-6　2013年全省流域分区水资源利用比较

单位：$10^8 m^3$

分区	全省	鄱阳湖水系	太湖水系	钱塘江	浙东诸河	浙南诸河	闽东诸河	闽江
降水量	1647.44	8.06	158.23	631.10	202.07	600.72	26.84	20.42
总水资源量	930.90	4.88	74.55	343.57	107.53	370.10	18.15	12.12
用水量	224.75	0.45	67.76	80.45	27.89	47.13	0.63	0.44

2. 能源利用

（1）陆域水能资源利用。

1941年，浙江建成第一座水电站——丽水太平汛水电站，装机1台，容量14kW，之后相继建成6座，至中华人民共和国成立前仅存4座，装机总容量139kW。中华人民共和国成立后，水能利用从小水电站起步，大、中型水电站也从无到有，1957年4月，中国第一座大型水电站——新安江水电站正式动工，建成后电站装机9台，总容量$66.25×10^4$kW。至2013年年底，全省共有规模以上（装机容量500kW以上）水电站1419座，装机容量$953.36×10^4$kW，其中大型水电站7座，装机容量$543.50×10^4$kW；中型水电站6座，装机容量$61.38×10^4$kW；小型水电站1406座，装机容量$348.48×10^4$kW。此外，有规模以下水电站1792座，装机容量$40.43×10^4$kW；乡村办水电站2943处。

（2）海洋能资源利用。

浙江对潮汐能的开发利用研究始于20世纪50年代后期，技术力量相对较雄厚。1972年建造了温岭江厦潮汐试验电站，原设计6台500kW机组，1980年5月第一台500kW机组投入运行，第二台为600kW，其余3台为700kW，1985年年底5台机组全部投产。2005年新型潮汐发电机组安装在原6号机坑处，2007年10月投入商业运行，至此江厦电站总装机容量达到3900kW。此外，始建于1972年的玉环海山潮汐电站目前仍在正常运行。

潮流能的开发利用研究始于20世纪70年代末，发电试验最早是1978年浙江农民在舟山群岛西堠门潮流流速3m/s条件下，发出了5.7kW的电力。2005年在舟山建成潮流能发电实验站及配套的"海上生明月"灯塔，成为亚洲第一、世界第二的潮流能发电站。2005年12月"万向Ⅱ"40kW潮流能发电站在岱山建成，并发电成功。

在波浪能的利用方面，则仅局限于为航标灯供电的10W级微型装置的规模。盐差能的研究目前还处于实验室水平，离示范应用尚有较长的距离。

3. 港口航道利用

浙江水运资源非常丰富，位居全国前列。至2013年年底，全省沿海拥有港口泊位1065个，其中万吨级以上泊位185个，年综合通过能力达$8.7×10^8$t。2013年全省沿海港口完成货物吞吐量$10.06×10^8$t，完成集装箱吞吐量$1933.2×10^4$TEU（标准箱），其中宁波—舟山港完成货物吞吐量$8.10×10^8$t，为全球首个8亿吨港，继续保持全球第一；完成集装箱吞吐量$1732.68×10^4$TEU，位居全球第六位，并在全国铁矿石、石油、煤炭等大宗散货运输体系中占有举足轻重的地位。

全省现有杭州港、湖州港、嘉兴港、绍兴港、宁波港、金华兰溪港、丽水青田港等7个内河重点港口，综合通过能力 $3.8×10^8$ t。2013年，内河港口完成货物吞吐量 $3.75×10^8$ t。

全省水路船舶运力规模突破2200万载重吨，其中万吨级和特种船舶达到1700万载重吨。2013年完成水路客运量 $0.31×10^8$ 人，周转量 $5.09×10^8$ 人·km；完成水路货运量 $7.67×10^8$ t，周转量 $7357×10^8$ t·km。

4. 土地资源利用

浙江湿地土地利用面积中，以耕地比重最大，其次为水域，各类土地的利用现状及发展趋势如下：

（1）耕地。

水田是耕地中的主要地类，主要分布在水网平原（杭嘉湖平原、萧绍宁平原等）、滨海平原（温黄平原、温瑞平原等）和河谷平原以及大小盆地的底部及河谷地区，田块较为平缓，且具有良好蓄水条件，以种植双季稻为主，近年来改种单季稻或改种经济作物的面积增加，在有些地方甚至屡有水田抛荒现象。望天田主要以梯田的形式分布于山地丘陵，因灌溉条件差，产量不高不稳，部分已改为旱地或苗圃地，面积呈逐年减少趋势。

（2）园地。

园地主要分布于各大水系河流两岸的河滩地、洪泛平原，种植种类较为多样，主要有柑橘、柚、梨、桃、李、茶、桑等，尤以衢江两侧的衢州椪柑、椒江下游的黄岩蜜橘、杭嘉湖平原的桑种植规模较大，经济效益尚可。园地纳入森林覆盖率统计范围，林业上属于经济林地。

（3）林地。

林地主要分布于各大水系河流两岸的河滩地或洪泛平原，树种多样，常见的有枫杨林、各种柳树林、马尾松林、温州水竹林、各种刚竹林和人工种植的水杉林、杨树林、木麻黄林、毛竹林、青皮竹林、雷竹林等。分水江和富春江流域的意杨林、永安溪流域的马尾松林、飞云江和鳌江流域的绿竹林、苕溪流域的各种刚竹林，不仅规模较大，经济效益显著，而且防护效益也十分巨大。

（4）内陆水域。

内陆水域主要具有维持淡水资源、调节径流、均化洪水、航运、发电、灌溉、淡水养殖、旅游等功能。河流水域历史上曾是交通命脉，目前在杭嘉湖、萧绍宁、温黄、温瑞等平原地区和钱塘江、瓯江等大水系的干流下游河段仍具有重要的作用，其他地区由于现代陆路交通发达，加上航道淤塞、河床抬高等原因，该功能基本未能发挥或处于次要地位。河流还是最重要的水源，是城镇居民生活、工农业生产用水的主要来源。此外，河流水域还具有淡水养殖功能。水库、坑塘、湖泊目前主要用于蓄洪调蓄、灌溉供水、发电、航运、旅游、养殖等，对本省农、水、电各业发展起着重要作用，同时也是水鸟迁徙途经的重要"驿站"。

（5）滩涂。

滩涂由海相或河海相沉积物沉积而成，类型较为简单，主要为光滩。采捕水产和在涂地进行水产品养殖，是沿海群众对滩涂土地利用的传统方式之一，主要采捕自然生长的一些水产品，如樱蛤、菲律宾蛤仔、泥螺、浒苔以及鱼、虾、蟹等。在涂地进行水产品养殖的历史悠久，但直至20世纪80年代才获得较快发展，2013年全省用于养殖的涂地面积已达$4.52×10^4 hm^2$，养殖的品种有缢蛏、泥蚶、牡蛎、文蛤、紫菜等，总产量达$34.66×10^4 t$，约占全省海水养殖水产品的39.76%。围涂也是湿地利用的传统方式之一。自中华人民共和国成立以来至2010年年底，浙江沿海、沿江共围垦滩涂面积$20.05×10^4 hm^2$，在围垦的土地上建设了秦山核电厂、杭州萧山机场、温州机场、舟山机场、镇海炼化、北仑电厂、台州电厂、嘉兴电厂及杭州下沙经济开发区、萧山大江东经济开发区、绍兴滨海经济开发区等。这一大批宏伟的建设项目，现已成为浙江经济社会发展的重点基础设施和工业基地。滩涂围垦为浙江经济的持续、快速发展做出了历史性贡献。

（6）牧草地、苇地、未利用地。

牧草地、苇地、未利用地是湿地生态系统的重要组成部分，除一般性用途外，该类土地还是湿地动物特别是鸟类的栖息地和活动场所之一。

5. 景观资源利用

"有山皆是园，无水不成景"，湿地景观资源在旅游资源中具有重要的地位。浙江省水域风光类旅游资源单体1553个，占全省基本单体总量的7.35%，其中有国家湿地公园9个、省级湿地公园13个、国家城市湿地公园2个。此外，以湿地为主要景观的还有西湖、千岛湖、嵊泗列岛、朱家尖、富春江、南麂列岛、东钱湖、乌镇等著名风景名胜区。各湿地景区景点目前已开展多项旅游项目，其中在海滨开展的主要有沙雕、冲浪、滑水、滑泥、游泳、海钓、沙滩浴、海水浴、沙滩运动、度假、体验渔家生活、海洋科普教育等；在内陆湿地开展的主要有漂流、垂钓、游泳、荡舟、观潮、温泉浴、大网捕鱼等。2013年，全省共接待境内外游客$4.43×10^8$人次，旅游收入$5256×10^8$元，其中入境游客$866×10^4$人次，创汇$54×10^8$美元。

二、可持续利用原则

（一）协调性原则

湿地利用要兼顾湿地多种功能的平衡协调发挥，保证湿地利用获得最大、最优的经济、生态和社会效益；湿地资源每一项开发利用都必须考虑其与总体规划的协调性，以及考虑湿地生态系统各子系统之间关系的协调性，实现人与自然的和谐共生。

（二）合理性原则

对湿地的利用必须适度，即因开发利用而使湿地遭受破坏的程度必须控制在湿地生态系统能够自我修复或在人的促进下可以修复的范围之内，不致引起湿地生态系统的退行性变化；开发利用时应对不可再生的湿地资源不以使其耗尽的方式利用，对可再生的资源在保护和维持其最佳再生能力的前提下加以利用。

（三）公平性原则

湿地利用要兼顾全局与局部的关系，做到社会公平，不能因为一些成员的利用导致损害其他多数社会成员的利益，且要坚持公共利益高于个人利益，全局利益高于局部利益的原则。同时要做到代际公平，保持后代人平等地取得和利用湿地资源的权利。

上述原则都应坚持综合保护与发展的理念，解决各利益群体的需求，实现生态保护与开发利用之间的动态平衡与协调，保证区域经济社会的可持续发展。

三、可持续利用建议

（一）探索湿地生物资源利用新途径

在生物多样性保护日趋重视的新常态下，需要不断探索湿地生物资源利用新途径，以减少对野生资源的压力。湿地生物资源开发利用中渔业占有重要地位，对于渔业资源的利用，应加快渔业经济结构的战略性转型，重点发展浅海养殖，改造传统养殖方式，逐步推广生态养殖等科学合理的养殖模式；大力拓展远洋捕捞业，压缩近海捕捞能力，以降低近海捕捞强度。其他生物资源利用，重点是解决一些经济价值较高、社会需求量较大的物种的人工饲养繁殖难题，争取以较多的人工培育资源替代野生资源。以科技为先导，加强湿地动物产品的科技开发，发展适销对路低耗高值的产品，努力提高资源的综合利用水平。

（二）制定科学的土地资源利用政策

土地资源不合理利用容易带来掠夺性破坏。在制定各项建设规划时，必须严格按照《中华人民共和国土地管理法》的规定，精打细算，合理布局，尽量少占或不占湿地。实施规划时，必须按分阶段发展的要求，分期征用，集约用地。在湿地征占用审批时，应改变湿地是"闲杂地"或"未利用地"的概念；同时要研究出台征用湿地占用费政策，采用经济措施和法制手段来调控湿地征占用并防止多占滥占。对于沿海滩涂湿地，在顾及浙江沿海地区经济社会发展的大局和全省土地资源紧缺这一客观实际的同时，本着生态优先、持续利用的原则，制定科学的围垦政策，实现围垦规模、速度、区域与滩涂的自然资源和承载力相适应。内陆湖泊等天然湿地不具有自然淤涨的特性，围垦利用更应严格控制，杜绝随意侵占。

（三）重视湿地旅游的可持续发展

湿地景观作为一种脆弱的自然资源，可逆性差，一旦被污染或破坏，很难得到恢复，有的甚至无法恢复。因此，湿地景观资源的开发与利用应在维护湿地生态平衡、保护湿地环境和生物多样性的前提下，开展适度的生态旅游。应端正旅游开发的指导思想，纠正"有资源就可开发"的错误观念，把开发和建设思想统一到与生态环境协调一致的可持续发展理念上来。要坚决避免重走"先污染后治理"的老路，旅游开发项目必须在得到充分论证并对社会和环境影响做出评估后，按照开发和保护相结合的要求，在保护的基础上进行适度开发。

（四）积极倡导清洁生产和节约用水

水是湿地的血脉，有水才有生机。当前，我们要大力推进"五水共治"（治污水、防洪水、排涝水、保供水、抓节水）行动，实施严格的陆源污染物入河、入海总量控制；充分考虑河流、海洋的环境容量，着力削减工业废水、生活污水、禽兽养殖污染和城市面源污染等陆源污染排放量。坚持环境与发展综合决策，严格执行"三同时"制度和环保准入制度，积极发展循环经济，实行清洁生产，从源头上防治环境污染和生态破坏。同时，依靠科技进步，调整农业生产结构和种植模式，大力推广先进的农灌技术，节约灌溉用水；提高工业用水重复利用率，节约工业用水，提升水资源循环利用能力和水平。

（五）树立湿地资源可持续利用示范

湿地资源是水资源、土地资源、生物资源、景观资源、矿产资源、能源资源等多种资源类别的集合体，涉及林业、农业、渔业、能源、矿产、水利、土地等多个部门，湿地资源合理利用必须充分发挥其各个组成资源类别的效益，只有实行科学利用才能产生持久的综合效益。湿地的功能、价值和作用及湿地保护管理的重要性目前尚未被公众广泛接受，各级政府应根据当地湿地的资源禀赋特点和优势，建立相适应的湿地可持续利用典型示范，如生态养殖、高效生态农业、农牧渔复合经营、退田还湖（水）、稻鱼（蟹）复合经营、滩涂生态养殖、近海与海岸风能利用、潮汐能利用等模式，在典型试验、总结经验的基础上加以推广，以点带面促进发展，为全省湿地资源可持续利用树立样板。

第12章 湿地保护管理

一、湿地保护管理状况

(一) 有关法律、法规、政策

近二十年来，我国及浙江省陆续颁布实施了一系列涉及自然资源和环境保护的法律、法规和政策制度，尤其是2012年颁布的《浙江省湿地保护条例》，标志着浙江省湿地保护管理工作从此步入法制化、规范化的管理轨道。

主要的法律、法规、政策如下：

《中华人民共和国森林法》《中华人民共和国野生动物保护法》《中华人民共和国水法》《中华人民共和国海洋环境保护法》《中华人民共和国土地管理法》《中华人民共和国环境保护法》《中华人民共和国水土保持法》《中华人民共和国水污染防治法》《中华人民共和国陆生野生动物保护实施条例》《中华人民共和国野生植物保护条例》《中华人民共和国自然保护区条例》等国家法律、法规；

《浙江省湿地保护条例》《浙江省陆生野生动物保护条例》《浙江省森林管理条例》《浙江省水资源管理条例》《浙江省基本农田保护条例》《浙江省自然保护区管理办法》《浙江省野生植物保护办法》《浙江省钱塘江管理条例》等地方性法规；

《湿地保护管理规定》《中国湿地保护行动计划》《全国湿地保护工程规划》《中国生物多样性保护行动计划》《浙江省重点保护陆生野生动物名录》《浙江省重点保护野生植物名录（第一批）》《浙江省湿地保护规划（2006—2020年）》《浙江省海洋功能区划》《浙江省水功能区、水环境功能区划方案》《浙江省生态环境建设规划》《浙江省水资源保护与开发利用总体规划》等国家及省相关规划。

(二) 保护管理组织机构

根据国务院规定，国家林业行政主管部门履行湿地保护的综合管理与组织协调职责，对外代表中国政府履行国际湿地公约，对内履行湿地综合管理工作。2005年5月，浙江省人民政府以浙政办发〔2005〕44号文件明确规定，由浙江省林业厅负责全省湿地综合管理工作。2011年浙江省人民政府成立了湿地保护工作领导小组；2014年成立了浙江省绿化与湿地保护委员会，湿地保护办公室设在省林业厅；2016年，经中共浙江省委机构编制委员会办公室批准设立了隶属于省林业厅的浙江省林业厅湿地保护中心。

浙江省林业厅湿地保护中心，负责组织、协调、指导和监督湿地保护工作，组织开展湿地保护区（小区）、湿地公园等的建设和管理工作，指导监督湿地的合理利用，并承担生物多样性保护及其国际湿地公约的履约相关工作。同时，在浙江省森林资源监测中心设立省湿地与野生动植物资源监测中心，承担全省性的湿地资源调查、监测及分析评价工作；在浙江省林业科学研究院设立省湿地保护研究中心，开展湿地基础性理论研究；在浙江省林学会设立湿地专业委员会，挂靠在中国林科院亚热带林业研究所。

全省各市、县大多已建立相应的管理机构，负责湿地与野生动植物保护管理工作。全省林业执法管理人员每年不定期地参加由国家林业局、省、市举办的有关法律法规、野生动植物、湿地保护管理等的轮训班，大大提高了管理人员的业务素质，增强了执法队伍的战斗力。

此外，国土、水利、农业、海洋与渔业、环境保护等相关部门，根据相关的法律、法规履行着湿地生态系统内的土地资源、水资源、海洋资源、渔业资源及其环境保护等管理工作。如浙江省水利厅下设水资源与水土保持处，负责组织水资源调查评价和发布全省水资源公报，指导水生态保护与修复工作等；浙江省海洋与渔业局下设环境处，负责指导、监管全省海洋类型的自然保护区、特别保护区的工作；浙江省环境保护厅下设自然生态保护处，协调和监督生物多样性保护工作。

（三）保护管理工作

1. 湿地保护区与湿地公园建设

建立湿地保护区、湿地公园是保护湿地生态系统和湿地资源的有效途径。截至2014年年底，浙江省已建有湿地及与湿地有关的自然保护区11个，其中国家级2个，省级6个，县级3个，分属海洋、林业、环保等部门。建立杭州西溪、德清下渚湖、长兴仙山湖、诸暨白塔湖、丽水九龙、衢州乌溪江、玉环漩门湾、云和梯田、慈溪杭州湾9个国家湿地公园；建立龙游绿葱湖、嘉兴石臼漾、安吉竹溪、开化钱江源、东阳东白山、普陀桃花岛大深水、苍南山海、富春江咕噜咕噜岛、台州鉴洋湖、温岭龙门湖、秀洲莲泗荡、镇海九龙湖、磐安七仙湖13个省级湿地公园；建立绍兴镜湖、临海三江2个国家城市湿地公园。

2. 水资源保护与管理

水是湿地的重要组成部分，党和政府历来重视水资源的保护和利用，采取积极措施解决水资源短缺和污染问题。特别是2013年年底浙江省部署的"五水共治"行动，为湿地生态改善和污染防控提供了难得的机遇。

目前，全省共划分水功能区1133个，区划河长15379.8km，涵盖了全省八大水系的主要河流、湖泊、水库。其中划分保护区77个，河流长度2015.9km，分别占总功能区的6.80%和13.11%。各流域水功能保护区情况详见表12–1。

表12-1　各流域水功能保护区统计表

流　域	保护区/个	河长/km
钱塘江	4	52.0
苕　溪	34	810.3
甬　江	6	160.2
椒　江	8	198.4
瓯　江	17	538.0
飞云江	4	174.7
鳌　江	4	82.3
合　计	77	2015.9

3. 濒危物种拯救保护

濒危野生动植物大多是生态系统的关键物种、伞护种或指示种。2009年，浙江省根据35种（湿地植物4种）极小种群野生植物的濒危现状、保护状况和致濒因子状况，采取针对性拯救保护措施，编制了《浙江省极小种群野生植物拯救保护规划》。2012年4月，浙江省人民政府公布了《浙江省重点保护野生植物名录（第一批）》，共有蕨类植物、裸子植物、被子植物63科139种。1998年，浙江省公布了《浙江省重点保护陆生野生动物名录》，共有两栖类、爬行类、鸟类、兽类36科70种。濒危野生动物保护工作取得了突破性进展，如扬子鳄，经过多年的技术攻关，突破了自然繁殖扬子鳄一代、子二代难关，数量从最初的11条野生扬子鳄发展到2013年年底的4398条；2008年从陕西引进5对朱鹮，2013年年底种群数量达到115只；安吉龙王山保护区进行适度的栖息地恢复改造等人工干预措施，有效地保障了安吉小鲵这一物种的生态安全；宁波镇海棘螈保护小区采取扩大保护范围、建立室内繁殖场所等措施，以保证镇海棘螈正常产卵、孵化和幼体发育，提高了种群数量。

4. 湿地恢复与重建

近年来，浙江省在湿地恢复与重建方面做了许多工作，其经验值得其他省（直辖市、自治区）借鉴。比较典型的有：西溪湿地原面积多达60km²，但近百年来，由于战争、动乱、人为过度干预、缺乏严格保护、工业化和城市化的推进，使其逐步走向衰落，成为周围环境的纳污场所，湿地质量每况愈下，生存遭遇严重危机。2003年，杭州市启动了西溪湿地综合保护工程，通过家居搬迁、河道清淤、植物复种、房屋整修等措施，对其水体、地貌、动植物资源、民俗风情、历史文化进行保护和恢复。2005年，经国家林业局批准建立我国首个国家湿地公园。2009年，西溪湿地被列入《国际重要湿地名录》。杭州湾湿地（慈溪）获得世界银行和全球环境基金（GEF）东亚海洋大生态系统污染削减投资基金 $500×10^4$ 美元资助，慈溪市政府据此进行湿地保护，为中

国和东亚地区沿海湿地及其生物多样性的保护、恢复和可持续利用提供了示范样板。南麂列岛国家自然保护区参与了由全球环境基金（GEF）资助、联合国开发计划署（UNDP）执行、国家海洋局实施的中国南部沿海生物多样性管理项目（SCCBD），成为中国入选该项目的五个示范区之一。

5. 宣传教育

多年来，浙江省各级林业主管部门按照国家和省政府的要求，在当地政府和有关部门的配合与支持下，坚持每年定期开展"世界湿地日""爱鸟周"和"野生动物保护宣传月"等宣传教育活动，内容包括鸟类识别、大型鸟展、野生鸟放飞、法律与科普知识咨询、湿地知识竞赛等。同时，通过中国湿地博物馆、浙江自然博物院等窗口对有关湿地和湿地保护与可持续利用等方面知识进行科普教育和宣传。形式多样、内容丰富的各种宣传教育活动，大大提高了公众的湿地和野生动物、植物保护意识，产生了良好的社会效果。

二、面临的主要问题

（一）湿地资源面临的主要威胁

1. 湿地环境污染依然严重

水环境污染是浙江湿地面临的最严重威胁之一，湿地污染不仅使水质恶化，也对湿地的生物多样性造成严重危害。2013年，浙江省近海海域水质受无机氮、活性磷酸盐超标的影响，海域水体呈中度富营养化状态，水质状况级别很差。杭州湾、象山港、三门湾、乐清湾等4个重要海湾全部为劣Ⅳ类水质，历史上自然形成的一些重要鸟类、海洋经济鱼、虾、蟹和贝藻类生物产卵场、育肥场或越冬场逐渐消失。在农业生产中，全省每年的农药施用量达到6.22×10^4t，化肥施用量达到92.43×10^4t，并以年平均2%的速度增长，农业面源污染十分严重。此外，2013年废水排放量达到41.91×10^8t，并呈现不断增长态势，部分天然湿地已成为工农业废水、生活污水的承泄区，严重威胁着湿地生态系统稳定。

2. 滩涂过度围垦情况突出

滩涂围垦是造成潮间淤泥质海滩湿地逐渐减少的直接原因，对湿地资源构成了严重威胁。1950—1999年，全省共围涂14.35×10^4hm^2，平均每年围垦0.29×10^4hm^2。进入21世纪后，随着经济发展和城市建设进程加快，为解决当前建设用地紧张的矛盾，对滩涂资源的围垦力度不断加大。2000—2010年，平均每年围涂面积约0.52×10^4hm^2，其速度已远超过岸滩自然淤涨的速度。根据浙江省围垦局规划，2011—2015年计划新围垦滩涂29片，总面积2.51×10^4hm^2，年平均围涂面积仍达0.50×10^4hm^2；2016—2020年将新围垦滩涂 21 片，总面积 $2.14 \times 10^4 hm^2$，年平均围涂面积 $0.43 \times 10^4 hm^2$。长此以往，势必造成近海与海岸湿地面积特别是潮间淤泥质海滩湿地面积连年减少，湿地植被、自然景观遭到破坏，湿地动物丧失家园，湿地生态系统失去平衡。

3. 外来生物入侵危害加剧

生物入侵是某种生物从外地自然侵入或被人为引进，成为野生状态，并进一步繁殖、扩张，对本地生态系统造成一定危害的现象。对于浙江省湿地生态系统而言，入侵物种种类和危害程度正逐步加重。"二调"发现的主要入侵植物有凤眼莲、空心莲子草、加拿大一枝黄花、水盾草、互花米草等。凤眼莲、空心莲子草在内陆淡水水域疯狂扩张，繁殖力极强，造成河道阻塞，阻碍排灌和泄洪，对原生湿地生态系统造成毁灭性破坏，已经成为淡水湿地生态系统的公害，难以根除。20世纪 80 年代引种作为护堤植物的互花米草，在东部沿海滩涂快速繁殖，虽然对促淤造陆和固定岸线有积极作用，但其大面积繁殖改变了沿海潮间带的地形，威胁并逐渐取代占据本土土著种的生态地位，改变了大型底栖无脊椎生物群落的结构，影响了水鸟的栖息和觅食环境，严重威胁到沿海滩涂湿地的生物多样性和稳定性。此外，外来入侵动物如克氏螯虾、福寿螺、巴西龟、牛蛙等，在湿地范围迅速扩散，已发展成为有害生物。

4. 湿地生物资源利用过度

湿地生物资源过度利用，不仅使湿地动植物资源受到破坏，生物多样性下降，而且严重威胁到湿地生态平衡。酷渔滥捕，特别是滥捕亲鱼、幼鱼，严重影响了鱼类资源的自然补充，从而造成渔业资源逐渐衰退，经济鱼类年捕获数量明显下降，捕获结构呈低龄化、小型化、低值化。过度猎捕，同样是造成鸟类、两栖类、爬行类、兽类动物资源下降的重要原因。历史上像水獭、獐、虎纹蛙等资源非常丰富，但因过度捕捉，现已成为濒危动物。虽然近年来保护野生动物执法力度大大加强，但捡拾鸟蛋、张网捕鸟及滥捕蛙类、蛇类等现象至今也未能禁绝。有些湿地植物因具有较高的经济价值，人们为追求短期经济效益而无节制地进行采挖，造成资源趋于枯竭的境地，如明党参、珊瑚菜等。

（二）保护管理存在的主要问题

1. 相关部门多、协调难度大

湿地及其资源类型多样，开发利用与保护管理涉及水利、海洋、渔业、农业、国土、环保等多个部门。相关业务部门分别为管理湿地生态系统内部的一个资源主体，并均有相应的法规作为行政管理的依据。要素式、部门分割式管理模式体制与湿地生态系统本身的特性不相适应，割裂了管理的系统性，造成湿地保护与滩涂围垦、海洋开发利用、城市化进程、旅游开发、水利防洪设施建设、地下水开采、水资源调配等诸多冲突，在很大程度上制约了湿地保护工作的有效开展。

2. 基础性研究与监测薄弱

湿地保护利用的基础性研究长期以来处于滞后状态，特别是对湿地的结构、功能、演替规律、效益评价等方面缺乏系统、深入的研究,对湿地的开发利用也缺乏评价机制。同时,湿地资源调查体系不完善,监测体系更不健全,工作时断时续,部门之间监测系统各自为政,信息不对称,导致对湿地生态、生物多样性的系统调查、动态监测与分析不足,缺乏系统和定量的研究,难以有效及时为各级政府的湿地保护和利用决策提供科学依据。

3. 湿地保护资金投入不足

长期以来,人们从湿地索取多、投入少,保护资金不足是当前湿地保护管理工作面临的一个难题。目前,政府虽对湿地保护的认识有所提高,但对湿地保护工程投入仍然不足,且项目分散,缺乏大手笔的重点项目支持。在资源调查、保护区及示范区建设、湿地监测、湿地研究、人员培训、执法能力与队伍建设等方面缺乏专项资金支持,影响到了现有湿地保护管理工作的正常开展。

4. 湿地保护体系不完善

浙江省虽已相继批建了一些湿地保护区,但多数属地方级湿地保护区,管理力量薄弱、基础建设滞后等情况仍较突出,覆盖全省的湿地保护网络体系尚未形成,与国家林业局提出自然湿地保护率达到55%,形成湿地保护网络体系的要求有一定差距,湿地保护区建设工作远远没有达到应有的要求。

5. 湿地保护意识较为淡薄

近年来,公众的环境保护意识有了很大提高,环保理念越来越深入人心。但就湿地保护意识而言,无论是一般民众还是政府部门,都相对滞后,不同地区、不同群体间的湿地保护意识存在着明显的差异,公众参与湿地保护的机制仍不健全,宣传教育的手段和形式不大丰富,公众较高的权益意识与较低的责任意识之间存在明显的反差,这都对推动湿地生态保护工作、改善湿地环境状况非常不利。

三、保护管理对策与建议

(一) 严格按照《浙江省湿地保护条例》依法管理

2012年5月30日,浙江省颁布了《浙江省湿地保护条例》,以法规的形式确立了湿地保护及可持续利用的方针、原则和行为规范,明确了各职能部门的管理分工,以及违法行为的处理方式和程序等,为从事湿地资源管理者、利用者规范了基本的行为准则,实现了湿地保护利用工作有法可依。为此,应严格按照《浙江省湿地保护条例》要求,确定并公布湿地保护名录,科学划定湿地保护红线,进一步完善湿地保护委员会工作机制,充分发挥其综合协调、解决重大问题的职能。各级政府和林业主管部门应成立湿地管理机构、组建管理队伍、制定相关的湿地管理办法,加强湿地管理执法,实现湿地资源可持续利用。

（二）加强湿地自然保护区、湿地公园建设

湿地自然保护区和湿地公园共同构成湿地保护群网，在维护和保持湿地生态系统的完整性、稳定性，保护湿地的生物多样性及水鸟的繁殖和越冬栖息地等方面发挥着不可替代的作用。根据《浙江省湿地保护规划（2006—2020年）》要求，需对建设条件较好的长兴扬子鳄自然保护区、景宁望东垟高山湿地自然保护区等6个自然保护区进行升级保护；规划新建象山港海岸湿地自然保护区、千岛湖水生生态自然保护区、温州湾滩涂水鸟湿地自然保护区等10个自然保护区，其中拟建国家级自然保护区4个，省级自然保护区6个；规划建设16个省级以上湿地公园示范工程，新建宁波东钱湖、嘉善汾湖、桐乡乌镇等10处省级湿地公园；推荐申报定海五峙山鸟类保护区加入《国际重要湿地名录》。通过湿地保护区、湿地公园建设，不断扩大湿地保护面积，完善浙江省湿地保护体系。

（三）积极开展水源地生态保护与修复

水源保护是确保饮用水安全的根本所在，是一项重大的民生工程。在全面推进"五水共治"行动，严格实施"河长制"的同时，积极探索湿地农业、渔业、水利等合理利用示范区建设，有效控制藻类及氮、磷污染，提高水源地生态自净功能。大力开展生态清洁型小流域建设、水源地源头水源涵养林和水土保持林建设，面向湖库坡度25º以上的山体应实施退耕还林。严格控制水源地上游及周边地区的开发活动，依法查处未经规划许可乱砍滥伐、毁林开垦、私挖滥采等破坏生态环境的违法行为，切实加强溪源湿地的保护。

（四）尽快出台湿地生态补偿制度

积极实行合理的湿地补偿制度，促进湿地资源权益的统一，补偿措施可采取财政补贴、税收减免、资源优先准入等方法，补偿因湿地保护给相关利益者造成的损失。以国家开展生态补偿试点为契机，探索建立湿地生态效益补偿机制，实现湿地生态效益补偿的制度化、常态化。

（五）广泛开展多形式的交流与合作

浙江湿地是我国湿地生物多样性的重要区域。有关部门要积极争取国际组织和相关机构的支持与帮助，通过国际、国内、政府、民间、双边、多边、单学科、多学科等合作形式，广泛开展合作研究，拓展合作领域，创新合作模式，努力借鉴国内外先进、适用技术；同时，要充分发挥湿地保护区、湿地公园、学会、协会、研究机构、志愿者等方面的力量，搭建信息交流平台，提升浙江省湿地保护管理水平。

（六）研建湿地资源常态化综合监测体系

湿地资源综合监测能全面、及时、准确地掌握湿地资源现状和消长变化情况，预测湿地资源的发展趋势，分析变化原因，定期提供动态监测数据，从而为湿地保护与可持续利用提供科学依据。要利用现有的湿地资源数据库和"3S"技术，建立覆盖全省湿地的监测网络，开展湿地资源动态监测。同时，要编制湿地监测规划，建立湿地监测制度，加强对监测技术人员的专业培训，整合各类湿地资源监测机构，建立湿地资源信息、数据共享机制，构建适合浙江省实际的湿地资源综合监测评价体系。

（七）加强湿地基础应用技术研究

浙江省湿地类型多、面积大、结构复杂、功能多样，但湿地基础性研究工作十分薄弱。应加强对湿地保护科学研究工作的重视和支持，借助科研机构、高等院校的科研力量，结合全省湿地资源保护与利用工作的要求，开展湿地基础研究与应用技术研究，主要包括湿地发生学、演化规律、湿地对环境的调节功能与生物多样性价值、外来物种安全评价、湿地生态系统结构与功能、退化湿地恢复与重建技术、湿地资源可持续利用与管理技术、湿地效益评价体系等研究。坚持以生态经济学、系统生态学和生物工程学等理论与方法为指导，研究湿地资源开发利用的最佳模式，在保护优先的前提下充分发挥湿地资源的生态、社会与经济价值。

（八）加强公众参与，促进社区共管

首先，湿地可持续利用必须依靠公众的支持与参与，公众参与方式和参与程度将影响可持续发展目标实现的进程。为此，湿地管理部门应采取多种媒体形式进行大规模、多角度、深层次宣传湿地功能与保护意义，为湿地保护管理营造良好的舆论氛围。其次，通过湿地保护区、湿地公园建设，湿地保护与恢复项目实施，树立典型样板，充分展示湿地的功能和价值，增强公众的湿地保护意识。此外，要加大对湿地保护管理工作中成绩显著的单位和个人的表彰力度，鼓励当地居民和社区共同参与湿地保护工作，不断提高公众保护湿地的积极性。

下 编
专题研究

专题1 浙江湿地面积动态分析

摘 要 本专题简述了全省两次湿地资源调查的湿地类型与湿地面积概况,分析比较了两次调查的范围、技术标准与调查手段的差异,并就两次湿地面积动态变化进行同口径比较和原因分析。结果显示,全省湿地面积减少了17976.50hm^2,减少率达2.26%。

关键词 湿地 面积 动态分析 浙江

一、两次调查湿地面积概况

(一)第一次全省湿地资源调查

1. 湿地类型

浙江省第一次湿地资源调查(以下简称"一调")于1997—2000年完成,调查范围为面积100hm^{2}以上的近海与海岸湿地、湖泊、沼泽和人工湿地的库塘以及宽度大于10m、长度大于10km的河流。全省共有湿地5类18型,详见表1-1。

表1-1 "一调"湿地分类系统

湿地类型	划分标准
近海与海岸湿地	
浅海水域	低潮时水深不超过6m(实际调查时限定为5m)的永久浅水域,植被盖度<30%,包括海湾、海峡
岩石性海岸	底部基质75%以上是岩石,<30%的植被覆盖的岩质海岸,包括岩石性沿海岛屿、海岩峭壁。全省湿地调查指低潮水线至高潮浪花所及地带
潮间沙石海滩	植被盖度<30%,底质以砂、砾石为主的潮间海滩
潮间淤泥海滩	植被盖度<30%,底质以淤泥为主的潮间海滩
潮间盐水沼泽	植被盖度≥30%的潮间沼泽
红树林沼泽	以红树植物群落为主的潮间沼泽
河口水域	从近口段的潮区界(潮差为零)至口外海滨段的淡水舌锋缘之间的永久性水域

续表

湿地类型	划分标准
三角洲湿地	河口区由沙岛、沙洲、沙嘴等发育而成的低冲积平原
海岸性淡水湖	海岸带范围内的淡水湖泊
河流湿地	
永久性河流	仅包括河床，同时也包括河流中面积<100hm²的水库（塘）
泛洪平原湿地	水泛滥淹没（以多年平均洪水位为准）的河流两岸地势平坦地区，包括面积<100hm²的河滩、泛滥的河谷、季节性泛滥的草地，也包括范围内的人工湿地，如农田
湖泊湿地	
永久性淡水湖	常年积水的海岸带范围以外的其他淡水湖泊
沼泽湿地	
草本沼泽	植被盖度≥30%，以沼生、湿生或水生草本植物为主的沼泽
森林沼泽	有明显主干、高于6m、郁闭度≥0.2的木本植物群落沼泽
沼泽化草甸	植被盖度≥30%，以湿生多年生草本植物为主、季节性积水的草甸
地热湿地	由温泉水补给的沼泽湿地
淡水泉和绿洲	以泉水补给的沼泽湿地
库塘	
库塘	为灌溉、水电、防洪等目的而建造的人工蓄水设施

2. 湿地面积

全省共有100hm²以上的湿地面积$79.51×10^4hm^2$，湿地率7.81%。其中，天然湿地面积$68.88×10^4hm^2$，占86.63%；人工湿地面积$10.63×10^4hm^2$，占13.37%。按湿地类型分，近海与海岸湿地$57.43×10^4hm^2$，占72.23%；河流湿地$11.14×10^4hm^2$，占14.01%；湖泊湿地$0.30×10^4hm^2$，占0.38%；沼泽和沼泽化草甸湿地$0.01×10^4hm^2$，占0.01%；人工湿地（库塘）$10.63×10^4hm^2$，占13.37%。全省各湿地类型与面积详见表1-2。

表1-2 "一调"全省各湿地类型与面积统计表

湿地类型	湿地面积/hm²	比例/%
近海与海岸湿地	574254	72.23
浅海水域	286453	36.03
岩石性海岸	6009	0.76
潮间沙石海滩	628	0.08

续表

湿地类型	湿地面积/hm²	比例/%
潮间淤泥海滩	145009	18.24
潮间盐水沼泽	21024	2.64
海岸性淡水湖	5159	0.65
河口水域	78631	9.89
三角洲湿地	31341	3.94
河流湿地	111405	14.01
永久性河流	82503	10.38
泛洪平原湿地	28902	3.64
湖泊湿地	3020	0.38
永久性淡水湖	3020	0.38
沼泽和沼泽化草甸湿地	114	0.01
草本沼泽	114	0.01
库塘	106267	13.37
库塘	106267	13.37
合　计	795060	100.00

（二）第二次全省湿地资源调查

1. 湿地类型

浙江省第二次湿地资源调查（以下简称"二调"）于2011—2013年完成，调查范围为面积8hm²以上的近海与海岸湿地、湖泊、沼泽和人工湿地以及宽度大于10m、长度大于5km的河流。全省共有湿地5类23型，详见表1-3。

表1-3 "二调"湿地分类系统

湿地类型	划分标准
近海与海岸湿地	
浅海水域	低潮时水深不足6m的永久性水域，植被盖度<30%，包括海湾、海峡
岩石海岸	底部基质75%以上是岩石和砾石，包括岩石性沿海岛屿、海岩峭壁
沙石海岸	由砂质或沙石组成的，植被盖度<30%的疏松海滩
淤泥质海滩	由淤泥质组成的植被盖度<30%的淤泥质海滩

续表

湿地类型	划分标准
潮间盐水沼泽	潮间地带形成的植被盖度≥30%的潮间沼泽，包括盐碱沼泽、盐水草地和海滩盐沼
红树林	以红树植物为主组成的潮间沼泽
河口水域	从近口段的潮区界（潮差为零）至口外海滨段的淡水舌锋缘之间的永久性水域
三角洲/沙洲/沙岛	河口系统四周冲积的泥（沙）滩，沙洲、沙岛（包括水下部分）植被盖度<30%
海岸性淡水湖	起源于潟湖，与海隔离后演化而成的淡水湖泊
河流湿地	
永久性河流	常年有河水径流的河流，仅包括河床部分
洪泛平原湿地	在丰水季节由洪水泛滥形成的河滩、河心洲、河谷、季节性泛滥的草地以及保持了常年或季节性被水浸润的内陆三角洲所组成
湖泊湿地	
永久性淡水湖	由淡水组成的永久性湖泊
沼泽湿地	
草本沼泽	由水生和沼生的草本植物组成优势群落的淡水沼泽
灌丛沼泽	以灌丛植物为优势群落的淡水沼泽
森林沼泽	以乔木森林植物为优势群落的淡水沼泽
沼泽化草甸	为典型草甸向沼泽植被的过渡类型，是在地势低洼、排水不畅、土壤过分潮湿、通透性不良等环境条件下发育起来的，包括分布在平原地区的沼泽化草甸以及高山和高原地区具有高寒性质的沼泽化草甸
地热湿地	由地热矿泉水补给为主的沼泽
淡水泉湿地	由露头地下泉水补给为主的沼泽
人工湿地	
库塘	以蓄水、发电、农业灌溉、城市景观、农村生活为主要目的而建造的，面积不小于$8hm^2$的蓄水区
运河、输水河	为输水或水运而建造的人工河流湿地，包括以灌溉为主要目的的沟、渠
水产养殖场	以水产养殖为主要目的而修建的人工湿地
稻田	能种植一季、两季、三季的水稻田，或者冬季蓄水或浸湿的农田
盐田	为获取盐业资源而修建的晒盐场所或盐池，包括盐池、盐水泉

2. 湿地面积

全省现有$8hm^2$以上的湿地面积$111.01×10^4hm^2$，湿地率10.90%。其中天然湿地面积

$84.33\times10^4\text{hm}^2$，占75.96%；人工湿地面积$26.68\times10^4\text{hm}^2$，占24.04%。按湿地类型分，近海与海岸湿地$69.25\times10^4\text{hm}^2$，占62.38%；河流湿地$14.12\times10^4\text{hm}^2$，占12.72%；湖泊湿地$0.88\times10^4\text{hm}^2$，占0.79%；沼泽湿地$0.07\times10^4\text{hm}^2$，占0.07%；人工湿地$26.68\times10^4\text{hm}^2$，占24.04%。全省各湿地类型与面积详见表1-4。

表1-4 "二调"全省各湿地类型与面积统计表

湿地类型	面积/hm²	比例/%
近海与海岸湿地	692523.36	62.38
浅海水域	409895.90	36.92
岩石海岸	1793.36	0.16
沙石海滩	3087.13	0.28
淤泥质海滩	154730.85	13.94
潮间盐水沼泽	17970.21	1.62
红树林	20.11	0.00
河口水域	95073.95	8.56
三角洲	2444.58	0.22
海岸性淡水湖	7507.27	0.68
河流湿地	141230.69	12.72
永久性河流	138625.46	12.49
洪泛平原湿地	2605.23	0.23
湖泊湿地	8793.24	0.79
永久性淡水湖	8793.24	0.79
沼泽湿地	743.54	0.07
草本沼泽	534.76	0.05
灌丛沼泽	72.96	0.01
森林沼泽	29.79	0.00
沼泽化草甸	106.03	0.01
人工湿地	266838.22	24.04
库塘	131514.45	11.85
运河、输水河	21977.57	1.98
水产养殖场	110991.18	10.00
盐田	2355.02	0.21
合　计	1110129.05	100.00

二、两次调查技术口径比较

"一调"按照国家林业局《全国湿地资源调查与监测技术规程》(1997年)、《有关湿地资源调查技术问题的说明》(1997年)和浙江省林业厅《浙江省湿地资源调查及监测技术操作细则》(1997年)规定执行。"二调"按照国家林业局《全国湿地资源调查技术规程(试行)》(2010年)和浙江省林业厅《浙江省第二次湿地资源调查技术操作细则》(2011年)规定执行。

(一) 调查范围比较

1. 起调面积

"一调"起始调查面积为100hm^2;"二调"起始调查面积为8hm^2。

2. 湿地类型调查范围

浅海水域:"一调"范围为低潮线与5m等深线之间的面积;"二调"范围为低潮线与6m等深线之间的面积。

永久性河流:"一调"范围为河床平均宽度≥10m,长度≥10km;"二调"范围为河床平均宽度≥10m,长度≥5km。

运河(输水河):"一调"范围只调查京杭运河,且未纳入统计;"二调"范围为≥8hm^{2}以上的运河、输水河均作调查统计。

水产养殖场、盐田:"一调"时不进行调查;"二调"时≥8hm^{2}的水产养殖场、盐田均作调查统计。

(二) 技术标准比较

1. 三角洲

"一调"指由沙岛、沙洲、沙嘴等发育而成的低冲积平原,含人工湿地稻田。

"二调"指河口系统四周冲积的泥(沙)滩、沙洲、沙岛,植被盖度<30%,不含稻田。

2. 泛洪平原湿地/洪泛平原湿地

"一调"指河水泛滥淹没的河流两岸地势平坦地区(泄洪区),包括河滩、泛滥的河谷、季节性泛滥的草地,也包括范围内的人工湿地稻田。

"二调"指河床至河流多年平均最高水位所淹没的河滩、河心洲、河谷、季节性泛滥的草地、内陆三角洲,不含稻田。

3. 灌丛沼泽

"一调"未划分该湿地类型。

"二调"是指以灌丛植物为优势群落的淡水沼泽。

(三) 技术手段比较

1. 调查底图

"一调"采用1∶50000纸质地形图，配以1998—1999年采集的分辨率为30m的美国陆地资源卫星（LANDSAT-5）数据。

"二调"采用的遥感图像数据源为SPOT 5遥感影像数据，分辨率为2.5m，采集时间大部分为2009年，沿海部分地区为2010年；地形图采用1∶10000基础矢量信息数据库。

2. 湿地面积求算

"一调"河口水域、河流等线状湿地面积求算以手工量算为主；库塘湿地面积则直接引用其理论水面面积。

"二调"所有湿地斑块均利用计算机Arcgis软件在SPOT 5和1∶10000地形图基础矢量信息数据库中求算。

两次调查的范围、技术标准与技术手段的差异详见表1-5。

表1-5 浙江省两次调查技术口径比较

类别		"一调"	"二调"
调查范围	起调面积	≥100hm²	≥8hm²
技术标准	浅海水域	低潮线与5m等深线之间的面积	低潮线与6m等深线之间的面积
	三角洲	指由沙岛、沙洲、沙嘴等发育而成的低冲积平原；含人工湿地，如稻田	河口系统四周冲积的泥（沙）滩、沙洲、沙岛，植被盖度<30%；不含稻田
	永久性河流	10km长、10m宽以上	5km长、10m宽以上
	泛洪平原湿地/洪泛平原湿地	河水泛滥淹没的河流两岸地势平坦地区（泄洪区），包括河滩、泛滥的河谷、季节性泛滥的草地，也包括范围内的人工湿地，如稻田	河床至河流多年平均最高水位所淹没的河滩、河心洲、河谷、季节性泛滥的草地、内陆三角洲。不含稻田湿地
	运河（输水河）	只调查京杭运河，未作统计	均作调查统计
	水产养殖场	未调查	均作调查统计
	盐田	未调查	均作调查统计
技术手段	调查底图	1∶50000纸质地形图配以1998—1999年30m分辨率的美国陆地资源卫星（LANDSAT-5）数据	2009—2010年2.5m分辨率的SPOT 5数据；1∶10000地形图基础矢量信息数据库
	湿地面积求算	河口湿地、河流湿地等湿地面积以手工量算长度乘以平均宽度，库塘湿地面积以资料引用为主	所有湿地斑块均应用计算机Arcgis软件求算

三、面积动态变化分析

（一）直接比较分析

1. 湿地总面积比较

在不考虑起调面积不同等因素的情况下，对两次调查结果直接进行比较。"二调"湿地总面积$111.01×10^4hm^2$，较"一调"湿地总面积$79.51×10^4hm^2$增加了$31.50×10^4hm^2$，增幅39.62%。其中近海与海岸湿地面积增加$11.83×10^4hm^2$，增幅20.60%；河流湿地面积增加$2.98×10^4hm^2$，增幅26.75%；湖泊湿地面积增加$0.58×10^4hm^2$，增幅191.17%；沼泽湿地面积增加$0.06×10^4hm^2$，增幅552.23%；人工湿地面积增加$16.06×10^4hm^2$，增幅151.08%。各湿地面积比较详见表1-6。

表1-6 两次调查湿地面积总体比较

湿地类型	"一调"/hm^2	"二调"/hm^2
近海与海岸湿地	574254	692523.36
河流湿地	111405	141230.69
湖泊湿地	3020	8793.24
沼泽湿地	114	743.54
人工湿地	106267	266838.22
合计	795060	1110129.05

2. $100hm^2$以上比较

将起调面积统一到$100hm^2$后进行比较，"二调"$100hm^2$以上湿地面积$90.51×10^4hm^2$，较"一调"湿地面积$79.51×10^4hm^2$增加了$11.00×10^4hm^2$，增幅13.83%。其中近海与海岸湿地面积增加$8.93×10^4hm^2$，增幅15.55%；河流湿地面积减少$4.83×10^4hm^2$，减幅43.36%；湖泊湿地面积增加$0.10×10^4hm^2$，增幅33.33%；沼泽湿地面积增加$0.02×10^4hm^2$，增幅175.44%；人工湿地面积增加$6.78×10^4hm^2$，增幅63.78%。各湿地面积比较详见表1-7。

表1-7 两次调查$100hm^2$以上湿地面积比较

湿地类型	"一调"/hm^2	"二调"/hm^2
近海与海岸湿地	574254	663579.14
河流湿地	111405	63134.80

续表

湿地类型	"一调"/hm²	"二调"/hm²
湖泊湿地	3020	4004.51
沼泽湿地	114	269.99
人工湿地	106267	174084.86
合　计	795060	905073.30

（二）同口径比较分析

由于两次湿地资源调查在调查范围、技术标准和调查方法上均不尽相同，因此，只有对"二调"调查面积按"一调"调查技术标准和统计口径进行汇总，使其在相同口径下完全可比，才能进行精准动态分析。

1. "二调"数据处理

第一步，提取统计湿地斑块面积100hm²以上部分（在湿地斑块进行人为切割前提取），湿地面积90.51×10^4hm²。

第二步，剔除前期未进行调查统计的运河（输水河）、水产养殖场、盐田湿地面积7.05×10^4hm²。

第三步，对调查范围不一致的湿地类型进行处理：

浅海水域，剔除等深线5～6m的浅海水域湿地面积6.51×10^4hm²；剔除"一调"未调查统计的部分外岛浅海水域湿地面积3.35×10^4hm²。

三角洲，增加"一调"三角洲范围内的稻田湿地面积2.29×10^4hm²。

洪泛平原湿地，增加"一调"泛洪平原湿地范围内的稻田湿地面积1.82×10^4hm²。

经过上述技术处理，"二调"湿地面积按"一调"调查范围、技术标准与统计口径汇总后，其湿地面积为77.71×10^4hm² [即$(90.51-7.05-6.51-3.35+2.29+1.82)\times10^4=77.71\times10^4$(hm²)]，与"一调"湿地面积完全可比。

两次调查各湿地面积同口径比较结果详见表1-8。

表1-8 两次调查各湿地面积同口径比较

湿地类型	"一调"面积/hm²	"二调"按"一调"口径面积/hm²	差值/hm²	增减率/%	备注
近海与海岸湿地	574254	587901.00	13647.00	2.38	
浅海水域	286453	302788.41	16335.41	5.70	"二调"结果剔除等深线5～6m浅海水域面积65055hm²；剔除外岛浅海水域湿地面积33530hm²
岩石海岸	6009		-6009.00	-100.00	

续表

湿地类型	"一调"面积/hm²	"二调"按"一调"口径面积/hm²	差值/hm²	增减率/%	备注
沙石海滩	628	2012.24	1384.24	220.42	
淤泥质海滩	145009	142913.82	-2095.18	-1.44	
潮间盐水沼泽	21024	16402.61	-4621.39	-21.98	
河口水域	78631	94394.86	15763.86	20.05	
三角洲	31341	23448.89	-7892.11	-25.18	"二调"结果增加范围内稻田湿地面积22907hm²
海岸性淡水湖	5159	5940.17	781.17	15.14	
河流湿地	111405	81319.80	-30085.20	-27.01	
永久性河流	82503	62596.56	-19906.44	-24.13	
洪泛平原湿地	28902	18723.24	-10178.76	-35.22	"二调"结果增加范围内稻田湿地面积18185hm²
湖泊湿地	3020	4004.51	984.51	32.60	
永久性淡水湖	3020	4004.51	984.51	32.60	
沼泽湿地	114	269.99	155.99	136.83	
草本沼泽	114	269.99	155.99	136.83	
人工湿地	106267	103588.20	-2678.80	-2.52	
库塘	106267	103588.20	-2678.80	-2.52	
合 计	795060	777083.50	-17976.50	-2.26	

2. 结果比较

同口径下,"二调"湿地面积$77.71×10^4 hm^2$,较"一调"湿地面积$79.51×10^4 hm^2$减少了$1.80×10^4 hm^2$,减幅达2.26%。其中近海与海岸湿地面积增加$1.36×10^4 hm^2$,增幅2.38%;河流湿地面积减少$3.01×10^4 hm^2$,减幅27.01%;湖泊湿地面积增加$0.10×10^4 hm^2$,增幅32.60%;沼泽湿地面积增加$0.02×10^4 hm^2$,增幅136.83%;人工湿地面积减少$0.27×10^4 hm^2$,减幅2.52%。

3. 原因分析

(1)近海与海岸湿地。

近海与海岸湿地面积增加$1.36×10^4 hm^2$,主要是浅海水域和河口水域面积增加。

①浅海水域湿地面积增加$1.63×10^4 hm^2$。主要由于滩涂围垦,使大陆海岸线、新淤积滩涂往大海外移,同样低潮线也在外移,造成浙江省浅海湿地范围的扇面扩大,致使湿地面积增加。

②岩石海岸湿地面积减少 $0.60×10^4hm^2$。主要是近年来大面积的滩涂围垦，岩石海岸被人工海岸等类型切割的比较零散，连片面积 $100hm^2$ 以上的几乎不存在。

③淤泥质海滩和潮间盐水沼泽湿地面积减少 $0.67×10^4hm^2$。由于近年来加快了海涂的围垦，使其自然淤涨的速度跟不上围垦速度，导致其面积减少。另外，人工除治互花米草也使潮间盐水沼泽面积减少。

④河口水域湿地面积增加 $1.58×10^4hm^2$。原因有两个方面：一是部分河口滩林现已不存在，增加了河口水域面积；二是"二调"使用调查底图比"一调"清晰，且面积求算方法较为先进准确。

⑤三角洲湿地面积减少 $0.79×10^4hm^2$。主要是该类湿地大部分已被垦殖利用或围堰挖塘进行水产养殖，导致面积减少。

（2）河流湿地。

河流湿地面积减少 $3.01×10^4hm^2$，其中永久性河流湿地面积减少 $1.99×10^4hm^2$，洪泛平原湿地面积减少 $1.02×10^4hm^2$。

①永久性河流湿地面积减少 $1.99×10^4hm^2$。原因有两个方面：一是部分河流兴建一批中小型水库，其湿地类型改变为库塘；二是"二调"使用调查底图比"一调"清晰，且面积求算方法较为先进准确。

②洪泛平原湿地面积减少 $1.02×10^4hm^2$。原因为该类湿地大部分已被垦殖利用或围堰挖塘。

（3）湖泊湿地。

湖泊湿地面积增加 $0.10×10^4hm^2$，资源数据少，主要是改进调查手段、提高调查精度所致。

（4）沼泽湿地。

沼泽湿地面积增加 $0.02×10^4hm^2$，资源数据少，主要是改进调查手段、提高调查精度所致。

（5）人工湿地（库塘）。

近年来，虽然兴建了一批中小型水库，但其湿地面积仍减少 $0.27×10^4hm^2$。原因有两个方面：一是"一调"直接引用库塘理论水面面积，并未对其范围内的现实非湿地面积进行扣除；二是围垦、围网养殖使部分库塘变为陆地或水产养殖场等。

专题2　浙江湿地植被调查研究

摘　要　通过"二调",并参考有关资料整理可知,全省湿地植被类型相当丰富,共有268个群系,隶属于16个植被型。本专题在简述浙江湿地植物区系和湿地植被分类系统的基础上,着重对现有各种湿地植物群系的结构特征、种类组成、分布状况等分别进行了详细描述,阐述了各类湿地中植物群系的演替规律。

关键词　湿地　植被　分布　演替　浙江

一、湿地植物区系

(一)区系组成

湿地高等植物包括苔藓、蕨类和种子植物,其中蕨类和种子植物又称为维管植物。根据"二调",并参考有关文献资料,浙江有湿地高等植物1482种,隶属640属181科,其中苔藓植物79种,占5.33%;蕨类植物67种,占4.52%;种子植物1336种,占90.15%。湿地植物以被子植物为主,科、属、种分别占了总数的70.17%、87.34%和89.68%,它们是组成本省各种湿地植被类型的主要成员。湿地高等植物种类组成见表2-1。

表2-1　湿地高等植物种类组成

分类群			科		属		种	
			数量/个	比例/%	数量/个	比例/%	数量/个	比例/%
苔藓植物			24	13.26	36	5.62	79	5.33
维管植物	蕨类植物		28	15.47	41	6.41	67	4.52
	种子植物	裸子植物	2	1.10	4	0.63	7	0.47
		被子植物	127	70.17	559	87.34	1329	89.68
合　计			181	100.00	640	100.00	1482	100.00

（二）区系特点

浙江省湿地植物在种类组成、生活方式、生活型、地理成分、区系起源等方面具有如下特征：

1. 种类丰富

浙江省湿地高等植物的科、属、种分别占全省高等植物数量的59.15%、39.78%和32.49%，种类资源十分丰富。其中被子植物所占比例最大，分别占73.41%、45.63%、39.93%；裸子植物所占比例最少，分别占22.22%、11.76%、11.67%，详见表2-2。

表2-2 湿地高等植物与全省高等植物数量比较

类 群	科			属			种		
	湿地区/个	全省/个	比例/%	湿地区/个	全省/个	比例/%	湿地区/个	全省/个	比例/%
苔藓植物	24	75	32.00	36	234	15.38	79	674	11.72
蕨类植物	28	49	57.14	41	116	35.34	67	499	13.43
裸子植物	2	9	22.22	4	34	11.76	7	60	11.67
被子植物	127	173	73.41	559	1225	45.63	1329	3328	39.93
合 计	181	306	59.15	640	1609	39.78	1482	4561	32.49

2. 科属组成以小型科、属居多，种类则分别集中在大型科、小型属上

从表2-3、表2-4可知，湿地维管植物科组成以小型科和单种科占优势，两者共占78.34%。种数组成以特大科和大科占优势，两者共占54.45%。属组成以小型属和单种属占绝对优势，两者共占93.71%。种数组成也以小型属和单种属为主，两者共占69.64%，这一特点与科组成特点刚好相反。

表2-3 湿地维管植物科组成统计

科分类	科		属		种	
	数量/个	比例/%	数量/个	比例/%	数量/个	比例/%
特大科(≥100种)	3	1.91	150	24.83	442	31.50
大科(20～99种)	10	6.37	134	22.19	322	22.95
中等科(10～19种)	21	13.38	114	18.87	278	19.81
小型科(2～9种)	75	47.77	158	26.16	313	22.31
单种科(1种)	48	30.57	48	7.95	48	3.42
合 计	157	100.00	604	100.00	1403	100.00

表2-4 湿地维管植物属组成统计

属分类	属		种	
	数量/个	比例/%	数量/个	比例/%
特大属(≥20种)	3	0.50	108	7.70
大属(10～19种)	10	1.65	136	9.69
中等属(6～9种)	25	4.14	182	12.97
小型属(2～5种)	225	37.25	636	45.33
单种属(1种)	341	56.46	341	24.31
合　计	604	100.00	1403	100.00

3. 生活方式以湿生植物为主

湿地维管植物根据所需生境不同分为湿生、沼生、挺水植物等8个类型。其中以湿生植物为主，占82.25%；其次是沼生植物，占7.84%；其余类植物种比例均不足3%，详见表2-5。

表2-5 湿地维管植物生活方式统计

生境类型	科		属		种	
	数量/个	比例/%	数量/个	比例/%	数量/个	比例/%
湿生植物	125	79.62	490	81.13	1154	82.25
沼生植物	28	17.83	48	7.95	110	7.84
挺水植物	6	3.82	8	1.32	12	0.85
浮叶植物	5	3.18	8	1.32	25	1.78
浮水植物	8	5.10	10	1.66	14	1.00
沉水植物	7	4.46	10	1.66	28	2.00
盐沼植物	11	7.01	20	3.31	28	2.00
沙生植物	10	6.37	23	3.81	32	2.28
合　计	157	—	604	—	1403	100.00

4. 生活型组成以草本植物为主

湿地维管植物的生活型以草本为主，占78.26%，其中多年生草本比例49.11%多于一、二年生草本比例29.15%。木本植物（乔木+灌木）中落叶木本比例9.13%优于常绿木本比例3.13%，详见表2-6。

表2-6 湿地维管植物生活型统计

生活型		科		属		种	
		数量/个	比例/%	数量/个	比例/%	数量/个	比例/%
乔木	小计	20	12.74	30	4.97	47	3.35
	常绿乔木	6	3.82	6	0.99	10	0.71
	落叶乔木	15	9.55	24	3.97	37	2.64
灌木	小计	40	25.48	72	11.92	125	8.91
	常绿灌木	17	10.83	24	3.97	34	2.42
	落叶灌木	29	18.47	54	8.94	91	6.49
草本	小计	112	71.34	454	75.17	1098	78.26
	多年生草本	96	61.15	320	52.98	689	49.11
	一、二年生草本	51	32.48	186	30.79	409	29.15
藤本	小计	32	20.38	65	10.76	108	7.70
	木质藤本	16	10.19	23	3.81	36	2.57
	草质藤本	21	13.38	45	7.45	72	5.13
竹类	小计	1	0.64	4	0.66	25	1.78
	乔木竹类	1	0.64	3	0.50	15	1.07
	灌木竹类	1	0.64	3	0.50	10	0.71
合 计		157	—	604	—	1403	100.00

5. 区系地理成分复杂多样

按照吴征镒先生《中国种子植物属的分布区类型》中的分类系统，浙江省湿地种子植物属的区系地理划分结果见表2-7。从表2-7中可以看出：湿地植物属的区系地理成分组成以世界分布、泛热带分布和北温带分布为主，特别是泛热带分布和北温带分布的属，其比例远高于全省的比例。

表2-7 湿地种子植物属的区系分布类型

序号	分布类型	湿地植物属数/个	比例/%	全省植物属数/个	比例/%
1	世界分布	82	—	83	—
2	泛热带分布	119	25.93	198	16.95
3	热带亚洲和热带美洲间断分布	16	3.49	59	5.05
4	旧世界热带分布	31	6.75	86	7.36

续表

序号	分布类型	湿地植物属数/个	比例/%	全省植物属数/个	比例/%
5	热带亚洲至热带大洋洲分布	22	4.79	61	5.22
6	热带亚洲至热带非洲分布	14	3.05	48	4.11
7	热带亚洲分布	27	5.88	107	9.16
8	北温带分布	98	21.35	190	16.27
9	东亚及北美间断分布	31	6.75	97	8.30
10	旧世界温带分布	40	8.71	73	6.25
11	温带亚洲分布	6	1.31	16	1.37
12	中亚分布	—	—	2	0.17
13	地中海地区、西亚至中亚分布	1	0.22	26	2.23
14	东亚分布	51	11.11	157	13.44
15	中国特有分布	3	0.65	48	4.11
	合　计	541	100.00	1251	100.00

注：1. 剔除栽培属后计算。
　　2. 第2~15项的百分比是扣除世界分布属后的总数计算得出的。

6. 区系起源古老、孑遗植物较多

在浙江省湿地植物区系中，有不少古老的科属和孑遗植物，如蕨类植物中起源古老、分类地位比较孤立的水韭属，起源于中生代前的紫萁属，起源于第三纪的狗脊属、海金沙属等。裸子植物中有起源于晚石炭纪的松属；被子植物中也含有不少原始类群，如公认的多心皮类的金粟兰科、三白草科、睡莲科、木通科、毛茛科等。另外，"假花说"所认为最原始的类群如杨柳科的柳属、桦木科的桤木属、胡桃科的枫杨属、榆科的榆属等，在浙江省湿地中也均有分布。在单子叶植物中，公认的原始类群如泽泻目、眼子菜目、水鳖目、茨藻目等在浙江省湿地植物中均占有较重要的地位。

7. 重点保护及珍稀濒危植物较多

浙江省湿地类型多样、分布广泛、水热条件良好，是生物多样性的荟萃之地，也为国家重点保护及珍稀濒危植物的生长、繁衍提供了避难所。浙江省湿地中分布有国家重点保护野生植物11种，其中国家Ⅰ级保护的有中华水韭、东方水韭、毛茛泽泻、莼菜4种，国家Ⅱ级保护的有水蕨、野菱、中华结缕草、珊瑚菜、野大豆、野荞麦、毛红椿7种，详见表2-8。另外，海滨木槿、睡菜、芡实、睡莲等10种植物列入《浙江省重点保护野生植物名录》。

表2-8 湿地重点保护植物

植物名称	保护级别	分布区域	生长环境
中华水韭	国Ⅰ	建德、诸暨、丽水、松阳、鄞州等地	生于浅水池沼、山沟沼泽中
东方水韭	国Ⅰ	松阳	生于海拔1200m的浅水池沼中
毛茛泽泻	国Ⅰ	莲都	生于池沼
莼菜	国Ⅰ	永康、瓯海、泰顺、庆元等地	生于海拔700m以下的池塘、湖沼中
水蕨	国Ⅱ	德清、鄞州、萧山等地	生于池塘、水沟、阡陌、农田等处
野菱	国Ⅱ	全省广布	生于湖泊、池塘中
中华结缕草	国Ⅱ	普陀、瑞安、乐清等地	生于滨海沙滩上
珊瑚菜	国Ⅱ	普陀、玉环、瑞安、平阳等地	生于滨海沙滩上
野大豆	国Ⅱ	全省广布	生于田边、空旷地及荒地上
野荞麦	国Ⅱ	全省广布	生于水沟边、路边及空旷地上
毛红椿	国Ⅱ	衢江	生于河滩边

二、湿地植被分类系统

（一）湿地植被的分类单位

1. 植被型组

植被型组为湿地植被分类系统的最高级单位。建群种生活型相近且群系外貌相似的植物群系联合为植被型组，如针叶林湿地植被型组、阔叶林湿地植被型组、灌丛湿地植被型组、草本湿地植被型组、浅水植物湿地植被型组等。

2. 植被型

植被型为植被分类的高级单位。建群种生活型（一级或二级）相同或相似，水热条件生态关系一致的植物群系联合为植被型，如禾草型湿地植被型、莎草型湿地植被型、浮叶植物植被型、沉水植物植被型等。

3. 植被亚型

植被亚型是植被型的辅助或补充单位。在类型复杂的植被型中，依据优势层片的生态差异将其进一步划分为亚型，如将竹林湿地植被型划分为丛生竹亚型和散生竹亚型，将禾草型湿地植被型划分为高禾草亚型和低禾草亚型等。

4. 群系

群系是植被分类的中级单位。建群种或共建种相同（在亚热带有时是标志种相同）的植物群丛联合为群系，如枫杨群系、柽柳群系、斑茅群系、金鱼藻群系、苦草群系等。本专题划分到群系为止。

（二）浙江湿地植被分类系统

根据"二调"并参考有关资料，将浙江省湿地植被划分为7个植被型组、16个植被型、268个群系，其中人工栽培群系35个，详见表2-9。

表2-9 浙江省湿地植被分类系统表

型 组	型	亚 型	群 系
针叶林湿地植被型组	暖性针叶林湿地植被型		(1)水松群系*(Form. *Glyptostrobus pensilis*)
			(2)水杉群系*(Form. *Metasequoia glyptostroboides*)
			(3)湿地松群系*(Form. *Pinus elliottii*)
			(4)马尾松群系(Form. *Pinus massoniana*)
			(5)黄山松群系(Form. *Pinus taiwanensis*)
			(6)落羽杉群系*(Form. *Taxodium distichum*)
			(7)池杉群系*(Form. *Taxodium distichum* var. *imbricarium*)
阔叶林湿地植被型组	落叶阔叶林湿地植被型		(1)江南桤木群系(Form. *Alnus trabeculosa*)
			(2)构树群系(Form. *Broussonetia papyrifera*)
			(3)苦楝群系(Form. *Melia azedarach*)
			(4)鲁桑群系*(Form. *Morus alba* var. *multicaulis*)
			(5)意杨群系*(Form. *Populus*×*canadensis*)
			(6)枫杨群系(Form. *Pterocarya stenoptera*)
			(7)垂柳群系*(Form. *Salix babylonica*)
			(8)银叶柳群系(Form. *Salix chienii*)
			(9)旱柳群系(Form. *Salix matsudana*)
			(10)南川柳群系(Form. *Salix rosthornii*)
	常绿阔叶林湿地植被型		(1)木麻黄群系*(Form. *Casuarina* spp.)
			(2)香樟群系*(Form. *Cinnamomum camphora*)
	竹林湿地植被型	散生竹亚型	(1)淡竹群系(Form. *Phyllostachys glauca*)
			(2)水竹群系(Form. *Phyllostachys heteroclada*)
			(3)红竹群系(Form. *Phyllostachys iridescens*)
			(4)浙江淡竹群系(Form. *Phyllostachys meyeri*)
			(5)篌竹群系(Form. *Phyllostachys nidularia*)
			(6)石竹群系(Form. *Phyllostachys nuda*)
			(7)早园竹群系*(Form. *Phyllostachys propinqua*)
			(8)高节竹群系*(Form. *Phyllostachys prominens*)
			(9)毛竹群系*(Form. *Phyllostachys pubescens*)
			(10)芽竹群系(Form. *Phyllostachys robustiramea*)
		丛生竹亚型	(1)绿竹群系*(Form. *Bambusa atrovirens*)
			(2)青皮竹群系*(Form. *Bambusa textilis*)
			(3)温州水竹群系*(Form. *Bambusa pachinensis*)

续表

型组	型	亚型	群系
灌丛湿地植被型组		落叶阔叶灌丛湿地植被型	(1)细叶水团花群系(Form. *Adina rubella*) (2)紫穗槐群系*(Form. *Amorpha fruiticosa*) (3)白棠子树群系(Form. *Callicarpa dichotoma*) (4)白前群系(Form. *Cynanchum glaucescens*) (5)柳叶白前群系(Form. *Cynanchum stauntonii*) (6)江西绣球群系(Form. *Hydrangea jiangxiensis*) (7)圆锥绣球群系(Form. *Hydrangea paniculata*) (8)小蜡群系(Form. *Ligustrum sinense*) (9)映山红群系(Form. *Rhododendron simsii*) (10)乌桕矮生灌丛群系(Form. *Sapium sebiferum*) (11)地桃花群系(Form. *Urena lobata*) (12)牡荆群系(Form. *Vitex negundo* var. *cannabifolia*)
		常绿阔叶灌丛湿地植被型	芙蓉菊群系(Form. *Crossstephium chinense*)
		盐生灌丛湿地植被型	(1)南方碱蓬群系(Form. *Suaeda australis*) (2)柽柳群系(Form. *Tamarix chinensis*) (3)单叶蔓荆群系(Form. *Vitex trifolia* var. *simplicifolia*)
草本湿地植被型组	莎草型湿地植被型	高莎草亚型	(1)垂穗苔草群系(Form. *Carex dimorpholepis*) (2)糙叶苔草群系(Form. *Carex scabrifolia*) (3)咸水草群系(Form. *Cyperus malaccensis* var. *brevifolius*) (4)渐尖穗荸荠群系(Form. *Eleocharis attenuata*) (5)华东藨草群系(Form. *Scirpus karuizawensis*) (6)扁秆藨草群系(Form. *Scirpus planiculmis*) (7)百球藨草群系(Form. *Scirpus rosthornii*) (8)水葱群系*(Form. *Scirpus tabernaemontani*) (9)茸球藨草群系(Form. *Scripus lushanensis*)
		低莎草亚型	(1)芒尖苔草群系(Form. *Carex doniana*) (2)砂钻苔草群系(Form. *Carex kobomugi*) (3)翼果苔草群系(Form. *Carex neurocarpa*) (4)粉被苔草群系(Form. *Carex pruinosa*) (5)矮生苔草群系(Form. *Carex pumila*) (6)大理苔草群系(Form. *Carex taliensis*) (7)单性苔草群系(Form. *Carex unisexualis*) (8)滨海苔草群系(Form. *Carex wahuensis* spp. *robusta*) (9)异型莎草群系(Form. *Cyperus difformis*) (10)畦畔莎草群系(Form. *Cyperus haspan*) (11)旋鳞莎草群系(Form. *Cyperus michelianus*) (12)香附子群系(Form. *Cyperus rotundus*) (13)龙师草群系(Form. *Eleocharis tetraquetra*) (14)荸荠、荩草群系(Form. *Eleocharis dulcis*, *Arthraxon hispidus*)

续表

型 组	型	亚型	群 系
	莎草型湿地植被型	低莎草亚型	(15)牛毛毡群系(Form. *Eleocharis yokoscensis*) (16)弱锈鳞飘拂草群系(Form. *Fimbristylis ferruginea* var. *sieboldii*) (17)绢毛飘拂草群系(Form. *Fimbristylis sericea*) (18)水蜈蚣群系(Form. *Kyllinga brevifolia*) (19)细叶刺子莞群系(Form. *Rhynchospora faberi*) (20)刺子莞群系(Form. *Rhynchospora rubra*) (21)海三棱藨草群系(Form. *Scirpus × mariqueter*) (22)穗芽水葱群系(Form. *Schoenoplectus gemmifer*) (23)萤蔺群系(Form. *Scirups juncoides*)
草本湿地植被型组	禾草型湿地植被型	高禾草亚型	(1)野古草群系(Form. *Arundinella anomala*) (2)芦竹群系(Form. *Arundo donax*) (3)拂子茅群系(Form. *Calamagrostis* spp.) (4)疏花野青茅群系(Form. *Deyeuxia arundinacea* var. *laxiflora*) (5)长芒稗群系(Form. *Echinochloa caudata*) (6)光头稗群系(Form. *Echinochloa colonum*) (7)稗群系(Form. *Echinochloa crusgalli*) (8)无芒稗群系(Form. *Echinochloa crusgalli* var. *mitis*) (9)假鼠妇草群系(Form. *Glyceria leptolepis*) (10)白茅群系(Form. *Imperata cylindrica* var. *major*) (11)有芒鸭嘴草群系(Form. *Ischaemum aristatum*) (12)鸭嘴草群系(Form. *Ischaemum crassipes*) (13)柳叶箬群系(Form. *Isachne globosa*) (14)五节芒群系(Form. *Miscanthus floridulus*) (15)荻群系(Form. *Miscanthus sacchariflorus*) (16)芒群系(Form. *Miscanthus sinensis*) (17)沼原草群系(Form. *Moliniopsis hui*) (18)铺地黍群系(Form. *Panicum repens*) (19)丝毛雀稗群系(Form. *Paspalum urvillei*) (20)狼尾草群系(Form. *Pennisetum alopecuroides*) (21)束尾草群系(Form. *Phacelurus latifolius*) (22)虉草群系(Form. *Phalaris arundinacea*) (23)芦苇群系(Form. *Phragmites australis*) (24)卡开芦群系(Form. *Phragmites karka*) (25)鹅观草群系(Form. *Roegneria* spp.) (26)斑茅群系(Form. *Saccharum arundinaceum*) (27)甜根子草群系(Form. *Saccharum spontaneum*) (28)皱叶狗尾草群系(Form. *Setaria plicata*) (29)狗尾草群系(Form. *Setaria* spp.) (30)苏丹草群系*(Form. *Sorghum sudanense*) (31)互花米草群系*(Form. *Spartina alterniflora*) (32)大米草群系*(Form. *Spartina anglica*) (33)菰群系*(Form. *Zizania latifolia*)

续表

型组	型	亚型	群系
草本湿地植被型组	禾草型湿地植被型	低禾草亚型	(1)野燕麦群系(Form. *Avena fatua*) (2)茵草群系(Form. *Beckmannia syzigachne*) (3)狗牙根群系(Form. *Cynodon dactylon*) (4)升马唐群系(Form. *Digitaria ciliaris*) (5)牛筋草群系(Form. *Eleusine indica*) (6)假俭草群系(Form. *Eremochloa ophiuroides*) (7)牛鞭草群系(Form. *Hemarthria altissima*) (8)假稻群系(Form. *Leersia japonica*) (9)秕壳草群系(Form. *Leersia sayanuka*) (10)柔枝莠竹群系(Form. *Microstegium vimineum*) (11)糠稷群系(Form. *Panicum bisulcatum*) (12)双穗雀稗群系(Form. *Paspalum paspaloides*) (13)雀稗群系(Form. *Paspalum thunbergii*) (14)棒头草群系(Form. *Polypogon fugax*) (15)鼠尾粟群系(Form. *Sporobolus fertilis*) (16)盐地鼠尾粟群系(Form. *Sporobolus virginicus*) (17)结缕草群系(Form. *Zoysia japonica*) (18)中华结缕草群系(Form. *Zoysia sinica*)
	杂类草湿地植被型	高杂类草亚型	(1)菖蒲群系(Form. *Acorus calamus*) (2)合萌群系(Form. *Aeschynomene indica*) (3)窄叶泽泻群系(Form. *Alisma canaliculatum*) (4)黄花蒿群系(Form. *Artemisia annua*) (5)夏威夷紫菀群系(Form. *Aster sandwicensis*) (6)钻形紫菀群系(Form. *Aster subulatus*) (7)大狼把草群系(Form. *Bidens frondosa*) (8)海岛苎麻群系(Form. *Boehmeria formosana*) (9)菜蕨群系(Form. *Callipteris esculenta*) (10)青葙群系(Form. *Celosia argentea*) (11)狭叶尖头藜群系(Form. *Chenopodium acuminatum* ssp. *virgatum*) (12)藜群系(Form. *Chenopodium album*) (13)小藜群系(Form. *Chenopodium serotinum*) (14)白酒草群系(Form. *Conyza* spp.) (15)甘菊群系(Form. *Dendranthema lavandulifolia*) (16)萱草群系(Form. *Hemerocallis fulva*) (17)泥胡菜群系(Form. *Hemistepta lyrata*) (18)旋覆花群系(Form. *Inula japonica*) (19)玉蝉花群系(Form. *Iris ensata*) (20)翅茎灯心草群系(Form. *Juncus alatus*) (21)灯心草群系*(Form. *Juncus effusus*) (22)马兰群系(Form. *Kalimeris indica*) (23)益母草群系(Form. *Leonurus japonicus*) (24)山梗菜群系(Form. *Lobelia sessilifolia*) (25)海滨珍珠菜群系(Form. *Lysimachia mauritiana*)

续表

型 组	型	亚 型	群 系
草本湿地植被型组	杂类草湿地植被型	高杂类草亚型	(26)草木樨群系(Form. *Melilotus officinalis*)
			(27)小鱼仙草群系(Form. *Mosla dianthera*)
			(28)莲群系*(Form. *Nelumbo nucifera*)
			(29)福建紫萁群系(Form. *Osmunda cinnamomea* var. *fokiense*)
			(30)水蓼群系(Form. *Polygonum hydropiper*)
			(31)蚕茧蓼群系(Form. *Polygonum japonicum*)
			(32)绵毛酸模叶蓼群系(Form. *Polygonum lapathifolium* var. *salicifolium*)
			(33)春蓼群系(Form. *Polygonum persicaria*)
			(34)大箭叶蓼群系(Form. *Polygonum sagittifolium*)
			(35)箭叶蓼群系(Form. *Polygonum sieboldii*)
			(36)戟叶蓼群系(Form. *Polygonum thunbergii*)
			(37)梭鱼草群系*(Form. *Pontederia cordata*)
			(38)羊蹄群系(Form. *Rumex japonicus*)
			(39)慈姑群系*(Form. *Sagittaria trifolia* var. *edulis*)
			(40)无翅猪毛菜群系(Form. *Salsola komarovii*)
			(41)刺沙蓬群系(Form. *Salsola ruthenica*)
			(42)田菁群系(Form. *Sesbania cannabina*)
			(43)加拿大一枝黄花群系(Form. *Solidago canadensis*)
			(44)黑三棱群系(Form. *Sparganium* spp.)
			(45)水苏群系(Form. *Stachys japonica*)
			(46)再力花群系*(Form. *Thalia dealbata*)
			(47)碱菀群系(Form. *Tripolium vulgare*)
			(48)水烛群系(Form. *Typha angustifolia*)
			(49)苍耳群系(Form. *Xanthium sibiricum*)
		低杂类草亚型	(1)石菖蒲群系(Form. *Acorus tatarinowii*)
			(2)藿香蓟群系(Form. *Ageratum conyzoides*)
			(3)空心莲子草群系(Form. *Alternanthera philoxeroides*)
			(4)皱果苋群系(Form. *Amaranthus viridis*)
			(5)滨蒿群系(Form. *Artemisia fukudo*)
			(6)肾叶打碗花群系(Form. *Calystegia soldanella*)
			(7)鸭跖草群系(Form. *Commelina communis*)
			(8)泽番椒群系(Form. *Deinostema violaceum*)
			(9)鱼眼菊群系(Form. *Dichrocephala integrifolia*)
			(10)谷精草群系(Form. *Eriocaulon* spp.)
			(11)泽漆群系(Form. *Euphorbia helioscopia*)
			(12)珊瑚菜群系(Form. *Glehnia littoralis*)
			(13)厚叶双花耳草群系(Form. *Hedyotis biflora* var. *parvifolia*)
			(14)节节草群系(Form. *Hippochaete ramosissima*)
			(15)天胡荽群系(Form. *Hydrocotyle sibthorpioides*)
			(16)地耳草群系(Form. *Hypericum japonicum*)
			(17)厚藤群系(Form. *Ipomoea pes-caprae*)
			(18)中华水韭群系(Form. *Isoetes sinensis*)

续表

型组	型	亚型	群系
草本湿地植被型组	杂类草湿地植被型	低杂类草亚型	(19)星花灯心草群系(Form. *Juncus diastrophanthus*)
			(20)野灯心草群系(Form. *Juncus setchuensis*)
			(21)北美独行菜群系(Form. *Lepidium virginicum*)
			(22)中华补血草群系(Form. *Limonium sinense*)
			(23)半边莲群系(Form. *Lobelia chinensis*)
			(24)假柳叶菜群系(Form. *Ludwigia epilobioides*)
			(25)睡菜群系(Form. *Menyanthes trifoliata*)
			(26)砂引草群系(Form. *Messerschmidia* spp.)
			(27)粟米草群系(Form. *Mollugo pentaphylla*)
			(28)杭州荠苧群系(Form. *Mosla hangchouensis*)
			(29)粉绿狐尾藻群系*(Form. *Myriophyllum aquaticum*)
			(30)西南水芹群系(Form. *Oenanthe dielsii*)
			(31)蓼子草群系(Form. *Polygonum criopolitanum*)
			(32)尼泊尔蓼群系(Form. *Polygonum nepalense*)
			(33)习见蓼群系(Form. *Polygonum plebeium*)
			(34)马齿苋群系(Form. *Portulaca oleracea*)
			(35)蛇含群系(Form. *Potentilla kleiniana*)
			(36)三叶朝天委陵菜群系(Form. *Potentilla supina* var. *ternata*)
			(37)长刺酸模群系(Form. *Rumex trisetifer*)
			(38)裸柱菊群系(Form. *Soliva anthemifolia*)
			(39)盐地碱蓬群系(Form. *Suaeda salsa*)
			(40)毛叶沼泽蕨群系(Form. *Thelypteris palustris* var. *pubescens*)
			(41)三腺金丝桃群系(Form. *Triadenum breviflorum*)
			(42)挖耳草群系(Form. *Utricularia bifida*)
			(43)庐山堇菜群系(Form. *Viola stewardiana*)
			(44)二叶丁癸草群系(Form. *Zornia cantoniensis*)
		藤蔓草亚型	(1)乌蔹莓群系(Form. *Cayratia japonica*)
			(2)野大豆群系(Form. *Glycine soja*)
			(3)绞股蓝群系(Form. *Gynostemma pentaphyllum*)
			(4)葎草群系(Form. *Humulus scandens*)
			(5)火炭母群系(Form. *Polygonum chinense*)
			(6)杠板归群系(Form. *Polygonum perfoliatum*)
苔藓湿地植被型组	苔藓湿地植被型		泥炭藓群系(Form. *Sphagnum* spp.)
浅水植物湿地植被型组	漂浮植物植被型		(1)满江红群系(Form. *Azolla imbricata*)
			(2)凤眼莲群系(Form. *Eichhornia crassipes*)
			(3)水鳖群系(Form. *Hydrocharis dubia*)
			(4)水禾群系(Form. *Hygroryza aristata*)
			(5)浮萍群系(Form. *Lemna minor*)
			(6)大藻群系*(Form. *Pistia stratiotes*)
			(7)槐叶萍群系(Form. *Salvinia natans*)
			(8)紫萍群系(Form. *Spirodela polyrhiza*)

续表

型 组	型	亚 型	群 系
浅水植物湿地植被型组		浮叶植物植被型	(1)莼菜群系(Form. *Brasenia schreberi*) (2)芡实群系(Form. *Euryale ferox*) (3)黄花水龙群系(Form. *Ludwigia peploides* ssp. *stipulacea*) (4)蘋群系(Form. *Marsilea quadrifolia*) (5)睡莲群系(Form. *Nymphaea tetragona*) (6)荇菜群系(Form. *Nymphoides peltata*) (7)小叶眼子菜群系(Form. *Potamogeton cristatus*) (8)眼子菜群系(Form. *Potamogeton distinctus*) (9)野菱群系(Form. *Trapa incisa*) (10)菱群系(Form. *Trapa* spp.)
		沉水植物植被型	(1)水盾草群系(Form. *Cabomba caroliniana*) (2)金鱼藻群系(Form. *Ceratophyllum demersum*) (3)黑藻群系(Form. *Hydrilla verticillata*) (4)穗花狐尾藻群系(Form. *Myriophyllum spicatum*) (5)轮叶狐尾藻群系(Form. *Myriophyllum verticillatum*) (6)小茨藻群系(Form. *Najas minor*) (7)水车前群系(Form. *Ottelia alismoides*) (8)菹草群系(Form. *Potamogeton crispus*) (9)竹叶眼子菜群系(Form. *Potamogeton malaianus*) (10)篦齿眼子菜群系(Form. *Potamogeton pectinatus*) (11)川蔓藻群系(Form. *Ruppia maritima*) (12)狸藻群系(Form. *Utricularia* spp.) (13)亚洲苦草群系(Form. *Vallisneria asiatica*) (14)密齿苦草群系(Form. *Vallisneria denseserrulata*) (15)角果藻群系(Form. *Zannichellia palustris*)
红树林湿地植被型组		红树林湿地植被型	(1)秋茄树群系*(Form. *Kandelia candel*) (2)无瓣海桑群系*(Form. *Sonneratia apetala*)
		半红树林湿地植被型	(1)海滨木槿群系*(Form. *Hibiscus hamabo*) (2)苦槛蓝群系*(Form. *Myoporum bontioides*)

注：*表示人工栽培群系。

三、湿地植被群系特征

（一）针叶林湿地植被

暖性针叶林湿地植被型

（1）水杉群系*（Form. *Metasequoia glyptostroboides*）。

水杉在浙江平原水网地区及库尾消落区广泛栽培，在水网地区通常栽作条带状防护林带，在库区或河岸湿地则常成片种植，可经受短期水渍。土壤为沙质淤积土，较深厚。群落外貌整齐、峻拔，秋叶呈黄、橙红等颜色，十分美丽。群落中水杉林下灌木层发育较差，平均高0.3m，盖度15%，常见优势种有水竹，伴生种无或在稍干旱处有山楂、荚蒾、山莓、蓬藟等。草本层发达，平均高约0.4m，盖度90%，优势种有水蜈蚣、垂穗苔草、藎草、荻等，其他伴生种有堇菜、空心莲子草、苏门白酒草、牛繁缕、禺毛茛、水苋衣、双穗雀稗、刺苋、牛膝、益母草、野艾蒿、五节芒等。层外层植物有鸡矢藤、海金沙、杠板归、盒子草、葎草等。

（2）湿地松群系*（Form. *Pinus elliottii*）。

该群系在临海、德清、仙居等地的河滩、湖塘消落带中有栽培。土壤为沙质淤积土。群落外貌整齐，青绿色。群落中湿地松几无伴生种，偶见有苦楝、枫杨、意杨等。灌木层几不发育，偶见有香樟、枫杨小苗及梵天花等生长。草本层发育较好，平均高度0.2m，盖度50%，优势种有渐尖毛蕨、藿香蓟，伴生种有败酱、豨莶、野紫苏、通泉草等。层外层植物仅见有木防己、硕苞蔷薇。

（3）马尾松群系（Form. *Pinus massoniana*）。

该群系是浙江部分河滩地一个较为特殊的类型，主要见于椒江及支流永安溪、始丰溪、瓯江及支流楠溪江等地，泛洪时树干下部可被淹没。土壤为沙质淤积土。群落中马尾松伴生种不明显，偶见有枫杨、香樟等。灌木层较低矮，平均高0.6m，平均盖度45%，灌木层优势种有牡荆、地桃花等，伴生种有枫杨、蓬藟、截叶铁扫帚、醉鱼草、梵天花、小槐花、雀梅、粗叶地桃花、马棘等；草本层较发达，平均高0.1m，但种类相对较少，以求米草、柔枝莠竹占优势，伴生种有细风轮菜、井栏边草、爵床、荩草、牛膝、白茅、斑茅、日本金星蕨、江南卷柏、节节草、蕨、一年蓬、羊蹄等。层外层植物仅见硕苞蔷薇、海金沙、木防己等。

（4）黄山松群系（Form. *Pinus taiwanensis*）。

该群系是山地沼泽特有植被，在莲都、青田、景宁有分布。土壤为高山草甸土。群

注：*表示人工栽培群系。

落外貌整齐，较低矮、稀疏。群落中黄山松无伴生种。灌木层平均高 0.6m，平均盖度 60%，优势种有水竹、江南桤木等，伴生种有圆锥绣球、闪光红山茶等。草本层发达，平均高度 0.8m，平均盖度 80%，优势种有沼原草、华东薹草等，伴生种有柳叶箬、大油芒、山梗菜等。林下常见较厚的泥炭藓层。

（5）池杉群系*（Form. *Taxodium ascendens* var. *imbricarium*）。

池杉比水杉更耐水湿，故除栽植在与水杉相同环境外，还常被栽于季节性渍水的库区。群落林相整齐，枝叶浓密，伴生种有落羽杉。林下稀疏生长有苏门白酒草、藕草、禺毛茛、虾须草、细风轮菜、羊蹄、天胡荽、空心莲子草、蜜甘草、叶下珠、半边莲等草本植物，并可见较多的膝状呼吸根。临安青山湖的池杉林最为典型，渍水深度达 1～3m，形成了"船在林中行"的奇特景观，现已成为当地重要的旅游项目。

除上述群系外，省内尚有落羽杉群系（Form. *Taxodium distichum*）、水松群系（Form. *Glyptostrobus pensilis*）等栽培，但因面积较小，这里不叙述。

（二）阔叶林湿地植被

Ⅰ. 落叶阔叶林湿地植被型

（1）江南桤木群系（Form. *Alnus trabeculosa*）。

该群系主要分布于景宁望东垟自然保护区沼泽湿地中，海拔 1295m，土壤为高山草甸土。江南桤木占据绝对优势，平均树高 11m，胸径 10cm，郁闭度 0.8，萌芽性强，树干通直，灰白色，常附生有白色的地衣植物和黑色的苔藓植物，伴生种有湖北海棠、华山矾、闪光红山茶、交让木等；灌木层发育良好，平均高 1.3m，平均盖度 60%，常见优势种有中国绣球、圆锥绣球，伴生种有闪光红山茶、掌叶覆盆子、翅柃、波叶红果树、蜡子树、庭藤、垂丝石楠、下江忍冬、宜昌荚蒾、水竹、饭汤子、长叶鼠李、三花悬钩子等；草本层十分发达，平均高 0.6m，平均盖度 80%，优势种有沼原草、显子草、柔果苔草、华东薹草等，伴生种有日本金星蕨、线叶水芹、鼠尾草、窄叶裸菀、假耳草、萱草、紫萼、紫萁、牯岭藜芦、平颖柳叶箬、落新妇、小连翘、星花灯心草、山梗菜、隔山香、江西马先蒿、肥肉草、地耳草、野灯心草、东风菜、长梗黄精、星宿菜、南山堇菜、獐牙菜、点腺过路黄、紫花前胡等。层外层植物有羊乳、香花崖豆藤、三叶木通、白背牛尾菜、牯岭勾儿茶、野蔷薇、大叶乌蔹莓、长序鸡矢藤、蔓胡颓子、尖叶薯蓣等。

另外，保护区内还有大面积江南桤木小苗种植，平均高 2m，盖度 60%，伴生种较少，有景宁晚樱、圆锥绣球。草本层发达，平均高 0.4m，盖度 60%，优势种有沼原草、华东薹草，伴生种有日本柳叶箬、芒、山梗菜等。苔藓层深厚，以泥炭藓类为主。

（2）构树群系（Form. *Broussonetia papyrifera*）。

该群系广泛分布于各地河漫滩、溪沟两岸及平原河网。土壤以沙质淤积土为主，水稻土、红壤中也有分布。群落中构树伴生种较少，常见的有枫杨、意杨、池杉等。林下灌木层平均高度1.5m，盖度70%，以构树更新层占优势，伴生种有枫杨、白背叶、盐肤木、山合欢、蓬蘽、山莓等。草本层发育良好，平均高0.2m，平均盖度30%，常见优势种有空心莲子草、求米草、荩草、升马唐等，伴生种有阔鳞鳞毛蕨、星宿菜、马兰、瘦风轮菜、活血丹、野菊等。层外层植物有秀蔷薇、木防己、鸡矢藤等。

（3）苦楝群系（Form. *Melia azedarach*）。

该群系分布于临海、青田的河漫滩及绍兴、嘉兴等地的平原河网。河漫滩上的群系呈块状分布；平原河网上的群系呈条状分布。土壤为沙质淤积土。群落中苦楝常见伴生树种有枫杨、乌桕。灌木层发育较差，常见以枫杨、苦楝、构树等更新苗占优势。草本层较发达，平均高1m，平均盖度75%，优势种有马兰、藿香蓟、野紫苏，伴生种有芦苇、豨莶、通泉草、扯根菜、渐尖毛蕨、荩草、水蓼等。层外层植物有木防己、秀蔷薇、葎草、鸡矢藤等。

（4）鲁桑群系*（Form. *Morus alba* var. *multicaulis*）。

该群系广泛栽培于河滩地、围垦区及江河泛洪区，土壤为沙质淤积土。由于人为干扰强烈，群落常呈灌木状，群落中鲁桑占绝对优势，伴生种几无，偶见有香樟、朴树小苗。草本层视干扰程度不同，盖度10%～90%，常见种类有空心莲子草、牛膝、苏门白酒草、升马唐、繁缕、牛繁缕、雀舌草、蔊菜等。

（5）意杨群系*（Form. *Populus × canadensis*）。

意杨的一些优良品种自20世纪80年代开始陆续在浙江的一些江河滩地栽作防护林，目前主要集中在钱塘江及支流富春江、分水江，椒江及支流永安溪，临海三江，上虞曹娥江等地的河漫滩地，另外在海岸滩地中也常栽作防护林。土壤有泥质淤积土、沙质淤积土、潮土等。群落中意杨灌木层通常不发育，偶见意杨小苗混植其中；草本层高度与种类组成因立地不同而异，平均高0.2～0.6m，平均盖度70%～90%，主要优势种有芦苇、马兰、升马唐、白茅等，伴生种有通泉草、酢浆草、牛膝、鹅观草、狗尾草、扯根菜、丛枝蓼、窃衣、空心莲子草等。

（6）枫杨群系（Form. *Pterocarya stenoptera*）。

该群系是浙江河流湿地中最为典型、分布最广的木本植被类型，全省各地河流滩地均可见到，以仙居永安溪、天台始丰溪保存最为完整。枫杨具有较强的适应性，生长快，根系发达，抗冲刷，自然更新良好，是河滩地绿化的先锋树种之一，通常分布于江岸、河边冲积滩上，土壤多为淤积形成的沙质壤土，偶见有红壤。群落中枫杨林内有时混生少量南川柳、乌桕、意杨、苦楝等树种，自然更新情况良好，林下小苗、幼树较常见。林内灌木层基本不发育，零星生长的灌木树种有朴树、肖梵天花、牡荆、算盘子、构树、紫麻、醉鱼草、小蜡、朴树、细叶水团花、小槐花等。林下草本层一般均较发达，种类繁多，通常为一些喜阴、喜湿及广布型的草本，平均高0.5～0.9m，平均盖度70%～90%，常见优势种有空心莲子草、菜蕨、皱叶狗尾草、野紫苏、藿香蓟，常见伴生种有牛繁缕、窃衣、丁香蓼、牛膝、水芹、附地菜、禺毛茛、黄鹌菜、小根蒜、水苏、细风轮菜、华南毛蕨、风轮菜、水竹叶、野艾蒿、水蓼、酸模、酢浆草、节节草、益母草、苍耳、白顶早熟禾、爵床、水蓑衣、野菊、鳢肠、狗牙根等。层外层植物通常有千金藤、茅莓、木防己、海金沙、木通、葎草、薜荔、络石、鸡矢藤等。

(7) 垂柳群系*（Form. *Salix babylonica*）。

该群系在池塘沿岸、湖中滩地、公园堤边多有栽培，且多呈带状小面积分布。土壤主要为潮土。在西溪湿地中有较大面积垂柳群系分布，群落中乔木层仅有垂柳1种，平均高8m，平均胸径11cm，郁闭度0.8。林下仅有草本层，以芦苇占绝对优势种，平均高1.3m，盖度100%，群落中几乎没有伴生种，在群落边缘有镜面草、水芹、石龙芮伴生。

(8) 银叶柳群系（Form. *Salix chienii*）。

银叶柳在浙江的溪滩湿地也较常见，但通常分布在江河支流，且多为零星散生或在溪边呈狭长条带状分布，仅偶有呈小片状分布。通常生于比枫杨和南川柳更接近水边的鹅卵石滩地上甚至清水沙中，是溪滩地群系演替的先锋树种之一。土壤为清水沙土。群落中银叶柳伴生有少量南川柳。林下草本层不发育或不发达，主要种类有泥胡菜、马兰、鹅观草、雀舌草、毛茛、蘩菜、甘菊、看麦娘、天胡荽、空心莲子草、稻槎菜等。

(9) 旱柳群系（Form. *Salix matsudana*）。

该群系在浙江的溪滩及平原水网均常见，但通常分布较零散，面积较小。在长兴仙山湖有片旱柳林面积较大，渍水较深，形成壮观的水上森林。群落中旱柳平均高6m，平均胸径8cm，郁闭度0.6，伴生种有南川柳、银叶柳2种。灌木层不发育，草本层以紫萍、浮萍占绝对优势，盖度达90%，其他伴生种有芦苇、野菱。

(10) 南川柳群系（Form. *Salix rosthornii*）。

该群系是浙江江河滩地、平原水网常见的木本植被类型。土壤有清水沙、泥炭土等。在泥质河滩上群落中的南川柳常有少量银叶柳、枫杨、乌桕等树种混生其中。灌木层大多不发育，种类仅有紫麻、细叶水团花等数种，高约1m，盖度5%~10%。草本层则十分发达，高度为0.3~0.6m，盖度约80%~95%，主要优势种有空心莲子草、丁香蓼、浮萍、紫萍、芦苇、一年蓬等，伴生种有青葙、千金子、狗尾草、稗、泥胡菜、窃衣、酸模、鹅观草、水蓑衣、狭叶母草、水苏、水蓼、马兰、毛茛、鼠麴草、细风轮菜、蒲儿根、稻槎菜、通泉草、狗牙根、天胡荽、藿香蓟、菜蕨等。层外层植物仅见葎草1种。

在一些石质河滩上群落呈稀疏灌丛状分布，可分为两层：上层以南川柳为单一优势种，树干弯曲，分枝多；下层以白棠子树为优势种，伴生种有全叶榕、小蜡、柳叶白前、细叶水团花、算盘子、美丽胡枝子等。草本层高度0.1~0.4m，盖度20%，优势种有大叶苎麻、马兰、假蹄盖蕨等，伴生种有鱼腥草、天胡荽、海岛苎麻、钻形紫菀、碎米荠、大狼把草、细风轮菜等。层外层植物有盒子草、鸡矢藤，长势较差。

Ⅱ. 常绿阔叶林湿地植被型

(1) 木麻黄群系*（Form. *Casuarina* spp.）。

该群系主要分布于浙江中南部沿海，舟山群岛也有部分栽培，其中以玉环、瓯海、瑞安等地为最。土壤为滨海盐土。浙江自20世纪50年代作为沿海防护林树种引入，栽培有细枝木麻黄、木麻黄和粗枝木麻黄3种。木麻黄群系乔木层仅有木麻黄。灌木层通常仅有木麻黄的更新小苗，在立地较好的地方见有与女贞、夹竹桃、珊瑚树、苦槛蓝等混交造林。草本层几不发育，偶见有芦苇、互花米草，多生长在林窗处。

（2）香樟群系*（Form. *Cinnamomum camphora*）。

该群系见于丽水、温州、台州、衢州等地的江河边及杭州、湖州、嘉兴等地池塘的塘埂上，呈宽带状或片状分布，多为人工栽培。土壤为潮土。群落中香樟偶见有枫杨混生其中。灌木层通常不发育，有些地方见有香樟的更新苗。草本层发育良好，平均高0.3m，平均盖度60%，多为一年生草本，常见优势种为升马唐，伴生种有通泉草、马兰、蔊菜、稗、苏门白酒草、一年蓬等。

Ⅲ．竹林湿地植被型

1．散生竹亚型

（1）淡竹群系*（Form. *Phyllostachys glauca*）。

该群系在河滩地分布，以余杭、安吉的苕溪两岸最为常见。群系特征以安吉县调查资料予以说明：立地为河滩地，土壤为细沙质壤土。外貌整齐，常有芽竹混生其中。立竹密度为44700株/hm^2（含芽竹），平均高6m，胸径1.8～2.5cm，郁闭度1.0，总盖度100%。林下草本层发育较差，高约0.1m，盖度20%，优势种有鹅掌草、大头囊吾、珠芽尖距紫堇、杜衡、峨参、日本金腰，伴生种有异叶天南星、接骨草、丛枝蓼、虎杖、长萼堇菜、柳叶牛膝、羊蹄、半夏、水芹、野艾蒿、马兰、还亮草等。层外层植物有东南茜草、野豇豆、杠板归、鸡矢藤、野蔷薇、大红泡、乌蔹莓、羊乳、女萎等。

（2）水竹群系（Form. *Phyllostachys heteroclada*）。

该群系广泛分布于全省河滩地、沟渠边、水库库尾及高山沼泽中，但通常呈小片状或条带状分布，群系面积较小。土壤有沙质淤积土、红壤及高山草甸土。群落外貌较散乱，水竹竹秆密集，平均高1m，平均盖度90%，伴生种有山莓、粉花绣线菊、白叶莓、细野麻、水马桑等；草本层发育视立地条件而异，以低海拔地区种类较少，而高山沼泽区种类较多，优势种有芒、沼原草、鼠尾粟、柔枝莠竹等，伴生种有刺蓼、野灯心草、小连翘、虎杖、黑腺珍珠菜、一枝黄花、萱草、尼泊尔蓼、水蓼、一把伞南星、蕨、青绿苔草、博落回等。

（3）红竹群系*（Form. *Phyllostachys iridescens*）。

在河滩湿地分布的红竹林主要见于苕溪流域，以安吉县最为集中。由于该竹林通常受到一定的人为抚育管理（如刈草、疏竹等），因而在群系组成上也表现出一定的差异，如密度较小时，林下草本层特别发达，种类异常丰富等。以调查于安吉竹溪湿地的一片红竹林为例：立地为河滩地，土壤为细沙质壤土。林中混生有少量箬竹（多被砍去），立竹密度约为10000株/hm^2，平均高5.5m，平均胸径3.5cm。该群系竹绿笋红，景观十分优美。下层灌木因人为干扰而发育不良，种类则相对较多，蓬蘽和箬竹在局部地段较多，其他如细梗胡枝子、铁马鞭、野山楂、小蜡、小果蔱蒾、构骨等十余个树种个体均极少。草本层发育良好，种类十分丰富，高0.2m，参差不齐，盖度95%，种类主要有天葵、丝穗金粟兰、杜衡、半夏、黄鹌菜、苽草、三叶委陵菜、老鸦瓣、蒲儿根等，并出现了玉竹及瓶儿小草等稀见种类。层外层植物种类也较丰富，有薯蓣、乌蔹莓、白蔹、百部、络石、插田泡、东南茜草、木防己、鸡矢藤、华东葡萄、高粱泡、小果蔷薇等。

（4）浙江淡竹群系（Form. *Phyllostachys meyeri*）。

该群系主要分布于湖州（苕溪）、台州（椒江及支流）的河滩地上，土壤为沙质壤土。群落平均高约3m，胸径1.5～2.0cm，立竹密度达26500株/hm²。群系总盖度90%，郁闭度0.8。林下草本层发育一般，长势较弱，高5～15cm，盖度50%～70%，种类有蒲儿根、天葵、破子草、白顶早熟禾、水田碎米荠、井栏边草、牛膝、猪殃殃、羊蹄等。

（5）篌竹群系（Form. *Phyllostachys nidularia*）。

该群系见于各地溪滩地及平原河沟边，以安吉县最为集中，立地为河滩地，土壤为细沙质壤土。篌竹林外貌整齐，平均高4.2m，平均胸径1.8cm，立竹密度极高，达46250株/hm²。群系总盖度85%，郁闭度0.7。林下草本层极发达，主要种类有峨参、珠芽尖距紫堇、日本金腰、宝铎草、皱果蛇莓、小野芝麻、丛枝蓼、异叶天南星、柔弱斑种草、水芹、大头橐吾等，平均高0.3m，盖度80%～90%。层外层植物有鸡矢藤、络石、乌蔹莓、野蔷薇、杠板归、羊乳、蛇葡萄等。

（6）石竹群系（Form. *Phyllostachys nuda*）。

该群系主要分布于安吉，立地为河滩地，土壤为细沙质壤土。群落中石竹平均高度2.5m，平均胸径2cm，立竹密度较高，为25000株/hm²。灌木种类较少，草本层的种类和盖度等特征方面则大同小异，平均高0.3m，盖度80%～90%，主要种类有珠芽尖距紫堇、皱果蛇莓、小野芝麻、丛枝蓼、柔弱斑种草等。层外层植物有络石、鸡矢藤、乌蔹莓、杠板归、野蔷薇等。

（7）高节竹群系*（Form. *Phyllostachys prominens*）。

该群系分布于临安、安吉、长兴、桐庐等地的河滩地，土壤为沙质壤土。乔木层以高节竹为单一优势种；灌木层及更新层基本不发育，偶见香樟、朴树、蓬蘽、山莓等；草本层发育较好，高度0.1～0.3m，盖度45%，常见优势种有牛繁缕、鹅观草、刻叶紫堇等，其他伴生植物有鸭跖草、荠菜、碎米荠、波斯婆婆纳等。层外层植物有猪殃殃、葎草、野葛等。

（8）毛竹群系*（Form. *Phyllostachys pubescens*）。

该群系为乔木型竹种。湿地中的毛竹林主要见于丽水、台州、温州等地的江河滩地，泛洪时中下部可被短期淹没。土壤为沙质壤土。群落中常以毛竹为单一优势种，有时伴生有马尾松、香樟等树种。灌木层几不发育，常见种类有香樟、朴树、盐肤木、竹叶椒等；草本层稀疏，高度0.1～0.2m，盖度10%，有金毛耳草、长萼堇菜、韩信草、狭叶香港远志、假婆婆纳等。层外层植物亦不发达，有香花崖豆藤、蔱蒾、日本薯蓣、鸡矢藤等。

（9）芽竹群系（Form. *Phyllostachys robustiramea*）。

该群系主要分布于安吉县苕溪两岸河滩地。调查点位于安吉县递铺镇赵家上村，立地为河滩地，土壤为细沙质壤土。竹林平均高6.5m，平均胸径3.8cm，群系总盖度95%，立竹密度28125株/hm²。林下草本层发育较差，平均高0.1m，盖度不到10%，种类有虎杖、白苞蒿、野艾蒿、繁缕、破子草等。层外层植物有刺蓼、鸡矢藤、杠板归、葎草、日本薯蓣等。

2. 丛生竹亚型

（1）绿竹群系*（Form. *Bambusa atrovirens*）。

该群系主要分布于温州地区，尤以瑞安、苍南、文成的江河两岸河滩地最为常见，土壤为沙壤土。以文成瓯江河漫滩的绿竹林为例：群落中绿竹平均高5m，平均胸径3.5cm，平均每丛具秆25枝。草本层几乎不发育，偶见有火炭母、金星蕨、野苎麻、空心莲子草、求米草、蔓赤车等。层外层植物有绞股蓝、络石，长势较差。

（2）青皮竹群系*（Form. *Bambusa textilis*）。

该群系见于温州市的一些江河岸边及椒江流域两岸滩地，土壤为沙质壤土。群落中青皮竹平均高9.5m，竹秆平均胸径3.5cm，密度425丛/hm²，每丛平均具秆30枝，郁闭度0.9。林下草本极少，仅见极少量的蕳草、马兰、早熟禾、水芹、水蓼等，且因竹林郁闭度过高而生长不良。

（3）温州水竹群系*（Form. *Bambusa pachinensis*）。

该群系主要见于瓯江及支流楠溪江两岸滩地，其中尤以青田、文成最为集中。土壤为沙质壤土，较深厚肥沃。竹林外貌团簇状，景观特殊，十分优美。群落中温州水竹高3～5m，平均胸径1.3cm，郁闭度近1.0。林下灌木层和草本层均不发育，仅在群落边缘有蓬蘽、山莓、光滑悬钩子、求米草、蔓赤车、渐尖毛蕨、爵床、田麻等分布。

（三）灌丛湿地植被

Ⅰ. 落叶阔叶灌丛湿地植被型

（1）细叶水团花群系（Form. *Adina rubella*）。

该群系见于全省各地溪滩中，生境通常为鹅卵石滩，群系多呈稀疏状态，高多在1m左右，盖度40%～60%，常伴生有银叶柳、轮叶蒲桃、斑茅、枫杨、南川柳等。该种根系发达，枝条柔韧，是溪滩地群系演替的先锋树种之一。

（2）紫穗槐群系*（Form. *Amorpha fruiticosa*）。

该群系分布于黄岩鉴洋湖养殖塘的塘埂上，土壤为泥质淤积土。群落中紫穗槐为单一优势种，平均高1m，盖度65%，偶见有白檀伴生；草本层发育较好，平均高0.3m，盖度70%，优势种有大狗尾草、升马唐，伴生种有毛苦蘵、光头稗、千金子、牛筋草、碎米莎草、铁苋菜、鸭跖草等。层外层植物有络石1种。

（3）白棠子树群系（Form. *Callicarpa dichotoma*）。

该群系分布于临安、衢江等地河滩上，土壤为沙质淤积土。外貌呈绿紫色，斑块状散生在河滩沙地上，林木树冠呈球形。群落可分成两层：第一层以白棠子树为单一优势种，树高1.7m，盖度80%；第二层以柳叶白前为单一优势种，高0.4m，盖度20%，散生在群落里。草本层长势较差，高度0.1m，盖度20%，以水蓼、硬毛地笋、沼生马齿、马兰略优，伴生种有天胡荽、狼把草、细风轮菜、通泉草、小花蓼、碎米荠等。

（4）白前群系（Form. *Cynanchum glaucescens*）。

该群系在青田县瓯江河漫滩上有分布，土壤为清水沙。群落中白前为单一优势种，平均高0.3m，盖度55%。草本层发育良好，平均高0.2m，盖度90%，优势种有假俭草、狗牙根，伴生种有苏门白酒草、天胡荽、雀稗、半边莲等。

（5）柳叶白前群系（Form. *Cynanchum stauntonii*）。

该群系在衢江乌溪江、仙居永安溪有分布。群落外貌稀疏，斑块状散生在河道旁的沙地上或河道中的淤泥滩上。群系中的柳叶白前高0.4m，盖度40%，散生在群系里；草本层发育不良，平均高0.1m，盖度5%，种类有大箭叶蓼、大狼把草、春蓼、天胡荽、蕹菜、雀舌草、狗牙根、马兰等。

（6）圆锥绣球群系（Form. *Hydrangea paniculata*）。

该群系在山地沼泽中较常见，是本省高山沼泽中水干涸后的草本沼泽湿地向木本沼泽湿地演替的代表类型，土壤为山地草甸土。群落平均高1.5m，盖度80%，优势种圆锥绣球平均高1.7m，盖度75%，伴生种有荚蒾、水马桑、灯台树、三花悬钩子、结香、山莓、算盘子、华山矾等；草本层长势较差，平均高0.2m，盖度30%，常见优势种有披针苔草、水蜈蚣，伴生种有玄参、龙师草、星宿菜、堇菜等，多分布在林缘。

（7）小蜡群系（Form. *Ligustrum sinense*）。

该群系在安吉、临安、衢州等地的河滩上常见。外貌呈草绿色，斑块状散生在河滩沙地或河堤上，土壤为沙质淤积土。群落灌木层高0.4~3m，盖度90%，以小蜡为主要优势种，树高2.5m，盖度80%，伴生种有算盘子、轮叶蒲桃、扁担杆、白棠子树、蓬蘽、圆头蚊母树、山油麻、细叶水团花、马棘等。草本层高度0.1~2m，盖度20%，优势种有芒、五节芒、星宿菜、马兰，伴生种有大狼把草、野紫苏、四叶葎、堇菜、齿叶矮冷水花、水蓼、甘菊等。层外层植物有金樱子、鸡矢藤、小果蔷薇、海金沙、茅莓等。

（8）映山红群系（Form. *Rhododendron simsii*）。

该群系在浙西南、浙南的山区溪沟两岸有分布，土壤为清水沙。群落外貌较稀疏，映山红平均高1.3m，盖度45%，为单一优势种或有白檀、中国绣球伴生；草本层发育较差，常见种类有石菖蒲、堇菜、母草、漆姑草、通泉草等，长势较差。

（9）乌桕矮生灌丛群系（Form. *Sapium sebiferum*）。

该群系见于青田的河漫滩及建德的水库库尾，土壤为沙质淤积土、砾石滩。群落中乌桕呈灌丛状，平均高1.6m，平均盖度60%，基部多分枝，伴生种有南川柳、枫杨。草本层略发达，平均高0.1m，盖度70%，优势种有假俭草、二叶丁癸草、升马唐等，伴生种有白花败酱、苏门白酒草、粟米草、母草等。

（10）地桃花群系（Form. *Urena lobata*）。

该群系在浙东南及南部河漫滩上有分布，土壤为沙质壤土。群落外貌较低矮，平均高0.3m，盖度90%，以地桃花占绝对优势，平均高0.2m，盖度80%，伴生种有梵天花、粗叶地桃花、马棘、小槐花、牡荆等。草本层发育良好，平均高0.15m，盖度70%，优势种有假俭草、糯米团，伴生种有鼠尾粟、华南毛蕨、风轮菜、瘦风轮菜、白茅、鸡眼草、石荠苧等。

（11）牡荆群系（Form. *Vitex negundo* var. *cannabifolia*）。

该群系分布于浙西、浙西北的山区溪沟中，土壤为沙质淤积土。群落外貌呈土灰色，牡荆常呈单一优势种，平均高1.6m，盖度80%，常见伴生种有白棠子树、醉鱼草、盐肤木等。草本层发育较好，平均高0.2m，盖度75%，常见优势种有狗牙根、假俭草等，伴生种有狗尾草、加拿大蓬、五节芒、革命菜、刺毛母草等。层外层植物有小果蔷薇、菝葜等。

Ⅱ. 常绿阔叶灌丛湿地植被型

芙蓉菊群系（Form. *Crossstephium chinense*）。

该群系分布于定海、洞头、椒江、嵊泗等地的远岛基岩海岸的岩缝中。群落中芙蓉菊为单一优势种，平均高0.3m，盖度40%；草本层几乎不发育，偶见有厚叶双花耳草、弱锈鳞飘拂草。

Ⅲ. 盐生灌丛湿地植被型

（1）南方碱蓬灌丛（Form. *Suaeda australis*）。

该群系分布于岱山、普陀、定海、三门、乐清、瓯海等地围涂区的低湿处或潮上带，土壤为涂泥，含盐量为5.38‰~16.18‰。群系外貌低矮，季相变化明显，春夏季呈灰绿或暗绿色，入秋转为紫红或红褐色，景观独特，十分美丽。群系通常高0.2~0.5m，盖度60%~80%，由单一种组成。草本层常见优势种有盐地碱蓬、滨艾等，伴生种较稀少，在低湿处多伴生有芦苇、盐角草、拟漆姑、糙叶苔草、碱菀等，地势略高处则有碱蓬、灰绿藜、夏威夷紫菀等伴生。

（2）柽柳灌丛（Form. *Tamarix chinensis*）。

该群系在杭州湾、温岭、玉环、龙湾等地沿海围垦滩涂区均有分布，土壤为滨海盐土。柽柳高度不一，最高达2m，平均高1m，盖度65%，长势及自然更新状况良好，1m以上植株多已开花结果。草本层发育较差，主要为芦苇和碱菀，其他有海三棱藨草、钻形紫菀、灰绿藜等。

柽柳是典型的盐碱土指示植物，在沿海及低湿地区种植可起到改造盐碱地作用。其树形优美，枝条纤秀，如柳如柏，叶茂花繁，花色粉红，且一年中可开2～3次花，12月依然郁郁葱葱。根系发达，萌蘖性强，生长快，自我更新能力强，耐修剪，可在含盐量1%的重盐碱土上生长，抗风、耐寒、耐旱、耐水湿。

(3) 单叶蔓荆灌丛（Form. *Vitex trifolia* var. *simplicifolia*）。

该群系为滨海沙滩特有类型，广泛分布于嵊泗、岱山、普陀、象山、临海、温岭、洞头、平阳等地的海岛上，生于滨海风成沙地或潮上带与风成沙地交界处，海拔一般为2～5m，土壤为滨海风沙土或涂沙，在高潮或特大高潮时也可受海水间歇性浸渍。群系平均高0.2～0.3m，盖度50%～95%。外貌灰绿色，夏季点缀以蓝紫色花朵，景观整齐而美丽。灌木层以单叶蔓荆占优势，通常在近海处生长较好，茎蔓粗壮，长可达2～3m。草本层分化不明显，优势种因地而异，常见优势种主要有卤地菊、绢毛飘拂草、甜根子草、狗牙根、假俭草、厚藤、铺地黍、矮生苔草等，伴生种在不同群系中亦有所不同，常见的有肾叶打碗花、沙苦荬、紫马唐、海刀豆、香附子、海滨山黧豆、普陀狗哇花、草木樨、蓝花子、豚草、苍耳、狭叶尖头叶藜、羊蹄、无翅猪毛菜、番杏、狗尾草、翅果菊、臭荠等耐盐、耐沙或适应性广的种类。伴生种数量因群系地段和季节而异，通常每样地内1～8种，且沿朝海方向逐渐减少。

（四）草丛湿地植被

Ⅰ.莎草型湿地植被型

1.高莎草亚型

(1) 垂穗苔草群系（Form. *Carex dimorpholepis*）。

该群系主要见于临安、富阳、衢江等地的江河滩地及水库消落区，外貌呈黄绿色，丛状，散生在河滩上，面积通常较小，土壤为潮土。群落中垂穗苔草占绝对优势，高0.6～1.0m，盖度70%～95%，伴生植物主要有空心莲子草、薅菜、荩草、藨草、双穗雀稗、无辣蓼、狗牙根、禺毛茛、荔枝草、青蒿、泥胡菜、单性苔草、虾须草、破铜钱、野艾蒿、扯根菜、鱼眼菊、通泉草、水蜈蚣等。

(2) 糙叶苔草群系（Form. *Carex scabrifolia*）。

该群系广泛分布于浙江沿海各地的潮间带滩涂、围涂水沟、堤岸边水湿地及海岸沙质湿地，有时也见于海拔2～3m的沙滩潮上带。土壤多为滩涂泥、涂泥土、咸泥土，含盐量均较高。群系外貌整齐稠密，墨绿色，入秋至早春呈枯黄色，平均高0.6m，盖度30%～100%，分布于潮间带的群系的盖度和高度呈现越远离海岸而越低的趋势，多形成单一优势种群系，有时伴生盐地鼠尾粟、白茅、芦苇、滨艾、中华结缕草、碱蓬、海三棱藨草等种类，但均较单调，每群系平均1～4种；而分布于咸泥土、涂泥土上的群系，其伴生种类则较为丰富，主要有棒头草、空心莲子草、假牛鞭草、芦苇、羊蹄、齿果酸模、碱蓬等。

（3）咸水草群系（Form. *Cyperus malaccensis* var. *brevifolius*）。

该群系见于浙江东南部、南部沿海各市县，多呈条带状分布于潮间带近潮上带地段，有时见于入海口江边水中或小海湾沼泽状的涂泥中，耐盐、耐淹性均较强，具良好的促淤、消浪及护堤功能，是浙江南部沿海沼生植被代表之一。群系高0.4～0.6m，盖度50%～70%，通常为单优种群系，有时有少量芦苇、糙叶苔草伴生其间。

（4）渐尖穗荸荠群系（Form. *Eleocharis attenuata*）。

该群系见于临安青山湖库尾消落区内，生境每年周期性被淹没。群系高约0.6m，盖度100%，渐尖穗荸荠盖度98%，十分密集，外貌绿色。群系内部几乎不见伴生植物，周围则生长有蓼子草、飘拂草属、狗牙根、旋鳞莎草、异型莎草、苍耳、虾须草、莲子草、蜜甘草、牛毛毡、湖瓜草、地锦草、丁香蓼等。

（5）华东藨草群系（Form. *Scirpus karuizawensis*）。

该群系分布于淳安、临安、景宁、松阳的高山沼泽地中，生境土壤腐殖质层深厚。群系总盖度100%，以华东藨草占优势，高达1m，盖度40%，伴生植物以箱根野青茅、毛叶沼泽蕨、假鼠妇草、沼原草等居多，其他有野灯心草、芒、黑腺珍珠菜、箭叶蓼、矮蒿、绶草、野古草、密腺小连翘、江南灯心草、三腺金丝桃、隔山香、黄连花、窄叶裸菀、五岭龙胆、肥肉草、革命菜、地耳草等。

（6）扁秆藨草群系（Form. *Scirpus planiculmis*）。

该群系分布于普陀、定海、鹿城、玉环等地，土壤主要为咸泥土。春夏季高度为0.6～1.0m，盖度70%～90%，伴生植物主要有芦苇、双穗雀稗、棒头草、碱蓬、野胡萝卜、齿果酸模、空心莲子草等耐盐植物。

（7）百球藨草群系（Form. *Scirpus rosthornii*）。

该群系主要见于衢江乌溪江的河滩上，土壤为腐殖土，终年积水。群落中百球藨草平均高0.6m，盖度70%，伴生种较少，常见的有龙师草、鱼眼菊、通泉草、垂穗苔草等。

（8）水葱群系*（Form. *Scirpus tabernaemontani*）。

该群系零星分布于全省各地，多为栽培，面积较小，生于水深0.5m以下湖泊、池塘边及水沟中，高1～2m，外貌深绿色，盖度60%～80%，通常为单一优势种群系。

2. 低莎草亚型

（1）芒尖苔草群系（Form. *Carex doniana*）。

由芒尖苔草为主组成的湿地群系在浙江各地溪沟边、河滩地、水库消落区及山地沼泽等处常有分布。低海拔地段的芒尖苔草群系总盖度85%，芒尖苔草为主要建群种，高0.3～0.4m，盖度40%～100%。群系中伴生植物视立地情况而异，生长在沙质河滩的伴生种较少，生长在泥质河滩或库尾的伴生种极为丰富，有鼠麹草、蓼子草、野灯心草、星花灯心草、旋鳞莎草、异型莎草、棒头草、茵草、三叶朝天委陵菜、丁香蓼、禹毛茛、陌上菜、日照飘拂草、小藜、鳢肠、裸柱菊、双穗雀稗、野艾蒿、水蜈蚣、狗牙根、通泉草、狗尾草等。

分布于山地沼泽中的芒尖苔草群系，仅见于安吉龙王山千亩田，总盖度100%，高

0.5m，芒尖苔草占绝对优势，分布不太均匀，盖度60%，外貌鲜绿色。伴生植物有玉蝉花、华东驴蹄草、福建紫萁、天目当归、林荫千里光、锈点苔草、类头状花序薹草、大蓟等，群系中零星生长有细齿稠李、山莓、西南卫矛、毛叶石楠、野蔷薇、山樱花等木本植物；局部地段发育有泥炭藓层。

(2) 砂钻苔草群系（Form. *Carex kobomugi*）。

该群系为滨海沙滩特有类型，分布于普陀区的朱家尖岛、桃花岛和普陀山以及平阳县的南麂列岛等地。群系通常见于滨海风成沙地中地势较高的沙丘上，土壤为滨海风沙土，生境干旱、瘠薄、风大，含盐量较低。群系单层性，外貌低矮、整齐，高0.2～0.3m，分布较均匀，黄绿色，生长较旺盛。因分布地点不同，群系组成种类也有一定差异，优势种为砂钻苔草，主要伴生植物有肾叶打碗花、沙苦荬，其次有绢毛飘拂草、狭叶尖头叶藜、毛马唐、假俭草等，偶有单优群系。

(3) 翼果苔草群系（Form. *Carex neurocarpa*）。

该群系分布于千岛湖库湾滩地，土壤属淤积性潮土。群系平均高0.3m，总盖度80%，以翼果苔草为主要建群种，平均高0.4m，盖度约60%，有些地段可见与蔺草、牛鞭草、半边莲共占优势。群落可明显分为两层：上层（高度0.4m左右）伴生种有藜、小藜、蛇床、大狼把草、荔枝草、酸模叶蓼、藨草、土荆芥、芒尖苔草、丁香蓼等；下层（高度0.2m以下）伴生种有通泉草、裸柱菊、三叶朝天委陵菜、旋鳞莎草、蓼子草、积雪草、石胡荽、狗牙根等。

(4) 矮生苔草群系（Form. *Carex pumila*）。

该群系分布较广，主要见于嵊泗、岱山、普陀及平阳等地的潮上沙滩，海拔3m左右，呈条带状分布，土壤为滨海盐土，立地具有盐分含量较高、瘠薄、干旱与浸渍相交替的特点。群系外貌低矮、整齐，暗绿或绿色，高0.1～0.2m，总盖度30%～95%，在无积水的低洼地生长最好。矮生苔草占绝对优势，伴生种主要有沙苦荬和肾叶打碗花，此外还可见到少量中华结缕草、蓝花子、狭叶尖头叶藜、无翅猪毛菜、狗牙根、苍耳等伴生。越近海岸线，矮生苔草越显低矮，伴生种类亦渐趋稀少至呈单优状态。

(5) 大理苔草群系（Form. *Carex taliensis*）。

该群系见于临安、淳安等地的山地沼泽及高山溪沟中，土壤为清水沙。群落平均高0.3m，盖度45%，大理苔草占绝对优势，伴生种无或偶见溪黄草、庐山堇菜等。

(6) 单性苔草群系（Form. *Carex unisexualis*）。

该群系主要分布于杭州地区，通常生长于池塘边及库尾消落区等湿地中。调查样地位于临安青山湖库尾消落区，生境每年遭受周期性淹没。群系高约0.3m，外貌绿色至黄绿色，密集而整齐，叶细而柔弱，常与垂穗苔草群系呈镶嵌状分布。群系总盖度100%，单性苔草盖度大于95%，伴生植物较少，仅与极少量的狗牙根、双穗雀稗、虾须草、禺毛茛、蔺草、藨草相伴生。

(7) 异型莎草群系（Form. *Cyperus difformis*）。

该群系在浙北平原的养殖塘的塘埂、人工河岸处较常见，土壤为泥质淤积土。群落平均高0.25m，总盖度70%，建群种异型莎草平均高0.2m，盖度60%，伴生种有水蜈蚣、蕲菜、碎米莎草、面条草、绵毛酸模叶蓼、星花灯心草等。

（8）畦畔莎草群系（Form. *Cyperus haspan*）。

该群系见于东阳、景宁的高山湿地中，土壤为泥质淤积土。群落平均高0.4m，盖度80%，建群种畦畔莎草平均高0.3m，盖度75%，伴生种有飘拂草、野灯心草、华东蘸草、牛毛毡、星花灯心草、半边莲、梁子菜等。

（9）旋鳞莎草群系（Form. *Cyperus michelianus*）。

该群系分布于杭州地区，生于空旷的湿地中，多见于水库消落区，其中以千岛湖最为常见。群系外貌黄绿色，低矮、整齐，形同地毯，夏季果序呈金黄色或红褐色，景观极为美丽。群系高度与土壤湿度相关，干燥处仅2～5cm，而在较湿处则可达0.2～0.3m，总盖度80%～100%，通常组成单优势群系，在与三叶朝天委陵菜群系交汇处，常呈二者共优现象。群落中旋鳞莎草平均高度0.2m，盖度60%～100%，伴生植物种类随土壤湿度降低而增多，在地势稍高处主要有三叶朝天委陵菜、单性苔草、习见蓼、蕺草、荩草、芒尖苔草、双穗雀稗、湖瓜草、荔枝草等；在地势稍低处为狗牙根、丁香蓼、异型莎草、飘拂草、虾须草、蓼子草、渐尖穗荸荠、通泉草、石胡荽、蕺草、苍耳、陌上菜、卵叶丁香蓼、碎米莎草、莲子草、牛鞭草、牛毛毡、广州蕲菜、湖瓜草、空心莲子草等。

（10）香附子群系（Form. *Cyperus rotundus*）。

该群系在全省湿地中较为常见，土壤有沙质淤积土、水稻土、滨海沙土等。现以青田县瓯江边河滩地样地为例：以香附子占据绝对优势，群系外貌绿色，平整形如地毯，高5～15cm，总盖度100%，香附子盖度90%，伴生植物有空心莲子草、狗牙根、假俭草、双穗雀稗、通泉草、莲子草、鳢肠、天胡荽、半边莲、水蜈蚣、凹头苋、丁香蓼、苍耳、蕲菜等。

（11）龙师草群系（Form. *Eleocharis tetraquetra*）。

该群系在浙江各地河滩、水库消落区及山地沼泽都有分布。群落以龙师草为主要建群种，平均高0.3m，盖度80%，其他伴生种有江南谷精草、华东蘸草、星宿菜、堇菜、密花拂子茅、牛毛毡等。

（12）荸荠、荩草群系（Form. *Eleocharis dulcis, Arthraxon hispidus*）。

该群系见于常山的荒废荸荠田中，土壤为水稻土。群落平均高0.2m，盖度90%，其中荸荠平均高0.3m，盖度70%，荩草平均高0.2m，盖度30%，其他伴生种有秕壳草、辣蓼、节节草、牛鞭草等。

（13）牛毛毡群系（Form. *Eleocharis yokoscensis*）。

该群系见于临安、东阳、衢江等地的库尾消落区，立地为沼泽状湿地，面积不大，土壤为泥质淤积土。群系总盖度90%，牛毛毡高5～8cm，盖度80%，外貌绿色，十分密集，形如地毯，伴生种主要有华东蘸草、旋鳞莎草、飘拂草、蓼子草、丁香蓼、碎米莎草、狗牙根、湖瓜草、畦畔莎草等。

（14）弱锈鳞飘拂草群系（Form. *Fimbristylis ferruginea* var. *sieboldii*）。

该群系见于乐清、海宁、定海、三门等地的基岩海岸上，面积较小，土壤为腐殖沼泽土。群落以弱锈鳞飘拂草为单一优势种，平均高0.2m，盖度40%，伴生种几无，偶见有水烛、毛马唐、铺地黍等伴生，长势较差。

（15）绢毛飘拂草群系（Form. *Fimbristylis sericea*）。

该群系分布于定海、普陀等地的滨海沙滩上，土壤为滨海沙土。群落散生在沙滩上，外貌低矮、稀疏，绿白色，以绢毛飘拂草为单一优势种，平均高0.2m，盖度50%，伴生种极少，偶见有沙苦荬、砂钻苔草、假俭草、珊瑚菜、中华结缕草、毛马唐等。

（16）水蜈蚣群系（Form. *Kyllinga brevifolia*）。

该群系分布于全省淡水湿地中，土壤有泥质淤积土、水稻土等。群落平均高0.3m，盖度95%，建群种水蜈蚣平均高0.2m，盖度90%，常见伴生种有面条草、箭叶蓼、空心莲子草、堇菜、通泉草、母草等。

（17）细叶刺子莞群系（Form. *Rhynchospora faberi*）。

该群系见于景宁、龙游等地的高山沼泽中，土壤为高山草甸土。群落平均高0.3m，盖度85%，建群种细叶刺子莞高0.2~0.3m，盖度60%~70%，伴生种较丰富，有4~8种不等，主要有挖耳草、钩突耳草、匙叶茅膏菜、堇菜、谷精草、长苞谷精草、囊颖草、华东蔍草、三腺金丝桃、萱草、石荠苧、珍珠菜、柔枝莠竹、星花灯心草、江南灯心草、中华苦荬菜等。

（18）刺子莞群系（Form. *Rhynchospora rubra*）。

该群系在本省河漫滩上常见，土壤为沙质淤积土或沙质壤土。群落外貌低矮，平均高0.2m，盖度70%，刺子莞为单优势种，或与龙师草共优，伴生种有苈草、堇菜、碎米莎草、龙师草、水蜈蚣等。

（19）海三棱藨草群系（Form. *Scirpus* × *mariqueter*）。

该群系主要分布于平湖、海盐、上虞、余姚、慈溪、镇海、三门等地，多生于潮间带的中、低潮区，或溪流入海口的滩涂及潮湿的沟渠边，受区域环境影响，土体通常较硬实。群系外貌黄绿色，整齐，层次单一，高0.2~0.4m，盖度70%~100%，植株密度相差悬殊，最高可达800~1000株/m²。通常为单优种群系，有时有糙叶苔草、空心莲子草、芦苇等伴生其中。

海三棱藨草群落是我国特有群落，是滩涂演替的先锋群落，但目前受围涂影响及互花米草种群的竞争取代，海三棱藨草的分布面积正逐渐缩小。

（20）穗芽水葱群系（Form. *Schoenoplectus gemmifer*）。

该群系见于景宁高山湿地，海拔1300m，土壤为泥炭沼泽土。群落以水毛花为单一优势种，平均高0.4m，盖度60%，伴生种几无，偶见有萤蔺、小叶泽泻伴生。

（21）萤蔺群系（Form. *Scirpus juncoides*）。

该群系在低海拔河漫滩及高山沼泽等处均有分布，土壤为泥质淤积土、泥炭沼泽土。群落以萤蔺为主要建群种，平均高0.2m，盖度80%，在河漫滩中可见牛毛毡、马兰、芦苇等伴生；在高山沼泽中则见水毛花、日本柳叶箬、野古草、山梗菜、沼原草、华东蔗草等伴生。

Ⅱ. 禾草型湿地植被型

1. 高禾草亚型

（1）野古草群系（Form. *Arundinella anomala*）。

该群系分布于莲都、临安、景宁等地的高山沼泽中及衢江河滩上，土壤为高山草甸土和清水沙。群落外貌深绿色，整齐，平均高0.6～1.2m，总盖度60%～95%，其中建群种野古草高0.6～1.3m，盖度50%～80%，分布于高山沼泽的群系有沼原草、日本柳叶箬、山梗菜、芒、两歧飘拂草等伴生；分布于河滩上的群系有海岛苎麻、糯米团、微糙三脉紫菀、柔枝莠竹、皱叶狗尾草等伴生。

（2）芦竹群系（From. *Arnudo donax*）。

该群系分布于全省各地的海堤、库坝、沟渠、河滩等处，多呈条带状分布，宽5～10m不等。土壤为潮土、滨海盐土、沙土等。生于滨海地带的群系特征为：总盖度80%～95%，通常有亚层分化，上层以芦竹为单一优势种，高2.5～3.0m，盖度40%～90%，季相变化明显；下层以一年生植物占优势，平均高0.2～1.0m，盖度10%～60%，常见的有白酒草、野艾蒿、碱菀、草木樨、假还阳参、酢浆草、黄鹌菜、婆婆纳、野豌豆、猪殃殃、蒲公英等，有时在群系中还可出现硕苞蔷薇、木防己、茅莓和鸡矢藤等藤本植物。生于淡水湿地的群系特征为：多生于河滩地及溪边堤坝上，立地为沙质土或鹅卵石滩地，呈片状、条带状或星散状分布，群落中芦竹高4～5.5m，盖度90%～100%，伴生植物主要有风轮菜、鹅观草、窃衣、蒲儿根、丛枝蓼、爵床、节节草、龙葵、绵枣儿、野艾蒿、活血丹、柔弱斑种草等。层外层植物有海金沙、葎草等。

芦竹高大，丛生，外貌绿色，形态优美，秋冬时节，硕大的白色花（果）序迎风摇曳，极为美丽，不仅具有优良的防冲固堤功能，也是美化江河两岸的优良景观植物，茎秆还可供造纸。

（3）拂子茅群系（Form. *Calamagrostis* spp.）。

该群系在定海、三门等滨海滩涂及东阳、余姚等地的山地沼泽中可见，土壤有淡涂泥、泥炭土等。群系平均高0.6～0.8m，总盖度70%～100%，建群种有密花拂子茅和拂子茅2种，平均高0.7m，盖度80%。滨海滩涂的伴生种有鸭舌草、狗牙根、白羊草、白茅等；山地沼泽的伴生种有菰、鸭嘴草、萱草、泽珍珠菜、野古草、日本柳叶箬、龙师草等。

（4）稗群系（Form. *Echinochloa* spp.）。

该群系在江河滩地、荒芜水田、库区消落区或平原沟渠中均常见，土壤有泥质淤积土、水稻土。常见建群种有稗与长芒稗，在群落中占绝对优势，平均高1.3m，盖度80%～90%，伴生种有小飞蓬、双穗雀稗、空心莲子草、水蓼、丁香蓼等。

（5）假鼠妇草群系（Form. *Glyceria leptolepis*）。

该群系分布于临安、安吉等地的海拔1000～1280m的山地沼泽中。群系以假鼠妇草为单一优势种，高约1m，盖度85%～100%，伴生植物有沼原草、芒、野灯心草、华东藨草、江南灯心草、密腺小连翘等。夏秋时节，银白色花序白茫茫一片，景色极为优美。

（6）白茅群系（Form. *Imperata cylindrica* var. *major*）。

该群系在浙江湿地中十分常见。白茅群系在淡水湿地中多分布于江河滩地，通常生于沙质土中。群落中白茅为单优势种，叶层高0.2～0.5m，繁殖枝高0.5～0.8m，盖度90%，伴生植物有鼠尾粟、野艾蒿、短萼鸡眼草、野塘蒿、狗牙根、一年蓬、紫马唐等，并有硕苞蔷薇伴生其间。白茅群系在海岸湿地中则主要分布于海堤侧、海塘边、水沟旁、抛荒盐田、海岸潮上带等含盐量较低处，通常较潮湿，土壤为咸泥土、涂泥土或涂沙土，含盐量1.58‰～3.53‰。群落中白茅为单一优势种，高度0.6～0.8m，盖度可达95%，在不同的群系中伴生植物也有所不同，主要有糙叶苔草、南方碱蓬、金色狗尾草、苏门白酒草、芦苇、一年蓬、钻形紫菀等，分布于潮上沙地的主要伴生植物为矮生苔草、中华结缕草、绢毛飘拂草、砂青苔草等，而位于潮上泥滩地的伴生种则以糙叶苔草、芦苇等较为常见。

（7）有芒鸭嘴草群系（Form. *Ischaemum aristatum*）。

该群系分布于景宁、东阳、龙游等地的高山沼泽中，土壤为泥炭土。群落外貌黄绿色，密集，平均高0.8m，总盖度达100%，建群种鸭嘴草平均高0.9m，盖度90%，伴生种种类丰富，有龙师草、萱草、密花拂子茅、野古草、日本柳叶箬、窄叶泽泻、紫萼、谷精草等。

（8）鸭嘴草群系（Form. *Ischaemum crassipes*）。

该群系见于临海三江湿地滩涂潮上带地段，面积不大，土壤为滩涂泥或涂泥土，涨潮时可被潮水短期浸淹。群系外貌整齐、密集，平均高0.9m，盖度达100%，主要伴生植物有少量扯根菜、旋覆花、芦苇、蚕茧蓼、钻形紫菀、马兰等。

（9）柳叶箬群系（Form. *Isachne globosa*）。

该群系分布于绍兴、常山等地的河滩上，土壤为沙质壤土。群落外貌较杂，平均高0.6m，总盖度90%，建群种柳叶箬平均高0.4m，盖度70%，伴生种有苏门白酒草、绵毛酸模叶蓼、水蓼、丁香蓼、秕壳草、大狼把草等。

（10）五节芒群系（Form. *Miscanthus floridulus*）。

该群系在衢江、文成、建德、平阳等地的河滩上有分布，多生于鹅卵石滩和清水沙中，土壤为潮土。群落中五节芒为单一优势种，平均高1.8m，盖度95%。群落内伴生种较少，有蜜甘草、叶下珠、野艾蒿等，长势较差，群落边缘有渐尖毛蕨、狗尾草、牛膝、石茅芋、青葙、狗牙根、野紫苏、马兰、野艾蒿、一点红等。层外层植物有小果蔷薇、木防己、鸡矢藤等。

(11) 荻群系 (Form. *Miscanthus sacchariflorus*)。

该群系主要分布于河滩地、平原田沟水塘边及库尾消落区等处，土壤为泥质淤积土。群系高 1.6～1.8m，外貌整齐、密集，盖度 90%，伴生植物极少，群系内仅有藕草、垂穗苔草生长，边缘则有黄花蒿、空心莲子草、野艾蒿、芦苇。

群系春夏季鲜绿悦目，秋冬季叶色转黄褐色，银白色花（果）序整齐、密集，微风轻拂，酷似雪花飞舞，十分优美、醒目。

(12) 芒群系 (Form. *Miscanthus sinensis*)。

该群系见于临安、景宁、龙泉等地的山地沼泽中，海拔 1140～1500m。群系外貌整齐，面积较大，总盖度 100%，芒占据绝对优势，高 1.2m，盖度 70%，下层伴生种类丰富：灌木种类有菝葜、三花悬钩子、山莓、截叶铁扫帚、圆锥绣球、中国绣球、水马桑、野山楂、水竹、粉花绣线菊；草本植物主要有华东蔍草、三叶委陵菜、密腺小连翘、虎杖、野古草、平滑苦荬菜、毛叶沼泽蕨、畦畔莎草、地耳草、白茅、东风菜、鱼腥草等。

(13) 沼原草群系 (Form. *Moliniopsis hui*)。

该群系主要分布于临安、景宁、青田等地的山地沼泽中，海拔 1000～1300m，土壤为泥炭土。群系总盖度 95%～100%，沼原草为建群种，盖度 60%～80%，高 0.6～1m，伴生植物有芒、两歧飘拂草、水蔓青、地榆、五节芒、萱草、玉蝉花、天目当归、小二仙草、江南灯心草、蕨、钩突耳草、褐冠小苦荬、箱根野青茅、林荫千里光、堇菜、三叶委陵菜、龙师草、三腺金丝桃等；浙江南部地区见有肥肉草、窄叶裸菀、牯岭藜芦、五岭龙胆等伴生。

(14) 铺地黍群系 (Form. *Panicum repens*)。

该群系主要分布于玉环、温岭、乐清、瑞安、平阳、苍南等地，根系发达，适应性较强，在群系中通常为优势种，根据其生境土壤不同，可分为下列两个类型：

盐生型：该类型多见于上述分布区的海岸滩涂、围涂堤边、水沟边及入海口江边滩涂上，土壤为潮土或滩涂泥，含盐量较高，有的地段在涨潮时可被浸没。群系外貌灰绿色，整齐、密集，高 1m，盖度 90%～100%，伴生植物主要有芦苇、田菁、白茅、夏威夷紫菀、一年蓬等。

沙生型：该类型仅见于平阳南麂列岛的大沙岙，分布于沙滩地的潮上带，土壤为风沙土，潮上带地段则含一定的盐分，在特大高潮时可被间歇性海潮浸淹。群系外貌灰绿色，较整齐，生长茂盛，平均高 0.6～0.8（1.2）m，盖度 40%～95%。群系种类组成较简单，以铺地黍占优势，伴生有较多的芦苇和少量的豚草、双花狗牙根、单叶蔓荆、千金藤及枸杞等。

(15) 丝毛雀稗群系 (Form. *Paspalum urvillei*)。

该群系见于文成瓯江河滩，土壤为潮土。群落中丝毛雀稗为单一优势种，平均高 1.5m，盖度 70%，伴生种有刺蓼、水蓼、马兰、稀花蓼、火炭母草、斑茅等。

丝毛雀稗原产南美洲，2008 年浙江见有报道。据调查，文成的河滩、道路、荒地均有生长，已经对当地的生态环境造成一定危害。

（16）狼尾草群系（Form. *Pennisetum alopecuroides*）。

该群系多见于海岸湿地中，其中以永嘉、乐清、三门、玉环、定海等地较多，多生于围涂堤岸，土壤为轻咸泥（黏）土。群系通常分为上、下两层，上层以狼尾草占优势，有时伴有少量小飞蓬、鼠尾粟、白茅、野艾蒿等，高0.5~0.6（1.0）m，盖度50%~80%；下层以假俭草、狗牙根占优势，伴生有双穗雀稗、升马唐、天胡荽、空心莲子草、鸡眼草、车前草、羊蹄、铁苋菜等，种类通常较杂。

（17）束尾草群系（Form. *Phacelurus latifolius*）。

该群系主要分布于瑞安、鹿城、椒江等地的滨海滩涂及河口、入海口，土壤为滨海盐土。群落外貌呈草绿色，长势整齐。群落仅有草本层，以束尾草占绝对优势，平均高1.5m，盖度100%，偶见有芦苇、空心莲子草散生其中。

（18）䕡草群系（Form. *Phalaris arundinacea*）。

该群系在浙西北的杭州市、湖州市等地十分常见，通常分布于河滩地、沟渠、库尾消落区等处，常常形成单一优势种群系，土壤有卵石滩、清水沙、泥质淤积土。䕡草占绝对优势，高约0.6~1.7m，盖度80%~100%，伴生植物随积水逐渐减少而增多，主要有荠菜、水苏、猪殃殃、泥胡菜、荔枝草、破子草、狗牙根、羊蹄、日本看麦娘、附地菜、鹅观草、菵草、小巢菜、蔊菜、芒尖苔草、小旋花、蛇床、蓼子草、三叶朝天委陵菜、单性苔草、垂穗苔草、牛繁缕、通泉草、半边莲、双穗雀稗、禺毛茛、朝天委陵菜等。

（19）芦苇群系（Form. *Phragmites australis*）。

芦苇的适应能力极强，是浙江海岸湿地中分布最广、组成群系面积最大的植物之一，因生境不同而常表现出下列3种类型：

①盐沼生型。该类型广泛分布于沿海海岸平缓之滩涂、江河入海口处的潮间带上，涨潮时可被海水部分浸淹，有时也分布在围涂沼泽地上，土壤为潮滩盐土，平均含盐量13.0‰。群系面积大小悬殊，小者仅数十平方米，大者可达1km²以上。群系外貌整齐，浅绿、黄绿至深绿色，秋末转枯黄，夏秋季节苇花开放，雪白一片，蔚为壮观。群系高度0.5~1.6（2.5）m，总盖度60%~100%。通常土壤盐分越高，植株越矮小，秆亦越细，而在低盐地段，越靠近水边，植株越高大。除在部分地段呈单种群系外，通常均有耐盐植物伴生其间，伴生种类因生境类型而异：在潮间带及围涂沼泽地，多伴生有糙叶苔草、海三棱藨草、盐地鼠尾粟、咸水草，少数地段可与糙叶苔草或海三棱藨草形成两两共优或三者共优现象，但通常仍以芦苇占主要优势，有时三者呈镶嵌状分布。在围涂低湿地或地势稍高处，伴生种类较多，但因地点不同而各异，主要有盐地碱蓬、盐地鼠尾粟、空心莲子草、白茅、羊蹄、臭茉、拟漆姑、灰绿藜、苦荬菜、钻形紫菀、小飞蓬、狗尾草、结缕草、中华结缕草、束尾草、草木樨、铺地黍、蔊菜、双穗雀稗、狗牙根、蚕茧蓼、田菁、碱菀、龙葵、咸水草等。

②沙生型。该类型较少，分布于舟山群岛及平阳南麂列岛等地的风成沙地内缘，面

积较小，土壤为滨海沙土。群系平均高1.5~2.0m，盖度50%~80%，伴生植物主要有卤地菊、野葛、矮生苔草、单叶蔓荆、普陀狗哇花等。

③淡水生型。该类型在内陆各湿地均为常见，主要生于河岸、池沼、库塘、沟渠、高山沼泽等湿地，土壤有淤泥沼泽土、潮土、泥炭土等。群系高1.6~2.0m，盖度50%~90%，芦苇高1.5m，盖度80%，伴生植物有荻、野菱、空心莲子草、满江红、糠稷、蚕茧蓼、浮萍、杠板归等。

（20）卡开芦群系（Form. *Phragmites karka*）。

该群系见于临安、余杭、浦江等地的库尾消落区和河流两岸，土壤为潮土。群落平均高3.5m，盖度90%，以卡开芦为单一优势种，伴生种极少，偶见有薜草、加拿大蓬等，长势较弱。群落边缘有荻、马兰、羊蹄、蓝苜蓿、加拿大蓬、无辣蓼、水蓼等伴生。

卡开芦的生态特性较芦苇耐干旱，其植株高大，纤维含量高，是很好的造纸原料；其下庞大的地表匍匐茎网络有护土保坡的作用。

（21）鹅观草群系（Form. *Roegneria kamoji*）。

该群系主要分布在河滩沙地上，土壤为沙土，肥力中庸。群落结构紧密，春季开花，呈深绿色略带白色，夏初果熟，呈枯黄色。群落平均高度0.6m，盖度90%，以鹅观草为主要优势种，叶层高0.3m，繁殖枝高0.8~1.2m，盖度70%，伴生种有鱼眼菊、水苏、狗牙根、通泉草等。

（22）斑茅群系（Form. *Saccharum arundinaceum*）。

该群系是浙江江河滩地上最重要、最常见的全省性分布的高草型湿地植被类型，多生于河滩鹅卵石滩及清水沙中。群落中斑茅高1.5~3.0m，丛生，盖度50%~90%，伴生种类视演替阶段不同而有差别，每个群丛有2~12种，常见的有狗尾草、牛膝、苋草、石荠苎、青葙、狗牙根、野古草、大萼香茶菜、细柄黍、野紫苏、马兰、野艾蒿、一点红、蜜甘草、狭叶莲子草、芒等。层外层植物有鸡矢藤、茅莓。

斑茅在春夏季呈灰绿色，到秋冬时节，雪白硕大的花（果）序十分美丽，群体效果十分壮观，形成滩地特有的景观。

（23）甜根子草群系（Form. *Saccharum spontaneum*）。

该群系属滨海特有，分布于嵊泗、普陀、玉环、洞头、平阳等地，通常见于海滨潮上带的沙滩上，土壤为滨海沙土。群系面积较小，平均高1m，总盖度95%，以甜根子草占绝对优势，盖度90%，伴生植物通常有单叶蔓荆、白茅、狗牙根、假俭草、草木樨、铺地黍等。

（24）皱叶狗尾草群系（Form. *Setaria plicata*）。

该群系分布于丽水、文成等地的山区河滩中，土壤有沙质淤积土、砾石滩。群落外貌整齐，青绿色，平均高度0.6m，总盖度100%，建群种皱叶狗尾草平均高0.7m，盖度75%，伴生种有牛膝、戟叶蓼、水蜈蚣、面条草、箭叶蓼、空心莲子草、辣蓼等。层外层植物有马瓞儿、黄独。

(25)狗尾草群系(Form. *Setaria* spp.)。

群系分布在河滩、库尾、塘岸等内陆湿地的，以大狗尾草、狗尾草为主要建群种，土壤有潮土、淤积土、水稻土等。群落平均高1.1m，总盖度95%，建群种平均高0.9m，盖度90%，主要伴生种有野艾蒿、绵毛酸模叶蓼、马松子、狗牙根、光头稗、升马唐、翅果菊、苏门白酒草、香附子等。

群系分布在盐田周围、海塘堤坝等海岸湿地的，通常以金色狗尾草为主要建群种，立地土壤多为轻、中咸泥土。群落平均高0.8m，总盖度85%，建群种平均高0.5～0.7m，盖度60%～80%，伴生有狗尾草、野艾蒿、牡蒿、白羊草、翅果菊、碱蓬等植物。入秋，金色狗尾草的花（果）序呈金黄色，颇具野趣。

(26)苏丹草群系*(Form. *Sorghum sudanense*)。

该群系在浙北地区养殖塘的塘埂上有种植，用作鱼饲料，土壤为泥质淤积土。群落中苏丹草为绝对优势种，平均高1.1m，盖度95%，群落内无伴生种，边缘有通泉草、断节莎、丁香蓼、蚕豆等伴生。

(27)互花米草群系*(Form. *Spartina alterniflora*)。

该群系通常生于滩涂潮间带高、中滩地段或新围涂区，土壤为滩涂泥和涂泥土，含盐量高。群落外貌整齐，新叶嫩绿色，夏季黄绿色，入秋转金黄色，景观颇为美丽。各群系平均高1.2～2.1m，一般在1.7m左右，秆粗1.0～3.0cm，总盖度60%～100%，在新侵移或人为干扰较严重的地段，常以小片状散布于滩涂中，形成绿岛景观。均为单优群系，在未经围垦的滩涂上，群系内通常无任何伴生种或偶见有海三棱藨草和碱蓬出现。在新围涂区，由于土壤较干燥，生境对其不适，群系因部分植株枯死而渐变稀疏，并有一些耐盐种类侵入其中，如碱菀、钻形紫菀等。在群系边缘则有钻形紫菀、酸模、田菁、狗牙根、铺地黍、白茅、芦苇、盐地碱蓬、龙葵等种类生长。

互花米草原产于欧美海岸地区，1963年引入我国福建栽培，20世纪80年代浙江玉环县率先自福建引入栽培并相继推广到沿海各地滩涂种植，目前全省沿海南北各地滩涂均可见其踪影。由于互花米草具有极强的适应性、萌蘖力、排他性、扩张、蔓延迅速、极难根除等特点，目前已造成滩涂生物多样性的减少，成为一种灾害性杂草。

(28)大米草群系*(Form. *Spartina anglica*)。

该群系分布于慈溪、象山等地潮间带高、中滩地段，土壤为滩涂泥，含盐量1.5‰～1.6‰，质地黏重，pH7.5～8.2。外貌绿或深绿色，冬季转枯黄色，叶层高0.2～0.3m，繁殖枝高1m左右，盖度60%～90%。通常为单优势种，尤其在中滩地段，而在近岸的高滩地段则常有盐地鼠尾粟、南方碱蓬、滨艾等伴生。

大米草为禾本科多年生宿根性草本，是海岸米草和互花米草的天然杂交种，原产西欧温带海岸。自互花米草引入后，因两者要求生境相同，而大米草竞争力又明显逊于互花米草，该种一直处在被互花米草取代的过程中。据20世纪80年代初调查资料显示，仅在温岭东浦农场就有3000hm²面积连片的大米草，为当时沿海滩涂上的主要草种之一；到90年代初，大米草全省分布面积锐减至226hm²，而在"二调"时发现仅在慈溪、象山等地有少量分布。

（29）茭群系*（Form. *Zinania latifolia*）。

该群系广布于全省各地，多为人工栽培或逸生形成，生于水深1m以下的静水沟渠、池塘、水田、水库等处，有时也见于海拔1000m以上的山地沼泽中，生境土壤多为淤泥土或水稻土。群系外貌整齐，高0.8～1.8m，盖度通常为80%～95%，呈绿色，入秋后枯黄。常呈单优种群系，逸生类型则常伴生有芦苇、水烛、穗花狐尾藻、浮萍、空心莲子草、菱、双穗雀稗、凤眼莲、满江红、槐叶萍等。

该群系的逸生类型在自然状态下常随水下泥土的淤积而逐渐形成与芦苇等混生的群系，最终将被芦苇所取代；在人工管理下群系较稳定。

2. 低禾草亚型

（1）野燕麦群系（Form. *Avena fatua*）。

该群系分布于椒江、黄岩、鹿城、洞头等地的滨海养殖塘上，土壤为潮土。群落平均高0.3m，总盖度80%，建群种野燕麦平均高0.5m，盖度70%，伴生种有黄花蒿、碱蓬、臭荠、旋覆花、酢浆草、波斯婆婆纳、狗牙根等。

（2）茵草群系（Form. *Beckmannia syzigachne*）。

该群系广泛分布于全省各地，生于水沟边、荒芜的水田、湿润的滩地、水库消落区等处。茵草为一年生或越年生植物，通常于夏季果后即枯萎死亡，故由其组成的群系景观季节性变化较大。群落平均高0.6m，总盖度100%，建群种茵草平均高0.4m，平均盖度70%，伴生植物丰富，每群丛有7～25种之多，主要有三叶朝天委陵菜、单性苔草、芒尖苔草、蓼子草、蕳草、裸柱菊、广州蔊菜、荔枝草、黄花蒿、蛇床、土荆芥、大狼把草、紫云英、小藜、通泉草等。

（3）狗牙根群系（Form. *Cynodon dactylon*）。

该群系广布于全省各地，通常有下列3种类型：

①盐生型。主要分布于围涂堤岸，呈条带状，土壤为中至轻咸泥（黏）土。群系外貌整齐，呈地毯状，绿色，高0.1～0.2cm，总盖度90%以上。群系以狗牙根为建群种，伴生植物有糙叶苔草、碱蓬、钻形紫菀、草木樨、毛马唐等。

②沙生型。主要分布于沙滩潮上带，有时也见于风成沙丘，土壤主要为滨海风沙土。以双花狗牙根占优势，种类组成简单，伴生种主要有矮生苔草、野塘蒿、毛马唐、藜、肾叶打碗花、龙爪茅等，偶见有中华结缕草、无翅猪毛菜、狭叶尖头叶藜、蓝花子、假牛鞭草等伴生。

③淡水型。该群系在浙江河滩地、库尾消落区及其他湿地中也十分常见，是一种适应能力很强的优良水土保持植物，土壤主要为沙质淤积土。群系高5cm左右，盖度90%～100%，伴生植物因地段而异，每群丛有4～13种，如在丽水九龙湿地伴生有短萼鸡眼草、一年蓬、酢浆草、野塘蒿、野艾蒿、紫马唐、肖梵天花、蜜甘草等植物；在千岛湖库湾滩地伴生有半边莲、茵草、禺毛茛、地耳草、石胡荽、鼠麴草、通泉草、翅茎灯心草、蛇床、黄花蒿、藜、水蓼、习见蓼等。

(4) 升马唐群系（Form. *Digitaria ciliaris*）。

该群系在浙江荒废水田、库尾、湖塘塘岸上比较常见，土壤有水稻土、泥质淤积土。群落平均高0.3m，总盖度80%，建群种升马唐平均高0.2m，总盖度75%，伴生种有糠稷、马兰、龙葵、一年蓬、益母草、苍耳、爵床、睫毛牛膝菊等。

(5) 牛筋草群系（Form. *Eleusine indica*）。

该群系分布于浙江荒废水田、库尾消落区及河漫滩上，土壤有水稻土、泥质淤积土。群落平均高0.2m，总盖度75%，建群种牛筋草平均高0.2m，盖度65%，伴生种较丰富，常见的有狗尾草、大狗尾草、稗、升马唐、碎米莎草、铁苋菜、千金子、粟米草等。

(6) 假俭草群系（Form. *Eremochloa ophiuroides*）。

假俭草群系在浙江分布范围颇广，根据生境不同可分为两类：

①内陆型。该群系主要分布于河滩地、田边、水库消落区等湿地中，其生态习性、分布特点及群系特征与狗牙根颇为相似，此处描述从略。假俭草亦为优良的牧草、耐践踏的草坪植物及固土护坡植被。

②滨海型。该群系仅见于普陀、嵊泗、温岭、平阳等地沙滩上，分布于风成沙地内侧平缓地带或迎风沙丘坡面，呈条带状或小块状分布，土壤属已固定的滨海风沙土。群系外貌低矮、分布均匀，绿色、暗绿色、灰绿色及暗紫色相间，平均高5~15cm，盖度60%~80%，以假俭草和绢毛飘拂草共占优势，通常以前者为主，伴生植物稍多，以砂钻苔草、肾叶打碗花、中华结缕草、卤地菊、矮生苔草、砂青苔草、女娄菜、毛马唐、白酒草等较常见。由于地处沙滩内侧，群系边缘常有单叶蔓荆、中华胡枝子等木本植物出现并开始向群系内入侵。

(7) 牛鞭草群系（Form. *Hemarthria altissima*）。

该群系分布于杭州、衢江、湖州等地，通常生于田边、河滩、水库消落区等处。群落一般以牛鞭草占绝对优势，外貌绿色，高约0.3m，植株蔓延长达1m，总盖度100%，牛鞭草盖度大于90%。伴生植物相对较少，常见的有垂穗苔草、黄花蒿、半边莲、天胡荽、短萼鸡眼草、野大豆、翼果苔草、鹅观草、泥胡菜、酢浆草、野老鹳草、禺毛茛、南苜蓿、狗牙根、三叶朝天委陵菜等。

(8) 秕壳草群系（Form. *Leersia sayanuka*）。

该群系主要分布于杭州、嘉兴、湖州、宁波、绍兴一带，多见于水沟、池塘、抛荒水田及沼泽地中，土壤为泥质淤积土、清水沙。群系外貌绿色，密集、整齐，面积通常不大，高约0.3m，盖度100%，伴生有野菱、空心莲子草、浮萍、水蓼、黄花水龙、狼把草、叶下珠等植物。

(9) 柔枝莠竹群系（Form. *Microstegium vimineum*）。

该群系在浙江河滩、荒废水田、水库库尾及高山沼泽中均有分布，土壤有沙质壤土、水稻土、沙质淤积土等。群落平均高0.2m，总盖度90%，建群种柔枝莠竹平均高0.1m，盖度70%，伴生种有风轮菜、白茅、斑茅、稀花蓼、星宿菜、积雪草、空心莲子草等。

（10）糠稷群系（Form. *Panicum bisulcatum*）。

该群系主要分布在杭州、宁波、绍兴一带的平原河网及湖塘上，均为小面积分布，土壤为泥质淤积土。群落高0.2~0.4m，盖度75%~100%，建群种糠稷平均高0.3m，盖度70%，伴生种丰富，每个群丛有7~13种，常见的有马兰、升马唐、龙葵、一年蓬、益母草、苍耳、爵床、睫毛牛膝菊、空心莲子草、浮萍、丁香蓼、绵毛酸模叶蓼、狗尾草、小飞蓬等。

（11）双穗雀稗群系（Form. *Paspalum paspaloides*）。

该群系广泛分布于浙江各地水沟、荒芜水田、江河滩地及水库消落区等处，群系面积大小悬殊。群系外貌平整如地毯，有时参差不齐，总盖度80%~100%，双穗雀稗盖度65%~90%，高5~40cm，有时成单优群系，有时与水蓼或狗牙根、空心莲子草、半边莲等共占优势，通常在地势低、湿度大的地段，植株较高，盖度较大，多成单优群系，伴生种较少。伴生种常见的有空心莲子草、水蓼、半边莲、狗牙根、蓼子草、禺毛茛、戟叶蓼、泽珍珠菜、野灯心草、鹅观草、通泉草、荔枝草、水蜈蚣、碎米荠、独行菜、破铜钱等。

（12）雀稗群系（Form. *Paspalum thunbergii*）。

该群系见于临安、建德、常山、文成等地的河滩和水库尾处，土壤有清水沙、红壤及砾石滩。群落外貌较稀疏，平均高0.3~0.5m，总盖度50%~70%，建群种雀稗平均高0.4m，盖度65%，伴生种有粟米草、鼠尾粟、革命菜、空心莲子草、白茅、钻形紫菀等。

（13）棒头草群系（Form. *Polypogon fugax*）。

该群系全省广布，主要分布在常年潮湿的废弃农田或农田旁水沟里，季相变化明显。土壤为水稻土，土层厚，肥力强。群落结构十分紧密，盖度90%，高度0.1~0.5m，建群种棒头草平均高0.2m，盖度85%，伴生种丰富，有菵草、江南灯心草、鼠麴草、狼把草、浮萍、荔枝草、禺毛茛、通泉草等。

（14）鼠尾粟群系（Form. *Spodiopogon fertilis*）。

该群系在浙江河滩中比较常见，但都呈小面积分布，土壤为沙质淤积土、砾石滩。群落丛状分布，平均高0.3m，盖度70%，建群种鼠尾粟平均高0.4m，盖度60%，常见伴生种有知风草、画眉草、升马唐、野艾蒿、鼠麴草、香附子等。

（15）盐地鼠尾粟群系（Form. *Sporobolus virginicus*）。

该群系是浙江海岸重要湿地植被类型之一，主要分布于定海、三门、玉环、瓯海及宁波沿海各地，生于海岸潮间带的高、中滩及潮上带或围涂湿地。土壤为滩涂泥及部分涂泥土，pH7.8~8.0。群系外貌整齐而低矮，黄绿色，入秋呈金黄色，常呈片状或条带状分布，高0.1~0.3m，总盖度50%~80%，常为单优群系，在靠近海岸线附近或潮上带常伴生有碱蓬、盐地碱蓬、滨艾、糙叶苔草、剪刀股、灰绿藜等植物。

(16) 结缕草群系（Form. *Zoysia japonica*）。

该群系全省广布，多生于海岸潮间带高、中滩地段，土壤为涂沙土或涂泥土，含盐量通常不高。外貌整齐，高5～10cm，盖度95%以上，通常为单优种群系，有时伴生有芦苇、中华结缕草、束尾草、中华补血草、南方碱蓬、钻形紫菀等。结缕草在江河、库区滩地也较常见，其群系组成及结构因生境不同而稍有差异。

(17) 中华结缕草群系（Form. *Zoysia sinica*）。

该群系主要分布于岱山、普陀、定海、乐清、温岭等地，多见于围涂地堤岸、废弃盐田、滨海沙滩等处，也见于潮上带至潮间带。土壤为涂泥土、咸泥土、风沙土及少量的滩涂泥土，含盐量较高。群系外貌浅绿色，呈丛状分布，平均高0.1～0.2m，盖度40%～90%，通常为单优势种，有时伴生有极少量的弱锈鳞飘拂草、茵陈蒿、白酒草、钻形紫菀、棒头草、拟漆姑等植物；分布于潮上带或潮间带者则伴生有糙叶苔草和南方碱蓬等。

Ⅲ. 杂类草湿地植被型

1. 高杂类草亚型

(1) 菖蒲群系（Form. *Acorus calamus*）。

该群系广布于全省各地，生于湖泊、池塘、水库边及沟渠、沼泽和浅水洼地，也见于海拔1000m以上的山地沼泽中，面积通常较小，呈小片状，生境水深0.1～0.3m，土壤多为淤泥或沼泽土。群系外貌绿色，以菖蒲占绝对优势，高1.0～1.5m，盖度80%～95%。伴生植物通常有空心莲子草、蔺草、芦苇、水芹、石龙芮、水蓼、水竹叶、双穗雀稗、盒子草、槐叶萍、丁香蓼、石胡荽等；山地沼泽群系的伴生种则为三腺金丝桃、曲轴黑三棱、灯心草、华东藨草、水毛花、萤蔺等。

(2) 合萌群系（Form. *Aeschynomene indica*）。

该群系见于长兴、嘉兴、常山、建德等地的荒废水田、湖塘的塘岸上，土壤有水稻土、堆叠土，季节性积水。群落平均高0.7m，总盖度95%，可分为两层：上层建群种合萌平均高0.8m，盖度90%，伴生种有金色狗尾草、大狼把草、粘毛蓼、稗、苍耳等；下层建群种有升马唐、狗牙根，平均高0.1m，盖度90%，伴生种有碎米莎草、空心莲子草、鳢肠、车前等。

(3) 窄叶泽泻群系（Form. *Alisma canaliculatum*）。

该群系在景宁、东阳等高山沼泽中有分布，土壤为泥炭土，常年有积水。群系平均高0.3m，总盖度70%，建群种窄叶泽泻叶层高0.3m，繁殖枝高0.7～1.1m，盖度60%，伴生种有鸭跖草、丛枝蓼、柔枝莠竹、日本柳叶箬、稀花蓼、野灯心草、山梗菜等。

(4) 黄花蒿群系（Form. *Artemisia annua*）。

该群系在浙江的分布范围较广，滨海、内陆均有分布，根据生境不同，可分为2个类型：

滨海类型：该群系主要分布在洞头滨海养殖塘上，土壤为滨海盐土。群落外貌整齐，黄绿色，高1.5~2.5m，总盖度95%，以黄花蒿为单一优势种，或与田菁共占优势。建群种黄花蒿平均高1.2m，盖度85%，常见伴生种有钻形紫菀、野塘蒿、野燕麦、狗牙根、苨草、飞蓬、羊蹄、鼠麹草、马兰等；在地势较低处则伴生有滨艾、芦苇、咸水草、糙叶苔草等植物。

内陆类型：该群系分布于淳安、常山、衢江等地的水田、库尾处，土壤为水稻土、潮土。群系外貌绿色，远看形如培育柏树的园林圃地，平均高1.4m，总盖度100%。建群种黄花蒿平均高1.5m，盖度70%，明显可分为三层：黄花蒿占据上层，该层其他种类尚有较多的小藜、土荆芥和少量的大狼把草、泥胡菜、绵毛酸模叶蓼、钻形紫菀等；中层高约0.5m，以芒尖苔草、菵草占优势，其他有荔枝草、蛇床、野艾蒿、石荠苎、单性苔草等；下层高0.2m以下，以三叶朝天委陵菜为主，其他有鼠麹草、车前、紫云英、牛筋草、鳢肠等。

（5）夏威夷紫菀群系（Form. *Aster sandwicensis*）。

该群系在浙江各地滩涂、湖塘边及河滩上均有分布，尤以滨海滩涂上的群系面积较大，土壤有中咸泥土、轻咸泥土、清水沙、堆叠土等。外貌整齐，绿色至深绿色，夏秋季平均高0.8~1.3m，盖度60%~100%，以夏威夷紫菀占优势，盖度85%。伴生种因地而异，滨海地段主要有南方碱蓬、碱菀、狗尾草、小飞蓬、酸模、地肤、蓝花子、狗牙根等伴生其间；内陆地段主要有龙葵、马兰、野菊、半边莲、秕壳草、鹅观草、升马唐等伴生其间。

夏威夷紫菀原产于美国夏威夷，2011年浙江有报道。本种植株比钻形紫菀高大，竞争力也优于钻形紫菀，目前正与钻形紫菀发生竞争，进而逐步取代之。

（6）大狼把草群系（Form. *Bidens frondosa*）。

该群系广泛分布于浙江河滩、湖塘、库尾、荒废水田等处，土壤主要为潮土和水稻土。群落平均高0.5m，总盖度90%，以大狼把草为单一建群种，有时与秕壳草、双穗雀稗等共建。群落中大狼把草平均高0.6m，盖度80%，伴生种丰富，主要有叶下珠、水蓑衣、狗牙根、糠稷、水蓼、空心莲子草、稗、丁香蓼、马兰、苍耳等。

（7）菜蕨群系（Form. *Callipteris esculenta*）。

该群系见于奉化、平阳、苍南、丽水、仙居等地河滩上，土壤主要为沙质淤积土。群落中菜蕨占绝对优势，平均高0.6m，盖度95%，伴生种较少，每群丛有2~4种，常见的有皱叶狗尾草、牛膝、戟叶蓼、通泉草、裸花水竹叶、画眉草、假俭草等。

（8）青葙群系（Form. *Celosia argentea*）。

该群系见于丽水、临安、建德等地的河滩、库尾处，土壤主要为砾石滩。群落平均高0.6m，总盖度80%，建群种青葙平均高0.7m，盖度60%，伴生种有狗牙根、䅟草、斑茅、苍耳、长萼鸡眼草、升马唐、野艾蒿等。该群系夏季花开繁茂，十分美丽。

（9）狭叶尖头藜群系（Form. *Chenopodium acuminatum* ssp. *virgatum*）。

该群系见于洞头的滨海沙滩上，土壤为风沙土。群落中狭叶尖头藜为单一优势种，平均高0.3～0.7m，盖度50%，伴生种稀少，有钻形紫菀、毛马唐、芦苇、砂钻苔草等。

（10）小藜群系（Form. *Chenopodium serotinum*）。

该群系见于千岛湖库湾滩地，土壤主要为泥质淤积土，夏季外貌黄绿色，间杂有零星红叶，整齐而密集，高约1m，总盖度95%，小藜盖度85%，整个群系中伴生植物丰富，常见的有黄花蒿、习见蓼、苍耳、大狼把草、三叶朝天委陵菜、荔枝草、土荆芥、苎草、空心莲子草、蓼子草、棒头草、柔弱斑种草、龙葵、茵草、酸模叶蓼等。

（11）白酒草群系（Form. *Conyza* spp.）。

该群系在全省海岸湿地及河滩地均较常见，但面积通常较小，多生于围涂堤岸、路边、抛荒地及河漫滩与江河泛洪区。群系外貌较整齐，以白酒草属的野塘蒿、苏门白酒草、加拿大蓬等占优势，平均高1.0～1.5m，盖度80%～100%，伴生植物有绵毛酸模叶蓼、匍茎苦菜、白茅、芦苇、钻形紫菀、金色狗尾草、丁香蓼、翅果菊、升马唐等。

（12）甘菊群系（Form. *Dendranthema lavandulifolia*）。

该群系见于安吉、仙居等地的河滩湿地中，平均高0.4m，总盖度100%，建群种甘菊平均高0.5m，盖度80%，伴生种有野艾蒿、活血丹、藕草、薏苡、五节芒、糯米团等。该群系夏季活血丹生长繁茂，为主要优势种，到秋季则是甘菊生长茂盛，而转为甘菊群系。

（13）萱草群系（Form. *Hemerocallis fulva*）。

萱草在全省溪沟边较常见，但通常呈散生状或小片状分布，形成群系的不多见，在高山沼泽则有大面积分布，土壤为泥炭土，常年有积水。群系外貌亮绿色，整齐，平均高0.6m，总盖度95%～100%，以萱草占优势，叶层高0.3m，繁殖枝高0.5～1.1m，总盖度50%～85%，伴生植物有沼原草、山梗菜、玉蝉花、野古草、类头状花序薹草、芒、拂子茅、柔毛堇菜、小连翘、两歧飘拂草、东风菜、黑腺珍珠菜等。其下泥炭藓层发达，厚10～20cm，松软湿润，外貌略微波状起伏，黄绿色，盖度95%～100%。群系中零星生长黄山松小树、圆锥绣球、映山红、朝鲜白檀等木本植物，高0.4～1.2m。该群系在6—8月时，萱草、玉蝉花的橘红色与紫色花朵同时盛开，红紫相间，形成十分优美的景观。

（14）泥胡菜群系（Form. *Hemistepta lyrata*）。

该群系见于衢江区河滩上，土壤为沙土，土层厚，肥力中等。群落季相变化明显，平均高0.4m，盖度100%，以泥胡菜为主要优势种，高度1m，盖度75%，伴生有狗牙根、水苏、马兰、鹅观草、鱼眼菊等。该群系春季花开时，绿叶衬红花，景观效果良好。

（15）旋覆花群系（Form. *Inula japonica*）。

该群系见于钱塘江、临海三江等地的河口入海口的滩地上，土壤主要为淡涂泥，季节性积水。群落平均高0.5m，总盖度90%。建群种旋覆花平均高0.6m，盖度70%，伴生种有马兰、长芒稗、扯根菜、芦苇、蚕茧蓼、虾须草等。

（16）玉蝉花群系（Form. *Iris ensata*）。

该群系见于安吉龙王山及临安清凉峰等地的山地沼泽中，海拔1300～1620m，土壤为泥炭土。群系高0.5～0.8m，总盖度95%，以玉蝉花占优势，分布不均匀，盖度30%～50%，伴生植物主要有芒尖苔草、华东驴蹄草、弯囊苔草、戟叶箭蓼、弹裂碎米荠、猪殃殃、沼原草、天目续断、大蓟、天目当归、野灯心草、羽毛地杨梅、长苞谷精草等。群系中有少量圆锥绣球、映山红、朝鲜白檀等灌木树种，高1～2m。该群系季相变化较大，4—5月华东驴蹄草盛开黄花，6—7月玉蝉花紫色花朵开放，景观十分优美。

（17）灯心草群系*（Form. *Juncus effusus*）。

该群系全省广布，野生或栽培，野生的面积较小，生于沟边、洼地、江河潮湿地或栽于水田中，土壤主要有潮土、水稻土及泥炭土。栽培的通常为单优势种群系，平均高1.2m，盖度100%；野生的平均高0.8m，盖度90%，伴生种有龙师草、牛毛毡及浮水植物槐叶萍、浮萍、满江红等。

（18）马兰群系（Form. *Kalimeris indica*）。

该群系主要见于杭州、临海等地的河口入海口的滩地上，土壤主要为淡涂泥。群落平均高0.6m，总盖度80%，建群种马兰平均高0.5m，盖度75%，伴生种较少，常见的有长芒稗、扯根菜、旋覆花、狗尾草、芦苇、蚕茧蓼等。

（19）益母草群系（Form. *Leonurus japonicus*）。

该群系主要分布在河滩上或抛荒地里，土壤为沙质壤土，土层厚，肥力中等。群落结构十分紧密，盖度100%，可分为两层：上层以益母草为单一优势种，高度1.7m，盖度95%；下层以狗牙根为主要优势种，高度0.2m，盖度50%，伴生种有积雪草、鼠麴草、半边莲、粟米草等。

（20）山梗菜群系（Form. *Lobelia sessilifolia*）。

该群系见于临安、景宁等地的山地沼泽中，土壤为沼泽土。群落外貌较低矮、整齐，深绿红色，平均高0.6m，盖度90%，建群种山梗菜平均高0.5m，盖度70%，伴生种盖度较高，但种类较少，有华东藨草、沼原草、日本柳叶箬、细叶刺子莞、萱草、玉蝉花等。

（21）草木樨群系（Form. *Melilotus officinalis*）。

该群系广泛分布于海岸湿地，但面积较小且零星分布，仅在岱山、定海、永嘉、洞头、乐清等地有条带状或小片状分布，多生于海堤、盐田边、养殖塘堤岸等处，土壤多为咸泥土。群系季相波动大，外貌翠绿色或绿色，生长旺盛，高0.8～1.2m，盖度多在90%以上。草木樨为建群种，伴生植物有假牛鞭草、盐地碱蓬、灰绿藜、鹅观草、狗牙根、黑麦草、藜、小藜、芦苇、酸模、空心莲子草等。

（22）小鱼仙草群系（Form. *Mosla dianthera*）。

该群系见于青田、文成等地的河滩上，土壤主要为清水沙。群系平均高0.5m，盖度80%，建群种小鱼仙草平均高0.4～0.7m，盖度70%，伴生种有苏门白酒草、狗尾草、升马唐、狗牙根、羊蹄、碎米莎草、水蓼、空心莲子草、通泉草等。

（23）莲群系*（Form. *Nelumbo nucifera*）。

浙江的莲群系多为人工栽培形成，广布于全省各地，生于湖塘池沼中。群系外貌及盖度随季节不同而有很大差异。群系中莲为单一优势种，夏季生长旺盛，叶柄粗壮而长，直立挺出水面，平均高1.2m，叶片直径25～90cm，盖度可达90%以上。在池塘中栽培的多见有空心莲子草、浮萍、轮叶狐尾藻、苔菜、野菱等伴生；在水田中栽培的多见有浮萍、满江红、水鳖等伴生。

莲的根状茎（藕）、种子（莲子）可食，花大（直径10～20cm），色彩鲜艳，叶子、种子可入药，是具食用、观赏、药用为一体的重要经济植物。

（24）福建紫萁群系（Form. *Osmunda cinnamomea* var. *fokiense*）。

该群系在浙江仅见于安吉县龙王山千亩田及开化县古田山的山地沼泽中，面积较小，生境常年积水。群系高约1m，整齐，总盖度100%，以福建紫萁占绝对优势，盖度90%，其树干状主轴高出地面约20cm。伴生植物有玉蝉花、野古草、芒、两歧飘拂草、类头状花序薹草、东风菜、柔毛堇菜、三叶委陵菜、小连翘、微糙三脉紫菀等。群系中散生有数株高1.8～2.0m的映山红、朝鲜白檀及西南卫矛；泥炭藓层发育良好，盖度达90%以上，厚10～20cm。

（25）水蓼群系（Form. *Polygonum hydropiper*）。

该群系在浙江淡水湿地中较为常见，通常生于江河滩地、水库消落区及水田等处，土壤有潮土和水稻土。群落平均高0.5～0.8m，总盖度90%～100%，水蓼占绝对优势，分布较均匀，高0.4m，盖度85%，伴生植物有野艾蒿、青葙、糠稷、狗牙根、狗尾草、升马唐、粟米草、双穗雀稗、空心莲子草、铁苋菜、半边莲、大狼把草、苏门白酒草、长芒稗、钻形紫菀、千金子、丁香蓼、鳢肠等。

（26）蚕茧蓼群系（Form. *Polygonum japonicum*）。

该群系多见于杭州、临海、诸暨、瑞安等地的河口入海口、湖塘等处，土壤有淡涂泥和淤积泥炭土。群系以蚕茧蓼占绝对优势，高约0.8m，盖度90%。群系内部伴生植物极少，仅有少量的钻形紫菀、铺地黍、空心莲子草等，边缘则分布有较多的芦苇、狗牙根、铺地黍、升马唐、白茅、田菁、长刺酸模、一年蓬、小藜、龙葵、扯根菜等。

（27）绵毛酸模叶蓼群系（Form. *Polygonum lapathifolium* var. *salicifolium*）。

该群系广泛分布于全省各地的河滩、水田、浅水沼泽、湖塘的塘岸及水库消落区，土壤主要有潮土和水稻土。群系平均高0.8m，总盖度90%，以绵毛酸模叶蓼为建群种，平均高1m，盖度75%。伴生植物丰富，有空心莲子草、长芒稗、碎米莎草、具芒碎米莎草、升马唐、大狼把草、金色狗尾草、藜、小藜、野艾蒿、苍耳、土荆芥、野紫苏、齿果酸模、菵草等。

（28）箭叶蓼群系（Form. *Polygonum sieboldii*）。

该群系见于莲都、松阳、文成、青田等地的河滩、水田处，土壤主要有清水沙和水稻土。群落中箭叶蓼为绝对优势种，高0.4~1.0m，盖度95%，伴生种较少，常见的有水蜈蚣、畦畔莎草、空心莲子草、狗尾草、水蓼、火炭母等。

（29）戟叶蓼群系（Form. *Polygonum thunbergii*）。

该群系见于余杭、绍兴、镇海、安吉、莲都等地的河滩、库尾处，土壤主要为沙质淤积土。群落中戟叶蓼占绝对优势，平均高0.3m，盖度100%，伴生种极少，常见的有马兰、大狗尾草、细叶蓼、刺蓼、丛枝蓼、狗牙根等，生长较差且多生长在群落边缘。

（30）梭鱼草群系*（Form. *Pontederia cordata*）。

该群系在杭州、绍兴等地的湖塘旁有栽培，多呈块状分布，土壤为泥质淤积土。群落中梭鱼草为单一优势种，平均高0.6m，盖度95%，伴生种较少，常见的有大狼把草、空心莲子草、水蓼、糠稷、泥花草等。

（31）慈姑群系*（Form. *Sagittaria trifolia* var. *edulis*）。

该群系在余杭、海盐等地的水田中有栽培，土壤为水稻土。群落中慈姑为单一优势种，平均高0.6m，盖度90%，伴生种较少，常见的有母草、浮萍、荸荠、泥花草、通泉草、双穗雀稗、千金子等。

（32）无翅猪毛菜群系（Form. *Salsola komarovii*）。

该群系见于象山、普陀、岱山等地的沙滩潮上带，土壤为风沙土。外貌整齐，植株球形，生长紧密，平均高0.4m，盖度75%，以无翅猪毛菜为单一优势种，伴生种仅见碱蓬1种。

（33）田菁群系（Form. *Sesbania cannabina*）。

该群系以定海、普陀、永嘉、瓯海等地较常见，多分布于围垦区、潮上带至潮间带，土壤为滩涂泥或重咸泥土，有时被间歇性海水所浸淹。外貌整齐，翠绿色，以田菁为单一优势种或占绝对优势，高1.5~2.5m，盖度80%，在地势稍高处常伴生有空心莲子草、狗牙根、苋草、小飞蓬、羊蹄、鼠麹草、马兰等；低湿地段则伴生有滨艾、芦苇、糙叶苔草、咸水草等。田菁系外来种，目前浙江的田菁群系多为逸生形成。

（34）加拿大一枝黄花群系（Form. *Solidago canadensis*）。

该群系主要分布在江干、慈溪、海盐、定海等地滨海围垦区内的塘岸、荒田上，土壤主要为轻咸土。群落季相变化明显，植株生长紧密，平均高1.5m，盖度95%，以加拿大一枝黄花占优势，或与白茅共占优势，伴生种通常3~5种，有野艾蒿、芦苇、翅果菊、钻形紫菀、狗尾草、空心莲子草等。

加拿大一枝黄花原产北美，最初作为花卉植物引入，后逸生野外，成为外来入侵植物。该种生长势旺，适应性强，极易成为优势种，引起其他种类退出甚至消亡。

（35）黑三棱群系（Form. *Sparganium* spp.）。

浙江省黑三棱属共有2种，分别为曲轴黑三棱和黑三棱。其中曲轴黑三棱主要分布于杭州、湖州、衢州、台州、丽水等地，多生于山地沼泽、浅水池塘及河沟中。群系结构以调查于景宁畲族自治县的一个样地为例：群系位于望东垟自然保护区白云林区的茭白塘，海拔1150m，生境为典型的山地沼泽，沼泽土黑色，松软深厚。群系面积较小，水深20～30cm，总盖度100%，曲轴黑三棱盖度90%，外貌深绿色，密集，高50cm。伴生有三腺金丝桃、水毛花、萤蔺、平颖柳叶箬、野慈姑、山梗菜、谷精草、华东薹草、菖蒲、獐牙菜、薄叶假耳草、灯心草、星花灯心草、戟叶蓼等，沼泽地中部及边缘长有零星的粤柳。

黑三棱主要分布于义乌、东阳、武义等地，常作药用植物栽培于水田、水池中。以东阳栽培的黑三棱群系为例：群落位于水田中，土壤为水稻土。群落平均高1m，盖度70%，建群种高0.7～1.1m。人工抚育强烈的地段，往往和菰共占优势，其他伴生种较少，常见的有稗、鸭舌草、秕壳草、双穗雀稗等。荒废地段，群落可分为两层：上层以黑三棱独占优势，或与菰共占优势，平均高1m左右，盖度70%，伴生种无，或偶见有水烛伴生；下层以双穗雀稗、秕壳草等占优势，平均高0.3m，盖度90%～100%，伴生种有鸭舌草、泽珍珠菜、矮慈姑、泥花草、浮萍、苔草等。

（36）水苏群系（Form. *Stachys japonica*）。

该群落分布在衢江的河滩上，土壤为沙质壤土。群落平均高0.3m，盖度100%，以水苏为主要优势种，高度0.5m，盖度75%，伴生有狗牙根、鱼眼菊、大箭叶蓼、垂穗苔草、马兰、牛鞭草、瘦风轮菜等。群落季相变化明显，春季花开时节，绿叶红花相互交织，观赏效果最好。

（37）再力花群系*（Form. *Thalia dealbata*）。

该群系在杭州、绍兴、嘉兴等地的河道、湖泊边缘有大面积栽培，土壤为泥质淤积土。群系平均高1.2m，总盖度95%，建群种再力花平均高1.3m，盖度90%，伴生种有糯米团、水烛、盒子草、水葱、菰、蘑草、水蜈蚣、空心莲子草以及浮水植物浮萍、紫萍等。

（38）碱菀群系（Form. *Tripolium vulgare*）。

该群系分布于海宁、岱山、定海、三门、温岭、洞头、瓯海等沿海地区，既可生于潮湿的盐碱土上，亦见于稍干燥的滩涂、堤岸上，分布较广，但多为零星且呈条带状或小片状镶嵌于其他盐生植被之间。群系在春季较低矮，外貌浅绿色，入夏生长茂盛，夏末秋初盛开蓝紫或粉红色花，颇为优美。群系夏季高0.2～0.5m，秋季高0.8～1.2m，盖度可达80%～95%。伴生种在不同立地条件下有所差异，在潮湿的盐土上主要伴生有南方碱蓬、拟漆姑、糙叶苔草、盐地鼠尾粟、灰绿藜、芦苇等植物；在地势稍高的干燥处则有白酒草、萹蓄、苦荬菜、狗尾草、中华结缕草等植物伴生。

（39）水烛群系（Form. *Typha angustifolia*）。

该群系广布于全省，生于浅水的湖泊、池塘、河沟、荒芜的水田或滨海堤内低盐水湿地中，起源为人工栽培或逸生。根据生境不同可分为两种类型：

①盐生型。群落外貌呈黄绿色，长势整齐，平均高1m，盖度75%左右，以水烛为单一优势种，偶见与芦苇共占优势，伴生种几无，偶见与芦苇、海三棱蘑草等伴生。

②淡水型。群落外貌呈绿色，长势整齐，平均高1.5m，盖度95%，可分为两个亚

层：上层以水烛为单一优势种，平均高1.5m，盖度90%左右；下层平均高0.2m，盖度60%左右，常见优势种有双穗雀稗、空心莲子草等，伴生种有石龙芮、双穗雀稗、浮萍、水蓼、丁香蓼、大狼把草、苏门白酒草等。

（40）苍耳群系（Form. *Xanthium sibiricum*）。

该群系主要分布在丽水、衢江、建德、临安等地的河漫滩上，土壤主要为沙质淤积土。群落中以苍耳为绝对优势种，平均高0.7m，盖度95%，伴生种较少，主要有爵床、益母草、升马唐、睫毛牛膝菊、狗牙根、荩草、千金子、空心莲子草等。

2. 低杂类草亚型

（1）石菖蒲群系（Form. *Acorus tatarinowii*）。

该群系在浙江山区河流湿地中比较常见，多生于较窄的溪沟岩缝中，土壤为腐殖沼泽土，面积较小。群落以石菖蒲占绝对优势，平均高0.2m，盖度70%，伴生种较少，有华鼠尾草、鼠尾草、庐山堇菜、堇菜、通泉草等。

（2）藿香蓟群系（Form. *Ageratum conyzoides*）。

该群系在莲都、文成、衢江、临海等地的河滩上均有分布，土壤主要为潮土。群落平均高0.2～0.4m，总盖度85%～100%，建群种藿香蓟平均高0.4m，盖度80%，伴生种较少，有牛筋草、升马唐、粟米草、苏门白酒草、瘦风轮菜、野紫苏、马兰、鳢肠、通泉草、青葙等。

（3）空心莲子草群系（Form. *Alternanthera philoxeroides*）。

该群系为全省湿地广布类型，对水深、水质、含盐量等均要求不严。群系因水体深度而异，既可茎基部匍匐而上部斜升挺出水面，也可扎根于水底淤泥中，茎叶浮于水面，甚至可以整株漂浮于水面。通常形成稠密的单优群系，平均高0.2～0.3m，盖度100%，群落边缘常伴生有满江红、浮萍、双穗雀稗、菰、芦苇、凤眼莲等植物。

空心莲子草原产巴西，1940年由日本人引种至我国上海作饲草，由于繁衍速度极快，适应性、繁殖力、生命力、竞争力均极强，现已广布于长江流域以南各地，是目前极为常见且难以根除的危害农、林、渔业及水上交通的一大恶性杂草。

（4）皱果苋群系（Form. *Amaranthus viridis*）。

该群系见于长兴仙山湖的坝脚，土壤为砾石。群落外貌低矮、整齐，平均高0.2m，总盖度70%，建群皱果苋平均高0.2m，盖度60%，伴生有加拿大蓬、升马唐、鳢肠、酢浆草、马松子、狗牙根、北美独行菜、野燕麦等。

该群系季相变化明显，在春季由于北美独行菜、野燕麦生长旺盛，则转为北美独行菜、野燕麦群系，夏季皱果苋生长而北美独行菜和野燕麦开始枯萎，皱果苋开始占据优势，而到秋季皱果苋枯萎后，则由狗牙根占主导，形成狗牙根群系。

（5）滨蒿群系（Form. *Artemisia fukudo*）。

该群系见于象山、温岭、定海等地的潮间带至潮上带，土壤主要为滩涂泥。群落中滨蒿为单一优势种，叶层平均高0.2m，繁殖枝平均高0.4m，盖度70%，伴生种较少，有盐地碱蓬、碱蓬、芦苇、结缕草等。

（6）肾叶打碗花群系（Form. *Calystegia soldanella*）。

该群系见于普陀、岱山、象山、温岭等地的滨海沙滩上，土壤为滨海风沙土。群落外貌低矮，呈灰绿色，平铺生长在沙滩上，仅有草本层，高7～10cm，盖度50%～95%，以肾叶打碗花占绝对优势，伴生种有矮生苔草、无翅猪毛菜、毛马唐、香附子等。

（7）泽番椒群系（Form. *Deinostema violaceum*）。

该群系仅见于衢江区的水田中，土壤为水稻土。群系外貌低矮，结构紧密，以泽番椒为单一优势种，平均高0.2m，盖度100%，伴生种有泥花草、箭叶蓼、牛毛毡、通泉草、陌上菜等，除牛毛毡外，其余数量都很少。

（8）鱼眼菊群系（Form. *Dichrocephala integrifolia*）。

该群系主要见于衢江乌溪江的河滩上，土壤为沙质淤积土，土层厚。群落结构较紧密，高度0.2m，盖度90%，以鱼眼菊为主要优势种，高度0.2m，盖度70%，伴生种有狗牙根、假俭草、早熟禾等。

（9）谷精草群系（Form. *Eriocaulon* spp.）。

该群系见于临安、衢江、龙游、丽水等地水库库尾、水田及山地沼泽中，土壤为沼泽土、水稻土和淤积土。群落外貌低矮、整齐，建群种有谷精草、江南谷精草和长苞谷精草，叶层高0.1m，繁殖枝高0.2～0.4m，盖度60%，伴生种较少，常见的有泽番椒、细叶刺子莞、挖耳草、短梗挖耳草、牛毛毡、有腺泽番椒等。

（10）珊瑚菜群系（Form. *Glehnia littoralis*）。

该群系现仅见于舟山群岛、象山等地的少数沙滩上，分布于潮上沙滩或风成沙地，土壤为滨海风沙土或滨海盐土。群系高0.2～0.3m，总盖度80%，外貌深绿色，光亮。群系通常以珊瑚菜为优势种或与砂钻苔草、假俭草共占优势，伴生种通常有肾叶打碗花、沙苦荬、狭叶尖头叶藜、苍耳、毛马唐、砂青苔草、绢毛飘拂草及单叶蔓荆等。

珊瑚菜为滨海沙滩特有植物，在浙江曾有较多分布，因人为采挖植株作药用（中药名为北沙参）及挖沙等人工干扰而所存甚少。

（11）厚叶双花耳草群系（Form. *Hedyotis biflora* var. *parvifolia*）。

该群系见于平阳（南麂岛）、椒江（大陈岛）、普陀等地的滨海岩石海岸，常呈条状分布在潮上带的石缝中，土壤为腐殖沼泽土。群落外貌低矮，深红色，生长密集，厚叶双花耳草为单一优势种，平均高5cm，盖度50%。

（12）节节草群系（Form. *Hippochaete ramosissima*）。

该群系在浙江各地河滩上、湖塘岸边、库尾以及水田内均有分布，土壤有水稻土、潮土。群落平均高0.3m，总盖度75%，建群种节节草平均高0.3m，盖度70%，伴生种有狗牙根、苔草、秕壳草、丁香蓼、蕑草、水蓼、空心莲子草等。

（13）天胡荽群系（Form. *Hydrocotyle sibthorpioides*）。

该群系见于全省河滩、水田、库尾、水沟中，土壤有水稻土、淤积土、堆叠土。群落外貌低矮、绿色、生长密集，平均高0.1m，盖度100%，以天胡荽占绝对优势，平均高5cm，盖度90%～100%，伴生种有狗牙根、半边莲、鸡眼草、假俭草、蛇含、鱼眼菊等，并零星生长一些高草植物，如苏门白酒草、雀稗、一年蓬、小飞蓬等。

(14) 地耳草群系（Form. *Hypericum japonicum*）。

该群系见于临安、衢江、松阳、丽水等地的河滩上、水田中，土壤有沙质淤积土和水稻土。群落外貌呈矮草地状，黄绿色，结构较紧密，季相变化明显，高度0.1m左右，盖度75%，以地耳草占主要优势，平均高0.1m，盖度70%，伴生种有鼠麴草、荔枝草、菵草、看麦娘、萹蓄、裸柱菊、蛇含、升马唐、狗牙根等。

(15) 厚藤群系（Form. *Ipomoea pes-caprae*）。

该群系见于苍南、平阳等地的海湾沙滩上，土壤为滨海风沙土。群系外貌较稀疏，高0.1m，总盖度约60%，以厚藤占优势，伴生种通常2～8种，越靠近海岸，地势越低，则伴生种越少，主要有北美独行菜、铺地黍、白花鬼针草、沙苦荬、绢毛飘拂草、肾叶打碗花、番杏、蓝花子、毛马唐、海刀豆、无翅猪毛菜等，并见有枸杞、单叶蔓荆等灌木植物侵入。该群系季相变化较大，其中有部分种类叶绿花艳，在滨海沙滩上常形成优美景观。

(16) 中华水韭群系（Form. *Isoetes sinensis*）。

该群系分布于杭州、宁波、绍兴等地，生于海拔10～1220m的浅水池塘、荒芜水田及山沟沼泽地中。但近年因水体污染，野生资源已渐趋少。土壤多为沼泽土或淤泥土，常年积水或潮湿。中华水韭体形较矮小，在群系中通常处于下层，伴生植物有空心莲子草、节节草、糯米团、水蓑衣、鳢肠等。

(17) 星花灯心草群系（Form. *Juncus diastrophanthus*）。

该群系广泛分布于全省各地，生于水田、沟旁、沼泽地等处，通常见于长年有流水的沼泽状生境中，土壤为腐殖沼泽土。群系外貌绿色，较整齐，高约0.2m，总盖度100%，以星花灯心草占绝对优势，平均高0.2m，盖度95%，面积通常不大，伴生植物主要有蛇含、狗牙根、碎米莎草、阿穆尔莎草、水蓼、野灯心草、地耳草、泥花草、陌上菜、日照飘拂草、看麦娘、裸柱菊、丁香蓼、石龙芮、水蜈蚣、千金子等。

(18) 野灯心草群系（Form. *Juncus setchuensis*）。

该群系在浙江较为常见，多生于水田、溪边及水库消落区，土壤有沙质淤积土、水稻土等。群落外貌呈深绿色，平均高0.3m，总盖度90%，其中野灯心草高0.2～0.7m，盖度70%，丛生状分布，主要伴生种有江南灯心草、棒头草、母草、水蓼、荔枝草、石胡荽、丁香蓼、鸡眼草、日照飘拂草、异型莎草、杠板归、细风轮菜、牛膝、蓼子草、泥花草、水蜈蚣、星花灯心草、牛毛毡、球果蔊菜、地耳草、通泉草、白花蛇舌草、钻形紫菀、马齿苋、千金子、戟叶箭蓼、牛筋草、升马唐、土荆芥、苍耳、旱稗、无芒稗等。

(19) 中华补血草群系（Form. *Limonium sinense*）。

该群系见于苍南、象山、普陀、椒江、玉环等地的滨海滩涂上，土壤为潮滩盐土。

群落以斑块状散生在潮间带的涂泥上，外貌呈黄绿色，平均高0.3m，盖度60%左右，以中华补血草为单一优势种，伴生种有互花米草、糙叶苔草、盐地碱蓬、弱锈鳞飘拂草、南方碱蓬、结缕草等。

中华补血草喜生于沿海盐渍化的低洼湿地上，为盐碱地指示性植物。其根、叶、花均可药用，有清热解毒、止血散瘀的功效；花可供观赏，适宜作鲜切花。

（20）半边莲群系（Form. *Lobelia chinensis*）。

该群系在全省河滩、水田、库尾、湖岸等处常见，土壤主要为潮土和水稻土。以设在乌溪江的半边莲样地为例：立地类型为河滩，海拔227m，土壤为沙质淤积土，土层厚，季节性积水。群落结构较紧密，季相变化明显，以春夏的景观效果最好。群落高度0.1m左右，盖度85%，以半边莲占主要优势，平均高5cm，盖度80%，伴生种有蛇含、鼠麴草、地耳草、莎草、通泉草、假俭草等。

（21）假柳叶菜群系（Form. *Ludwigia epilobioides*）。

该群系广泛分布于全省水田、洼地等湿地中，有时形成群系，但面积通常较小。土壤主要为水稻土，有些地段为沼泽土。群系外貌绿色，整齐，高0.5m，总盖度100%，建群种假柳叶菜平均高0.3m，盖度80%，伴生种丰富，有稀花蓼、野紫苏、碎米莎草、青葙、藿香蓟、升马唐、水蓼、长芒稗、牛毛毡、石胡荽、节节草、千金子、长刺酸模、星花灯心草、禺毛茛、蕹菜、日照飘拂草等。

（22）睡菜群系（Form. *Menyanthes trifoliata*）。

该群系仅见于临安清凉峰自然保护区海拔1620m的山地沼泽中，属浙江稀有种，面积约600m^2。睡菜主要生长于沼泽地常年积水的浅水塘内及周围的草丛中，水深10～30cm，沼泽土厚50～100cm，水塘中以睡菜占绝对优势，水塘边缘与睡菜伴生的植物主要有地榆、野古草、山梗菜、江南灯心草、线穗苔草、发秆苔草、谷精草等。

（23）砂引草群系（Form. *Messerschmidia* spp.）。

该群系仅见于舟山群岛，有下列2个群系类型：

①盐生型：分布于定海大猫山的围涂海堤内侧。建群种为砂引草，群系外貌低矮，高0.2～0.3m，总盖度60%，其中砂引草盖度40%，淡绿色，伴生种以蓝花琉璃繁缕居多，其他伴生有少量的野艾蒿、窃衣、小飞蓬、臭荠、黄花蒿、碱蓬、羊蹄、拟漆姑等植物。

②沙生型：分布于嵊泗、普陀等地滨海沙滩潮上带的风成沙丘上。群系以细叶砂引草占优势，高约0.2m，总盖度75%，其中细叶砂引草盖度为60%。伴生植物主要有肾叶打碗花、矮生苔草、沙苦荬、珊瑚菜、砂钻苔草等。

（24）粟米草群系（Form. *Mollugo pentaphylla*）。

该群系见于文成、临安、建德、桐庐、长兴等地的河滩、库尾处，土壤主要为沙质淤积土，多呈小块状或条带状分布。群系外貌低矮，较稀疏，平均高0.2m，总盖度70%，建群种粟米草平均高0.1m，盖度60%，伴生种有马松子、龙葵、漆姑草、苦藘、狗牙根、苏门白酒草、北美独行菜等。

(25)杭州荠苎群系（Form. *Mosla hangchouensis*）。

该群系见于泰顺氡泉自然保护区的河滩上，土壤为砾石滩。群落平均高0.4m，盖度80%，建群种杭州荠苎平均高0.3m，盖度60%，伴生种有夏威夷紫菀、苏门白酒草、升马唐、火炭母、柔枝莠竹等。

(26)粉绿狐尾藻群系*（Form. *Myriophyllum aquaticum*）。

该群系见于杭州、绍兴、苍南等地，栽培于河道中，用作美化河道及净化水质。群落外貌呈粉绿色，生长密集，略挺出水面，以粉绿狐尾藻为绝对优势种，盖度100%，伴生种较少，有常绿水生鸢尾、浮萍、空心莲子草、糠稷等。

粉绿狐尾藻原产南美亚马孙河流域。我国台湾省率先从南美引入，然后再引入华东、华南各省区。由于其生长快，短期内便能取得良好的景观效果，同时对氮、磷等营养的吸收效率也较高，目前已用作水体绿化。但是该种植物的侵占性强，一旦入侵富营养化水体或农田、土壤潮湿之地，易快速蔓延，排挤其他物种，形成单一种群，造成生态灾害。因此在应用时要引起注意，多采取防护措施。

(27)西南水芹群系（Form. *Oenanthe dielsii*）。

该群系见于景宁山地沼泽中，海拔1090m，土壤为沼泽土，终年积水。群系中西南水芹为单一优势种，平均高0.3m，盖度65%，伴生种较少，有萱草、福建苔草、芒等。

(28)蓼子草群系（Form. *Polygonum criopolitanum*）。

该群系见于临安、淳安、丽水等地的水库消落区及河漫滩上，土壤主要为沙质淤积土。群落平均高5～10cm，盖度70%～100%，以蓼子草独占优势，或与半边莲、蛇含、狗牙根等共占优势，伴生种有裸柱菊、鼠麴草、牛繁缕、三叶朝天委陵菜、湖瓜草、禺毛茛、狗牙根、虾须草、香附子、双穗雀稗、通泉草、泽星宿菜等。该群系外貌平整如地毯，入秋盛开淡紫色花，异常美丽。

(29)尼泊尔蓼群系（Form. *Polygonum nepalense*）。

该群系见于淳安千亩田高山沼泽中，土壤为泥炭土。群落外貌整齐，平均高0.4m，总盖度90%，建群种尼泊尔蓼平均高0.2m，盖度70%，伴生种丰富，有糠稷、空心莲子草、春蓼、无辣蓼、野古草、大箭叶蓼、狼把草、粘液蓼等。

(30)习见蓼群系（Form. *Polygonum plebeium*）。

该群系主要分布于千岛湖库区和太湖湖畔，多见于淤积性潮土或沙石质滩地上。群系外貌黄绿色，整齐，平均高0.1m，总盖度85%～100%，以习见蓼占绝对优势，高8～15cm，盖度80%～90%，伴生植物较多，主要有通泉草、石胡荽、裸柱菊、异型莎草、碎米莎草、鳢肠、鼠麴草、棒头草、旋鳞莎草、扬子毛茛、升马唐、丁香蓼、荔枝草、水蓼、土荆芥、泥胡菜等。

(31)马齿苋群系（Form. *Portulaca oleracea*）。

该群系见于长兴、临安、建德等地河滩上，土壤主要为沙质淤积土。群落外貌低矮，较整齐，平均高0.2m，总盖度70%，以马齿苋为主要建群种，平均高0.2m，盖度65%，伴生种有野燕麦、北美独行菜、马松子、皱果苋、漆姑草、粟米草、升马唐等。

（32）蛇含群系（Form. *Potentilla kleiniana*）。

该群系见于衢江、建德、文成、临安等地的水田、河滩中，土壤为沙质淤积土、水稻土。群落结构十分紧密，季相变化明显，平均高0.2m，总盖度100%，以蛇含占优势，平均高5cm，盖度90%，伴生种有球序卷耳、蛇莓、半边莲、假俭草、鼠麹草、通泉草、一年蓬、地耳草、天胡荽、积雪草、齿缘苦荬菜、长萼堇菜等。

（33）三叶朝天委陵菜群系（Form. *Potentilla supina* var. *ternata*）。

该群系仅见于千岛湖库区，生于滩地的中部地段，近水侧与旋鳞莎草群系相连接，在地势高的一侧则与蓼子草、苔草、䕡草、藨草等群系相邻。因地段不同，群系的盖度、优势度及伴生种等均有较大的差异。群系高约0.3m，总盖度100%，建群种盖度40%~60%。伴生植物多达近70种，是湿地植被中种类组成最为复杂的群系类型之一。群系中零星散生有黄花蒿、大狼把草、小藜、苍耳、土荆芥、钻形紫菀、藨草、䕡草、芒尖苔草、狗尾草、长刺酸模、石荠苧、蛇床等较高大的草本植物，其他伴生植物尚有单性苔草、扯根菜、鳢肠、藿香蓟、狗牙根、习见蓼、龙葵、裸柱菊等，在与旋鳞莎草群系相邻处，两者常成共优种。另外在局部多砾石的滩地，还有与鼠麹草、䕡草呈三者共优现象。

（34）长刺酸模群系（Form. *Rumex trisetifer*）。

该群系主要分布于杭州地区，生于水沟、田边及水库滩地等湿地中，土壤有水稻土及沙质淤积土。群落高0.4~0.5m，总盖度100%，建群种盖度60%，外貌黄绿色，群系可分为两层：长刺酸模位于上层，该层伴生种有苍耳、大狼把草、酸模叶蓼、黄花蒿、凹头苋、藨草、苏门白酒草等；下层有习见蓼、空心莲子草、旋鳞莎草、三叶朝天委陵菜、鼠麹草、扬子毛茛、通泉草、蓼子草、裸柱菊、棒头草等。

（35）裸柱菊群系（Form. *Soliva anthemifolia*）。

该群系见于临安、衢江、淳安等地的河滩、库尾，象山的滨海围垦区，土壤为沙质淤积土、轻咸土。群落外貌呈矮草地状，黄绿色，结构紧密，季相变化明显，高度0.1m左右，盖度90%，裸柱菊占主要优势，伴生种有蓼子草、萹蓄、看麦娘、通泉草、星花灯心草、苍耳、半边莲、蕹菜、泥胡菜、地耳草、蛇床、鼠麹草、狗牙根、荔枝草、䕡草、石荠苧、千里光等。

裸柱菊原产南美洲、大洋洲，1912年在我国香港发现，2002年被列为我国主要外来杂草及我国重要外来有害植物。本种繁殖速度快，大量生长时可与周边植物争抢养分，从而导致物种多样性减少，对周边生态造成危害。

（36）盐地碱蓬群系（Form. *Suaeda salsa*）。

该群系在浙江北部与中部沿海地区较为常见，多呈条带状生长于含盐量较高且稍干燥的涂泥土上，亦可分布于新围垦区、盐田或养殖塘堤岸的地势稍高处。群落外貌低矮，通常高0.2~0.4m，盖度60%~95%。常见南方碱蓬或盐地碱蓬呈单优或共优状态，偶见与滨艾共占优势。伴生种稀少，在低湿地只见少量碱蓬、拟漆姑、盐角草、芦苇、滨蒿、碱菀等伴生；在稍高的地势条件下，可见有小飞蓬、野燕麦、滨艾、钻形紫菀、苣荬菜、升马唐、翅果菊、南方碱蓬、碱蓬、灰绿藜等伴生，通常每个样地3个种左右，最多可达6个种。

（37）毛叶沼泽蕨群系（Form. *Thelypteris palustris* var. *pubescens*）。

该群系见于淳安千亩田、临安千顷塘等地的山地沼泽地中。群系外貌绿色，整齐，总盖度90%，以毛叶沼泽蕨占优势，高约40cm，盖度50%，伴生植物有华东藨草、密腺小连翘、矮蒿、绶草、长籽柳叶菜、假鼠妇草、箭叶蓼、野灯心草、江南灯心草、翅茎灯心草、三叶委陵菜、黑腺珍珠菜、獐牙菜、露珠草等。

（38）三腺金丝桃群系（Form. *Triadenum breviflorum*）。

该群系见于龙游、临安、淳安、景宁等地的高山沼泽中，土壤为泥炭土。群落外貌整齐，平均高0.3m，总盖度90%，建群种三腺金丝桃平均高0.2m，盖度75%，伴生种随积水减少而增多，常见的有畦畔莎草、华东藨草、萱草、星花灯心草、龙师草等。在终年积水地段有泥炭藓层发育。

（39）挖耳草群系（Form. *Utricularia bifida*）。

该群系见于景宁、临安、东阳等地的高山沼泽中，面积均较小，土壤为腐殖沼泽土。群落以挖耳草或钩突耳草为建群种，平均高0.1m，盖度50%，伴生种较少，有细叶刺子莞、匙叶茅膏菜、线叶玉凤花、牛毛毡等。

（40）二叶丁癸草群系（Form. *Zornia cantoniensis*）。

该群系见于青田瓯江河滩上，土壤为沙质淤积土。群落外貌低矮、草坪状，以二叶丁癸草为单一优势种，平均高5cm，盖度100%，伴生种较少，常见的有苏门白酒草、假俭草、狗牙根、白前等。

3. 藤蔓草亚型

（1）野大豆群系（Form. *Glycine soja*）。

该群系广布于省内低海拔内陆湿地与滨海围垦区，土壤有水稻土、潮土以及滨海盐土。群落中以野大豆为主要优势种，平均高0.2～1m，长度达2m左右，盖度100%，在湖泊及滨海湿地中常与芦苇共占优势，伴生种有合萌、鱼黄草、翅果菊、升马唐、空心莲子草、大狼把草、吴兴铁线莲等。

（2）绞股蓝群系（Form. *Gynostemma pentaphyllum*）。

该群系见于泰顺氡泉保护区溪滩及两岸，土壤为潮土和红壤。群落外貌呈草绿色，生长密集，以绞股蓝为绝对优势种，平均高0.3m，长度达2.5m，盖度100%，伴生种较少，有苏门白酒草、火炭母、翅果菊、升马唐等。

（3）葎草群系（Form. *Humulus scandens*）。

该群系广布于省内的河滩、水田、库尾、湖岸等处，土壤有水稻土、堆叠土、淤积土以及砾石滩。群落生长紧密，季相变化明显，以葎草为绝对优势种，平均高0.5m，长度可达3m，盖度100%，伴生种通常有3～7种，有五节芒、大狗尾草、野葛、青葙、升马唐、翅果菊、苏门白酒草、野苎麻、野艾蒿等。建群种葎草生长蔓延十分迅速，着地生根，生命力极为旺盛，常侵入其他群落，争夺空间，绞杀其他植物，严重危害周边的生态。

(4) 火炭母群系 (Form. *Polygonum chinense*)。

该群系见于文成、泰顺的河滩上,土壤为沙质淤积土。群落外貌低矮、密集,以火炭母为绝对优势种,平均高7cm,盖度100%,伴生种较丰富,有甘菊、皱叶狗尾草、马兰、箭叶蓼、水蓼、溪黄草、鸭跖草、狗牙根、钻形紫菀、龙葵、翅果菊、大狼把草、升马唐、窃衣、鹅观草等。

(5) 杠板归群系 (Form. *Polygonum perfoliatum*)。

该群系广泛分布于省内淡水湿地中,特别是浙北湖泊湿地中更为常见,土壤有水稻土、潮土以及堆叠土。群落生长密集,季相变化明显,以夏季生长最为旺盛。群落中以杠板归为主要优势种,平均高1m,盖度100%,在湖泊湿地中可与芦苇共占优势,伴生种有糠稷、空心莲子草、刺蓼、葎草、马兰、盒子草、绵毛酸模叶蓼等。

(五) 苔藓湿地植被

泥炭藓群系 (Form. *Sphagnum* spp.)。

该群系见于莲都、景宁、临安、龙游等地的高山沼泽中,土壤为泥炭土。群落外貌整齐,淡绿色或灰白色,垫状,以泥炭藓和粗叶泥炭藓为主要优势种,平均高5cm,盖度100%,伴生种有沼原草、细叶刺子莞、挖耳草、萱草、三腺金丝桃、堇菜等维管植物。

(六) 浅水植物湿地植被

Ⅰ. 漂浮植物植被型

(1) 满江红群系 (Form. *Azolla imbricata*)。

该群系全省广泛分布,生于湖泊、池塘、沟渠、水田等水体中,密布水面,多成单优群系,入秋叶呈紫红色,猩红一片,十分醒目,也有与槐叶萍共为优势的现象。有时群系内混生有浮萍、紫萍等,在近岸处则可见空心莲子草、双穗雀稗等伴生。

(2) 凤眼莲群系 (Form. *Eichhornia crassipes*)。

该群系在全省湖泊、池塘、沟渠、库湾中均有分布,栽培或逸生,在狭窄的水面呈密集拥挤状态,在宽阔的水域中则常随风漂移。群系由单一优势种形成,平均高0.3m,盖度达100%,或偶与大薸共占优势。群系内有时混生有浮萍、空心莲子草、满江红、槐叶萍、紫萍等,在水质清澈、群系盖度较小时,有金鱼藻、菹草、黑藻等沉水植物伴生。

凤眼莲原以饲料植物于20世纪30年代引入我国,之后又以饲料、观赏及净化水质为目的予以推广,但很快便因繁殖蔓延过快而泛滥成灾,危害水田、阻塞水道,成为农业与环境害草之一。对该种除加强控制之外,还应充分发掘利用其有用价值,如其观赏价值较高,可用作观赏休闲区等处的水体美化,另外也可用作对含汞、砷、镉等有毒成

分污水的净化。

（3）水鳖群系（Form. *Hydrocharis dubia*）。

该群系主要分布在平原地区，生于池塘、湖泊及沟渠等静水水域中，水深在1m以内。群系面积通常不大，多为单优种群系，植株常较密集，当盖度较大时，一般无伴生植物，盖度较小时，则伴生有空心莲子草、苔菜、金鱼藻、眼子菜、菹草、紫萍、黑藻等植物。

（4）水禾群系（Form. *Hygroryza aristata*）。

该群系见于桐乡市白荡漾内。群系面积通常不大，多为单一优势种，平均高0.1m，盖度80%~100%，伴生种较少，有浮萍、紫萍、槐叶萍等。

（5）紫萍、浮萍群系（Form. *Spirodela polyrhiza, Lemna minor*）。

该群系见于全省各地的湖泊、池塘、水田、水库、沟渠等水面。群系通常以紫萍、浮萍为共建种，或各自成为单优群系。群系繁殖异常迅速，个体紧密，成片覆盖水面，在避风静止水体中群系较为稳定，有时因水流或风力而漂移，其群系组成种类和数量因此而发生变化。常见伴生种有满江红、槐叶萍、水鳖等。

（6）大薸群系*（Form. *Pistia stratiotes*）。

该群系广泛分布于全省各地的沟渠、池塘等静水中，为人工种植或逸生而成，对水质及水深要求不严。大薸植株呈莲座状，漂浮于水面，繁殖力极强，常成单优种群系，平均高0.1m，盖度80%~100%，有时与凤眼莲组成双优群系。伴生植物有满江红、槐叶萍、空心莲子草、浮萍、双穗雀稗及金鱼藻、黑藻等沉水植物。

（7）槐叶萍群系（Form. *Salvinia natans*）。

该群系广泛分布于全省各地的静水沟渠、池塘、水田、湖泊等水体中，对水质要求不严。群系繁殖速度极快，多在水面形成地毯式外观，有时与浮萍或满江红等群系呈镶嵌状分布。

Ⅱ．浮叶植物植被型

（1）莼菜群系（Form. *Brasenia schreberi*）。

莼菜为浮叶型多年生植物，野生者见于景宁、泰顺、庆元、文成、瓯海等地，生于海拔600~700m的沟谷静水山塘中，水质洁净，深30~50cm，水底淤泥深厚肥沃，微酸性，腐殖质含量较高。杭州、湖州的池塘中，多属人工栽培或有人为经营痕迹。莼菜根状茎细长，横卧水底淤泥中，茎纤细，多分枝，盾形叶漂浮于水面，常形成单优群系或占绝对优势，栽培群系中伴生种有浮萍、紫萍等；野生群系中伴生种常见萤蔺、矮慈姑、翅茎灯心草、浮萍等。

莼菜的幼芽嫩叶被透明状胶质物，可作蔬菜，"西湖莼菜"属杭州名菜，久负盛名，具较高的营养价值和药用价值。近年因水体污染等原因，野生资源已渐趋稀少。

（2）芡实群系（Form. *Euryale ferox*）。

该群系见于宁波、湖州、嘉兴等地的富含黏泥的池塘、湖泊中。植株漂浮于水面，密集成片，单叶直径可达1.3m，群落内伴生种几无，边缘有野菱、浮萍、双穗雀稗、黄花水龙、芦苇、水蕨等。

芡实用途广泛，其种仁芡米营养价值高，美味可口，可供食用和酿酒；根、茎、叶、果均可入药；外壳可作染料；嫩叶柄和花柄剥去皮后可作蔬菜食用。

（3）黄花水龙群系（Form. *Ludwigia peploides* ssp. *stipulacea*）。

该群系广泛分布于嘉兴、杭州、舟山、台州、温州等地的江河滩地、水潭、池塘、沟渠、库湾、河湾、小溪边及其他湿地中。群系面积一般不大，通常以黄花水龙为单一优势种或占绝对优势。群系中黄花水龙盖度达80%～100%，其茎蔓伸延可达1m以上。伴生植物有空心莲子草、水芹、双穗雀稗、水蓑衣、马兰、水蓼、通泉草、石胡荽、荔枝草、细风轮菜、蘋、看麦娘等。

（4）蘋群系（Form. *Marsilea quadrifolia*）。

该群系广布于全省水田、浅水池塘及静水河湾，以水田中分布面积最大。群落浅水生，叶子浮于水面，植株高5～20cm，盖度80%～100%，伴生种因地段而异，通常池塘中的伴生种较少，水田中的伴生种较多，常见的有丁香蓼、浮萍、水蓑衣、水苋菜、日照飘拂草等。

（5）睡莲群系（Form. *Nymphaea tetragona*）。

野生睡莲分布于杭州、湖州、金华、台州、温州、丽水等地的山区、半山区，生于山地水塘、池沼中，海拔可达900m，但甚为少见，群系面积通常较小。野生睡莲的叶片与花朵明显较栽培者小。生境水深通常在60cm以下，水底为较深厚的黑色淤泥。夏季，具光泽的绿叶漂浮于水面，白色花朵盛开于叶片间，极为美丽。其花具每天上午约11:30时开放，下午约3:00时闭合的特性。群系中有时伴生植物较少，有华东蕙草、曲轴黑三棱、眼子菜、荇菜、微齿眼子菜、东方泽泻、菖蒲、戟叶蓼等。除野生睡莲外，尚有引种白睡莲、红睡莲、黄睡莲、香睡莲等，主要栽培于池塘中供观赏，属人工栽培群系。

（6）荇菜群系（Form. *Nymphoides peltata*）。

该群系广布于全省池塘、河湾及沟渠中，水深多在1m以下，基质多为富含腐殖质较深厚的淤泥土，对水质要求不甚严。通常为单优群系，在近岸浅水处，常伴生有空心莲子草；在深水处的群系边缘，有时伴生有浮萍、紫萍、凤眼莲、满江红等浮水植物。匍匐茎生于水底淤泥中，茎叶伸出浮于水面，密集，外貌鲜绿色，夏季盛开黄色花朵，在绿叶映衬下，甚为美丽。

（7）小叶眼子菜群系（Form. *Potamogeton cristatus*）。

该群系为全省广布的浮叶型植物，生于池塘、湖泊、沟渠中或水库、山塘近岸处。水通常较浅，群系着根于水底淤泥中，叶片漂浮于水面，伴生种常见萍、双穗雀稗、空心莲子草、丁香蓼、菹草、茶菱等。

（8）菱群系（Form. *Trapa* spp.）。

在浙江，菱属植物有野菱、乌菱、南湖菱、细果野菱等9种，均可独自形成群系。

菱群系广泛分布于全省各地的池塘、沟渠、水田等水体中，既有人工栽培形成，也不乏野生群系。菱对水质要求不严，水深通常在2m以下，吸收根扎于淤泥中，植株漂浮于水面，密集成片，伴生植物通常有紫萍、空心莲子草、浮萍、双穗雀稗、莲、穗花狐尾藻、芡、水鳖以及黑藻、亚洲苦草、密齿苦草、金鱼藻等沉水植物。

Ⅲ. 沉水植物植被型

（1）水盾草群系（Form. *Cabomba caroliniana*）。

该群系在杭州、嘉兴、湖州、宁波、绍兴等水网地区均有分布，主要生于水流缓慢、水位稳定的河道、沟渠、池塘中，多形成单优群系，伴生植物多为一些常见的水生种类，如苦草、黑藻、金鱼藻、浮萍、紫萍、满江红、槐叶萍等，个体数量较少。

水盾草是原产南、北美洲的沉水植物，日本作鱼饲料引进已多年，1993年在宁波采到标本，为我国最早采集到的标本。该种繁殖能力很强，侵移速度极快，如不尽快采取有效措施予以控制，亦将很快成为如同空心莲子草、凤眼莲那样的灾害性杂草。

（2）金鱼藻群系（Form. *Ceratophyllum demersum*）。

该群系广布于全省各地，生于静水或缓流的湖泊、池塘、沟渠、水田等水体中，要求水质无污染，透明度较大，水深在1.5m以内。群系以金鱼藻为优势种，盖度可达90%，伴生植物有菹草、穗花狐尾藻、黑藻、苦草等，近岸处则有芦苇和空心莲子草等；在滨海湖塘中往往成单优种群系。金鱼藻群系所处的水域，水体清澈，水草丰茂，是一些淡水鱼类所喜的产卵场所，金鱼藻又是草食性鱼类的优良饵料。

（3）黑藻群系（Form. *Hydrilla verticillata*）。

该群系广布于全省各地，生于海拔1300m以下的池塘、湖泊、河流、水库、沟渠中，水体污染轻、透明度较高，水深通常在2m以内，生长基质通常为淤泥土。群系盖度70%～90%，以黑藻为优势种，伴生种通常有菹草、竹叶眼子菜、穗花狐尾藻、金鱼藻、小茨藻、大茨藻等沉水植物以及浮萍、小叶眼子菜等浮水、浮叶植物。在滨海地区还见有与川蔓藻、穗花狐尾藻呈三者共占优势的群系，伴生种有细果野菱、小茨藻等。

（4）穗花狐尾藻群系（Form. *Myriophyllum spicatum*）。

该群系广布于全省各地，生于池塘、湖泊、沼泽、河沟、水田及海岸围涂沟渠中，水深一般在2m以内，对水质和基质要求不严，适应性较强，在偏酸或偏碱性的水域中均可生长。常成单优群系，茎长可达1.5m，盖度100%，有时伴生有空心莲子草、小叶眼子菜、菹草、苦草、黑藻、小茨藻等沉水植物以及浮萍、野菱、水鳖等浮水、浮叶植物。

（5）小茨藻群系（Form. *Najas minor*）。

该群系见于杭州、嘉兴、长兴等地的静水水体中，生长基质通常为淤泥。群落中小茨藻通常为主要建群种，盖度60%～80%，常与苦草、黑藻共建群落，伴生种有大茨藻、浮萍、紫萍、野菱、金鱼藻等。

（6）菹草群系（Form. *Potamogeton crispus*）。

该群系广布于全省各地，生于湖泊、库湾、池塘、溪流、沟渠中。菹草的适应性极强，既见于淡水水域，也可在滨海围涂内含有一定盐分的水体中生长，水深在2m以内。生长基质通常为淤质泥土。多以单优群系形式出现，生长繁茂，盖度可达60%～100%。有时伴生有苦草、小叶眼子菜、黑藻、金鱼藻等，在近岸处及水面则还伴生有空心莲子草、浮萍、槐叶萍、满江红等。

（7）竹叶眼子菜群系（Form. *Potamogeton malaianus*）。

该群系为全省广布的沉水型植物群系，生于池塘、湖泊、沟渠中，静水或流水中均有，但喜生于流水中，水深通常不超过2m。以竹叶眼子菜占绝对优势，枝叶繁茂，盖度较大，扎根于水底，枝叶伸展于水体上层。常见伴生种有沉水的菹草、茨藻、穗花狐尾藻、金鱼藻、黑藻、苦草及浮水的细果野菱、野菱、莕菜等。该群系是某些淡水鱼类优良的产卵场所。

（8）篦齿眼子菜群系（Form. *Potamogeton pectinatus*）。

该群系主要分布于绍兴、宁波、舟山、台州、衢州等地，生于河沟、池塘等生境中。本种适应性较强，对水质要求不严，在具一定含盐量的水中也能生长。通常为单优种群系，盖度90%～100%，伴生种有亚洲苦草、黑藻等及少量浮萍、紫萍等浮水植物。在含盐水体中常伴生有川蔓藻、角果藻等。

（9）川蔓藻群系（Form. *Ruppia maritima*）。

该群系分布于宁波、舟山、温州等地，多生于滨海具一定含盐量的围涂内侧水沟、池塘及水洼中，水深通常不足1m，水体较清澈，透明度较高。以川蔓藻占优势，常成单优种群系，或有时伴生有黑藻、篦齿眼子菜、角果藻、穗花狐尾藻等。

（10）狸藻群系（Form. *Utricularia* spp.）。

以狸藻属植物为优势种形成沉水群系的在浙江主要有黄花狸藻和南方狸藻两种。两者均全省分布，生于浅水性的池塘、水田、水沟、水潭及水洼中，水深在40cm以内，呈微酸性。群系面积通常较小，以狸藻属植物占优势，伴生有小茨藻、黑藻、苦草、穗花狐尾藻、菹草等。有时可与黑藻、菹草共为优势种组成群系。黄花狸藻与南方狸藻为狸藻科水生食虫植物，茎纤细多分枝，叶多回细裂，基部具捕虫囊，捕食水中的浮游生物。夏季抽生花序，盛开小黄花，群系景观极为特异。

（11）苦草群系（Form. *Vallisneria* spp.）。

在浙江，苦草属植物有亚洲苦草和密齿苦草两种，全省除舟山群岛外各市均有分布。生于江河边及湖泊、池塘、沟渠中，扎根于水底淤泥中（池塘、湖泊等）或积有泥沙的鹅卵石缝中（溪流），生境水深通常在2m以内，流水和静水中均有分布。通常为单优种群系，叶片长0.2～0.8m，盖度100%，有时伴生有黑藻、金鱼藻、眼子菜、小茨藻、菹草、穗花狐尾藻等植物。

（12）角果藻群系（Form. *Zannichellia palustris*）。

该群系见于龙湾区的滨海浅水沟渠中。群系沿沟渠分布，以角果藻为绝对优势种，盖度达100%，伴生种有小叶眼子菜和浮萍。

（七）红树林湿地植被

Ⅰ. 红树林湿地植被型

（1）秋茄树群系*（Form. *Kandelia candel*）。

秋茄树为红树科树种，为典型的最耐寒的红树林树种，具有极强的附着力和耐盐、碱、淹、瘠的能力。20世纪50年代至90年代温州市沿海地区曾多次引种，因种种原因目前仅在乐清西门岛、鹿城七都岛以及苍南的一些海湾生长尚好。

乐清湾西门岛的秋茄树林是我国目前红树林栽培分布区的最北界。该群系地处岛西北面背风、浪小、平缓的海涂上，微地形呈垄状，淤泥深厚，在潮汐的作用下，周期性地外露与淹没。土壤为滩涂泥，由淤积的微细颗粒组成，含盐量高，质地黏重。西门岛的秋茄树群系外貌高低错落，树干曲折苍劲，树冠浑圆，浓绿而光亮，更新能力较强。最上层的秋茄树，高约3.5m，盖度50%；中间层的秋茄树高约2.5m，盖度65%；最下层的为更新苗，平均高0.5m，盖度70%。外围已有小片状互花米草侵入。成年树上"胎生"幼苗十分丰富，群系有逐年向外侵移扩展之趋势，且具有良好的稳定性，如不遭受人为干扰，面积将会逐年自然扩大。

（2）无瓣海桑群系*（Form. *Sonneratia apetala*）。

无瓣海桑是海桑科的一种红树植物，目前在浙江温州灵昆岛的海滩上见有栽培试验，苗高1.6m，冠幅0.15m×0.25m，盖度40%，密度3600株/hm^2，其下混植秋茄幼苗。

Ⅱ. 半红树林湿地植被型

（1）海滨木槿群系*（Form. *Hibiscus hamabo*）。

海滨木槿在浙江仅分布于舟山的定海和宁波的镇海、象山、奉化等地，过去曾形成较大面积，但近些年的经济开发活动使得大部分植株被毁，现多以零星状态残留。温州以及象山、椒江、定海等地已用海滨木槿造林。群落长势较好，外貌低矮，灰黄绿色，树冠扁球形。海滨木槿为单一优势种，平均高1.3m，盖度60%～85%；草本层发育较差，平均高0.3m，盖度10%左右，通常以钻形紫菀、芦苇、羊蹄、碱蓬等为常见。

海滨木槿耐盐碱、极耐旱、耐瘠薄、抗海风、耐海水淹浸，适宜在持水保肥性能极差的滨海沙土上生长，可选作泥质、沙质海岸营造海岸基干林带和护堤的造林树种，也可作为多岩石裸露的贫瘠丘陵山地的水土保持林树种。同时，海滨木槿树冠浓密，花金黄色，形大而艳丽，花期长，可用于园林绿化。

（2）苦槛蓝群系*（Form. *Myoporum bontioides*）。

苦槛蓝为苦槛蓝科常绿灌木，在浙江主要分布于玉环、洞头，另外在瑞安、温岭也有少量栽培。过去玉环、洞头两县曾有较大面积栽培，但近年由于海涂开发及堤塘改造，已大量被毁。群落呈带状分布在堤坝、海塘上，亮绿色或淡黄绿色，生长茂盛。灌木层平均高1.5m，盖度90%左右，以苦槛蓝占优，偶见有女贞与之共占优势，伴生有小果蔷薇、雀梅、海桐、柞木、扁担杆、短柄忍冬等灌木及女贞、香樟、朴树、黄连木等更新幼树。草本层发育较差，每群丛3～8种不等，常见的有白茅、酢浆草、升马唐、积雪草、铺地黍、钻形紫菀、野艾蒿、金茅、鼠尾粟等。层外层植物有鸡矢藤、光叶蔷薇等。

苦槛蓝抗风沙、耐旱、耐瘠薄、耐盐碱，可在土壤含盐量7.5‰以下正常生长；根系发达，含有根瘤菌，能改善土壤条件；生长快，可迅速覆盖裸露地形成较快绿化效果，对沿海地区防护林的建设以及提高绿化难度大的裸露地绿化覆盖具有重要意义。另外，苦槛蓝树形优美、萌芽力强、耐修剪，叶面光亮，花淡紫红色，具有较高观赏价值，可作为沿海地区防护林绿化、园林绿化树种。

四、各湿地类的植被分布状况

（一）近海与海岸湿地

近海与海岸湿地有9个植被型、48个群系。一般而言，近海与海岸湿地植物群系的种类组成通常比较单调，结构也较简单，群系中木本植物较为少见。这是因为滨海生境较为严酷，且有一定稳定性，能很好适应的植物不多。由于生境土壤均具一定含盐量，且局部地段为沙地，故种类多由耐盐植物或沙生植物组成。盐生植物通常呈现出肉质化或根茎发达等特征；沙生植物则往往表现为根系特别发达。在近海与海岸湿地植被建群种中有南北沿海广布性种类，如芦苇、互花米草、糙叶苔草、盐地碱蓬等；也有一些南北不同的种类，如仅见于宁波、舟山等东部沿海的海滨木槿、砂引草、海三棱藨草、盐角草、无翅猪毛菜、刺沙蓬、珊瑚菜等，仅见于台州、温州等东南部、南部沿海的咸水草、秋茄树、铺地黍、蟛蜞菊、甜根子草、厚藤、苦槛蓝等。这些种类中，如芦苇、海三棱藨草、柽柳、互花米草等可形成大面积群落，而甜根子草、珊瑚菜、单叶蔓荆、砂引草、苦槛蓝、秋茄树等分布狭窄，相应组成的群落面积也较小。

（二）河流湿地

河流湿地有7个植被型、91个群系，主要群系为枫杨林、斑茅群系、芦竹群系、马尾松林等。相对来看，河流湿地植物群系的区系组成最为复杂，结构上往往形成明显层次，木本植物出现也较多，有的甚至为木本植物群系，既有广布性湿生种类，也有随遇性杂草，部分中生甚至旱生种类也可出现，这是因为这类生境每年均遭洪水短期淹没，但多数时间仍较干燥，能适应的植物较多。浙江省河流湿地中除最具优势的种类为枫杨、斑茅、水蓼等建群种外，在南北河滩中建群种、伴生种上也各有特色。如在北部河流中建群种多为枫杨，而在中、南部河流中除了枫杨外，还大面积分布有马尾松；在伴生种方面，中、南部河流中分布有梵天花、肖梵天花、白前、二叶丁癸草等；湖州市的河滩地上分布有丰富的刚竹属竹林，具有一定的北部河滩特色；温州市河滩上分布的温州水竹群系，则具有一定的南部河滩的特色。

（三）湖泊湿地

湖泊湿地有6个植被型、87个群系，由于静水、深水、水底有机质含量高等特质，是省内水生、沼生植被的主要聚居地。浙江省湖泊湿地较少，且往往因各种因素如旅游、围垦、基建、水产养殖等受人为干扰较为严重，湿地植被通常也呈支离破碎状态，大面积群系较为少见。由于水环境的极端性，群系类型和种类组成均较单一，以广布性的水生植物为主，通常为单优群系，如芦苇群系、野菱群系、水鳖群系、菰群系、苦草群系、金鱼藻群系等。局部湖泊也分布有一些狭域性群系，如太湖上的莕菜群系，德清的竹叶眼子菜群系等。

（四）沼泽湿地

浙江沼泽湿地按分布区的不同，可分为山地沼泽湿地和平原沼泽湿地。因平原沼泽湿地植被类型与湖泊、库塘湿地植被类型较为相近，故不再介绍，本节主要对山地沼泽湿地植被类型作详细介绍。山地沼泽湿地有8个植被型、41个群系，主要群系为沼原草群系、玉蝉花群系、芒群系、华东藨草群系、萱草群系等。山地沼泽由于地处偏远，远离人烟，人为干扰较少，分布着大量的特有、稀有群系，如景宁与磐安的江南桤木林群系、曲轴黑三棱群系、莼菜群系，临安清凉峰的睡菜群系、假鼠妇草群系，丽水的睡莲群系，淳安的毛叶沼泽蕨群系等，以及多种特有植物，如山梗菜、西南水芹、线叶水芹、三腺金丝桃、龙塘山谷精草等。

山地沼泽植被类型既有复杂性又有特殊性，群系优势种多为多年生草本，也有灌木状散生竹种，有时还有乔木树种，组成群系的种类较丰富，层次分明，通常以沼生植物为主，但有时也会出现一些旱生种类，如黄山松、映山红等，这可能因为沼泽地是一相对稳定的生境，分布在周围山坡上的树种大量下种到沼泽地中，最终有少量种子在突起的小土丘上发芽并逐渐适应其环境。

（五）人工湿地

人工湿地有9个植被型、115个群系，主要群系为狗牙根群系、双穗雀稗群系、蕺草群系、蓼子草群系、旋鳞莎草群系、习见蓼群系、三叶朝天委陵菜群系、黄花蒿群系、荻群系等，常见于库塘湿地中。

在水库消落区中距河口较远且地势较低处的植物群系组成通常较为简单，均为一年生植物或多年生宿根性的苔草类及禾草类植物，多成单优群系，伴生植物的种类及个体均较少，并且各库区的群系类型也大致相同。一年生植物群系通常呈低矮的单层型，平整划一，形如地毯；多年生植物群系通常较高，密集而整齐，如千岛湖库尾植被群落。湿地植物能很好适应水库消落区生境并形成优势的并不多，一年生植物主要有习见蓼、蓼子草、地耳草、旋鳞莎草、菵草、三叶朝天委陵菜等；宿根性草本植物主要有牛鞭草、芒尖苔草、单性苔草、垂穗苔草、翼果苔草、蕨草等。

水塘湿地特点与湖泊有些相似，但面积较小，因分布区的生态环境多样，组成群系的种类也相对要复杂一些，各水塘间的群系优势种类也往往有一定差异。优势种类主要有空心莲子草、满江红、浮萍、紫萍、槐叶萍、菱、凤眼莲、大藻、秕壳草、水蓼、水盾草等。

水产养殖塘湿地由于人为活动较为强烈，植被群系结构更为单一，即水面上往往无植被，偶见有小面积的浮萍群系、紫萍群系；塘坝上常见有升马唐群系、田菁群系、碎米莎草群系等，均以一年生的草本植物为主。

五、湿地植被的演替分析

（一）近海与海岸湿地植被

1. 滨海盐土植被

滨海盐土植被是指分布在滨海盐土（包括潮滩盐土和滨海盐土两个亚类）上，由盐生、耐盐及沼生植物所构成的一类非地带性植被。其中盐水沼生植被分布于潮间带淤泥质的中、高海滩，盐生植被则多分布于潮上带到围涂区，它们多呈带状系列分布，具有十分明显的分布规律。导致滨海盐土植被发生演替的主导因素是土壤含盐量、水分和有机质的变化，故滨海盐土植被的演替属于外因动态演替的范畴。

滨海盐土植被从海滩原生裸地上发生，形成先锋群系，并开始其演替进程。最早出现于海滩潮间带的为极耐盐、耐瘠、耐海水浸淹、定居力强的植物，如盐地鼠尾粟、中华结缕草、海三棱藨草等，它们一旦定居后即迅速繁殖，形成先锋植物群系。随着泥沙淤积、地势抬高、有机质增加、盐分降低，为一些耐间歇性浸淹的盐沼生植物如糙叶苔草、咸水草等创造了适宜的定居环境，继之发展并取代了前者，最后又被芦苇等高草植物群系所取代。高草盐沼生植物群系的出现，加速了淤积进程，使地势进一步抬高，最终完全露出水面，只是在特大高潮时海水方可到达（潮上带），这为盐生植被的定居和发展创造了更好的条件；盐生植被中最早出现于潮上带过湿地段的是耐盐性较强的南方碱蓬、盐地碱蓬、滨艾等，有的地段则可出现较多的盐角草、碱蓬及拟漆姑等，它们迅速繁殖蔓延，形成南方碱蓬等群系；随着过湿生境的消失，土壤含盐量及地下水位的下

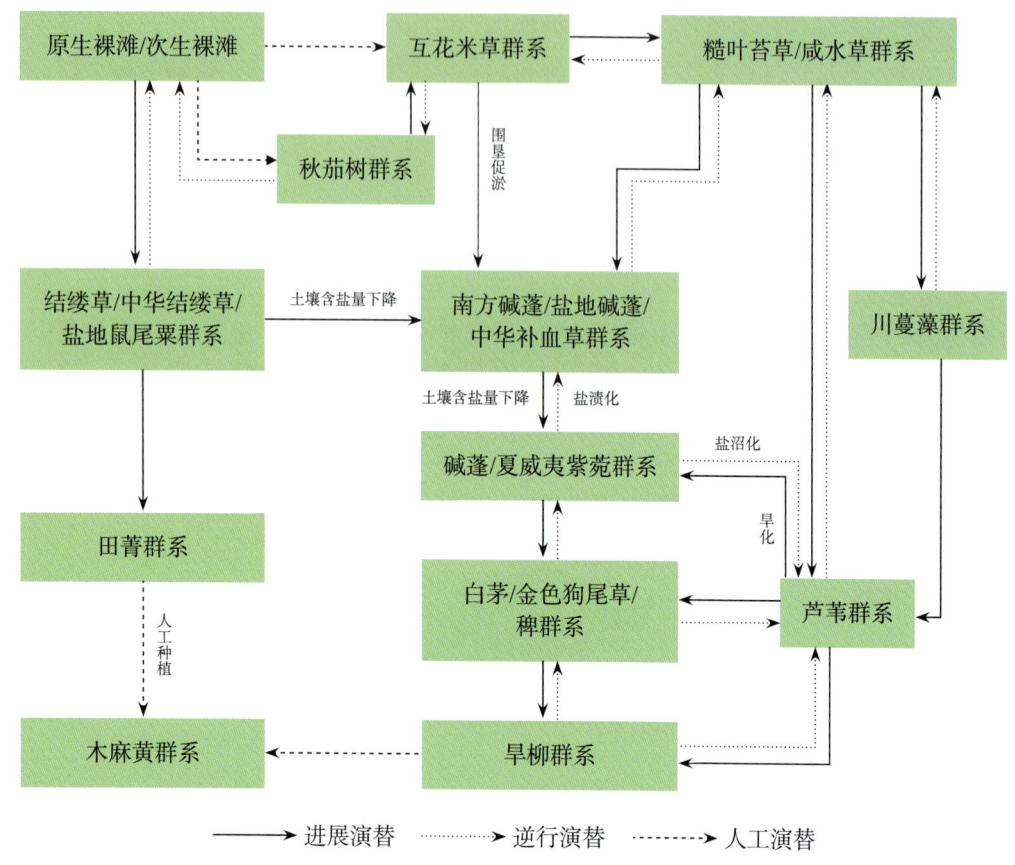

图 2-1 滨海盐土植被演替示意图

降,有机质含量的增高,碱蓬、钻形紫菀等开始侵入并最终取代上述喜生于过湿状态的肉质盐生植物群系;而碱蓬群系最终还将被较耐盐的白茅群系、草木樨群系等所取代。在浙江,盐生植被发展演替到碱蓬群系阶段甚至在裸地阶段,就已开展围涂垦殖,天然植物群系多被田菁、棉花、水稻、柑橘等人工植物群系取代,只在某些地段可出现以柽柳为主的木本植物群系。互花米草的引入,因其竞争力强,极为适应潮间带的环境,能迅速取代一些原生植被建群种类而一统天下,从而打乱了这种演替序列和规律。但互花米草在围涂后,即使在自然状态下,也会由于生境条件改变(盐度降低、水分减少等),群系逐渐稀疏衰败,一些耐盐植物如碱菀、钻形紫菀、盐地碱蓬等趁机侵入并取而代之(图2-1)。

2. 滨海沙生植被

滨海沙生植被是指生长在滨海风沙土类和滨海盐土亚类的沙涂土上,由沙生和耐沙植物组成的一类非地带性植被。滨海沙生植被分布多呈条带状,也具有十分明显的分布规律。导致沙生植被演替的主导因素乃是土壤质地(机械组成)、含盐量、土壤水分和有机质含量的顺序变化,故也属于外因动态演替范畴。

最早出现于原生裸地上的沙生植物是矮生苔草,通常分布于潮上带与潮间带交界处，并以潮上带为主，可受到间歇性（高潮）潮水短期淹没，是最耐盐的沙生先锋植物群系，在潮水可及之处往往呈单优状态，且分布不均匀。矮生苔草群系的生长蔓延，截留了大量的沙土，使地势逐渐抬高，为肾叶打碗花、沙苦荬等的定居奠定了基础，并进而发展成以矮生苔草为主，伴生有肾叶打碗花、沙苦荬的沙生植物群系，局部地段可见到双花狗牙根、卤地菊、无翅猪毛菜及细叶砂引草等植物。随着风沙土的不断堆积，形成沙丘，含盐量下降，矮生苔草逐渐被砂钻苔草所取代；砂钻苔草较矮生苔草植株更高大，地下根状茎更发达（但耐盐性不及前者），且更耐干旱，故而生长繁茂，加上其间常散生有绢毛飘拂草（多在沙丘迎风坡面）、狭叶尖头叶藜、蓝花子、刺沙蓬、无翅猪毛菜、番杏等植物，对风沙的截留作用更为明显，地势得以进一步抬高。至此，一些多年生具根状匍匐茎的草本植物如假俭草等开始侵入，并迅速蔓延，使风沙土开始得到固定，逐步形成了各种高草和灌木生长的群系，并进而形成甜根子草、珊瑚菜、单叶蔓荆、铺地黍等群系，沙滩内侧局部地段可进一步形成小叶蜡子树、雀梅灌丛，或黄檀萌生灌丛，或红鸡竹林等。

沙生植被演替到灌丛阶段，已开始有乔木树种侵入，如沙朴、黄连木、黄檀等，群系将朝着落叶阔叶林方向发展（图2-2）。目前在浙江沿海，尚可见到沙滩内侧局部地段保留有以沙朴、黄连木为主的林子，在林子中已开始出现香樟、普陀樟等常绿树种，

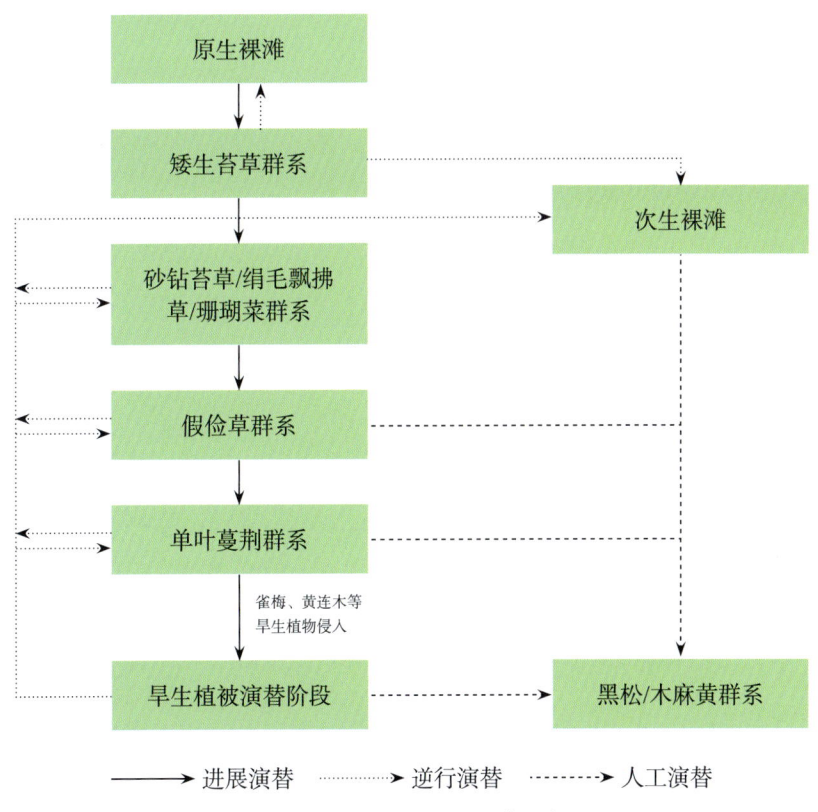

图2-2 滨海沙生植被演替示意图

可以看出目前的落叶阔叶林已具有朝着常绿、落叶阔叶混交林方向演替的趋势，可能在过去未被人类破坏时的植被就是以常绿树种为主的。

（二）河流湿地植被

1. 鹅卵石滩地植被

在多数具一定落差的溪边常见有面积或大或小的鹅卵石滩地，立地条件异常恶劣。在浙江，能在这种生境定居并很快形成较大面积群系的种类极为罕见，除斑茅外很难再举出第二个典型的例子。斑茅的适应性极强，根系发达，抗冲刷，种子在裸滩石缝中发芽生根后，能迅速生长并形成发达的根系，成群系后，在植株基部下游一侧逐渐淤积沙土，为银叶柳、细叶水团花或南川柳等树种或其他适应性较强的杂草创造适宜的定居条件，随着柳树林的形成，沙土淤积量的增加，有机物质的积累，地势的逐渐抬高，枫杨开始侵入，当枫杨成林后，斑茅、柳树等则逐渐衰落或退却。在浙江有不少河流滩地，当地势进一步抬高且枫杨林衰老后，常形成天然的马尾松林、毛竹林或人工起源的马尾松林、意杨林、香樟林及桑林、柑橘林等，其中毛竹林因其地下竹鞭纵横交错，不仅抵御洪水冲击能力极强，而且排他性也很强，是一相当稳定的群系类型。随着群系顺行演替序列的升级，伴生植物不仅种类越渐丰富，且盖度也越来越大（图2-3）。以上是浙江河流滩地植被演替的主要路线，当然只要其中某一演替环节的植被遭破坏，如发生人

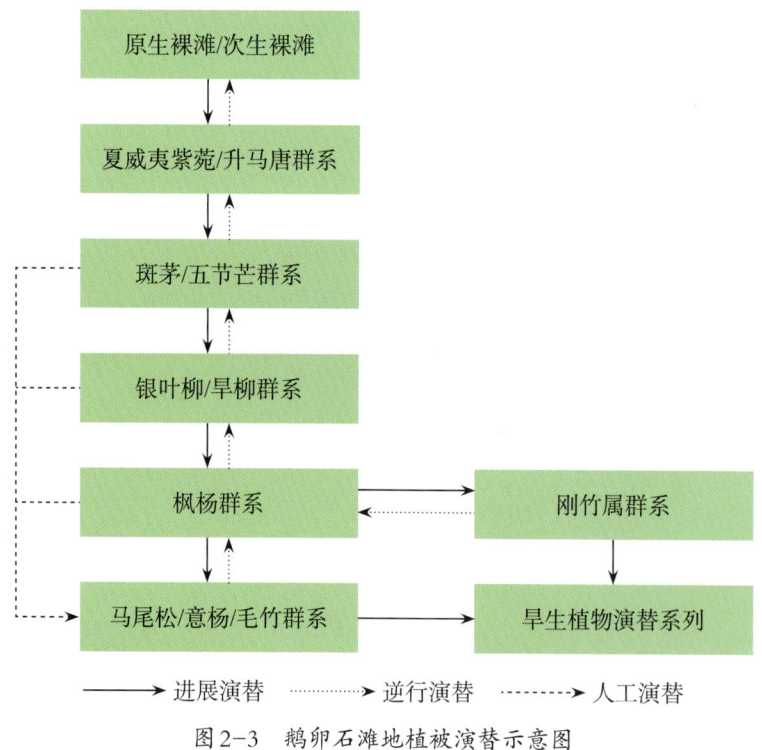

图2-3 鹅卵石滩地植被演替示意图

为破坏或特大洪水等原因，均将发生逆行演替，甚至可回到鹅卵石裸滩阶段，演替又将从头开始。

在浙江有不少较宽阔平缓的河流滩地，还有一种比较重要的演替情况，即在柳树林或枫杨林阶段之后，常出现一些由刚竹属中、小型竹种形成的群系，建群种通常单纯而茂密，有的竹林连片面积可达1km²以上。这类竹林要求每年有一到数次的短期洪水淹没过程，以补充有机物质和淤积新土，否则容易发生衰退现象。另外有部分鹅卵石滩地在斑茅群系阶段，也可出现水蓼、蕳草或芦竹等群系与斑茅群系呈镶嵌状分布的现象。

2. 泥沙质滩地植被

在江河平缓地段的滩地，由于细沙质淤泥堆积，土层深厚，养分充足，水分适宜，能适应的植物种类相对较多，但因经常被洪水淹没，故通常也只有少数种类能形成优势群系，如假俭草、狗牙根、香附子等，外貌整齐而低矮。随着淤积程度增加和地势抬高，可逐渐出现柳林、枫杨林等。

在河口处，由于地下水位较高，泥沙质滩地上常见以芦苇、扯根菜、马兰等群系为主，并随着淤积程度增加和地势抬高，逐渐出现旱柳林、枫杨林等（图2-4）。

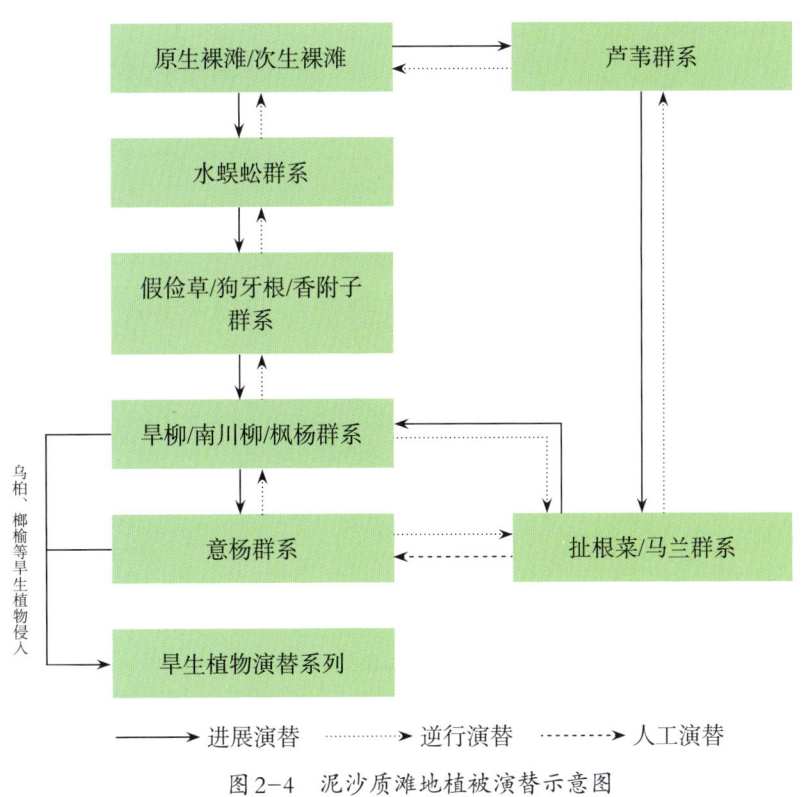

图2-4 泥沙质滩地植被演替示意图

(三)湖泊湿地植被

在浙江,大型的湖泊较少,由于人口密集,人为活动频繁,养殖、旅游等开发利用程度较高,湖泊湿地植被呈支离破碎状态,且群系面积也往往较小。

在没有人为干扰的情况下,湖泊植被的演替规律应是在离岸水深2m左右处常出现较多的沉水植物,如眼子菜、苦草、狐尾藻、金鱼藻、茨藻、黑藻等,水面则有各种浮水植物如浮萍、紫萍、满江红、槐叶萍等;由于这些植物的大量繁殖和死亡,将大量植物残体及其所滞留的泥沙沉积水底,使湖水变浅,为一些生长繁衍更快的浮叶植物如荇菜、菱等创造了适宜生长条件,既加快了湖底抬升的进程,又为挺水植物如水毛花、菰、芦苇、荆三棱、菖蒲等的定居和生长提供了条件;随着湖底的不断抬高,湖水的不断变浅直至干化,湿生植物逐渐侵入并进一步为中生植物的生长奠定了基础。上述种类植物在演替过程中,由于水深发生了变化,逐渐向适于自身生存的湖心方向推移。这种演替的结果是使湖泊面积逐步缩小,湖水深度逐渐变浅甚至干化,最后形成沼泽(图2-5)。

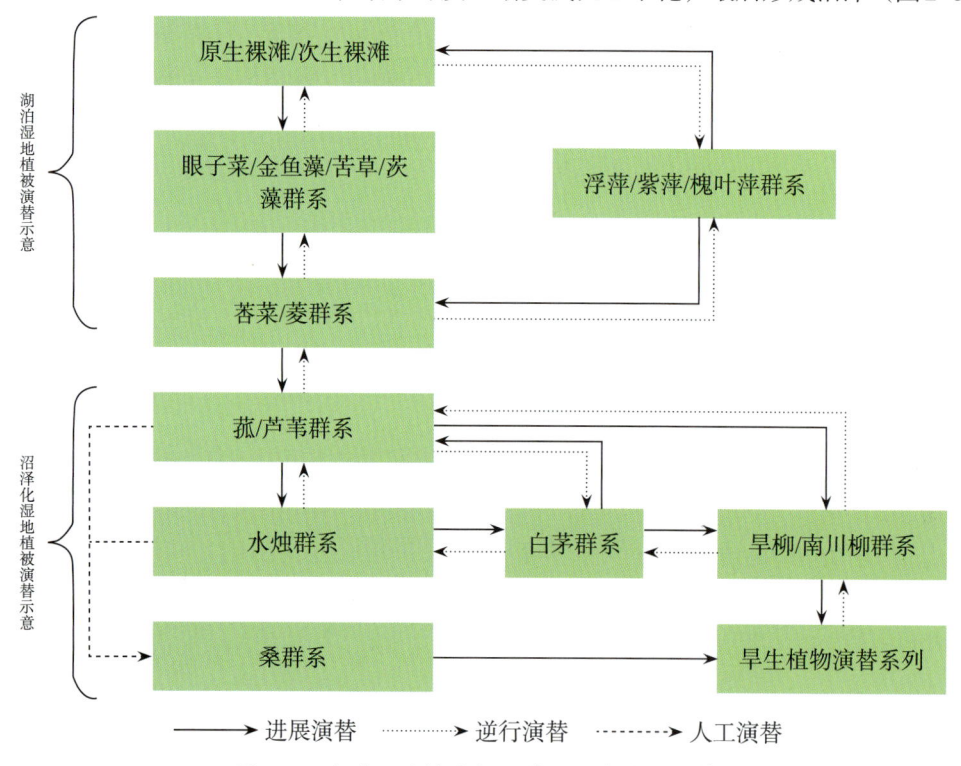

图2-5 湖泊湿地植被与沼泽化湿地植被演替示意图

(四)山地沼泽湿地植被

浙江沼泽化湿地不发达,较有代表性的为山地沼泽湿地,且分布零散,面积也很小,多处于富营养沼泽阶段。浙江的山地沼泽植被类型比其他湿地植被类型都要复杂,各沼泽湿地中生长的植物种类均较丰富;群系稳定性较强,本省稀有群系及种类较多,各个沼泽湿地的植被类型存在较大的差异，有的植物群系类型在省内独一无二，如睡菜群系、江南桤木林、福建紫萁群系等。原因是它们的生境较特异，且相互隔离，局限性较强，不像其他水体环境那样易于进行物种传播。

山地沼泽的形成是由于海拔较高，气温较低，多云雾，蒸发量小，处于低洼积水且排水不良地带，土壤过湿，植物残体分解缓慢等原因。沼泽的自然发展过程亦即其演替过程，通常有两种情况：一种是从富营养沼泽经过中营养沼泽到贫营养沼泽阶段的完整发展过程；另一种是发育阶段不全的发展过程，即长期处于某一发育阶段，或缺少某一阶段的发展过程。浙江的山地沼泽由于面积较小，且均处于三至四面环山的低洼地，周围山地森林中的营养成分可通过水流等途径源源不断地向沼泽进行补充，故营养丰富，可长期停留在沼泽发展过程中的初级阶段——富营养沼泽阶段，而在安吉龙王山千亩田沼泽等少数地带出现了较为发达的泥炭藓层，开始具有中营养沼泽阶段的特征。有的山地沼泽曾因人为盲目排水开发造成旱化而使演替进程发生逆转和退化，如淳安千亩田、景宁望东垟。

浙江山地沼泽的现状植被以草本植物群系为主，零星生长有木本植物。而木本植物群系有水竹群系、圆锥绣球群系以及景宁望东垟保护区、磐安黄檀林场沼泽地中的江南桤木林群系。由于浙江高山沼泽间相互隔离，因而木本植物演替的方向则根据当地种源而定（图2-6）。

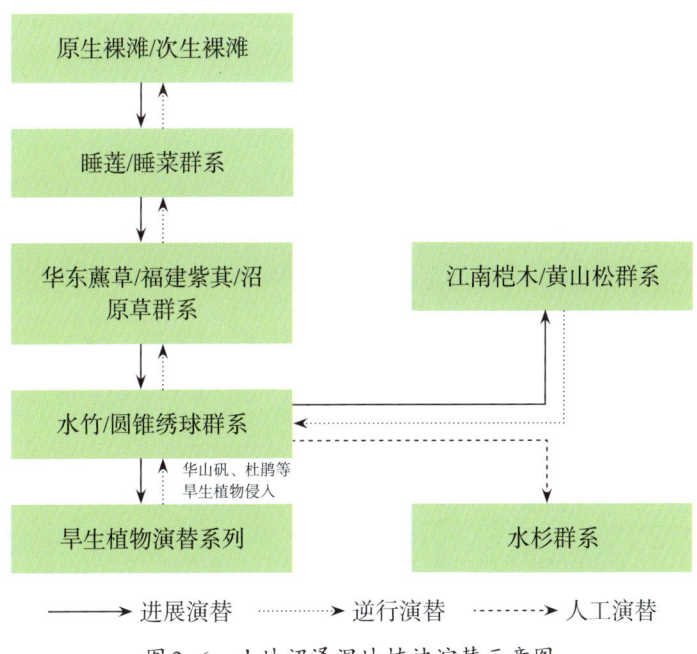

图2-6　山地沼泽湿地植被演替示意图

（五）人工湿地植被

人工湿地植被是一类混合的植被类型的统称，根据湿地型不同可分成水库消落区湿地植被、水塘湿地植被和水田湿地植被三大类。

1. 水库消落区湿地植被

当水库建成后，库尾消落区遭库水周期性淹没，原生植被因不适应而被淘汰。从河流中经水流传播的各种植物繁殖体到达水库消落区后，在适者生存的自然法则下，少数适生种类得以定居并逐渐形成优势群系。在近水地带，群系组成通常较为简单，均为一年生植物或多年生宿根性的苔草类及禾草类植物，多成单优群系，伴生植物的种类及个体均较少，并且各库区的群系类型也大致相同。一年生草本植物如旋鳞莎草、三叶朝天委陵菜、蓼子草、习见蓼、菌草、小藜等，宿根性草本植物如芒尖苔草、单性苔草、垂穗苔草、翼果苔草、蘋草、双穗雀稗等。形成上述特点的原因与水库水位每年周期性消涨密切相关，因每年梅雨季节水库蓄洪，这类生境将被淹没较长时间，植物要在这种生境中生存并形成群系，必须具有能在雨季之前完成生活史或避开水淹期开花结果，植株、种子或根状茎能耐长期水淹，结实量大等特性，而具有这些特性的植物并不多。完成上述演替所需时间通常较短，一般经十多年至数十年即可形成较为稳定的群系类型、种类组成及分布格局（图2-7）。

如在千岛湖库尾，按照离库水从近至远及地势自低到高来看群系分布规律，则为旋鳞莎草→三叶朝天委陵菜或蓼子草或习见蓼→苔草类或菌草→蘋草及小藜，离库水越远或地势越高，则群系类型越复杂，组成的植物种类也越丰富。

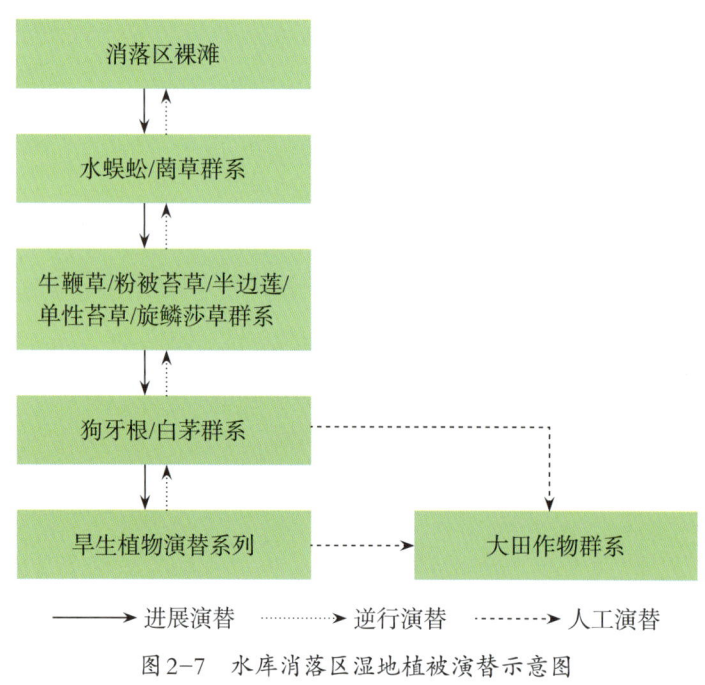

图2-7 水库消落区湿地植被演替示意图

2. 水塘湿地植被

水塘的生境、现状、植被类型、演替规律及特点均与湖泊相似，唯其面积较小、深度较浅。

在近数十年中，人为引进了一些外来植物如空心莲子草、凤眼莲、大藻等，由于它们均具有特别强盛的繁殖能力和非凡的侵移速度及排他性，在池塘等水体中蔓延成灾，成了农业养殖、水上交通等难以防除的害草；同时也造成了水塘等湿地原生植被的异常演替现象，使得正常演替序列发生了逆转、中断或紊乱。最近引进的水盾草在杭州、嘉兴、湖州及宁波、绍兴一带水网地区也已渐成蔓延之势。

3. 水田湿地植被

水田是人类栽培农作物的地方，受人为影响最大。在人为活动影响频繁的地段，水田植被稳定在农作物植被范畴内，常见的就是水稻群系、茭群系。如果水田缺少人为管理，由于水田优越的地理环境、肥厚的土壤以及周围丰富的种源，会很快过渡到自然演替阶段。

根据积水状况不同，水田湿地植被初期演替方向会分为两类：一类是终年积水类型的水田（潜育水稻土型的水田），这类水田地下水位高或者时常能得到水源补给，而能保持终年积水的状态。这类水田初期会出现蕨群系、双穗雀稗群系、浮萍群系等一些经常伴生在水田里的植物组成的建群种。随着高草植物的侵入，上述植被会逐渐被水烛群系、拂子茅群系所取代。随着土壤淤积，有机物增加，过湿生境减少，旱化逐渐明显，白茅群系开始侵入，进而转入旱化水田演替阶段。另一类是逐渐旱化的水田（渗育水稻土和潴育水稻土型的水田），这类水田由于地下水位低，在缺少人工补给的情况下，水田逐渐旱化。此时演替初期为丁香蓼群系、白酒草群系、双穗雀稗群系、稗群系等一些水田常见的、繁殖迅速的一年生植物为主建群种。随着多年生草本植物的逐渐侵入，白茅群系、五节芒群系等逐渐取代上述植被，进而为灌木群系的进入创造条件（图2-8）。

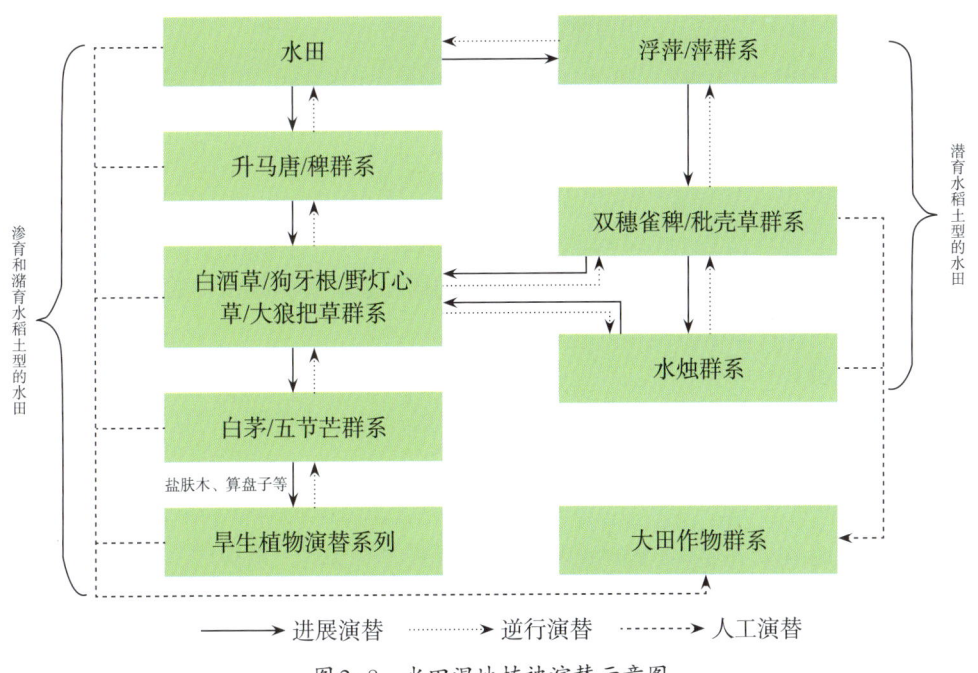

图2-8 水田湿地植被演替示意图

专题3 浙江湿地水鸟调查研究

摘　要　2011年7月至2014年8月，在全省湿地典型布设调查样带、样点的基础上，结合全省第二次野生动物资源调查对沿海湿地采用系统布样进行调查，总共设置调查样带235条、观测点95个，对湿地水鸟的种类、分布、数量、资源及其栖息地状况进行了全面、系统的调查。

本专题调查记录到湿地水鸟119种，隶属11目21科。记录湿地水鸟总数量$11.8×10^4$只，其中居前三位的是骨顶鸡、白鹭和红颈滨鹬。近海与海岸湿地中发现水鸟数量$8.3×10^4$只，内陆湿地共发现湿地水鸟数量$3.5×10^4$只。其中，列为国家Ⅰ、Ⅱ级保护的湿地水鸟有25种，包括东方白鹳、白头鹤、白鹤、卷羽鹈鹕、黄嘴白鹭、岩鹭等；省级重点保护的湿地水鸟有10种；列入《IUCN红色名录》的受威胁鸟类有29种；列入《中日候鸟保护协定》的鸟类有112种；列入《中澳候鸟保护协定》的鸟类有55种。

关键词　湿地　水鸟　种群数量　重点鸟区　浙江

一、调查方法与数据处理

（一）调查方法

浙江省现有湿地面积$111.01×10^4 hm^2$，湿地类型多样、区域性分布特征明显。本调查研究根据全省湿地资源分布特点，采用典型抽样和系统抽样相结合的方法对全省湿地水鸟进行全面和有针对性的调查。

1. 随机抽样

2011年7月至2012年1月，采用典型布设样线、样点相结合的方法对全省湿地水鸟种类资源进行调查。

2. 系统抽样

浙东沿海地区众多河口、港湾是湿地水鸟重要的栖息地、繁殖地、越冬地和候鸟迁徙途中理想的停歇地。因此，为了有重点地调查浙江省湿地水鸟资源状况，于2012年5月至2014年8月，结合全省第二次野生动物资源调查对浙东沿海各县（市、区）采用系统抽样方法进行实地调查。

(1) 样线布设。

将调查地理单元均匀划分为10km×10km的若干正方形样区（图3-1），采用系统抽样，抽取10%的样区作为调查样区。在抽中每个调查样区内均匀布设10条调查样线，样线长度4km，样线单侧宽度150m。

(2) 样点布设。

将大陆海岸线按10km长进行等份区划，然后等距系统抽取10%的海岸线长度作为调查样段，再在每段调查海岸线上等距布设5个半径150m的调查样点为主观测点（图3-2），考虑到海岸滩涂湿地的非连续性特点，加密布设部分辅助观测点，以提高调查精度。

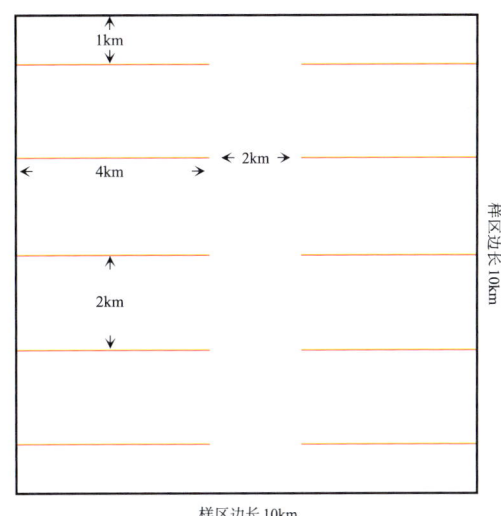

图3-1 沿海湿地水鸟调查样线布设示意图

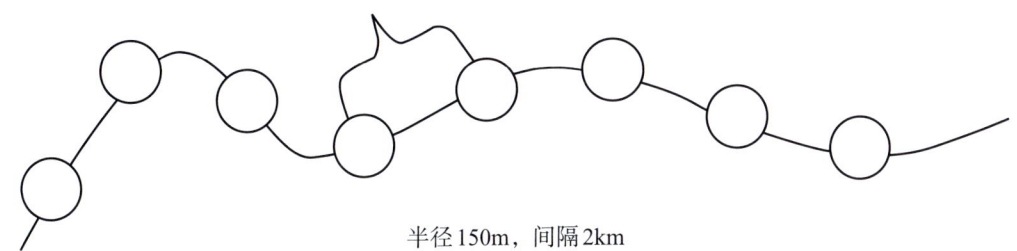

半径150m，间隔2km

图3-2 沿海滩涂湿地水鸟观测点布设示意图

(3) 设计结果。

浙江湿地沿海调查区域样带（点）的布设按设计的点间距自北而南、由西到东依次进行，总共布设样带235条，其中大陆样带202条，海岛样带33条；水鸟观测点95个（表3-1）。

表3-1 湿地沿海调查区域样带（点）布设情况汇总表

样带布设			主观测点布设
小　计	大陆样带	海岛样带	
235条	202条	33条	95个

（二）野外调查

1. 调查记载

确定好起始点后，记载样带编号、地理位置与坐标、天气、调查员和向导姓名、起始点寻找途径、开始调查的时间等基本情况。

繁殖期调查时听到或见到一只成体雄鸟记作一对；在没有见到雄鸟的情况下，见到一只成体雌鸟或一窝卵或雏也记作一对。记录所有个体至样带调查路线的垂直距离。对处于运动状态的个体，记录第一眼所见到的运动初始位点与样带调查路线的垂直距离。

2. 调查时间

2011年7月至2014年8月，分繁殖季和冬季两次进行。一般繁殖季为每年的5—6月，冬季为12月至翌年2月。

调查一般选择在晴朗、风力不大（一般在三级以下）的天气条件下进行；调查时间为清晨（日出0.5～3h）或傍晚（日落前3h至日落）。

3. 样带法

采用每小时0.5～1.0km的速度步行调查，利用8～10倍的双筒望远镜对鸟类进行观察，调查时尽量贴近预设样带中心线行走，记录位于前方及两侧的鸟类个体数量（包括见到和听到的）、离中心线的垂直距离、离起始点的距离、发现时间、栖息生境和行为。观察记录对象还包括样带设计宽度以外的个体，以便使用可变样带宽的数据处理方法。实际调查共完成调查样带238条，累计长度1205.44km，详见表3-2。

表3-2 湿地沿海调查区域样带调查抽样结果汇总表

序号	县（市、区）	抽样设计		样带调查	
		设计条数	设计长度/km	调查条数	调查长度/km
1	平湖	8	32	8	44.20
2	海盐	10	40	10	53.10
3	海宁	7	28	7	32.98
4	萧山	10	40	10	45.11
5	上虞	5	20	5	23.13
6	余姚	5	20	5	25.00
7	慈溪	17	68	17	86.08
8	镇海	10	40	10	53.00
9	北仑	9	34	9	43.41
10	鄞州	9	36	9	43.50
11	奉化	9	36	9	52.36
12	象山	13	46	13	65.72
13	宁海	10	40	10	47.12
14	三门	10	40	10	52.00
15	临海	16	64	16	93.42
16	黄岩	10	40	10	60.50

续表

序　号	县(市、区)	抽样设计		样带调查	
		设计条数	设计长度/km	调查条数	调查长度/km
17	椒江	6	24	7	34.13
18	路桥	4	16	4	20.90
19	温岭	6	24	6	30.10
20	乐清	10	40	10	54.48
21	瑞安	8	32	8	43.55
22	洞头	2	6	2	8.40
23	平阳	2	8	3	9.77
24	苍南	10	40	10	62.06
25	定海	12	36	12	44.49
26	普陀	11	33	11	47.99
27	岱山	5	15	5	20.82
28	嵊泗	1	3	2	8.12
合　计		235	901	238	1205.44

4. 样点法

到达样点后，以调查人员所在地为中心，观察并记录四周发现的鸟类名称、数量、距离样点中心位置等信息。每个样点计数时间为30min。每个个体只记录一次，能够判明是飞出又飞回的鸟不进行计数。调查共完成调查样点172个，其中主观测点95个，辅助观测点77个，详见表3-3。

表3-3　湿地沿海调查区域样点调查抽样结果汇总表

序　号	县(市、区)	抽样设计	野外调查		
			小　计	主观测点	辅助观测点
1	平湖	5	6	5	1
2	海盐	5	5	5	—
3	上虞	—	3	—	3
4	余姚	—	5	—	5
5	慈溪	5	5	5	—
6	镇海	5	5	5	—
7	北仑	5	12	5	7
8	鄞州	—	3	—	3

续表

序 号	县(市、区)	抽样设计	野外调查		
			小 计	主观测点	辅助观测点
9	奉化	5	9	5	4
10	象山	15	17	15	2
11	宁海	5	5	5	—
12	三门	15	18	15	3
13	临海	5	5	5	—
14	玉环	5	5	5	—
15	温岭	5	10	5	5
16	龙湾	—	8	—	8
17	乐清	5	13	5	8
18	瑞安	—	3	—	3
19	洞头	—	8	—	8
20	平阳	—	4	—	4
21	苍南	10	10	10	—
22	定海	—	1	—	1
23	普陀	—	5	—	5
24	岱山	—	5	—	5
25	嵊泗	—	2	—	2
合 计		95	172	95	77

(三) 数据处理方法

1. 可变距离样带种群密度计算

可变距离样带法是对所有涉及个体距样线距离的种群密度计算方法，本专题采用 Distance 软件进行分析。Distance 软件分析可以优选出拟合度最高的发现函数，得出精确的种群密度，同时，也能够得到一些与密度相关的参量，如遇见率、有效宽度、发现概率等，这些是用其他方法不可能或很难得到的。因此，在获得鸟类个体距样线的垂直距离的基础上，并且满足运算条件，距离取样法和相应的 Distance 软件分析，无疑将优于其他的方法，得出的结果也是最为准确的。

距离取样法估计调查目标种群密度公式如下：

$$D = \frac{N}{2L\int_0^W g(x)dx} \quad \cdots\cdots\cdots\cdots\cdots\cdots\cdots\cdots\cdots\cdots\cdots\cdots \quad (1)$$

式中：D——种群密度，单位：只/km²。

N——发现个体数量,单位:只。

L——调查样线长度,单位:km。

W——发现个体距中线最大垂距,单位:km。

x——发现个体中线垂距,单位:km。

其中,$g(x)$为探测函数,即距样线垂直距离为x处,发现目标鸟类个体的概率,它由不同的主函数$key(x)$和不同的级数$series(x)$组合而成。

$$g(x)=key(x)[1+series(x)] \quad \cdots\cdots\cdots\cdots\cdots\cdots\cdots \quad (2)$$

2. 固定样带宽度种群密度计算

大型鸟类,如鹭科、雁鸭类等,由于其侧向发现率在一定目及距离范围内并不随鸟类离观察者的距离增加而下降,故采用此法作数据处理。此外,对于偶见种(出现样带数少于5条),由于发现此类鸟的样带数和鸟类个体数均较少,很难分析鸟类其侧向发现率分布频率规律,也采用此法作数据处理。

$$D_{ij}=10^3 N_{ij}/L_{ij}W_{ij} \quad \cdots\cdots\cdots\cdots\cdots\cdots\cdots \quad (3)$$

式中:D_{ij}——某物种在第i个副总体第j条样带的种群密度,单位:只/km²。

N_{ij}——某物种在第i个副总体第j条样带内的出现数目,单位:只。

L_{ij}——第i个副总体第j条样带的长度,单位:km。

W_{ij}——第i个副总体第j条样带的单侧宽度,单位:m。

3. 样点调查法的种群密度估算

水鸟样点调查法种群密度的估计采用下式:

$$D_{ij}=N_{ij}/B_{ij} \quad \cdots\cdots\cdots\cdots\cdots\cdots\cdots \quad (4)$$

式中:D_{ij}——某物种在第i个副总体第j个样点的种群密度,单位:只/km²。

N_{ij}——某物种在第i个副总体第j个样点的出现数目,单位:只。

B_{ij}——第i个副总体第j个样点的面积,单位:km²。

二、调查结果分析

(一)水鸟种类

本专题水鸟调查共记录到水鸟119种,结合以往历史记录资料,可知浙江省共有湿地水鸟186种,隶属13目33科。

从目级水平统计,鸻形目的种类最多,达56种,占30.11%。种数超过20种的目还有雁形目33种,占17.74%;鸥形目28种,占15.05%;鹳形目25种,占13.44%,详见表3-4,图3-3。

表3-4 湿地水鸟种类组成

目	科数	种数	种占百分比/%	目	科数	种数	种占百分比/%
潜鸟目	1	2	1.07	鹤形目	3	15	8.06
䴙䴘目	1	5	2.69	鸻形目	7	56	30.11
鹱形目	3	5	2.69	鸥形目	4	28	15.05
鹈形目	4	5	2.69	鸮形目	1	1	0.54
鹳形目	3	25	13.44	佛法僧目	1	6	3.23
雁形目	1	33	17.74	雀形目	3	4	2.15
隼形目	1	1	0.54	合 计	33	186	100.00

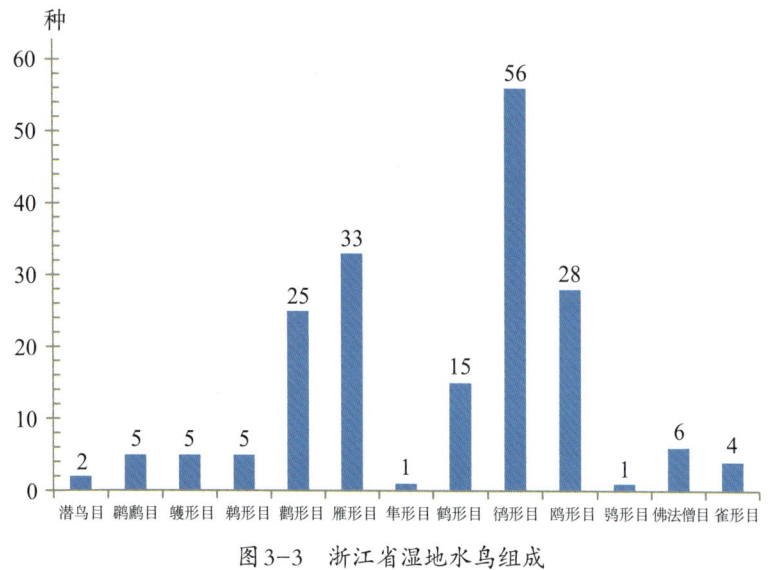

图3-3 浙江省湿地水鸟组成

从科级水平统计发现，鹬科种数最多，达40种，占21.51%。种数超过10种的科还有鸭科33种，占17.74%；鹭科18种，占9.68%；鸥科17种，占9.14%；鸻科10种，占5.38%；秧鸡科10种，占5.38%。

在186种湿地水鸟中，游禽类78种，占41.94%，主要为潜鸟目、䴙䴘目、鹱形目、鹈形目和雁形目的种类，常见种有小凤头燕鸥、绿翅鸭、绿头鸭、鸳鸯、罗纹鸭和斑嘴鸭等。涉禽类96种，占51.61%，主要为鹳形目、鹤形目和鸻形目的种类，常见种有骨顶鸡、环颈鸻、蛎鹬、白腰杓鹬、白腰草鹬、青脚鹬和矶鹬等。其他类型水鸟12种，占6.45%，通常在池塘、水域、沼泽等湿地周边活动，常见种有普通翠鸟、蓝翡翠、斑鱼狗、鹗等（图3-4）。

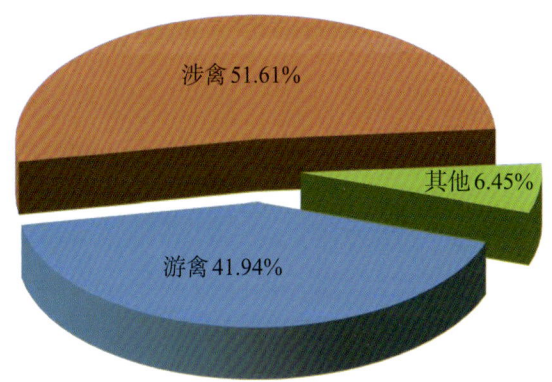

图 3-4 浙江省湿地水鸟各生态类型组成

（二）地理分布

1. 近海与海岸湿地

近海与海岸湿地水鸟的主要生境有淤泥质海滩、盐水沼泽、养殖塘、浅海水域、海岸性淡水湖泊、水库、盐田等。近海与海岸湿地常见的冬候鸟有黑腹滨鹬、环颈鸻、青脚鹬、白腰杓鹬、骨顶鸡、白翅浮鸥、红嘴鸥、绿翅鸭、矶鹬、反嘴鹬、绿头鸭、红脚鹬、黑嘴鸥、银鸥、斑嘴鸭、灰斑鸻、赤颈鸭等；旅鸟常见种有红颈滨鹬、翘嘴鹬、尖尾滨鹬、红腹滨鹬、弯嘴滨鹬、细嘴滨鹬、中杓鹬等；夏候鸟以牛背鹭、白额燕鸥、大白鹭、池鹭、黄苇鳽、红脚苦恶鸟、白胸苦恶鸟等较常见；留鸟常见种有黑尾鸥、苍鹭、白鹭、小䴙䴘、夜鹭、黑水鸡等。

2. 内陆湿地

内陆湿地一般面积小而分散，人为活动频繁，湿地水鸟的主要生境有湖泊、河流、水库、山塘等水域及沼泽、农田，部分也见于丘陵山地的森林和平原园地、旱地。水鸟的分布依湿地类型而略有不同：

（1）河流湿地常见的水鸟有苍鹭、池鹭、绿翅鸭、绿头鸭、斑嘴鸭、白眉鸭、赤膀鸭、普通秋沙鸭、蛎鹬、凤头麦鸡、环颈鸻、矶鹬、林鹬、白腰草鹬、翘嘴鹬、大沙锥、红嘴鸥、银鸥、红脚苦恶鸟等，冠鱼狗、普通翠鸟、蓝翡翠、褐河乌等与湿地关系较紧密的鸟类也较常见。在僻静的河滩地偶见鹤、鹳等大型鸟类和鸳鸯等珍稀水鸟。

（2）浙江的湖泊湿地主要集中分布于北部平原地区，面积不大、数量不多，但却是水禽的重要栖息地。常见的冬候鸟主要有凤头䴙䴘、绿头鸭、绿翅鸭、白眉鸭、斑嘴鸭、凤头潜鸭等，鸬鹚和鸥科的若干种也较常见；留鸟主要有小䴙䴘、苍鹭等；夏候鸟主要有红脚苦恶鸟等。

（3）水库湿地鸟类分布比较少，主要有小䴙䴘、普通翠鸟、鸬鹚、绿翅鸭、斑嘴鸭、白眉鸭、赤膀鸭、绿头鸭、鸳鸯等。

(三）区系成分

1. 地理型

根据动物地理区划，浙江省属东洋界中印亚界华中区东部丘陵和华南区闽广沿海亚区的交汇处。浙江近海与海岸湿地面积大，且类型多样，其特殊的气候和地理、地貌及广阔的滩涂为各种水鸟提供了良好的觅食、栖息场所，每年冬季有大量的古北界水鸟前来越冬。因此，水鸟以古北界种类占优势，134种，占72.04%；其次是东洋界鸟类，42种，占22.58%；广布种最少，仅10种，占5.38%（表3-5）。

近海与海岸湿地和内陆湿地地理型分析表明，近海与海岸湿地古北界种类比例比内陆湿地高，而东洋界种类比例以内陆湿地较高（图3-5）。

表3-5 浙江省湿地水鸟地理型组成

地理型	湿地水鸟		近海与海岸湿地		内陆湿地	
	种类	比例/%	种类	比例/%	种类	比例/%
古北界	134	72.04	103	78.63	75	69.44
东洋界	42	22.58	22	16.79	27	25.00
广布种	10	5.38	6	4.58	6	5.56
合　计	186	100.00	131	100.00	108	100.00

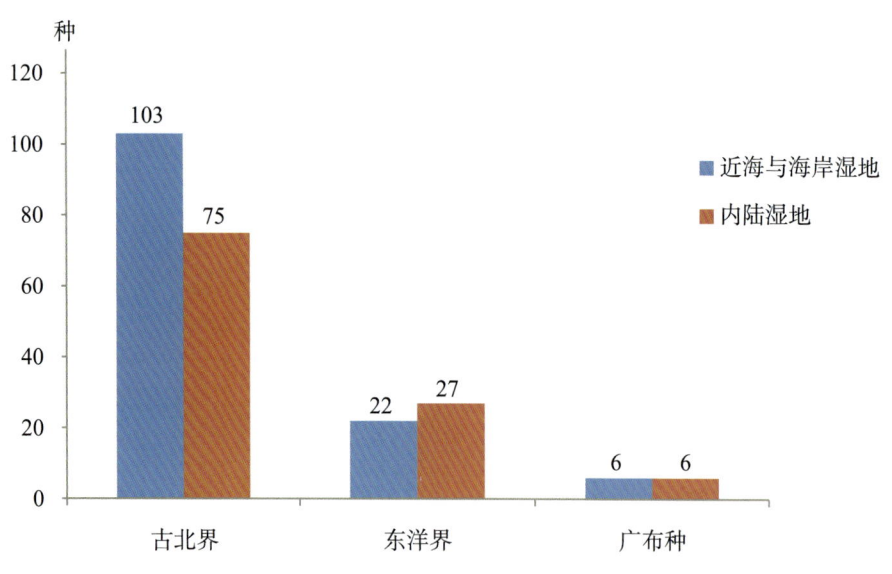

图3-5 浙江省近海与海岸湿地和内陆湿地水鸟地理型组成对比

2. 居留型

浙江省湿地水鸟以冬候鸟种类最多，86种，占46.24%；夏候鸟36种，占19.35%；

旅鸟45种，占24.19%；留鸟19种，占10.22%（图3-6）。由此可见，浙江湿地是水鸟重要的、理想的越冬地和迁徙停息地。

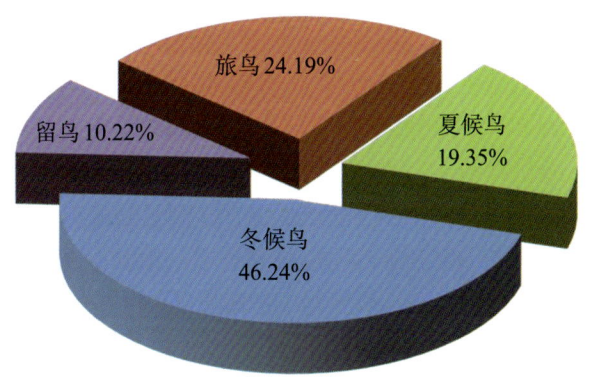

图3-6 浙江省湿地水鸟居留型组成

冬候鸟全部为古北界迁徙来的鸟类，主要由鸭类（33种）、鸻鹬类（19种）、鸥类（15种）及其他水鸟（19种）组成，常见种有斑嘴鸭、环颈鸻、红脚鹬、织女银鸥和骨顶鸡等。夏候鸟大部分属东洋界种类，主要由鹭类（12种）、鸥类（9种）、秧鸡类（5种）及其他水鸟（10种）组成，常见种有中白鹭、牛背鹭、白胸苦恶鸟和大凤头燕鸥等。旅鸟绝大部分属古北界种类，以鸻鹬类（35种）为主，其他水鸟仅10种，常见种有金斑鸻、中杓鹬、青脚鹬、泽鹬和林鹬等。留鸟多数属东洋界种类（12种），其他还有广布种类5种、古北界种类2种，常见种有白鹭、夜鹭、黑水鸡、黑尾鸥、小䴙䴘和普通翠鸟等。

近海与海岸湿地和内陆湿地居留型分析表明，近海与海岸湿地冬候鸟、旅鸟种类比例较内陆湿地高，而繁殖鸟（夏候鸟、留鸟）的种类比例以内陆湿地较高，这与内陆湿地生态环境稳定性高有直接关系。详见表3-6，图3-7。

表3-6 浙江省湿地水鸟居留型组成

居留型	湿地水鸟		近海与海岸湿地		内陆湿地	
	种类	比例/%	种类	比例/%	种类	比例/%
冬候鸟	86	46.24	69	52.67	54	50.00
夏候鸟	36	19.35	22	16.79	22	20.37
旅　鸟	45	24.19	31	23.66	16	14.81
留　鸟	19	10.22	9	6.87	16	14.81
合　计	186	100.00	131	100.00	108	100.00

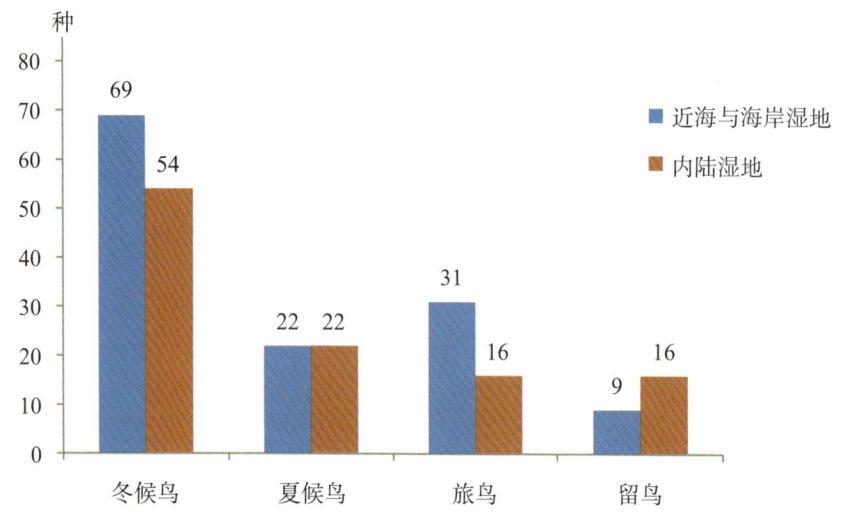

图 3-7　浙江省近海与海岸湿地和内陆湿地水鸟居留型组成对比

3. 候鸟迁徙

（1）迁徙日期。

因不同候鸟种类、气候条件及迁徙距离的远近，各种候鸟到达全省各地的时间也不一样。浙江候鸟春季迁徙北上过境的时间大致从春分到立夏，而清明到谷雨的半个月为迁徙的高峰时期；秋季南迁过境的时间约从白露到霜降，之后仅见零星过境。候鸟和旅鸟季节性的迁徙和过境，使全省湿地鸟类数量变化很大。

雁形目的野鸭是最常见的迁徙鸟类。据在临安青山湖的多年观察，绿翅鸭、白眉鸭9月迁到，为最早的种类；绿头鸭、斑嘴鸭、针尾鸭、赤膀鸭等在10—11月陆续迁到。11月下旬至翌年2月野鸭的种类与数量都比较稳定。从3月开始越冬的野鸭先后迁离，其中迁离最迟的为绿翅鸭、白眉鸭。

雁类9—10月迁到，常见种为豆雁、鸿雁等。据在三门湾、乐清湾调查，12月至翌年1月天寒风大时雁最多，每群数百至上千只在港湾避风及在小岛低潮带近水域滩涂中觅食，夜宿附近麦田或沼泽中。

鸻形目的鹬类和鸻类是沿海主要的候鸟或旅鸟。据在舟山群岛调查，春季候鸟过境时间为4月中旬至6月初，4月下旬至5月下旬为高峰期。

鹭科鸟类多为夏候鸟，主要种类如夜鹭、池鹭、白鹭于4月初至4月中旬陆续大批迁到浙江中部地区，9月下旬开始迁离。

春秋两季由于候鸟和旅鸟季节性的迁徙和过境，使全省湿地鸟类数量变化很大，春末夏初和秋末冬初时，形成两个季节性高峰，旅鸟特别繁盛，雁鸭类、鸻鹬类等因迁徙旅经本区而常成为优势种或常见种，种群数量达数万只甚至数十万只。

（2）迁徙路线。

候鸟的迁徙路线以南北向为主。根据 тугаринов 的欧亚鸟类迁徙路线，浙江位于东南亚地区到俄罗斯、澳大利亚到俄罗斯库页岛2条迁徙路线上，为必经之地。据调查，浙江候鸟中多数为水鸟，特别是雁鸭类、鹬类和鸥类，如鸿雁、豆雁、小天鹅、翘鼻麻鸭、针尾鸭、绿头鸭、绿翅鸭、罗纹鸭、赤膀鸭、琵嘴鸭、白腰杓鹬、大杓鹬、斑尾塍鹬、红脚鹬、翘嘴鹬、红腹滨鹬、黑腹滨鹬、尖尾滨鹬、红颈滨鹬、青脚滨鹬、黑尾鸥、海鸥、银鸥、红嘴鸥、燕鸥等春秋迁徙时主要见于杭州湾、舟山群岛、象山港、三门湾、台州湾、乐清湾和温州湾。这些鸟类构成欧亚鸟类东部两条迁徙路线的主要成分，许多被列入中日、中澳候鸟保护名录。

（四）种群数量

浙江近海与海岸湿地面积比较大，占全省湿地面积62.38%，而且湿地类型多样。近海与海岸湿地特殊的气候和地理、地貌条件及广阔的滩涂，为各种游禽、涉禽提供了良好的栖息场所，丰富的食物吸引了大量的湿地水鸟。同时，由于近海与海岸湿地处于候鸟的迁徙路线上，旅鸟种类较多。

调查记录到湿地水鸟119种，数量11.8×10^4只，列居前三位的是骨顶鸡、白鹭和红颈滨鹬。其中，近海与海岸湿地8.3×10^4只，占70.34%，可见浙江近海与海岸湿地是湿地水鸟的集中越冬地和重要的迁徙停息地。浙江内陆湿地广而分散，连片面积较小，但人工与天然湿地并存，类型丰富多样，同样吸引着大量的湿地水鸟，共记录到种群数量3.5×10^4只，以白鹭、牛背鹭和夜鹭的数量最多，详见表3-7。

表3-7　调查记录数量在500只以上的水鸟一览表

名　称	记录总数量/只	近海与海岸湿地/只	内陆湿地/只
骨顶鸡	23016	23016	—
白鹭	18998	8549	10449
红颈滨鹬	11987	11987	—
牛背鹭	6050	1815	4235
斑嘴鸭	5168	2584	2584
夜鹭	3605	72	3533
罗纹鸭	3149	3149	
池鹭	3083	462	2621
白腰杓鹬	3042	3042	—
环颈鸻	2996	2696	300
绿头鸭	2558	1791	767

续表

名　称	记录总数量/只	近海与海岸湿地/只	内陆湿地/只
黑腹滨鹬	2344	2344	—
灰背鸥	2033	2033	—
琵嘴鸭	2000	2000	—
黑嘴鸥	1991	1991	—
红头潜鸭	1717	1717	—
青脚鹬	1713	1713	—
苍鹭	1700	1020	680
小䴙䴘	1434	287	1147
凤头潜鸭	1203	1203	—
矶鹬	1104	1104	—
赤颈鸭	1050	1050	—
绿翅鸭	1001	551	450
黑水鸡	993	338	655
须浮鸥	862	491	371
红嘴鸥	847	847	—
大凤头燕鸥	750	750	—
鸬鹚	709	496	213
银鸥	697	558	139
大滨鹬	598	598	—
青脚滨鹬	584	584	—
红脚鹬	581	581	—
大白鹭	559	296	263
金斑鸻	548	340	208
黑尾鸥	539	442	97

（五）珍稀水鸟

1. 种类概况

在全省湿地水鸟中，被列为国家Ⅰ级保护动物的有中华秋沙鸭、东方白鹳、黑鹳、朱鹮、白头鹤、白鹤和遗鸥7种；被列为国家Ⅱ级保护动物的有赤颈䴙䴘、角䴙䴘、卷羽鹈鹕、褐鲣鸟、黄嘴白鹭、岩鹭、海南鳽、白鹮、彩鹮、白琵鹭、黑脸琵鹭、白额雁、小天鹅、疣鼻天鹅、鸳鸯、鹗、灰鹤、白枕鹤、小杓鹬、小青脚鹬、中华凤头燕鸥和毛脚鱼鸮22种；被列为浙江省重点保护动物的有凤头䴙䴘、黑脚信天翁、大白鹭、白鹭、中白鹭、夜鹭、小白额雁、黑尾鸥、黑嘴鸥和黑枕燕10种；被列入《IUCN红色名录》的有29种；被列入《濒危野生动植物国际贸易公约》（CITES）附录Ⅰ、Ⅱ的有14种；被列入《中国濒危动物红皮书》（表3-8中简称"红皮书"）名录的有29种。珍稀、濒危水鸟详见表3-8。

表3-8 浙江省湿地水鸟珍稀、濒危物种一览表

序号	中文名	保护等级	IUCN红色名录	CITES	红皮书
1	赤颈䴙䴘	Ⅱ			
2	角䴙䴘	Ⅱ			
3	凤头䴙䴘※	△			
4	黑脚信天翁	△	近危		
5	卷羽鹈鹕※	Ⅱ	易危	附录Ⅰ	
6	褐鲣鸟	Ⅱ			易危
7	斑头鸬鹚				稀有
8	大白鹭※	△			
9	白鹭※	△			
10	黄嘴白鹭※	Ⅱ	易危		濒危
11	岩鹭※	Ⅱ			稀有
12	中白鹭※	△			
13	夜鹭※	△			
14	栗头虎斑鳽		濒危		
15	海南鳽	Ⅱ	濒危		濒危
16	东方白鹳	Ⅰ	濒危	附录Ⅰ	濒危
17	黑鹳	Ⅰ		附录Ⅱ	濒危
18	白鹮	Ⅱ	近危		稀有
19	朱鹮	Ⅰ	濒危	附录Ⅰ	濒危
20	彩鹮	Ⅱ			
21	白琵鹭※	Ⅱ		附录Ⅱ	易危

续表

序　号	中文名	保护等级	IUCN红色名录	CITES	红皮书
22	黑脸琵鹭※	Ⅱ	濒危		濒危
23	鸿雁		易危		
24	白额雁	Ⅱ			
25	小白额雁	△	易危		
26	小天鹅※	Ⅱ			易危
27	疣鼻天鹅	Ⅱ			易危
28	花脸鸭			附录Ⅱ	
29	罗纹鸭		近危		
30	白眼潜鸭		近危		
31	青头潜鸭		极危		
32	鸳鸯※	Ⅱ			易危
33	棉凫				稀有
34	长尾鸭		易危		
35	中华秋沙鸭	Ⅰ	濒危		稀有
36	鹗※	Ⅱ		附录Ⅱ	稀有
37	白头鹤※	Ⅰ	易危	附录Ⅰ	濒危
38	灰鹤	Ⅱ		附录Ⅱ	
39	白枕鹤※	Ⅱ	易危	附录Ⅰ	易危
40	白鹤※	Ⅰ	极危	附录Ⅰ	濒危
41	灰胸秧鸡				稀有
42	小杓鹬※	Ⅱ			
43	白腰杓鹬※		近危		
44	大杓鹬		易危		
45	黑尾塍鹬※		近危		未定
46	小青脚鹬※	Ⅱ	濒危	附录Ⅰ	未定
47	半蹼鹬		近危		稀有
48	大滨鹬		易危		
49	勺嘴鹬		极危		

续表

序　号	中文名	保护等级	IUCN红色名录	CITES	红皮书
50	黑尾鸥※	△			
51	黑嘴鸥※	△	易危		易危
52	遗鸥	Ⅰ	易危	附录Ⅰ	易危
53	黑枕燕鸥※	△			
54	中华凤头燕鸥※	Ⅱ	极危		易危
55	扁嘴海雀				易危
56	毛脚鱼鸮	Ⅱ		附录Ⅱ	稀有

注：※表示本专题调查中记录的物种；

Ⅰ——国家Ⅰ级保护动物，Ⅱ——国家Ⅱ级保护动物，△——浙江省重点保护动物。

2. 受关注的水鸟

（1）列入《中日候鸟保护协定》鸟类。

列入《中日候鸟保护协定》鸟类112种，较为常见的有牛背鹭、中白鹭、夜鹭、针尾鸭、绿翅鸭、绿头鸭、鸿雁、红头潜鸭、普通秋沙鸭、黑水鸡、彩鹬、蛎鹬、金斑鸻、灰斑鸻、黑腹滨鹬、斑尾塍鹬、白腰杓鹬、中杓鹬、林鹬、矶鹬、青脚鹬、白腰草鹬、泽鹬、红脚鹬、翘嘴鹬、黑翅长脚鹬、反嘴鹬、普通燕鸻、红嘴鸥和普通燕鸥等。

（2）列入《中澳候鸟保护协定》鸟类。

列入《中澳候鸟保护协定》鸟类55种，较为常见的有牛背鹭、大白鹭、黄斑苇鸭、琵嘴鸭、白眉鸭、水雉、金斑鸻、红腹滨鹬、斑尾塍鹬、黑尾塍鹬、白腰杓鹬、小杓鹬、中杓鹬、黑腹滨鹬、林鹬、矶鹬、青脚鹬、泽鹬、红脚鹬、翘嘴鹬、普通燕鸻和白翅浮鸥等。

（3）重点关注物种。

①中华凤头燕鸥。中华凤头燕鸥又名黑嘴端凤头燕鸥，属IUCN极危鸟类，为国家Ⅱ级保护鸟类。据鸟类学家推测，该鸟应在山东至福建沿海繁殖，在印度尼西亚、马来西亚、菲律宾、泰国等周边的南中国海越冬。

中华凤头燕鸥数量极为稀少，据估计目前全球总数量不超过50只，因其踪迹神秘被誉为"神话之鸟"。1861年中华凤头燕鸥在印度尼西亚东部被首次发现并命名，1939年在我国山东青岛沐官岛为最后一笔记录，2000年在我国台湾马祖列岛被重新发现。2004年在浙江象山韭山列岛发现了中华凤头燕鸥20只成体，因台风影响，2005年和2006年在浙江不曾记录到繁殖群体。2007年中华凤头燕鸥在韭山列岛的繁殖因人为干扰而失败，2008—2013年繁殖群转移至浙江舟山五峙山列岛，并连续6年均繁殖成功。

②黑嘴鸥。黑嘴鸥属IUCN易危鸟类，分布于亚洲东部，主要在中国东部沿海的辽

宁、河北、山东和江苏等地繁殖，在中国的东部和南部沿海直到海南岛等地越冬，部分迁至韩国、日本和越南越冬。黑嘴鸥在浙江属冬候鸟，根据文献记载和实地调查可知，黑嘴鸥活动于杭州湾、象山港、三门湾、台州湾、隘顽湾、漩门湾、乐清湾、温州湾和舟山群岛等，栖息于沿海滩涂、沼泽及河口地带。

实地调查发现，黑嘴鸥通常只栖息于泥滩和鱼塘两种生境。鱼塘生境中的黑嘴鸥，是当潮水处于高平潮时，滩涂被海水淹没，部分黑嘴鸥与其他鸥类混群飞回内陆养殖塘栖息时被发现的。从野外观察结果看，泥滩是黑嘴鸥主要的取食地，丰富的甲壳动物等是其主要的食物来源，黑嘴鸥在泥滩生境无论是数量还是出现频次都占绝对优势。

③黑脸琵鹭。黑脸琵鹭属IUCN濒危物种，为国家Ⅱ级保护鸟类，主要在中国台湾、香港、深圳、海南、澳门以及日本、越南和朝鲜等地越冬，在朝鲜和韩国西海岸附近的岛屿和中国的东北地区繁殖。该种曾分布于浙江北部各水域，并在杭州地区采集到标本。调查研究显示，浙江沿海是黑脸琵鹭迁徙的最重要停息地之一。本专题调查在杭州湾、温州湾、苍南县的滩涂均有黑脸琵鹭发现。可见，浙江沿海的乐清湾、温州湾、飞云江口至鳌江口一带和三门湾的滩涂湿地对黑脸琵鹭的迁徙停息有着极为重要的作用。

黑脸琵鹭选择泥质滩涂作为其活动地，并要求有面积较大且开阔的滩涂。泥质滩涂存在较丰富的海洋生物，可为黑脸琵鹭提供较多的食物。大片开阔地（如水面和滩涂等）是许多湿地水鸟栖息地隐蔽物至关重要的结构资源，开阔有利于鸟类的观察，以便及时发现天敌。因此，面积较大且开阔的滩涂使黑脸琵鹭能够获得较为安全的活动地。

④中华秋沙鸭。中华秋沙鸭属IUCN濒危物种，为国家Ⅰ级保护鸟类，主要繁殖于俄罗斯的西伯利亚东南部和远东地区以及我国东北的部分地区，在朝鲜北部亦有零星繁殖记录；越冬记录见于我国南方大部地区。据有关调查结果显示，其种群数量一直呈下降趋势。

中华秋沙鸭在浙江松阳有稳定的越冬种群，近年在景宁、莲都、黄岩、衢江等地也有其越冬的记录。它主要栖息于阔叶林或针阔混交林的溪流、河谷、草甸、水塘以及草地，常成对或以家庭为群出没于湍急河流或开阔湖泊，潜水捕食鱼类，其生性机警，稍有惊动就昂首缩颈不动，随即起飞或急剧游至隐蔽处。

三、浙江湿地重点鸟区概述

重点鸟区［important bird area（IBA）］是指对保护鸟类多样性具有重要意义的地区，它是20世纪80年代在生物多样性保护领域出现的一个新概念。通过重点鸟区的研究可为生物多样性重要区域保护优先序的确定提供重要依据，用以帮助和指导有关政府和各种自然保护组织制定相应的保护策略，通过对鸟类及其栖息地的保护来促进其他各类生物多样性的保护工作。目前全世界重点鸟区的研究已成为有关生物多样性保护组织的一项重要工作。1989年和1994年先后完成了欧洲和中东地区重点鸟区的工作，1996年亚洲重点鸟区的研究工作开始启动。作为亚洲重点鸟区研究的重要组成部分，中国重点鸟区的研究于1998年开始，于2004年完成。《亚洲的重点鸟区名录》也于2004年刊发；2006、2007年中国各地的观鸟团体和观鸟者等多方团体和个人为重点鸟区项目提供资料，以更新中国重点鸟区的资料，并于2009年刊发《中国大陆的重点鸟区名录》。

中国大陆重点鸟区数量有512个，其中浙江重点鸟区数量30个，涉及湿地水鸟的重点鸟区20个，以杭州湾、台州湾、乐清湾、漩门湾、温州湾等5个重点鸟区对浙江大陆海岸湿地水鸟的栖息、停歇、越冬与繁殖尤其重要，详见表3-9。

1. 杭州湾重点鸟区

杭州湾重点鸟区位于浙东沿海，地处慈溪市钱塘江口南岸的三北浅滩，为泥质滩涂，是浙江省最大的沿海滩涂，为小䴙䴘、骨顶鸡以及雁鸭类水鸟的重要越冬地。区内分布的国际性受胁鸟类有东方白鹳（濒危）、黑脸琵鹭（濒危）、卷羽鹈鹕（易危）、青头潜鸭（极危）、黑嘴鸥（易危）；区内分布的青头潜鸭、黑腹滨鹬的数量超过东亚种群1%。

2. 台州湾重点鸟区

台州湾重点鸟区位于浙中沿海，地处台州市椒江口与金清镇之间的河口与沿海滩涂，为泥质海滩。区内分布的国际性受胁鸟类有东方白鹳（濒危）、青头潜鸭（极危）、黑嘴鸥（易危）；区内分布的黑腹滨鹬、红颈滨鹬、大滨鹬、黑翅长脚鹬的数量超过东亚种群1%。

3. 乐清湾重点鸟区

乐清湾重点鸟区位于浙南沿海，地处乐清市、温岭市和玉环市三市交界，为泥质滩涂，是浙江省的重要沿海滩涂养殖地之一。区内分布的国际性受胁鸟类有黑脸琵鹭（濒危）、黄嘴白鹭（易危）、黑嘴鸥（易危）；区内分布的环颈鸻、青脚鹬、黑腹滨鹬、反嘴鹬、黑嘴鸥的数量超过东亚种群1%。

4. 漩门湾重点鸟区

漩门湾重点鸟区位于玉环市楚门-玉环半岛以东，与乐清湾间有漩门港相隔，为泥质海滩。区内分布的国际性受胁鸟类有黑嘴鸥（易危）；区内分布的黑腹滨鹬、红颈滨鹬、大滨鹬、黑翅长脚鹬的数量超过东亚种群1%。

5. 温州湾重点鸟区

温州湾重点鸟区位于温州市瓯江口，由灵昆岛东面滩涂湿地、瓯江口以南至瑞安市交界处的滩涂湿地组成，为泥质海滩，亦是浙江省的重要沿海滩涂养殖地之一。区内分布的国际性受胁鸟类有黑脸琵鹭（濒危）、卷羽鹈鹕（易危）、黑嘴鸥（易危）；区内分布的环颈鸻、中杓鹬、白腰杓鹬、大杓鹬、青脚鹬、黑腹滨鹬、反嘴鹬、黑嘴鸥的数量超过东亚种群1%。

表3-9 浙江湿地水鸟的重点鸟区一览表

编号	名称	面积/hm²	主要对象
CN380	千岛湖	57300	海南虎斑鳽、雁鸭类
CN381	余杭良渚	24	鹭类
CN382	杭州湾	37100	东方白鹳、黑脸琵鹭、卷羽鹈鹕、黑嘴鸥、鸻鹬类
CN383	兰亭大庙坞	333	白鹭、池鹭
CN384	五峙山列岛	211	黄嘴白鹭、中华凤头燕鸥、其他鸥类
CN385	甬江口	2200	黑嘴鸥、鸻鹬类
CN386	中街山列岛	10000	燕鸥类
CN387	韭山列岛自然保护区	114950	中华凤头燕鸥、黄嘴白鹭、其他燕鸥类
CN388	五屿门	5400	黑脸琵鹭、白翅浮鸥
CN390	渔山列岛	8000	鸥类、燕鸥类
CN391	台州湾	10200	东方白鹳、青头潜鸭、黑嘴鸥、鸻鹬类
CN392	台州列岛	10000	燕鸥类
CN394	乐清湾	22000	黑脸琵鹭、黑嘴鸥、黄嘴白鹭、鸻鹬类
CN395	漩门湾	4300	黑嘴鸥、鸻鹬类
CN396	温州湾	12400	黑脸琵鹭、卷羽鹈鹕、黑嘴鸥、鸻鹬类
CN397	鳌江-飞云江间沿岸	18400	黑脸琵鹭、黄嘴白鹭、鸻鹬类
CN398	洞头列岛	15000	鸥类、燕鸥类
CN399	北麂列岛	500	燕鸥类
CN400	南麂列岛自然保护区	19560	鸥类、燕鸥类
CN402	伏江太公山	300	鹭类

专题4　浙江湿地文化研究综述

> **摘　要**　湿地文化是人类文化不可或缺的重要组成部分，具有鲜明的内涵和特色。本专题在论述湿地文化概念、层次结构和自身特征的基础上，通过大量文献资料的查阅研究，详细阐述了浙江源远流长的湿地文化、绚丽多姿的湿地文化资源和生机勃勃的湿地文化建设，向人们呈现了一幅悠久灿烂并富有时代特色的浙江湿地画卷，并就进一步光大和发扬浙江湿地文化提出了建设性的对策与建议。
>
> **关键词**　湿地　湿地文化　文化资源　文化建设　浙江

湿地被人们称为"地球之肾"、"生命的摇篮"、"物种的基因库"和"文明的发源地"，湿地在孕育生命的同时，也成为人类心灵和情感的寄托场所，在漫长的自然变迁中孕育了灿烂的湿地文明。湿地文化史同时也成为中华五千年文明史不可或缺的重要组成部分。深度挖掘湿地文化的意义，提高湿地文化的软实力，可以促进人类更深入地理解人与自然和谐相处的智慧，满足人类回归自然、向往自然的心理诉求，有利于提升国民的生态文明理念，促进生态文明和"两美浙江"建设。

一、湿地文化概述

在世界多极化和经济全球化的今天，人们越来越热衷于有关文化问题的研讨，至今已产生了200余种关于文化的定义。多数学者认为，文化是人与自然、人与社会相互关系的总和，劳动是文化形成的源泉，是推动文化发展的原动力。通常文化可分为广义的文化和狭义的文化。广义的文化与文明相当，是指人类创造的一切物质产品和精神产品的总和。凡是超越本能的、人类有意识地作用于自然界和社会的一切活动及其产品，都属于广义的文化。狭义的文化专指人们的精神生活领域，包括语言、文学、艺术及一切意识形态在内的精神创造活动及其产品。

虽然先贤们并没有明确提出过"湿地"的概念，但很多"湿地"因素闪耀于各个文化门类。在人类文明与湿地世代融合过程中形成的湿地文化，自然成为人类文化的一个重要分支，湿地文化因而也应该从广义和狭义两个方面来理解。广义的湿地文化指人类创造的以湿地为中心内容的一切文明的总和。狭义的湿地文化则专指人类所创造和传承

的湿地精神文明。

在人与湿地相互交流的过程中,不同的湿地类型、地域、时期和民族,形成了纷繁多彩的湿地文化。从文化形态结构的角度来看,可将湿地文化结构分为四个层次,即湿地物质文化、湿地制度文化、湿地行为文化、湿地精神文化。这四个部分既相互独立,又相辅相成,构成了湿地文化的有机整体。湿地物质文化是湿地文化的物质基础,它充分体现了人类社会与湿地的物质关系,是湿地文化结构体系中最稳定的因素;湿地制度文化是在湿地物质文化的基础上,由人类创造的各种规章制度,包括政治、经济、法律等制度,是湿地文化结构体系中最具权威的要素;湿地行为文化是在湿地物质文化和制度文化的作用下,生活在湿地区的人们在人际交往过程中约定俗成的行为准则,如习惯、民俗、礼仪等方面,是湿地文化结构体系中最具民族性和地域性的要素;湿地精神文化是生活在湿地环境中的人类,在长期的生产生活过程中形成的世界观、价值观、道德观及思维模式,是湿地文化结构体系中最深刻、最具创造性的要素。

湿地是重要的自然资源,又是独特的生态系统,从湿地中孕育成长至今的湿地文化,形成了明显的自身特征:①湿地文化具有生态特征。湿地所提供的生产、降解污染、净化水质、调蓄洪峰、维持生物多样性、为野生动物提供栖息地等功能,以及维持整个地球生命支持系统稳定的服务功能,成为湿地文化的发端和显著特征。②湿地文化具有人文特征。以湿地为生存载体所体现的人类精神文化,使湿地不再局限于一般的物质概念,而是植入了人文精神的文化升华,这在自古至今的诗歌、绘画等作品中均有体现,在人类的精神深处已深深留下了"湿地"的印记。③湿地文化具有民族特征。世界各民族在不同的历史背景和湿地生存环境中留下了属于自己的民族印记,如宗教、风俗、习惯以及生产和生活方式。④湿地文化具有地域特征。湿地类型是多样性的,在不同地理和气候条件区分布着不同的湿地类型,生活在这些有着不同湿地类型的地区的人们创造了不同的湿地文化,从而使湿地文化呈现出明显的地域差异性。

二、源远流长的浙江湿地文化

湿地是人类赖以生存的家园。在生产力极其低下的远古时代,人们不得不依赖气候适宜、水源充沛、土地肥沃的自然环境来耕作生息,聚合部落。纵观古今,人类的文明史就是江河的历史,世界上许多河流、平原湿地都为孕育古代文明提供了一个可靠的栖息地,成为人类古老文明的"摇篮"。历史上,悠久而伟大的尼罗河造就了光辉灿烂的金字塔古埃及文明,幼发拉底河与底格里斯河是古巴比伦文明的"摇篮",恒河和印度河是孕育印度文明的"胎盘",黄河与长江同心协力、和衷共济创造了华夏文明。

夏朝(距今约4000年)以前的原始社会时期,几乎占了整个人类发展史90%的历程。在这漫长的时期里,人类的生产活动和生活方式以及自身生存能力的提高无一不与水紧密相连，黄河和长江则是滋养中华民族的血脉。华夏民族原始部落逐水而居，创造了灿烂的东方文化。早在旧石器时代，黄河、长江流域就有人类活动的足迹。一部中华民族的文明史，就这样伴随着湿地而诞生。

浙江地处长江下游地区，以水为名，因水而生，因水而兴，因水而美。发端于水文化的浙江湿地文化源远流长，考古研究发现，浙江湿地文化最早可追溯至距今约1万年的上山文化，随后有8000多年前的跨湖桥文化和其后的河姆渡文化、马家浜文化、良渚文化等，行进中的史前文明的考古发现与研究，串联出了博大精深、绵延不绝的底蕴，让史前浙江人的作为浮出水面，将浙江文化的精髓一代又一代传承至今。

（一）上山文化（距今约1万年）

上山遗址位于钱塘江支流浦阳江上游的浦江县黄宅镇境内，据2001—2006年的三期考古发掘研究证实，距今11400—8600年的遗址，是中国长江下游及东南沿海地区迄今为止发现年代最久远的新石器时代遗址。2005年，嵊州小黄山遗址也发现了相同类型的文化遗存，证明"上山"下层文化类型不是孤立的。作为最早的新石器时代遗址，2006年上山遗址被国务院列为第六批全国重点文物保护单位。

上山遗址出土的夹炭陶片，表面有许多稻壳印痕，胎土中有大量稻壳、稻叶，遗址中还有稻米遗存，说明1万年前当地人就会种植水稻，会用石磨棒和石磨盘磨稻谷脱壳，专家认为这是长江下游地区目前发现最早的稻谷遗存，是我国乃至世界迄今为止发现的保存丰富的最早的栽培稻，为世界稻作农业文明史的研究提供了十分珍贵的资料，并向前迈进了一大步。

（二）跨湖桥文化（距今约8000年）

跨湖桥新石器时代遗址发现于距萧山城区西南约4km的湘湖湖底。萧山古属越地，遗址南北均为低矮的山丘，往北越过山岭可见钱塘江，南面为东西向连绵不断的会稽山余脉。湘湖曾为低洼的农田，但经常水浸，北宋政和二年（1112年）围堤成湖，因上湘湖和下湘湖之间有一座跨湖桥而将其命名为"跨湖桥文化"。从叠压在遗址之上数米厚的湘湖淤积层判断，跨湖桥遗址最后毁于水灾，也因长期被3~4m厚的淤泥覆盖，遗址内的文物保存比较完整。

跨湖桥遗址经过1990年、2001年和2002年的三次考古发掘，出土了大量的陶器、骨器、木器、石器及人工栽培水稻等文物，被列为2001年全国十大考古新发现之一，2006年被列为第六批全国重点文物保护单位。2003年5月，在湘湖区域的下孙自然村又发现了与跨湖桥文化同类型的遗址。

跨湖桥文化内涵不同于河姆渡文化和马家浜文化，出土的千余粒栽培稻谷米将浙江栽培稻的历史提前了1000年，出土的独木舟是目前世界上最早的独木舟，堪称"中华第一舟"。

（三）河姆渡文化（距今约7000年）

河姆渡遗址于1973年在余姚河姆渡镇被发现，遗址总面积达$4×10^4m^2$，叠压着四个文化层，经测定，最下层的年代为距今约7000年，最上层距今约5500—5000年。通过1973年和1977年的两次科学发掘，出土了骨器、陶器、玉器、木器等各类质料组成的生产工具、生活用品、装饰工艺品以及人工栽培稻遗物、干栏式建筑构件、动植物遗骸等文物7000余件，全面反映了我国原始社会母系氏族时期的繁荣景象，是中华人民共和国成立以来最重要的考古发现之一，1982年被公布为第二批全国重点文物保护单位。2004—2005年，在距河姆渡遗址20km范围内，考古工作者又发现了同属河姆渡文化、距今约7000年的傅家山遗址和田螺山遗址。三处遗址的地理位置构成了三角形状，其共同的特征是围绕姚江逐水而居，因此，也可以说宁波姚江流域是河姆渡文化的故乡。此外，在鄞州辰蛟、宁波八字桥、舟山白泉和大衢等地，都发现有河姆渡文化的晚期遗存。

河姆渡文化属于粗耕、渔猎和采集经济并存的早期新石器时代文化，包含了丰富的"水文化"。在河姆渡遗址中，发现了平均厚度高达40~50cm、总量达100t的人工栽培籼稻的堆积层，其数量可供400多人消耗一年。这一发现，让"亚洲稻作起源于印度，中国的水稻由印度传来"的论断不再延续。有栽培稻谷，必有人工灌溉，河姆渡文化中发现最早的灌溉方式就是利用雨水进行灌溉。带有"架空层"的干栏式建筑，可防止屋内潮湿，在下大雨时还能防止洪水进屋，人类最早的"防洪"住宅就诞生在河姆渡人生活的那个时代。河姆渡人挖在池塘底部的木构水井，说明在海潮浸侵、暴雨和洪涝频发的河姆渡地区，木井的构筑使先民们饮到了洁净的水。河姆渡遗址中发掘出的一只陶舟和数支木桨，说明舟船是依水而居的河姆渡人出行和运载货物的主要工具。

（四）马家浜文化（距今约6000年）

马家浜文化遗址位于距嘉兴市区约7.5km的南湖区马家浜村，于1959年春发现，是长江下游、太湖流域新石器时代早期的文化代表。此后，在嘉兴地区还发掘出如罗家角遗址等10多个马家浜文化遗存，上海青浦崧泽遗址、江苏吴县草鞋山遗址等均属于马家浜文化的遗存。马家浜文化遗址距今6750—5700年，2001年被列为第五批全国重点文物保护单位。

马家浜文化体现了典型的稻作农业文化，多处遗址中出土了稻谷、米粒和稻草实物，经鉴定，当时已普遍种植籼、粳两种稻。遗址中出现的沟渠，是先民们为了将水源引入居住地而开挖的，显然那时的人们已经掌握了开渠引水的方法。已经发现的早、晚两期水田中，早期水田并无人工灌溉系统，而晚期水田间互有水口串联，又有小沟、蓄水塘或蓄水井等设施，说明距今6000年左右的马家浜先民，已经掌握了当时颇为先进的稻田灌溉技术。渔猎经济在马家浜文化中也占有重要地位，在遗址中常可发现骨镞、石镞、骨鱼镖、陶网坠等渔猎工具，以及陆生、水生动物的遗骸。

（五）良渚文化（距今约5000年）

良渚遗址位于杭州主城区北18km处的余杭区良渚镇。1936年发现的良渚遗址，实际上是余杭区的良渚、瓶窑两镇之间许多遗址的总称，分布着以莫角山遗址为核心的50余处村落、墓地、祭坛、古城等各种遗存，是新石器时代晚期人类聚居的地方，距今5250—4150年，先后延续达千年之久，1996年被列为第四批全国重点文物保护单位。良渚文化已属于铜石并用时代，经过半个多世纪的考古调查和发掘，初步查明分布于太湖地区，苏州张陵山、武进寺墩，嘉兴雀墓桥，杭州水田畈，湖州钱山漾，上海马桥，宁波福泉山等遗址均属于良渚文化遗存。

良渚文化时期，农业已率先进入犁耕稻作时代，农作物有粳稻、籼稻、菱角、甜瓜等，手工业趋于专业化，琢玉工业尤为发达。出土的石器有斧、凿、锛、镰、镞、矛、穿孔斧、穿孔刀等，说明当时早已进入犁耕阶段。出土的陶器，以泥质灰胎磨光黑皮陶最具特色。鼎的器型在良渚的发掘中十分常见，常被当时的人们用来祭祀。出土的玉器颇多，有璧、琮、璜、坠、环、珠等，大部分出土于墓穴中。湖州钱山漾遗址中出土的属于良渚文化的纺织品遗存，被鉴定为最早的"绢织物"，说明良渚文化时期，人们已经掌握了相当发达的养蚕和纺织技术。

三、绚丽多姿的湿地文化资源

浙江自古就是鱼米之乡，山清水秀，人杰地灵，遗址遗居众多。水作为生命的依托，让浙江大地处处充满灵气，湿地则如摇篮般地承载着文明的历程，造就了浙江独特而灿烂的湿地文化。

（一）依水而筑的历史文化名城

浙江是个多水的省份，流淌在浙江大地的八条大江河，给先民们带来了生命的希望和勃发的生机。自古以来，浙江人民"择水而栖，择江而居"，依水建市，逐水造城，留下了一幅繁星点点的城市画卷。古都杭州，西湖环抱，钱江南依，城内多条小河清波荡漾，沿河成街，因桥生市，千百年来水滋养着这座城市，使之尽显婉约的气质；古城绍兴，水乡泽国，犹如一本漂在水上的书，蕴藏着江南水乡的诗情画意；宁波甬江穿城出海，海天一色；衢州江山港、常山港、乌溪江之水相会衢江，可谓是"四省通衢汇九方"；临海畔居灵江，山水灵动；金华武义江、义乌江、金华江相汇穿城，城分三区桥相望；嘉兴运河之畔，璀璨南湖，民族复兴之航由此出发；湖州太湖之滨，苕溪之水贯四方；温州滨畔瓯江，江、屿、山、河、城浑然一体。这9个浙江现有的国家级历史文化名城，无一不依水而筑，处处可见老街流水、桥桥相映、水屋相连的景象。

（二）傍水靠海的历史文化古镇

浙江现有的 6 个国家级历史文化古镇——南浔、乌镇、西塘、安昌、慈城、石浦，散落于太湖流域、杭州湾两岸。南浔、乌镇、西塘和安昌 4 个古镇传承了典型的江南水乡风格，古朴典雅，风味小吃和水乡风情各具特色。这 4 个古镇的共同特点是临河而建，建筑多立于河道两侧，形成前街后河的格局，令人流连忘返。慈城古镇始筑于古越勾践时期，作为慈溪县治历 1200 多年之久，至今保存着完整的传统生活方式，承载着深厚的历史文化底蕴。石浦，有着 600 余年历史的渔港古城，依山面港，集江南古镇的古朴灵秀和山城渔港的蜿蜒多变于一体，散发着浓郁的渔乡风情，蕴含着独特而美丽的渔贾文化气息。

（三）泽润万世的水利安保工程

1. 鉴湖

东汉中期（140 年），会稽郡太守马臻带领会稽百姓昼夜奋战，修筑了既能灌溉，又能排水的鉴湖。修成时，湖面面积逾 200km²，水域面积相当于今天的三十个西湖，方圆百里一片浩瀚，可灌田九千余顷。鉴湖集防洪、灌溉、渔业、交通于一体，让会稽无愧于"鱼米之乡"的称号。魏晋时代，鉴湖已成为著名风景区，成为后人山水诗的主题，王羲之、谢灵运、贺知章、李白、陆游为之留下不朽的诗篇。"诗仙"李白曾叹"我欲因之梦吴越，一夜飞度镜湖月"，革命志士秋瑾自号"鉴湖女侠"，留下了"秋风秋雨愁煞人"的悲切名句。遗憾的是，魏晋之后鉴湖一直在萎缩，到了宋代，鉴湖渐废，成为重要的农耕区。今天的鉴湖长约 23km，平均宽 108m，平均水深 2.77m，形似河流。鉴湖水汇聚会稽山三十六股山泉，历来是绍兴酒酿造的优质水源，浙江省人民代表大会常务委员会为之特别颁布《浙江省鉴湖水域保护条例》，为保护鉴湖水域不受污染提供法律依据。

2. 西湖

西湖是在 12000 年以前由古海湾淤积形成的"潟湖"，杭州城就建在逐渐淤积而成的陆地上。古代的西湖，集城市供水、灌溉、航运、水产、览胜等多种功能于一体。西湖的历史就是一部修治史。唐刺史李泌在杭州城内"作六井，引西湖水入井供居民饮用"，把西湖的甘甜带给一方百姓；唐刺史白居易疏湖筑堤、建水闸，水入运河灌田千顷，使得西湖美丽而实用。宋知州苏轼大规模疏浚和全面整治西湖，兴修杭州水利，挽西湖于湮废边缘，筑长堤通六桥，通运河建石堰，使得六井通、西湖畅，清水遍全城。明知州杨孟瑛，见西湖再度淤塞，湖面多被富豪蚕食侵占，严令占湖为田、筑屋建园的富豪迁屋平田，清田 3500 亩，并带领民工大规模清淤挖泥，在湖西再筑一堤，还西湖于往日景象。西湖也是著名的景区。9 世纪以来，西湖的湖光山色引得无数文人骚客、艺术大师吟咏兴叹、泼墨挥毫；因西湖而生的白娘子与许仙、祝英台与梁山伯的故事，成为家喻户晓的爱情诗篇。"淡妆浓抹总相宜"的西湖，因其自然和人文景观绝妙结合，于2011年6月被联合国教科文组织列入《世界遗产名录》。

3. 东钱湖

位于宁波市东郊的东钱湖是浙江最大的淡水湖，南北长8.5km，东西宽4.5km，平均水深2.2m，水域面积是杭州西湖的3倍。东钱湖是上古时期形成的海迹天然潟湖，经历代开浚更具风采。唐天宝年间（744年）县令陆南金率众修筑坝堤，整修东钱湖。特别是北宋鄞县时任县令王安石，率十万民工，清除葑草，立湖界，起堤堰，决陂塘，整修七堰九塘，限湖水之出，捍海潮之入，解除东钱湖流域及周边地区农民的水旱之苦，东乡之田遂连年获得丰收，民间口碑载道。其后李夷庚、吕献之等历代地方官数次除葑清界，增筑设施，因农耕及民生兼并所依，使东钱湖成为综合利用的水域。东钱湖风光旖旎，令人心旷神怡，荣辱皆忘。这里人杰地灵，有着悠久的历史，绚丽的文化，是个人文荟萃之地。

4. 古堰坝

堰者，掩也，即挡水的堤坝。也许堰是最小的水利工程，但是在遥远的古代社会，堰对百姓而言却非同寻常。旱季，堰是蓄水库，可"拦溪水以灌良田"；而雨季，堰则分流泄洪，是保障百姓安全的最后防线和屏障。

浙江钱塘江流域最古老的堰当数白沙三十六堰，位于金华、兰溪一带，首建于东汉建武三年（27年），至今已有近2000年历史。相传卢文台将军率36人温饱素食、戴星视事，在长达数百里白沙溪水源修筑了36座大堰、72座小堰，把沿溪万顷荒滩改造成渠网交织、旱涝保收的良田，使清江秀水造福于民。白沙三十六堰已被列为浙江省重点文物保护单位。

通济堰，有"浙江都江堰"之称，位于浙南丽水（古处州）碧湖平原，建于南朝萧梁天监四年（505年），距今已有1500年历史。古老的通济堰有极高的水利历史和科学价值，既利导水、抗压，又别具一格，其拱坝堪称国内乃至世界最古老的水利工程拱坝。

它山堰是浙江另一名堰，是古代鄞江重要的御咸蓄淡、引水灌溉枢纽，堰坝长134.4m，宽4.8m，左右各36石级，堰面全部用条石砌筑而成，堰身为木石结构，历千余年不腐。通济堰、它山堰目前已被列为全国重点文物保护单位。

5. 古海塘

浙江地处沿海，海潮会给沿海地区带来巨大破坏，且滩涂是修田扩域的重要资源。修塘抵潮、筑塘围土，是千百年来浙江人民与大海抗争、向大海要地的真实写照，钱塘江古海塘、浙东古海塘是杰出的典范。

钱江涌潮举世闻名，固然是大自然的美景，但也给两岸人民带来了无限之苦，于是挡潮之塘便出现了。吴越王钱镠筑捍海塘，成为其泽被后世的主要政绩，于是便有了钱王射潮的传说。钱塘江古海塘指的是潮灾严重的北岸海塘，起初建的是土塘，屡造屡坍，元代时曾筑石囤木柜塘，直至清代才修筑石塘，现存的海塘大多为清代重修，称"鱼鳞大石塘"。古代钱塘江海塘工程规模宏伟，构筑精巧，是先人们留给我们的一笔珍贵文化遗产。

浙东古海塘位于杭州湾南岸，自萧山至上虞夏盖山为江塘，长142km，夏盖山至镇海段为海塘，长115km，古海塘总长257km。因钱塘江口南岸有山，潮灾较轻，历代修治工程规模较北岸小。唐开元十年（722年），浙东古海塘会稽段增修百余里，即入县志记载。宋代修塘记载不多，但已有石塘出现。明代，萧山、余姚、上虞等地屡次增修。清代南岸潮灾加重，康雍乾年间，各地多次翻修，改土塘为石塘，增筑鱼鳞大石塘，均入典载。

6. 三江闸

横跨于绍兴境内钱清江上的三江闸，因恰好位于钱塘江、曹娥江和钱清江的汇合处而得名，是我国古代大型挡潮排水闸，由明嘉靖三十六年（1537年）绍兴知府汤绍恩主持修建。全闸长108m，选址在岩基峡口处，共有闸洞28孔，用二十八星宿的名称来编号，所以又名"应宿闸"。外御潮汐、内则涝排旱蓄的三江闸，保护着萧绍平原80多万亩良田和黎民百姓。由于400多年来海岸线的不断外移，原闸的抗洪能力已不能满足需要。1972年，当地政府在旧闸外面5km处，又建一座新三江闸。虽老闸已废，仅起桥梁作用，但古老的三江闸作为浙江省保存较为完整的古代水利枢纽工程之一，在我国水利史上占据重要的地位。

（四）纵横多姿的运河与古桥

1. 运河舟楫

"江南忆，最忆是'运河'。"连接五大水系的京杭大运河，是世界上流程最长的人工河流。隋大业六年（610年），隋炀帝凿通大运河，从此舟楫通畅，航运便捷。流淌了1400年的运河，一直是南粮北运、物产交流、达官显贵游历的主要通道，站在古运河堤岸上，河中行进的莲舟、首尾相接的驳船，往来舟楫急，宛若赶赴一场跨越千年的约见。在杭州的另一端，西起钱塘江南岸、亘通曹娥江和姚江直至甬江入海的浙东运河，是一条比京杭大运河更早开凿的运河。"山阴古水道"是浙东古运河的雏形，是我国有记载的先秦时期古运河之一。浙东运河通过钱塘江与京杭大运河相互连接，不但使京杭大运河向东延伸了240km，还使大运河与大海相连。

千百年来，运河一直是杭嘉湖地区及浙东区域城市发展和经济繁荣的基础。位于京杭运河南端的杭州，其城市地位因大运河而迅速提升。到了唐朝中期，杭州已是"东南名都"。源远流长的运河沿线曾养育出一代代名人英才，留下一批批天骄豪杰的足迹传说，也曾散落众多如绍兴古纤道、海宁长安闸的文物古迹，出现类似"湖墅八景"的自然和人文景观。2014年6月，在卡塔尔首都多哈召开的第38届世界遗产大会上，中国大运河成功入选《世界文化遗产名录》。

2. 古桥卧波

浙江素有"桥乡"之称，在纵横交错的河道上屹立着不计其数、各式各样的古桥。这是湿地文化区别于山地文化、高原文化最显著的特征之一。古桥历来都是在功能与艺术相结合的传统要求下不断发展创新，它以多种多样的形态，完美融合于天然风景与建筑群体之中。浙江古桥最早可追溯到4000多年前的尧舜禹时期，现存古桥大多是明清时期所建，也有一些宋元遗构。不少古桥被列为国家或省重点文物保护单位，是浙江众多古桥的杰出代表。

因地取材，浙江古桥以石拱桥数量居多。绍兴八字桥，可谓是中国古桥梁的杰作，首建于南宋嘉泰年间（1201—1204年），南宋宝祐四年（1256年）重建，因登桥踏步下筑有梁式桥洞、东西两侧有相互对称的踏跺桥洞，形象地构成一个"八"字造型而得名，被称为我国最早的"古代立交桥"。杭州拱宸桥，是浙江省享有盛名的石拱桥，始建于明崇祯四年（1631年），清康熙五十三年（1714年）重建，桥长98m，高16m，以坚强之势拱跨在运河上。金华通济桥，横跨婺江南北，是浙江省现存最长、最大的古石拱桥，原为元元统二年（1334年）建成的11孔石墩木梁桥，清嘉庆二十年（1815年）改为半圆形石拱桥。中华民国时期该桥可通行汽车。中华人民共和国成立后该桥被加固扩建，成为交通要道，现俗称"金华大桥"。

廊桥又称廊屋桥，一般在梁桥或拱桥桥面上建盖廊屋，是一种屋桥一体的特殊桥梁。庆元兰溪桥，始建于明万历二年（1574年），重建于清乾隆五十九年（1794年），1984年因造水库按原貌迁建；泰顺泗溪木拱桥，始建于清康熙十三年（1674年），嘉庆八年（1803年）重建，道光二十九年（1849年）重修；奉化广济桥，北宋建隆二年（961年）始建，南宋绍兴三年（1133年）再建；武义熟溪桥，建于南宋开禧三年（1207年），1998年修建；兰溪通洲桥，清乾隆二十三年（1758年）始建，光绪十二年（1886年）重建。它们在浙江众多廊桥中均负有盛名。

此外，泰顺仕水桥，是矴步桥中的典型代表，建于清乾隆六十年（1795年），嘉庆二十五年（1820年）重建，全长130m，共245个步，每一步均由高低两块条石砌成，可供3人并肩同行，一字凌波而立，气势恢宏。建于20世纪30年代的钱塘江大桥，是中国人自己设计和建造的第一座现代化大桥，由著名桥梁专家茅以升设计，是我国第一座铁路、公路两用双层桥，桥长1453m，正桥16孔，桥墩15座，上层公路桥宽9.1m，横跨钱塘江，历经80多年依然巍然屹立。

（五）传颂不绝的大禹治水传说

传说中的大禹是我国古代最有名的治水英雄。故事发生于距今4000多年前，禹是鲧之子，算起来是黄帝的后代，父子二人受命于尧、舜二帝，任崇伯和夏伯，负责治水。鲧采用"湮""障"等堵塞围截方法治水失败后，禹临危受命，率领民众，采用"疏"的方法，终于治水成功。

禹为水而生，为水而来。为了早日完成治水大业，禹告别了自己的新婚爱妻涂山氏，请来了过去治水的长者，率20万余民众，手握木锸，身先士卒，栉风沐雨，废寝忘食，"三过家门而不入"，经过9年艰苦卓绝的奋斗，终于疏通了9条大河，将曾经不可一世的洪水服服帖帖地送入大海。在取得治水胜利的同时，禹也为后人提供了"堵不如疏"的治水新思路。

水患被制服了，长期奋斗在治水第一线的大禹来到茅山（今绍兴东南郊），召集众人，论功行赏，组织人们利用水土去发展农业、恢复生产。禹也因治水有功，继舜之后成为部落联盟首领，他的儿子启创建了我国第一个奴隶制国家——夏朝，因此，后人也称大禹为夏禹。夏禹死后就葬在他晚年生活和建设的地方——茅山。在今会稽山麓的禹陵、禹庙、禹祠，已于1996年被国务院公布为第四批全国重点文物保护单位，成为人们传颂治水美德、祭奠治水英雄、开展爱国主义教育的场所。

（六）农耕文明的主轴——稻作文化

人类从森林走出，步入更为广阔的山前平原和湿地，稻作文化便应运而生。稻作文化是指以水稻种植为主要生存和发展方式的文化，由此而衍生的有关衣食住行的种种风俗都属于稻作文化的范畴。

自1万年前的上山文化起，浙江古文化遗址的发掘，历来都包含了稻作要素。浙江是稻作文化的重要发源地，河姆渡文化被认为是古代最有代表性的稻作文化。在河姆渡遗址，发现了色泽如新的稻谷及稻谷壳，其数量之大，保存之完好，堪称全国第一、世界罕见。河姆渡人还将水稻生产的有关工具、对太阳的崇拜以及稻穗的形状都刻在了艺术品上。由此，稻种和稻米文化向四周传播，以稻米为基础的文化逐步融进了中原文化，成为共同孕育中华文明的重要组成因素。河姆渡文化之后的良渚文化，是稻作文化的又一典型代表。在良渚文化时期，从古遗址中发现了至今最早的带木质犁底的石犁，说明当时的农业已率先进入犁耕稻作时代，稻作类型更加丰富，农业生产力大幅度提升，稻文化发展更加五彩纷呈。

稻作农艺是稻作文化的源头，"浸种–催芽–耕田–秒田–播种–插秧–耘田–灌溉–收割–打稻–牵砻–舂碓–上仓"，整个生产过程都十分讲究，留下了丰富的农谚和歌谣。重要的农事活动，还将举行特定祭祀仪式。江南地区插秧第一天叫"开秧门"，农家一般都要准备好鱼肉酒菜，祭祀谷神，以祈盼丰收。插秧最后一天称"关秧门"，随后媳妇就省亲回娘家，俗称"插落黄秧，望望爹娘"。每年春秋两季还要举行"祭社公"活动，在供桌上放上一碗满满的"佛饭"，同时唱社书、演社戏，祈求风调雨顺、粮食丰收。

在饮食习惯上，也常见与稻作有关的固定习俗。如春节家家户户都要舂年糕，吃用米制成的各种糕团，清明节吃糯米做的清明团，端午节要包粽子，九月九有重阳糕。冬季腊月，家家户户都要"做酒"，习俗十分讲究，蒸熟的粱饭先要敬灶神，"做酒"的缸要放到人不走动的地方保持安静以提高出酒率。造屋上梁时，还得在梁上抛下栅糕、馒头，俗称"抛梁"。进食时采取以一家人或一桌人为单位的合食制，形成了一种勤劳、善良、协调、团圆的文化。

长期以来，聚族而居、固定农田、兴修水利、轮耕细作的稻作方式，也深深地影响着人的精神，凝练出了以稻米为食、稻作农耕为基础的南方人的性格特征：思维缜密、灵巧多艺、互助协作、勤勉恋家、坚韧守信。

（七）最古老的生态种养模式——桑基鱼塘

桑基鱼塘是池中养鱼、塘上种桑的一种高效人工生态系统。桑基鱼塘的生产方式是蚕沙（蚕粪）喂鱼，塘泥肥桑，栽桑、养蚕、养鱼三者结合，形成桑、蚕、鱼、泥相互依存、相互促进的良性循环，避免了水涝，减少了环境污染，得到了理想的经济效益。

浙江的桑基鱼塘，最典型的莫过于湖州，在湖州市南浔区，目前现存的6万亩桑地和15万亩鱼塘，是中国传统桑基鱼塘系统最集中、最大、最完整的区域。湖州的桑基鱼塘系统形成于春秋战国时期，千百年来，区域内劳动人民发明和发展了"塘基种桑、桑叶喂蚕、蚕沙养鱼、鱼粪肥塘、塘泥壅桑"的桑基鱼塘生态模式，最终形成了种桑和养鱼相辅相成、桑地和鱼塘相连相依的江南水乡典型的生态农业景观，并衍生出丰富多彩的蚕桑文化。

桑基鱼塘作为中国精耕细作的农业典范，在长期的生产发展过程中，也孕育了鱼文化、蚕丝文化、桥文化、船文化、古村落文化和耕读文化等深厚的民俗民风和人文底蕴。在农业产业结构调整的今天，勤劳智慧的劳动人民，在桑基鱼塘的基础上，又进一步发展出了"果基鱼塘""油（菜）基鱼塘""菜基鱼塘"等新型种养模式，这些模式仍然延续了桑基鱼塘的生态循环理念，是新常态下的一种新发展。

桑基鱼塘系统，是人们认识、利用、改造自然的一个伟大创举，是世界传统循环生态农业的典范，它体现了人与自然和谐相处、儒家"天人合一"的"仁爱"生态伦理道德观，也是体现我国道家生态哲学思想的样板，是一项重要、宝贵的农业文化遗产。湖州桑基鱼塘系统已入选第二批中国重要农业文化遗产。

（八）开放、大气、坚韧的海洋文化

海洋文化是在特定的时空范畴内，源于海洋而生成和创造的文化。由于独特的自然环境，海洋文化更崇尚力量的品格，崇尚自然的天性，其强烈的个体自觉意识、竞争意识和开创意识，较之内陆文化更富有开放性、外向性、冒险性、神秘性、开拓性和进取性。

浙江地处东南沿海，海岸线曲折漫长，是我国岛屿数量最多的省份，岛屿星罗棋布。早在旧石器时代，浙江就已有人类的活动足迹，无论是海洋历史文化、海洋商贸文化、海洋餐饮文化、海洋民俗文化还是海洋军事文化，都形成了自身的特色。在7000年前的余姚河姆渡遗址中出土的数支木桨，约8000年前的萧山跨湖桥遗址挖掘出的一只我国迄今为止最早的独木舟，都诉说着浙江古老的舟船文化与发达的航海技术。浙江海外贸易盛于唐宋，明州（宁波）是海上丝绸之路的始发港之一，通达日本、韩国及东南亚多国港口，宁波成为当时的世界级大港口。

耕海牧渔是沿海先民们独特的"农耕文化"，滨海之人大多以海为田，从事捕捞业或盐业，男人弄潮，女人织网，出海观潮，鱼市交易，构成了别样的渔家生活模式。滨海之人经常以舟船为家，以渔网为墙。"白茅矮屋黄泥墙，傍水门栽芦荻花"，船网交错的居住环境，凸显了浓郁的海域特色。由于终年漂泊在水上，因此，渔家女的爱情始终与水紧密地联系在一起,逐水而歌的爱情故事传为渔乡佳话。海洋餐饮文化富有特色,海鲜菜肴选料讲究,要求鲜活,口味追求清鲜、纯正,以保持和突出原料本身的鲜味。

沿海地区云雾缭绕、洞壑幽深、景色奇丽,因人迹罕至,多仙灵传说。浙江的神灵崇拜,如龙王崇拜、风崇拜、潮崇拜、船崇拜、鱼崇拜、妈祖崇拜等大都来自海岛,并生发出许多与海有关的民间故事,如龙王系列故事、观音系列故事、虾兵蟹将故事、八仙过海故事、哪吒闹海故事等,体现了反抗强暴、追求自由的精神。

浙江的海洋地物遗址众多,有历朝遗存的沿海岸逶迤而行、重重叠叠的海塘以及碶闸、镇物,如海宁盐官镇的大铁牛与占鳌塔,还有平湖的"乍浦八景"、宁波镇海口的城塘与碑亭、临海桃渚的军事古城等。沿海尤多龙王庙,祭祀四海龙王,舟山桃花岛还有桃花女龙庙。浙商足迹遍天下,浙货风行通四海,一些著名港口城市都有市舶司、洋务衙门以及会馆商行遗址。浙江又一向为东南屏藩,兵家必争之地。民族英雄文天祥,不屈不挠坚持抗元,当年海上南归过台州,其名作《过零丁洋》就写于这一海域。抗倭英雄戚继光,率领戚家军,在浙东沿海练兵结寨,猛击倭寇,取得了台州九战九捷的抗倭重大胜利。民族英雄张苍水,26岁扈从明鲁王入海抗清19年,最后孤岛被俘,死葬杭州南屏山麓。1840年中英鸦片战争,浙江定海、镇海、乍浦多处发生激烈战斗,涌现出一批誓死卫国的爱国将士,尤其以定海三总兵葛云飞、郑国鸿、王锡朋最为著名,三人同时殉国,可歌可泣,今定海建有三忠祠、鸦片战争纪念馆和纪念公园。

四、生机勃勃的湿地文化建设

深厚的湿地文化底蕴,丰富的湿地文化资源,保护优先的发展理念,创新发展的工作思路,为浙江湿地文化建设带来了难得的发展机遇和条件。进入21世纪,浙江湿地文化建设坚持与环境建设、城市发展、生物多样性保护、生态旅游等共筑发展平台,以湿地公园、保护区、博物馆等为载体,把文化建设与科普宣传、节庆活动和生态文明教育有机结合起来,致力于文化的挖掘和生态视域下的湿地文化旅游,使浙江的湿地文化建设有了长足的发展,呈现出生机勃勃的可喜局面。

(一)杭州西溪湿地文化建设

杭州西溪国家湿地公园,生态资源丰富,自然景观质朴,文化积淀深厚,是国内首个集城市湿地、农耕湿地、人文湿地于一体的国家湿地公园,曾作为电影《非诚勿扰》的拍摄地,在国内产生了较大的影响。西溪湿地目前已被确定为国际重要湿地。

西溪湿地曾与西湖、西泠并称杭州"三西",有着深厚的人文积淀,文化资源十分丰富。在历史遗迹方面,古西溪曾有荆阳八景,荆阳八景石碑碑文上的印墩、麋岭、虹桥等地名,至今遗址犹存。西溪周围的自然景观有"西溪探梅""秋雪听芦""荻芦散花""蒹葭泛月""秋雪八景""淇上初夏""云栖曲水"等,都是西溪历史上有名的景点,形成了水乡文化的精华。西溪共有大、小庵68座,其中以秋雪庵最为有名,历史也很悠久,宋时初名大圣庵,为莲宗道宗大师创建之所,几经易名,至明崇祯年间陈眉公取唐人诗句"秋雪蒙钓船"之意,题其额为"秋雪庵"。西溪的庵因为蒹葭而充满诗情画意,因为历史而显得古老神秘,它所蕴含的不朽文化正是生态文化旅游所追寻的特质。以前到西溪去,船是唯一的交通工具,南宋时可以从西湖一直坐船过去,即便是民国年间郁达夫访西溪时,还能从松木场坐船到西溪。现在,虽然西溪与外界不通舟楫了,但西溪里面却是到处可见泊在水中的小木船,泛舟游西溪,到渔家吃鱼鲜,已成为西溪生态文化游的一项重要内容。西溪不仅是块风水宝地,更是文人雅士的隐居地,其名人名居有厉(鹗)杭(世骏)二公祠,历代两浙词人祠堂(供奉着历代两浙词人千余家),章次白的"西溪梅竹山庄",冯梦桢的"西溪草堂",宋代的"蒋家牌楼"等,这些名人名居无疑为西溪文化添上了浓墨重彩的一笔。

蒋村是西溪湿地中最有名的村落,蒋村的端午节,还保留着始于唐代、盛于南宋、明清尤甚的赛龙舟习俗,深潭口的"龙舟盛会"是历史上著名的文化景观。乾隆帝南巡时,曾至蒋村观龙舟,亲封为"河渚龙舟竞渡"。至今这一习俗仍为四乡农民的盛会,每到端午节上午,村民从四面八方的水路,划着龙舟会集到水网密布的西溪湿地。龙舟前饰龙首,后装龙尾,船舷两旁排列健壮的操桨手,船尾有持长桨的舵手,船上彩旗招展,各船锣鼓喧天,你追我赶。河两岸的观赏者已成人墙,欢声雷动。龙舟下水,群龙竞渡,在庆祝节日的同时,也寄托了人们祈祷来年风调雨顺、幸福安康的朴素愿望。

"火树银花秋西溪"是对西溪秋景的绝妙概括。在西溪星罗棋布的池塘旁遍布着大大小小的柿树,光百年以上的老柿树就有4000多株,成为西溪一道绝佳的风景。尤其到了秋天柿子成熟的时候,走在西溪的石板路上,看着火红的柿子在微风吹拂下频频点头,乐趣无穷。西溪自2006年举办首届"西溪火柿节"起,每年一届,至今从未间断。"火柿节"是以柿子为主题的生态休闲娱乐活动,在丰收时节的9、10月举办,传统内容包括现场采柿、品柿、购柿及民俗表演、互动游戏、美食品尝等,每年内容又各有侧重、各具特色,集农耕文化与城市文明于一体,形式多样、内容丰富、参与性强,是秋日杭城的一道亮丽风景。

(二)德清下渚湖防风文化建设

下渚湖地区历史悠久,人文荟萃,是五千年良渚文化的发祥地之一,也是古代防风文化的故里。防风氏是远古时代防风国的先民首领和治水英雄,为其所建的防风祠位于下渚湖湿地风景区境内(三合乡二都集镇),建于距今1700多年前的西晋,里面供奉的是治水英雄防风。

农历八月廿五是防风氏的祭奠日,每年的这一天都会举办盛大的祭奠仪式,祈求风调雨顺,穰穰满家。梁任昉的《述异记》中最早记述了祭防风之情景,"越俗,祭防风神,奏防风古乐,截竹三尺,吹之如嗥,三人披发而舞"。历代官民都十分重视秋祭防风活动,先由官祭,经过"埋肯""起肯""致祭"等仪式后,出殿巡行。各社各就各位,旌旗招展,集合于庙会广场;老龙在前,青龙在后,台阁、高跷、马灯,摆开道子;"四弟相公"前有硬牌执事,钢叉开道,鸣锣放铳;巡行队伍中还有各种龙灯、渔灯、马灯,称为"龙灯会"。街上三处拳会,表演钢叉、顶缸与各路武术。巡行至桂花厅,则用当地土产的熏豆茶"坐茶""供茶",有的地方还要搭浮桥而过。

1996年,德清县投入巨资修复了防风山灵德王庙,恢复了中断多年的祭祀和庙会。2007年4月,浙江省文化厅公布"防风庙会"被列入《第二批浙江省非物质文化遗产名录》。2011年6月,"防风传说"被列入《第三批国家非物质文化遗产名录》。在秋祭防风氏的基础上,2013年当地政府在下渚湖湿地公园举办了防风文化节,尽现防风古国民俗民风,传颂并弘扬防风治水精神。

(三) 云和梯田湿地开犁节

云和梯田声名响亮,最早开发于唐初,兴于元、明,距今有1000多年历史。云和梯田主要分布在崇和镇周围山地上,海拔跨度200~1400米,跨越高山、丘陵、谷地三个地貌景观带,最多有700多层,是稻米文化向山地延伸的典范,是华东最大的梯田群,被誉为"中国最美梯田",其核心区域已辟为国家湿地公园。

云和梯田开犁习俗由来已久,是云和山区每年芒种时节启动夏种的传统农耕民俗活动。当地自赵氏先祖开基,开山结庐,繁衍生息,至今已有800多年历史。明崇祯年间,有一支福建畲民迁居于此,开犁节成为汉、畲两个民族共同的节日。早年云和衙门的官员每年春耕开始之际,都要到城郊的"先农坛",由县官带头亲自下田耕地,以示官府对农业生产的重视。古时由于生产工具简陋以及天灾等原因,人们认为不可预测的自然现象是由神灵控制的,为了寄托美好质朴的愿望,祈求神灵保佑家畜兴旺、五谷丰登,先民们就举行开犁节这一民俗活动。具体活动内容包括开山号子、芒种犒牛、祭神田、分红肉、山歌对唱等,从形式到内容都是民俗文化的缩影。通过农事操作、祭神赛歌等形式,集中展示了山区农民在劳动生产中的习俗,体现了山民崇尚自然、追求人和自然和谐相处的农耕文化内涵。

当地政府十分重视"云和梯田开犁"这一独特的非物质文化遗产,自2007年起每年举办一届"云和梯田开犁节"。开犁节在6月上旬芒种时节举办,每届确定一个主题,同时开展农产品展销、摄影大赛、旅游宣传等活动,使开犁节成为山村民俗风情、特色原生态农产品和梯田优美风光的大展台。

(四) 钱江观潮节

钱江涌潮,堪称"天下第一潮"。钱江观潮,起于汉魏,盛于唐宋,历经2000余年。南宋定于每年农历八月十八(所谓潮神生日)在钱塘江上检阅水师,以后相沿成习,把这一天作为观潮节。观潮节流行于杭州和嘉兴地区,每当农历八月十八前后钱江大潮来临时,浪涛排山倒海,气势十分壮观,杭州人倾城而出,从庙子头到六和塔,沿江观潮。清初之后，因河流改道，观潮最佳位置已移到海宁。

海宁市盐官镇目前已成为观潮胜地，这一带有镇海塔、海神庙、中山亭等景点，每年中秋前后，有10万余人聚集于此，形成人潮海潮齐涌，热闹非凡的景象。观潮最佳地有三处：一是在盐官附近，可看银涛滚滚、整齐而来的"一线潮"；二是在盐官以东的八堡大缺口，可看东、南两股潮头相撞，掀起万座冰山、千里雪峰的"碰头潮"；三是在盐官以西的老盐仓，可看潮头猛冲丁字坝后，浪涛壁立、冲向天际的"回头潮"。此外，夜晚月下观潮，潮势与白天相同，而景色迥异，也饶有情趣。除了海宁盐官，位于萧山区南阳赭山的萧山钱江观潮城也是一个观赏钱塘江大潮的好去处。赭山的美女坝，是观看钱江潮的最佳位置之一，能观赏到"卷起沙堆似雪堆"的奇特"回头潮"，又称"美女二回头"。

每年前往观潮的游客络绎不绝，观潮期间都会举行钱江观潮活动，观潮活动目前已提升为"中国国际钱江观潮节"，作为我国重大的文化旅游节庆活动，在观潮胜地海宁和萧山已多次举办，影响深远。观潮节开幕式一般于农历八月十六举行，整个活动可延续3～4天，节日期间以观赏钱江潮为主要内容，设置观潮、祭潮及各种游园项目，同时开展旅游商贸、文化研讨等活动，有时还举办声势浩大的国际冲浪挑战赛，可一睹国内外弄潮儿的风采。每届观潮节都盛况空前，数十万国内外爱好者纷纷慕名前来，中央电视台多次进行实况转播。

（五）舟山朱家尖国际沙雕节

早在公元前4000年，埃及人已经开始用沙子来辅助建造金字塔，那时候已经有了沙雕的雏形，而沙雕作为一种艺术形式，起源于美国，经过近百年的发展，已成为一项融雕塑、体育、娱乐、绘画、建筑于一体的边缘艺术。坐落于舟山市的朱家尖岛，1999年举办了首届中国舟山国际沙雕节，开创了我国沙雕艺术和沙滩旅游活动相结合的先河，填补了我国沙雕艺术的空白。

朱家尖岛有"沙雕故乡，度假天堂"的称号，在岛的东南部有东沙、南沙、千沙、里沙、青沙5个首尾相连的沙滩，号称"十里金沙"。沙雕以纯粹自然的沙和水为材料，通过艺术家的创作呈现迷人的视觉奇观，每年的沙雕节都有数十万游客前往朱家尖观摩沙雕作品、品味沙雕文化，感受神奇的沙雕艺术，领略旖旎的海岛风光。

每年举办的舟山国际沙雕节，都要确定一个主题。已成功举办的20届沙雕节，其主题依次为和平与友谊、世纪奇观、欧洲文明起源、世界古代八大奇观、丝绸之路、至爱永恒、走向海洋、动漫Party——让海滨度假更浪漫、奥运史话、世界海岛公园、未来海洋之城、非洲之旅、沙雕迪士尼、沙雕电影梦幻之旅、沙绘G20等。

（六）象山开渔节

象山是浙江省的渔业大县，坐落于东海象山港与三门湾两大港湾之间，紧靠猫头洋、大目洋、渔山三大渔场，海鲜产量极为丰富，稳居全国渔业五强，有"中国海鲜之都""中国水产之乡"等称号,被列为全国生态县和全国海洋生态文明示范区。象山作为著名的滨海城市,渔民自古以来就有开捕祭海的习俗。当地政府和有识之士将渔民的自发仪式上升为一个海洋文化的盛大典礼,自1988年起,每年举办一届"开渔节",集文化、旅游、经贸等内容于一体,赋予其丰富的文化内涵和渔乡特色,开创了中国独一无二的海洋庆典活动,具有浓郁的渔乡风情和滨海旅游特色。

象山开渔节确定在每年休渔结束的那一天举行,以祭海、放海(放鱼苗)、开船等仪式表达政府和社会各界欢送渔民出海,祝愿他们出海平安、满载而归的心情。"蓝色志愿者"行动,唤起人们保护海洋生态环境的意识,引导广大渔民热爱海洋,保护和合理开发海洋资源。开渔节以"开渔"为号召,请来四方客人,举行带有"海"字文化特色的文艺活动,锣鼓齐鸣、千帆竞发的开渔盛况吸引了来自全国各地的游客。同时,象山利用开渔节这一平台,举办中国宁波石浦渔业博览会,开展开发海洋、保护海洋、经贸洽谈、滨海旅游、学术交流等推动经济社会发展的各类项目。

(七)中国大运河庙会

中国大运河是世界上唯一一个为确保粮食运输(古称漕运)安全,以达到稳定政权、维持帝国统一目的,由国家投资开凿和管理的巨大工程体系,代表了农业文明时期水利水运工程的杰出成就,实现了南北资源物产的大跨度调配,促进了不同地域资源、经济、文化的交流。全长1800km的大运河,地跨京、津、冀、豫、鲁、皖、苏、浙8个省(市),始于公元前5世纪,由隋炀帝于7世纪全线凿通,13世纪完成第二次大沟通,历经2400余年,流淌着绵延不绝的传奇故事,是令世人赞叹的宝贵遗产。

作为京杭大运河最南端和浙东运河的起点,杭州是中国大运河的一个重要节点,境内列入世界遗产的河道总长110km,列入遗产点段达11处。2014年6月,中国大运河获准列入《世界遗产名录》,同年10月,精心筹备的首届中国大运河庙会在大运河畔隆重举行。庙会征集了大运河沿线各地的杂耍绝活、美食小吃和非遗技艺,以"千古运河,还看今朝"为主题,设拱宸桥主会场和塘栖古镇、西湖文化广场两个分会场,并设祈运仪式、彩船嬉歌行、三素食集、非遗集市、运河菜系交流峰会、文化创意集市、乡情乡会等主题板块。同时,开通运河水上专线,串联起运河两岸多姿多彩的体验活动。

首届中国大运河庙会历时4天,共聚集了90万人次的游客。庙会的开展让游客充分体验"横跨一座拱宸桥,纵览古运三千里"的壮观景象,体会"老底子、老把戏、传承历史记忆、蕴含古城魅力"的运河文化特色。

(八)嘉兴秀洲莲泗荡网船会

嘉兴莲泗荡是古太湖的遗存,湿地水乡文化深厚,历史遗迹独特,目前已辟为省级湿地公园。每年清明节和农历八月十四,都要举办由浙、苏、沪渔民自发形成的民族祭祀活动——网船会。网船会期间,在千顷莲泗荡上,万蒿林立,千舟待发,场面恢宏壮观,影响远至江苏、安徽、江西、福建、山东及香港等地。

网船会又称"刘王庙会""莲泗荡水上庙会",因莲泗荡畔有为纪念元代名将刘承忠将军而建的刘王庙,当地船民和渔民为祭祀刘将军而举行庙会。作为国内唯一一处水上庙会,网船会以传统韵味和独特魅力吸引着来自苏、浙、沪的数万民众竞相参与。网船会兴起于清咸丰年间,清末民国初盛极一时。有文字记载民国三十六年(1947年)庙会,"十八万三千之多的猪头献上神座""高高竖着桅杆的大船约有八百余艘,轮船二十四艘,其他汉口船三艘,青岛和香港来的船各一艘,其余小网船和民船更不知凡几"。此种大规模的庙会活动直至1958年才终止。至20世纪80年代初,民间香火重新兴起,1979年即有5万余人参与,1986年增至10万余人。近年来,浙江、江苏、上海等地的渔民、船民每年清明和中秋时节驾船会集于此,船队从莲泗荡延伸至古运河,长达5km,人数达数万之多。祭祀、会亲、娱乐、商品交易,形成了江南独特的水上庙会和"渔民狂欢节"。2011年,网船会被列入《第三批国家级非物质文化遗产名录》。

(九)建德九姓渔民水上婚礼

建德九姓渔民水上婚礼习俗源自古严州府梅城。相传九姓渔民是元末陈友谅及其部将的后代,江西鄱阳湖决战,朱元璋打败陈友谅并俘虏了陈友谅的众多部将,称帝后建立了明朝,遂将陈友谅的部属押解到浙江严州府(今建德市梅城镇),流放到新安江上,贬为"贱民",并规定他们不得上岸居住,不准与岸上人通婚,不准读书应试,不准穿鞋上岸,不准穿长衫。于是数百年来,陈、钱、林、李、袁、孙、叶、许、何九姓,只能举家泛舟,生活在水上,以打鱼为业,很少与岸上人往来。

久而久之,生活在新安江上的九姓渔民以舟为家,日出撒网、日落泊舟成了他们生活的主要内容,而他们也逐渐成为以捕鱼为业的水上部落,形成了独特的生活习俗,其中以"抛新娘"的水上婚俗最为奇特。"水上婚礼"有大有小,跟举行婚礼家庭的经济条件、社会地位有关。据说,规模最大的一次水上婚礼有上千只渔船,把梅城一带的江边都停满了,当时在大货船上摆酒,最大的船上能摆12桌酒席,场面非常惊人。至清同治五年(1866年),严州知府为九姓渔民颁发了"改贱为良"的"执照",并立了"改贱为良"碑。随后九姓渔民和岸上人交往逐渐频繁,习俗相融,"水上婚礼"这种形式也逐渐减少,到中华人民共和国成立后就难得一见了。

1986年,当地政府把"水上婚礼"作为一个重点文化项目进行挖掘、整理、推出。虽然那时"水上婚礼"已经很少,但是懂得这些习俗的老人们还健在,通过对他们的生活习俗、历史故事、民俗活动的广泛收集,整理出了全套的"水上婚礼"程序。"水上婚礼"以男女双方的"利市妈妈"为主要角色,在她们的主导下,经过一系列的仪式和唱诵后,由新娘的娘舅或叔叔,将蒙着红盖头的新娘抛到对面的船上,再由新郎的娘舅或叔叔接住,掀起婚礼的高潮。浙江电视台据此拍摄制作了建德"水上婚礼"专题片,当地文化旅游部门把"水上婚礼"排演成一个节目,搬上舞台或直接到河船实景地进行表演。电视、报纸等媒体纷纷报道和宣传,使得原本渐被淡忘的九姓渔民的"水上婚礼"重现风采,成为建德民俗文化的一张重要名片。

（十）中国湿地博物馆

中国湿地博物馆位于杭州西溪国家湿地公园二期外围、天目山路与紫金港路的交叉口，于2009年11月建成并正式对外开放。博物馆布展面积7800m²，是国内首个以湿地为主题，集收集、研究、展示、教育、宣传、娱乐于一体的大众化国家级专业博物馆。

博物馆分设序厅、湿地与人类厅、中国厅、西溪厅4个主题展示。陈列采用标本与景观、互动与特效、实验与演示等多元化手段，系统而丰富地展示了世界湿地、中国典型湿地、湿地面临的威胁、全球湿地保护行动等内容。特别是中国厅，以"浸入式"场景体验为特色，参观者可以沿着广西山口红树林、上海崇明东滩、江西鄱阳湖、东北三江平原湿地、新疆巴音布鲁克及塔里木河胡杨林、青海三江源、云南哈尼梯田7类中国湿地的复原场景，进行湿地的生态之旅。通过逼真的复原，红树林湿地特有的泌盐和植物胎生现象、东北三江平原从"北大荒"变成"北大仓"的历史，以及候鸟迁徙的习性、人工湿地与自然湿地间的不同风景等，都可以得到形象认知。西溪厅，则重在突出西溪湿地的个性——城市湿地、次生湿地、农耕湿地、人文湿地，主要阐述西溪湿地的历史变迁及文化内涵。

中国湿地博物馆的建成，对培养和增强人与自然和谐发展的理念，促使公众认识湿地、普及湿地知识，增强人们对湿地保护重要性的认识，促进湿地生态文化建设，开展湿地科学研究，以及进一步推动中国湿地保护事业的发展具有重要意义。

（十一）浙江自然博物院

坐落于杭州市中心西湖文化广场的浙江自然博物院，前身为建于1929年的浙江省西湖博物馆，1984年自然部分独立建馆，2009年7月新馆建成开放，2018年8月更名为浙江自然博物院。浙江自然博物院有近13万件的馆藏标本，记录着地球的生命历程，探索着奇妙的生命世界，展示着人与自然的生动故事。经过多年的发展，浙江自然博物院业已成为国家和省科普教育基地、省爱国主义教育基地和杭州市环境科普基地。

浙江自然博物院收集汇聚了浙江省门类最齐全的湿地动物植物标本及与之相关的藏品。在业已登记入库的藏品中，许多都起源或生活于湿地，鸟类、爬行类、两栖类、兽类、鱼类、海洋生物、水生无脊椎动物及生长于湿地生境的植物、昆虫等藏品，是80多年来自行采集、发掘、征集和社会（个人）捐赠的积淀，展现了浙江省丰富的湿地生物多样性资源。在展厅布置上，通过空间、色彩、造型等设计要素，利用自然还原、艺术设计、互动启发等现代化手法，展现海岛、湿地和山地等生态场景，展示纷繁多样、具有地域特征的动植物及其生存环境，努力营造自然科学知识的殿堂，为人们解读生物与环境、生物与人类的和谐关系。

浙江自然博物院以"自然与人类"为主题，以提高公众的自然科学文化素养和生态环境保护意识为宗旨，集科普教育、收藏研究、文化交流、智性休闲于一体。在地球日、湿地日、儿童节、爱鸟周，多次举办丰富多彩的科普活动，是浙江省湿地文化建设的一个重要载体,在社会公众中享有广泛的认知度和影响力,成为广大青少年自然探索和科学体验的重要文化场所,激发了人们探索自然知识的渴望和对生命的珍惜与关爱。

(十二)杭州湾湿地候鸟文化与候鸟博物馆

位于慈溪市的杭州湾庵东湿地,是中国八大咸水湿地之一,刚好处在西伯利亚-澳大利亚候鸟迁徙路线的中端,地理位置显要。杭州湾湿地既包括广阔的滩涂,也包括大片的芦苇荡与荒草地,以良好的环境、丰富的食物,吸引了大量候鸟的光临。杭州湾湿地面积逾$40km^2$,是典型的海岸湿地生态系统,每年有上百种数十万只候鸟途经此地,成为候鸟迁徙必经的停息地和中转站,同时也有不少珍稀候鸟来这里繁殖、越冬,可谓是"候鸟的天堂"。湿地管理部门始终把湿地保护放在首位,通过众多的保护与恢复措施,建成了国内独有的水鸟高潮停歇地,为迁徙鸻鹬类和越冬雁鸭类提供了良好的生存环境。据调查,杭州湾湿地已发现鸟类251种,列入国家重点保护的珍稀鸟类30种,列入世界自然保护联盟(IUCN)中国受威胁鸟类名录24种,重要保护物种有白鹤、白头鹤、东方白鹳、黑鹳、遗鸥、中华秋沙鸭、白尾海雕、黑头白鹮、黑脸琵鹭、白琵鹭、卷羽鹈鹕等。

湿地观鸟是人们亲近自然、感知生灵的一种体验方式,作为一项业余休闲活动,在经济发达国家和地区比较普及,甚至成立了一些观鸟组织和基地,如美国的国家观鸟协会成立于1905年,现已拥有会员55万名。中国的观鸟活动近年来也有所发展,在杭州,依托浙江自然博物院成立了省野鸟协会,在多个地市设有分会。杭州湾湿地具有地域广袤,湿地生境多样,鸟类种类多、数量大、保护价值高、季节性强等特点,是一个理想的观鸟场所。湿地管理部门通过划定特定区域和路线,设立观鸟平台等措施,供广大游客观鸟欣赏。随着公众崇尚自然理念的不断深入,观鸟将成为体验自然的一种新风尚,杭州湾湿地也将真正成为"观鸟胜地"。

在杭州湾国家湿地公园,一个占地约$2000m^2$、投资近2000万元的候鸟博物馆,已于2013年9月建成开放。整个博物馆分为三大展区,分别是"飞越中国"、"迁徙之谜"和"留梦杭州湾"。博物馆通过声、光、电等高科技手段以及鸟类标本、游客互动等形式,对杭州湾湿地鸟类的多样性、鸟类知识与迁徙习性,以及湿地与鸟类相互关系等向游客进行系统介绍,多角度地展现了候鸟的相关知识和杭州湾湿地鸟类的概况。为了让无法近距离接触到候鸟的游客们真实领略湿地魅力,博物馆还在湿地深处的候鸟栖息地周围安装42台高清实时监控摄像头,游客可在博物馆内通过电脑遥感,自己控制摄像头来观察候鸟的生活状态。

五、发展湿地文化的对策与建议

湿地文化是人类在利用湿地、改造湿地过程中形成的珍贵历史遗产,发展湿地文化是生态文明建设的一项重要内容。当前，以文化为依托而开展的文化旅游正呈迅猛发展势头，越来越成为旅游价值体系的核心部分。凭借文化的凝聚力和感召力吸引旅游者，已成为文化旅游的一项重要功能。浙江省湿地文化源远流长，资源丰富多彩，发展湿地文化旅游条件十分有利，但也存在着理论研究落后、资源开发欠缺、文化产品提升不够、经营与营销不善、解说体系不规范等问题，不能适应繁荣发展湿地文化的要求。为此，提出如下对策与建议。

（一）正确定位湿地文化

湿地文化的核心是人与自然和谐的生态理念。在物质层面上，要求按自然规律开发和利用湿地，在向湿地索取资源的同时，要注意保护生态文明，实现可持续发展。在精神层面上，应培养人们对湿地自然美的热爱，并传承、开发和创造湿地文化，打造湿地文化品牌。总的来说，要使湿地文化具有人文价值、民族特色和地域特色，湿地文化建设发展必须与时俱进，通过文化产业发挥经济价值。要充分发挥湿地文化对构建繁荣大文化体系中的重要作用，把湿地文化建设纳入整个生态文明建设的范畴加以推进，从各个方面加以扶持和帮助，促进湿地文化担当起生态文明建设的重任，成为发展生态文化的先锋。

（二）协调处理好几个关系

湿地文化源于劳动创造，是一种大众的文化，一种多元的文化，在发展湿地文化时，应注意协调处理好以下几个关系：

第一，协调好政府和知识分子精英文化与民间文化的关系。在这当中，政府代表官方，知识分子代表学界，广大普通民众代表民众受体，既有文化共生性，也有文化差异性。政府机构因其掌握权力具有调控功能并提供财政与科技支持，知识分子因其思维的敏锐性、理论的前瞻性和学术的洞见性能对湿地文化提出较为科学的生态规划和构想，广大的民间力量则处于基础性层次成为最为重要的实践力量。民间力量对湿地文化的理解程度和支持程度直接决定了湿地文化建设的成功与否，因此，官方的发展政策、学界的智力资源和民间的实践力量应保持一种良性的互动关系，其中权力文化和民间文化的建设尤为重要，但权力文化不能代替民间文化。

第二，处理好湿地生态价值、经济价值和文化价值的关系。人类利用、改造湿地具有阶段性特征，先人们始于经济价值的利用，当人们逐渐认识到湿地的"地球之肾"功用后，又体会到湿地生态服务功能的重要。但湿地提供物质产品、生态产品的同时，也是一种精神上的、文化上的体验过程，也蕴含着丰富的文化价值。在建设生态文明的今天，我们应该从更高一个层面来认识和利用湿地，除了湿地功利价值（经济、生态价值）之外，还不能忽视其重要的文化价值内涵，应提倡经济价值、生态价值和文化价值的有机统一和协调发展。

第三，处理好"湿地"与"非湿地"的生态链接问题。湿地是陆地生态系统向水生生态系统的过渡性地带，与周围环境形成了一个相互依存、多层次、立体性的生态链接，而人类在不同生态区域内的生产实践活动往往会将其割裂开来，产生一些盲目的或过度的行为。为此，如何将"湿地"与"非湿地"生态环境在民众生活、生产意义上联系起来，是非常重要的事情。只有采取共同的行为价值立场，顺应"湿地"与"非湿地"的自然生态链接，提高民众的生态文化意识，才能充分发挥出湿地的环境文化价值。

（三）挖掘开发湿地文化产品

弘扬湿地文化，首先要重视湿地文化的挖掘和提炼，突出地方特色，提升文化品位，开发一系列广大群众乐于接受且富有教育意义的生态文化产品，满足社会的多元文化需求，扩大湿地文化的精彩度、影响力和科普教育意义。

浙江湿地文化类型多样、资源丰富，社会经济发达，民众的生态意识和文化素养较高，挖掘开发湿地文化产品具有独特优势和条件。文化遗迹方面，要以西湖、大运河两个世界文化遗产及其他国家级、省级重点文物保护单位为重点，挖掘整理出适合不同人群和时季的人文精品。农耕文化是湿地的传统文化产品，以河姆渡的稻米文化、湖州的桑基鱼塘、诸暨白塔湖的农耕湿地、云和的梯田湿地等最为著名，可设计自助游等参与性强的旅游产品，以"真山、真水、真体验"的优势，成为独具特色的文化产品。节庆文化与民俗文化具有较大的关联度，许多属于非物质文化遗产，已被挖掘举行的有钱江观潮节、象山开渔节、秀洲莲泗荡网船会、蒋村赛龙舟、建德九姓渔民水上婚礼等，更多的还遗存于民间甚至渐被遗忘失传，需要收集、整理，搭建合适的平台予以光大。饮食文化，是湿地文化中不可或缺的部分，以各种渔家乐为主要载体，主打渔家特色的菜肴，辅以情趣各异的餐饮环境，让游客亲身感受不同地域渔家特色饮食文化的内涵；一些地方还可组织海钓、垂钓、撒网打鱼等参与性活动，择机发展船菜，观江上风景，品渔家美味。

（四）大力发展湿地生态文化旅游

生态视域下的湿地文化旅游，是利用湿地优美的自然环境和人文景观，适合大众化的旅游休闲活动。首先，必须保护和恢复湿地自然环境和人文古迹，净化水质，尽力恢复湿地自然概貌，保护生物多样性；其次，需对民俗文化、旅游路线做出科学规划，对人文古迹、名人故居进行必要的修缮，也可按历史景象再造历史文化景区，针对游客爱好、根据不同的节假日主题，把自然和人文景观穿成一线，推荐给不同类型的游人；再次，可利用当地的生态资源，设计相应的参与性科普宣教活动，如开辟候鸟观赏区、不同类别水生植物观赏区，组织当地中小学生进行湿地知识及动植物的科普教育、参观和游览等。

以湿地公园为依托，开展生态文化旅游是一个行之有效的创新形式。湿地公园建设以"保护优先、科学修复、合理利用、持续发展"为基本原则，是国家生态文明建设的重要组成部分，实践证明是科学保护和合理利用湿地的成功典范。首先，湿地公园旅游可以给游客提供诗意的旅游环境，放开身心，涵养精神；其次，湿地公园旅游又不同于一般旅游，通过开放性活动，让游客们与湿地环境、湿地人文景观、特色文化、湿地动植物进行近距离感知和接触，同时满足了游客生态休闲的诉求和文化精神的愉悦。湿地公园通过辟出专门的科普宣传区，介绍湿地基本知识，展示湿地动植物图片，进而让游客了解湿地的重要性和保护的迫切性，增强尊重湿地生态物种和生态功能的自觉性。

浙江省通过湿地公园设施建设，开展湿地保护和可持续利用，已取得了显著成就。今后应继续加大工作力度，加强基础建设，完善区域布局和功能区划，努力建设一批档次高、示范性强、影响力大、特色明显的国家级、省级湿地公园，以此帮助人们更好地认识湿地、理解湿地、保护湿地、利用湿地，丰富人们的湿地文化知识，切身感知悠久灿烂的湿地文化。

（五）努力建设一批湿地文化教育基地

湿地文化教育基地是湿地文化建设的主要载体，是推进湿地文化建设的有效途径，对于挖掘和保护浙江省湿地文化资源，传承和弘扬湿地文化传统，丰富湿地文化内涵，增强公众湿地文化保护意识，推动生态文明建设和"两美浙江"建设具有重要意义。

湿地文化从大类上可分为物质文化和非物质文化，可重点选择以下场所创建湿地文化教育基地：①湿地保护区、湿地公园；②湿地博物馆、自然博物馆（院）及动植物类专题博物馆、生态教育场所、野生动植物救护站等；③与湿地文化相关的保护区、森林公园、风景名胜区；④相关林场、古村落、单位驻地等；⑤相关文化场馆、学校、青少年教育活动基地等。

湿地文化教育基地的建设条件要求：①湿地文化资源丰富。有与湿地相关的民间故事、传说、民俗、戏剧、山歌、传统手工艺等非物质文化遗产，以及人文古迹等物质文化遗产。②教育基础设施完善。具备富有特色和一定规模的生态、科普教育和宣传展室、廊道等。条件较好的教育基地还应具备开展湿地文化教育活动的展馆。③教育活动主题突出。要具有地方性特色，主题鲜明，寓教于乐，注重参与式、体验式教育。可结合每年的湿地日、爱鸟周等，组织开展宣教活动。④示范带动作用强。要严格执行国家有关法律、法规和政策，理念先进，文化氛围浓厚，文化研讨和交流活动多样，知名度高，影响力大。⑤工作制度健全。有专门的管理机构、完善的管理制度、固定的资金渠道，有专业人士或志愿者热衷于湿地文化教育事业。

鉴于此，有必要在全省范围内开展一次湿地文化资源普查与征集活动，在此基础上，通过组织推荐和自愿申报相结合的方式，选择一批基础条件好、代表性强、地方特色明显的基地，创建成为湿地文化教育基地。湿地文化教育基地可分为国家、省、市、县四级，经验收合格后，由相关部门授牌予以确认。在湿地文化教育基地建设过程中，各地要高度重视、加强领导，从组织、资金、技术、人才等方面给予大力支持，使湿地文化建设焕发出持久生命力。

附 录

附录1 浙江省各县（市、区）湿地面积统计表

行政单位	湿地总面积	近海与海岸湿地								
		浅海水域	岩石海岸	沙石海滩	淤泥质海滩	潮间盐水沼泽	红树林	河口水域	三角洲	海岸性淡水湖
全省	1110102.92	409916.59	1793.36	3087.13	154885.81	17970.21	20.11	95073.95	2444.58	7507.27
杭州市	117815.81							19842.36	857.27	1792.23
上城区	479.92							463.63		
下城区	122.84									
江干区	3813.64							2060.96	303.04	
拱墅区	274.12									
西湖区	5229.73							1446.28	24.17	1302.91
滨江区	1300.28							1075.62		93.65
萧山区	26398.48							9383.47	172.81	132.32
余杭区	8753.31									263.35
桐庐县	5154.31							1471.91	129.40	
淳安县	49302.80									
建德市	6186.93									
富阳市	6619.90							3940.49	227.85	
临安市	4179.55									
宁波市	231656.14	100432.89	461.78	370.50	52676.07	8755.68		16064.06	49.19	2192.03
海曙区	249.32							59.69		
江东区	231.78							101.74		
江北区	1276.79							506.50		
北仑区	9237.31	4558.66			2690.43	18.02		238.66	26.63	
镇海区	11527.59	10238.01						334.92		
鄞州区	9397.62	937.04			405.28	17.28		222.38	22.56	1914.42
象山县	80538.39	54091.49	461.78	370.50	15477.92	1918.14				
宁海县	33562.73	8015.91			14926.34	203.56				
余姚市	26641.36	3697.93			720.21	1427.60		14600.17		277.61
慈溪市	51635.22	17550.84			16089.78	5171.08				
奉化市	7358.03	1343.01			2366.11					
温州市	214553.66	108936.13	379.22	65.97	53550.02	4418.66	8.93	16763.89	604.67	
鹿城区	3698.88							3117.45	67.87	
龙湾区	27179.42	8249.22			10967.64			3264.73	55.29	
瓯海区	1612.22									
洞头县	36071.07	29381.76	289.42	55.48	5988.38	210.95				
永嘉县	7007.03							3729.29	320.46	

单位：hm²

河流湿地		湖泊湿地	沼泽湿地				人工湿地			
永久性河流	洪泛平原	永久性淡水湖	草本沼泽	灌丛沼泽	森林沼泽	沼泽化草甸	库塘	运河、输水河	水产养殖场	盐田
138624.13	2605.23	8793.24	534.76	72.96	29.79	106.03	130919.68	21984.75	111378.32	2355.02
16254.18	474.72	556.11	10.57			30.63	54524.99	4170.01	19302.74	
								16.29		
76.81								46.03		
139.13							26.18	360.85	923.48	
129.79								130.58	13.75	
322.27			10.57				48.00	72.99	2002.54	
117.57							13.44			
2019.09	60.64	162.90					277.09	3061.59	11128.57	
3255.70	205.55	384.14					739.27	481.68	3423.62	
1517.98	127.66						1413.34		494.02	
1394.02						30.63	47878.15			
3666.90		9.07					2199.27		311.69	
1112.32	69.03						278.68		991.53	
2502.60	11.84						1651.57		13.54	
11761.64		123.64	269.99				11869.85	4588.61	21576.65	463.56
128.54		13.53						47.56		
103.11								26.93		
355.38		23.34					277.29	50.88	63.40	
337.94							320.63	489.68	556.66	
418.91							516.19		19.56	
3347.38		8.24					1463.51	103.85	955.68	
1057.45		51.36					1417.57	50.77	5261.69	379.72
2000.27							2380.25	12.88	5939.68	83.84
2169.33		27.17					1838.56	699.50	1183.28	
201.71			269.99				2708.43	3106.56	6536.83	
1641.62							947.42		1059.87	
12327.54	185.36	12.06					6197.56	3515.78	7587.87	
395.74							117.82			
373.37							66.02	298.57	3904.58	
1294.87							211.04	106.31		
							31.64		113.44	
2613.66							326.84	16.78		

行政单位	湿地总面积	近海与海岸湿地								
		浅海水域	岩石海岸	沙石海滩	淤泥质海滩	潮间盐水沼泽	红树林	河口水域	三角洲	海岸性淡水湖
平阳县	21845.79	10732.59		10.49	8129.14	352.21		660.88	35.70	
苍南县	41428.67	27969.44	56.59		9377.23	150.25		257.23		
文成县	2753.04									
泰顺县	3178.34									
瑞安市	41872.65	23800.23	33.21		8884.68	1135.94		4037.59	125.35	
乐清市	27906.55	8802.89			10202.95	2569.31	8.93	1696.72		
嘉兴市	81720.96	25574.84	19.09		2626.58	520.81		21633.02		116.25
南湖区	2930.26									
秀洲区	6019.56									
嘉善县	8390.13									
海盐县	35277.80	21346.16			1984.40	446.94		8249.55		116.25
海宁市	17476.22							13383.47		
平湖市	8325.17	4228.68	19.09		642.18	73.87				
桐乡市	3301.82									
湖州市	47802.72									
吴兴区	9853.97									
南浔区	12778.59									
德清县	15126.98									
长兴县	5299.62									
安吉县	4743.56									
绍兴市	58935.06							16314.78	619.76	2069.55
越城区	5468.42								293.71	396.75
绍兴县	11921.46							3461.30	141.81	520.95
新昌县	2246.85									
诸暨市	11651.54									702.53
上虞市	24080.28							12559.77	477.95	437.81
嵊州市	3566.51									11.51
金华市	32003.61									
婺城区	4715.38									
金东区	2734.26									
武义县	2297.09									
浦江县	1252.20									
磐安县	938.68									
兰溪市	11321.40									
义乌市	3240.10									

续表

河流湿地		湖泊湿地	沼泽湿地				人工湿地			
永久性河流	洪泛平原	永久性淡水湖	草本沼泽	灌丛沼泽	森林沼泽	沼泽化草甸	库塘	运河、输水河	水产养殖场	盐田
986.77							43.64	802.61	91.76	
2024.66							419.21	353.39	820.67	
787.09							1965.95			
1099.11							2079.23			
1283.21	185.36	12.06					486.95	909.19	978.88	
1469.06							449.22	1028.93	1678.54	
18490.51		3689.47	42.38				733.13	3109.07	5165.81	
2483.59		213.13					13.87	133.81	85.86	
2422.21		1521.49	42.38				383.67	482.36	1167.45	
3634.12		1882.02					25.74	794.43	2053.82	
2551.42							9.60	288.56	284.92	
2100.02							184.56	516.21	1291.96	
2519.02		46.30					73.49	535.93	186.61	
2780.13		26.53					42.20	357.77	95.19	
17064.12	122.18	3984.42	83.88		13.28		7085.51	1524.95	17924.38	
2785.15	33.33	1490.94					2694.48	518.47	2331.60	
5264.12		733.17					12.29	442.78	6326.23	
4259.92	14.42	1051.18	40.41				1586.07	563.70	7611.28	
2767.41		621.87	43.47		13.28		647.11		1206.48	
1987.52	74.43	87.26					2145.56		448.79	
15384.78	453.90	307.81	32.79			57.85	6114.40	2163.59	15415.85	
3606.73		277.53	32.79				23.61	331.05	506.25	
3481.65		9.66					737.02	748.52	2820.55	
1214.12	31.65						1001.08			
2238.66	243.87						1687.26	61.08	6718.14	
2690.07	32.06	20.62					1542.00	1013.93	5306.07	
2153.55	146.32					57.85	1123.43	9.01	64.84	
11251.88	16.82	38.79	8.54				11235.86	16.62	9435.10	
1792.27	8.48	12.93					2276.79	8.98	615.93	
1122.23							1126.28		485.75	
1170.96							818.63		307.50	
577.16							675.04			
681.94							256.74			
2809.79	8.34	25.86					1400.56	7.64	7069.21	
976.79							1422.92		840.39	

行政单位	湿地总面积	近海与海岸湿地								
		浅海水域	岩石海岸	沙石海滩	淤泥质海滩	潮间盐水沼泽	红树林	河口水域	三角洲	海岸性淡水湖
东阳市	3344.71									
永康市	2159.79									
衢州市	21502.21									
柯城区	1768.17									
衢江区	6265.81									
常山县	2319.31									
开化县	2067.11									
龙游县	5205.76									
江山市	3876.05									
舟山市	68870.72	46396.29	578.25	2513.66	12977.17	303.95				
定海区	10057.60	5798.35		20.74	2864.58	43.63				
普陀区	25247.64	15365.92	352.20	1980.32	5172.53	13.78				
岱山县	26725.69	19594.13	73.61	318.17	4122.56	246.54				
嵊泗县	6839.79	5637.89	152.44	194.43	817.50					
台州市	206106.24	128576.44	355.02	137.00	33055.97	3971.11	11.18	3847.08	156.76	1337.21
椒江区	22193.91	17691.32	35.16		2145.91			1503.92		
黄岩区	4659.43							85.86		106.49
路桥区	14607.11	12877.63			456.41					9.91
玉环县	37143.75	27251.08	213.00		5766.23	886.36	11.18			1015.47
三门县	38730.73	21952.83			5975.05	2924.63				205.34
天台县	2812.57									
仙居县	4420.79									
温岭市	32900.51	16487.58	59.28	71.73	10787.98	160.12				
临海市	48637.44	32316.00	47.58	65.27	7924.39			2257.30	156.76	
丽水市	29135.79							608.76	156.93	
莲都区	3037.82									
青田县	7681.17							608.76	156.93	
缙云县	1796.74									
遂昌县	2872.20									
松阳县	1438.14									
云和县	3184.17									
庆元县	1145.12									
景宁县	4905.46									
龙泉市	3074.97									

续表

河流湿地		湖泊湿地	沼泽湿地				人工湿地			
永久性河流	洪泛平原	永久性淡水湖	草本沼泽	灌丛沼泽	森林沼泽	沼泽化草甸	库塘	运河、输水河	水产养殖场	盐田
1394.71			8.54				1825.14		116.32	
726.03							1433.76			
10114.29	619.73		72.96		9.49		9147.01	45.86	1492.87	
979.75	44.42						666.08	41.82	36.10	
2053.55	288.90						3809.04	4.04	110.28	
1383.60							916.02		19.69	
1789.89							260.48		16.74	
2276.07	257.89		72.96		9.49		1294.87		1294.48	
1631.43	28.52						2200.52		15.58	
180.07							1054.81	277.10	3062.02	1527.40
73.67							565.52	202.25	456.13	32.73
90.58							329.83	45.08	1750.45	146.95
15.82							121.93	29.77	855.44	1347.72
							37.53			
12862.36	114.09	80.94	77.54				8290.16	2554.49	10314.83	364.06
9.34							14.03	503.50	290.73	
1059.82	15.58						3281.95	71.10	38.63	
236.97								477.95	548.24	
658.23			77.54				200.44	82.74	617.42	364.06
1121.11							589.48	22.98	5939.31	
1665.04							1147.53			
3547.81	21.82						842.82	8.34		
2144.65							698.36	1048.05	1442.76	
2419.39	76.69	80.94					1515.55	339.83	1437.74	
12932.76	618.43		9.07	16.51	8.06		14666.40	18.67	100.20	
2156.02	393.94						391.78	18.67	77.41	
3078.86	125.12						3711.50			
1519.37	37.19						240.18			
1102.63	20.28						1749.29			
1166.54	41.90						206.91		22.79	
497.70						8.06	2678.41			
857.10							288.02			
1188.32			9.07	16.51			3691.56			
1366.22							1708.75			

附录 2 浙江省重点调查湿地面积统计表

重点调查湿地	湿地总面积	近海与海岸湿地								
		浅海水域	岩石海岸	沙石海滩	淤泥质海滩	潮间盐水沼泽	红树林	河口水域	三角洲	海岸性淡水湖
全省	434762.64	231677.57	957.76	2589.01	118409.33	16114.58	20.11	97.47	119.53	5531.94
西溪国家湿地公园	966.62									926.00
千岛湖	47872.92									
庵东沼泽湿地	21242.42				15228.13	6014.29				
灵昆岛东滩湿地	2275.87				767.69					
南麂列岛自然保护区	759.26	731.36		10.49	17.41					
太湖	427.68									
韭山列岛自然保护区	1914.74	1881.29			33.45					
长兴扬子鳄自然保护区	28.78									
景宁望东垟高山湿地自然保护区	16.51									
青田鼋自然保护区	353.58									
定海五峙山鸟类栖息和繁殖保护区	118.03	118.03								
淳安千亩田山地沼泽湿地	30.63									
岱山县官山岛和秀山岛自然保护区	2932.08	2495.08		84.72	352.28					
桐乡永秀白荡漾湿地生态自然保护区	26.53									
常山同弓太公山鸟类自然保护区	21.53									
德清下渚湖国家湿地公园	418.94									
丽水九龙国家湿地公园	993.97									
衢州乌溪江国家湿地公园	2484.41									
诸暨市白塔湖国家湿地公园	981.18									702.53
长兴仙山湖国家湿地公园	528.66									

单位：hm²

河流湿地		湖泊湿地	沼泽湿地				人工湿地			
永久性河流	洪泛平原	永久性淡水湖	草本沼泽	灌丛沼泽	森林沼泽	沼泽化草甸	库塘	运河、输水河	水产养殖场	盐田
1637.33	507.50	1087.78	255.70	72.96	29.79	40.12	50915.83	515.34	4117.03	65.96
30.05			10.57							
							47872.92			
									1508.18	
		427.68								
									28.78	
					16.51					
258.03	95.55									
						30.63				
		26.53								
							21.53			
87.99		64.22	40.41						226.32	
617.84	376.13									
170.68	35.82						2277.91			
37.69									240.96	
7.99			43.47		13.28		391.20		72.72	

重点调查湿地	湿地总面积	近海与海岸湿地								
		浅海水域	岩石海岸	沙石海滩	淤泥质海滩	潮间盐水沼泽	红树林	河口水域	三角洲	海岸性淡水湖
玉环漩门湾湿地公园	1935.05	339.00			421.98		11.18			1011.39
龙游绿葱湖湿地公园	82.45									
嘉兴市石臼漾湿地公园	63.11									
安吉竹溪湿地公园	10.69									
钱江源湿地公园	200.34									
东阳市东白山高山湿地公园	16.95									
杭州湾海岸湿地	62403.10	57070.37	19.09		4208.44	1105.20				
舟山群岛海岸湿地	59719.21	43783.18	578.25	2428.94	12624.89	303.95				
象山港海岸湿地	23678.13	9296.39	49.01		13668.88	566.97				
三门湾海岸湿地	49341.53	26053.82	6.04	9.38	19006.85	2659.03				
乐清湾海岸湿地	30802.48	12632.14	40.90		14233.00	3615.79	8.93			
温州湾海岸湿地	117437.62	77276.91	264.47	55.48	37846.33	1849.35				
西湖	640.26									640.26
京杭古运河（杭州段）	511.32									
临海三江湿地	264.15							97.47	119.53	
绍兴镜湖湿地	671.65									230.85
台州市鉴洋湖湿地	106.49									106.49
宁波东钱湖	1914.42									1914.42
嘉善汾湖	445.57									
湖州双林漾	123.78									
泰顺雅阳矿泉地质遗址保护区	面积不到8									
宁波镇海棘螈自然保护区	面积不到8									
绍兴兰亭大庙坞鹭鸟保护区	面积不到8									
丽水市大山峰高山沼泽湿地	面积不到8									

续表

河流湿地		湖泊湿地	沼泽湿地				人工湿地			
永久性河流	洪泛平原	永久性淡水湖	草本沼泽	灌丛沼泽	森林沼泽	沼泽化草甸	库塘	运河、输水河	水产养殖场	盐田
27.28			77.54						46.68	
				72.96		9.49				
			42.38				16.71	4.02		
10.69										
53.81							146.53			
			8.54				8.41			
									96.88	
47.20							148.98		1344.27	65.96
									271.72	
							31.64		113.44	
									511.32	
47.15										
240.93			32.79						167.08	
		445.57								
		123.78								

附录3　浙江省湿地高等植物名录

中文名	拉丁名	中文名	拉丁名
苔藓植物门	**Bryophyta**	暖地泥炭藓	*Sphagnum junghunianum*
角苔科	**Anthocerotaceae**	尖叶泥炭藓	*Sphagnum nemoreum*
角苔	*Anthoceros punctus*	卵叶泥炭藓	*Sphagnum ovatum*
羽苔科	**Plagiochilaceae**	泥炭藓	*Sphagnum palustre*
长叶羽苔	*Plagiochila flexuosa*	粗叶泥炭藓	*Sphagnum squarrosum*
耳叶苔科	**Frullaniaceae**	牛毛藓科	**Ditrichaceae**
列胞耳叶苔	*Frullania moniliata*	黄牛毛藓	*Ditrichum pallidum*
绿片苔科	**Aneuraceae**	凤尾藓科	**Fissidenfaceae**
绿片苔	*Aneura pinguis*	南京凤尾藓	*Fissidens adelphinus*
波叶片叶苔	*Riccardia chamaedryfolia*	蕨叶凤尾藓	*Fissidens adianthoides*
宽片叶苔	*Riccardia latifrons*	小凤尾藓	*Fissidens bryoides*
羽枝片叶苔	*Riccardia multifida*	粗厚凤尾藓	*Fissidens crassipes*
掌状片叶苔	*Riccardia palmata*	卷叶凤尾藓	*Fissidens cristatus*
纤细片叶苔	*Riccardia pusilla*	二形凤尾藓	*Fissidens geminiflorus* var. *nagasakinus*
叉苔科	**Metigeriaceae**	广东凤尾藓	*Fissidens guangdongensis*
毛叉苔	*Apometzgeria pubescens*	裸萼凤尾藓	*Fissidens gymnogynus*
细肋叉苔	*Metzgeria leptoneura*	粗肋凤尾藓	*Fissidens laxus*
蛇苔科	**Conocephalaceae**	大凤尾藓	*Fissidens nobilis*
大蛇苔	*Conocephalum conicum*	欧洲凤尾藓	*Fissidens osmundoides*
小蛇苔	*Conocephalum japonicum*	疣凤尾藓	*Fissidens papillosus*
石地钱科	**Aytoniaceae**	延叶凤尾藓	*Fissidens perdecurrens*
无纹紫背苔	*Plagiochasma intermedium*	羽叶凤尾藓	*Fissidens plagiochiloides*
石地钱	*Reboulia hemisphaerica*	鳞叶凤尾藓	*Fissidens taxifolium*
地钱科	**Marchantiaceae**	拟小凤尾藓	*Fissidens tosaensis*
风兜地钱	*Marchantia paleacea* var. *diptera*	惠氏凤尾藓	*Fissidens wichurae*
地钱	*Marchantia polymorpha*	黄叶凤尾藓	*Fissidens zippelianus*
钱苔科	**Ricciaceae**	车氏凤尾藓	*Fissidens zollingeri*
叉钱苔	*Riccia fluitans*	葫芦藓科	**Funariaceae**
钱苔	*Riccia glauca*	江岸立碗藓	*Physcomitrium courtoisi*
浮苔	*Ricciocarpus natans*	红蒴立碗藓	*Physcomitrium eurystomum*
泥炭藓科	**Sphagnaceae**	黄边立碗藓	*Physcomitrium limbatulum*
拟尖叶泥炭藓	*Sphagnum acutifolioides*	立碗藓	*Physcomitrium sphaericum*

续表

中文名	拉丁名	中文名	拉丁名
真藓科	**Bryaceae**	沼生长灰藓	*Herzogiella turfacea*
沼生真藓	*Bryum knowltonii*	大灰藓	*Hypnum plumaeforme*
提灯藓科	**Mniaceae**	金发藓科	**Polytrichaceae**
异叶提灯藓	*Mnium heterophyllum*	东亚小金发藓	*Pogonatum inflexum*
平肋提灯藓	*Mnium laevinerve*	拟金发藓	*Polytrichastrum formosum*
刺叶提灯藓	*Mnium spinosum*	大金发藓	*Polytrichum commune*
侧枝匐灯藓	*Plagiomnium maximoviczii*	**蕨类植物门**	**Pteridophyta**
毛灯藓	*Rhizomnium punctatum*	石松科	*Lycopodiaceae*
桧藓科	**Rhizogoniaceae**	石松	*Lycopodium japonicum*
大桧藓	*Rhizogonium dozyanum*	灯笼草	*Palhinhaea cernua*
珠藓科	**Bartramiaceae**	卷柏科	**Selaginellaceae**
泽藓	*Philonotis fontana*	深绿卷柏	*Selaginella doederleinii*
细叶泽藓	*Philonotis thwaitesii*	异穗卷柏	*Selaginella heterostachys*
东亚泽藓	*Philonotis turneriana*	伏地卷柏	*Selaginella nipponica*
卷柏藓科	**Racopilaceae**	水韭科	**Isoetaceae**
毛尖卷柏藓	*Racopilum aristatum*	东方水韭	*Isoetes orientalis*
万年藓科	**Climaciaceae**	中华水韭	*Isoetes sinensis*
东亚万年藓	*Climacium japonicum*	木贼科	**Equisetaceae**
柳叶藓科	**Amblysfegiaceae**	问荆	*Equisetum arvense*
岸边柳叶藓	*Amblystegium riparium*	笔管草	*Hippochaete debilis*
柳叶藓	*Amblystegium serpens*	节节草	*Hippochaete ramosissima*
纽叶水灰藓	*Hygrohypnum eugyrium*	阴地蕨科	**Botrychiaceae**
水灰藓	*Hygrohypnum luridium*	阴地蕨	*Scepteridium ternatum*
褐黄水灰藓	*Hygrohypnum ochraceum*	瓶尔小草科	**Ophioglossaceae**
钝叶水灰藓	*Hygrohypnum smithii*	瓶尔小草	*Ophioglossum vulgatum*
青藓科	**Brachytheciacea**	紫萁科	**Osmundaceae**
台湾青藓	*Brachythecium formosanum*	福建紫萁	*Osmunda cinnamomea* var. *fokiense*
羽枝青藓	*Brachythecium plumosum*	紫萁	*Osmunda japonica*
短肋青藓	*Brachythecium wichurae*	海金沙科	**Lygodiaceae**
疏网尖喙藓	*Oxyrrhynchium laxirete*	狭叶海金沙	*Lygodium microstachyum*
绢藓科	**Entodontaceae**	海金沙	*Lygodium japonicum*
深绿绢藓	*Entodon luridulus*	小叶海金沙	*Lygodium scandens*
灰藓科	**Hypnaceae**	鳞始蕨科	**Lindsaeaceae**
毛叶梳藓	*Ctenidium capillifolium*	卵叶鳞始蕨	*Lindsaea intertexta*

续表

中文名	拉丁名	中文名	拉丁名
乌蕨	*Sphenomeris chinensis*	日本金星蕨	*Parathelypteris japonica*
姬蕨科	**Hypolepidaceae**	延羽卵果蕨	*Phegopteris decursive-pinnata*
姬蕨	*Hypolepis punctata*	镰片假毛蕨	*Pseudocyclosorus falcilobus*
蕨科	**Pteridiaceae**	普通假毛蕨	*Pseudocyclosorus subochthodes*
蕨	*Pteridium aquilinum*	耳状紫柄蕨	*Pseudophegopteris aurita*
凤尾蕨科	**Pteridaceae**	星毛紫柄蕨	*Pseudophegopteris levingei*
蜈蚣草	*Eremochloa ciliaris*	紫柄蕨	*Pseudophegopteris pyrrhorachis*
井栏边草	*Pteris multifida*	毛叶沼泽蕨	*Thelypteris palustris*
泰顺凤尾蕨	*Pteris natiensis*	**铁角蕨科**	**Aspleniaceae**
中国蕨科	**Sinopteridaceae**	虎尾铁角蕨	*Asplenium incisum*
银粉背蕨	*Aleuritopteris argentea*	**球子蕨科**	**Onocleaceae**
毛轴碎米蕨	*Cheilosoria chusana*	东方荚果蕨	*Matteuccia orientalis*
铁线蕨科	**Adiantaceae**	**乌毛蕨科**	**Blechnaceae**
铁线蕨	*Adiantum capillus-veneris*	乌毛蕨	*Blechnum orientale*
水蕨科	**Parkeriaceae**	狗脊	*Woodwardia japonica*
水蕨	*Ceratopteris thalictroides*	胎生狗脊	*Woodwardia prolifera*
裸子蕨科	**Hemionitidaceae**	**鳞毛蕨科**	**Dryopteridaceae**
凤丫蕨	*Conigramme japonica*	全缘贯众	*Cyrtomium falcatum*
蹄盖蕨科	**Athyriaceae**	粗齿贯众	*Cyrtomium falcatum* f.*dentatum*
湿生蹄盖蕨	*Athyrium devolii*	贯众	*Cyrtomium fortunei*
修株蹄盖蕨	*Athyrium giganteum*	东京鳞毛蕨	*Dryopteris tokyoensis*
华东蹄盖蕨	*Athyrium niponicum*	**肾蕨科**	**Nephrolepidaceae**
尖头蹄盖蕨	*Athyrium vidalii*	肾蕨	*Nephrolepis auriculata*
菜蕨	*Callipteris esculenta*	**水龙骨科**	**Polypodiaceae**
角蕨	*Cornopteris decurrenti-alata*	瓦韦	*Lepisorus thunbergianus*
尖羽角蕨	*Cornopteris hakonensis*	**槲蕨科**	**Drynariaceae**
金星蕨科	**Thelypteridaceae**	槲蕨	*Drynaria fortunei*
渐尖毛蕨	*Cyclosorus acuminatus*	**蘋科**	**Marsileaceae**
齿牙毛蕨	*Cyclosorus dentatus*	蘋	*Marsilea quadrifolia*
华南毛蕨	*Cyclosorus parasiticus*	**槐叶蘋科**	**Salviniaceae**
短尖毛蕨	*Cyclosorus subacutus*	槐叶蘋	*Salrinia natans*
钝角金星蕨	*Parathelypteris angulariloba*	**满江红科**	**Azollaceae**
狭叶金星蕨	*Parathelypteris angustifrons*	蕨状满江红	*Azolla filiculoides*
金星蕨	*Parathelypteris glanduligera*	满江红	*Azolla imbricata*

续表

中文名	拉丁名	中文名	拉丁名
种子植物门	**Spermatophyta**	胡桃科	*Juglandaceae*
裸子植物亚门	*Gymnospermae*	枫杨	*Pterocarya stenoptera*
松科	*Pinaceae*	桦木科	*Betulaceae*
湿地松	*Pinus elliottii*	江南桤木	*Alnus trabeculosa*
马尾松	*Pinus massoniana*	榆科	*Ulmaceae*
黄山松	*Pinus taiwanensis*	朴树	*Celtis sinensis*
杉科	*Taxodiaceae*	榔榆	*Ulmus parvifolia*
水松	*Glyptostrobus pensilis*	桑科	*Moraceae*
水杉	*Metasequoia glyptostroboides*	藤葡蟠	*Broussonetia kaempferi*
池杉	*Taxodium ascendens* var. *imbricarium*	小构树	*Broussonetia kazinoki*
落羽杉	*Taxodium distichum*	构树	*Broussonetia papyrifera*
被子植物亚门	*Angiospermae*	柘	*Cudrania tricuspidata*
木麻黄科	*Casuarinaceae*	桑草	*Fatoua pilosa*
细枝木麻黄	*Casuarina cunninghamiana*	天仙果	*Ficus erecta*
木麻黄	*Casuarina equisetifolia*	琴叶榕	*Ficus pandurata*
粗枝木麻黄	*Casuarina glauca*	条叶榕	*Ficus pandurata* var. *angustifolia*
三白草科	*Saururaceae*	全叶榕	*Ficus pandurata* var. *holophylla*
鱼腥草	*Houttuynia cordata*	薜荔	*Ficus pumila*
三白草	*Saururus chinensis*	葎草	*Humulus scandens*
金粟兰科	*Chloranthaceae*	桑	*Morus alba*
丝穗金粟兰	*Chloranthus fortunei*	鲁桑	*Morus alba* var. *multicaulis*
杨柳科	*Salicaceae*	鸡桑	*Morus australis*
意杨	*Populus × canadensis*	荨麻科	*Urticaceae*
垂柳	*Salix babylonica*	海岛苎麻	*Boehmeria formosana*
浙江柳	*Salix chekiangensis*	细野麻	*Boehmeria gracilis*
银叶柳	*Salix chienii*	大叶苎麻	*Boehmeria longispica*
长柄柳	*Salix dunnii*	洞头水苎麻	*Boehmeria macrophylla* var. *dongtouensisi*
旱柳	*Salix matsudana*	野苎麻	*Boehmeria nivea*
粤柳	*Salix mesnyi*	青叶苎麻	*Boehmeria nivea* var. *tenacissima*
南川柳	*Salix rosthornii*	小赤麻	*Boehmeria spicata*
竹柳	*Salix* spp.	伏毛苎麻	*Boehmeria strigosifolia*
簸箕柳	*Salix suchowensis*	悬铃木叶苎麻	*Boehmeria tricuspis*
日本三蕊柳	*Salix triandra* var. *nipponica*	糯米团	*Gonostegia hirta*
		毛花点草	*Nanocnide lobata*

续表

中文名	拉丁名	中文名	拉丁名
紫麻	Oreocnide frutescens	短序小蓼	Polygonum minus ssp. micranthus
蔓赤车	Pellionia scabra	小花蓼	Polygonum muricatum
小叶冷水花	Pilea microphylla	尼泊尔蓼	Polygonum nepalense
矮冷水花	Pilea peploides	荭草	Polygonum orientale
透茎冷水花	Pilea pumila	杠板归	Polygonum perfoliatum
粗齿冷水花	Pilea sinofasciata	春蓼	Polygonum persicaria
雾水葛	Pouzolzia zeylanica	习见蓼	Polygonum plebeium
桑寄生科	**Loranthaceae**	丛枝蓼	Polygonum posumbu
锈毛钝果寄生	Taxillus levinei	疏花蓼	Polygonum praetermissum
马兜铃科	**Aristolochiaceae**	无辣蓼	Polygonum pubescens
马兜铃	Aristolochia debilis	大箭叶蓼	Polygonum sagittifolium
杜衡	Asarum forbesii	刺蓼	Polygonum senticosum
蓼科	**Polygonaceae**	箭叶蓼	Polygonum sieboldii
金线草	Antenoron filiforme	细叶蓼	Polygonum taquetii
短毛金线草	Antenoron neofiliforme	戟叶蓼	Polygonum thunbergii
野荞麦	Fagopyrum dibotrys	粘液蓼	Polygonum viscoferum
何首乌	Fallopia multiflora	粗壮粘液蓼	Polygonum viscoferum var. robustum
萹蓄	Polygonum aviculare	粘毛蓼	Polygonum viscosum
火炭母草	Polygonum chinense	酸模	Rumex acetosa
显花蓼	Polygonum conspicuum	皱叶酸模	Rumex crispus
蓼子草	Polygonum criopolitanum	齿果酸模	Rumex dentatus
虎杖	Polygonum cuspidatum	羊蹄	Rumex japonicus
稀花蓼	Polygonum dissitiflorum	长刺酸模	Rumex trisetifer
戟叶箭蓼	Polygonum hastato-sagittatum	**藜科**	**Chenopodiaceae**
水蓼	Polygonum hydropiper	狭叶尖头叶藜	Chenopodium acuminatum ssp. virgatum
蚕茧蓼	Polygonum japonicum	藜	Chenopodium album
愉悦蓼	Polygonum jucundum	红心藜	Chenopodium album var. centrorubrum
酸模叶蓼	Polygonum lapathifolium	土荆芥	Chenopodium ambrosioides
绵毛酸模叶蓼	Polygonum lapathifolium var. salicifolium	灰绿藜	Chenopodium glaucum
马蓼	Polygonum longisetum	小藜	Chenopodium serotinum
圆基马蓼	Polygonum longisetum var. rotundatum	地肤	Kochia scoparia
长戟叶蓼	Polygonum maackianum	扫帚菜	Kochia scoparia f. trichophylla
长花蓼	Polygonum macranthum	盐角草	Salicornia europaea

中文名	拉丁名	中文名	拉丁名
无翅猪毛菜	*Salsola komarovii*	瞿麦	*Dianthus superbus*
刺沙蓬	*Salsola ruthenica*	牛繁缕	*Malachium aquaticum*
南方碱蓬	*Suaeda australis*	漆姑草	*Sagina japonica*
碱蓬	*Suaeda glauca*	女娄菜	*Silene aprica*
平卧碱蓬	*Suaeda prostrata*	蝇子草	*Silene fortunei*
盐地碱蓬	*Suaeda salsa*	西欧蝇子草	*Silene gallica*
苋科	**Amaranthaceae**	拟漆姑	*Spergularia marina*
土牛膝	*Achyranthes aspera*	闭花拟漆姑	*Spergularia marina* var. *cleistogama*
牛膝	*Achyranthes bidentata*	雀舌草	*Stellaria alsine*
柳叶牛膝	*Achyranthes longifolia*	无瓣繁缕	*Stellaria apetala*
红柳叶牛膝	*Achyranthes longifolia* f. *rubra*	翻白繁缕	*Stellaria discolor*
狭叶莲子草	*Alternanthera nodiflora*	繁缕	*Stellaria media*
空心莲子草	*Alternanthera philoxeroides*	鹅肠繁缕	*Stellaria neglecta*
莲子草	*Alternanthera sessilis*	**睡莲科**	**Nymphaeaceae**
凹头苋	*Amaranthus lividus*	莼菜	*Brasenia schreberi*
繁穗苋	*Amaranthus paniculatus*	水盾草	*Cabomba caroliniana*
大序绿穗苋	*Amaranthus patulus*	芡	*Euryale ferox*
刺苋	*Amaranthus spinosus*	莲	*Nelumbo nucifera*
皱果苋	*Amaranthus viridis*	萍蓬草	*Nuphar pumilum*
青葙	*Celosia argentea*	中华萍蓬草	*Nuphar sinensis*
商陆科	**Phytolaccaceae**	白睡莲	*Nymphaea alba*
美洲商陆	*Phytolacca americana*	红睡莲	*Nymphaea alba* var. *rubra*
番杏科	**Aizoaceae**	黄睡莲	*Nymphaea mexicana*
粟米草	*Mollugo pentaphylla*	香睡莲	*Nymphaea odorata*
番杏	*Tetragonia tetragonioides*	睡莲	*Nymphaea tetragona*
马齿苋科	**Portulacaceae**	**金鱼藻科**	**Ceratophyllaceae**
马齿苋	*Portulaca oleracea*	金鱼藻	*Ceratophyllum demersum*
土人参	*Talinum paniculatum*	五刺金鱼藻	*Ceratophyllum oryzetorum*
石竹科	**Caryophyllaceae**	**毛茛科**	**Ranunculaceae**
蚤缀	*Arenaria serpyllifolia*	鹅掌草	*Anemone flaccida*
簇生卷耳	*Cerastium caespitosum*	驴蹄草	*Caltha palustris*
球序卷耳	*Cerastium glomeratum*	华东驴蹄草	*Caltha palustris* var. *orientali-sinensis*
狗筋蔓	*Cucbalus baccifer*	女萎	*Clematis apiifolia*
石竹	*Dianthus chinensis*	短柱铁线莲	*Clematis cadmia*

续表

中文名	拉丁名	中文名	拉丁名
吴兴铁线莲	*Clematis huchouensis*	白花菜科	**Capparaceae**
还亮草	*Delphinium anthriscifolium*	黄花草	*Cleome viscosa*
禺毛茛	*Ranunculus cantoniensis*	十字花科	**Brassicaceae**
茴茴蒜	*Ranunculus chinensis*	荠	*Capsella bursa-pastoris*
毛茛	*Ranunculus japonicus*	弯曲碎米荠	*Cardamine flexuosa*
刺果毛茛	*Ranunculus muricatus*	假弯曲碎米荠	*Cardamine flexuosa* var. *fallax*
肉根毛茛	*Ranunculus polii*	碎米荠	*Cardamine hirsuta*
石龙芮	*Ranunculus sceleratus*	弹裂碎米荠	*Cardamine impatiens*
扬子毛茛	*Ranunculus sieboldii*	毛果碎米荠	*Cardamine impatiens* var. *dasycarpa*
猫爪草	*Ranunculus ternatus*	白花碎米荠	*Cardamine leucantha*
天葵	*Semiaquilegia adoxoides*	水田碎米荠	*Cardamine lyrata*
木通科	**Lardizabalaceae**	浙江碎米荠	*Cardamine zhejiangensis*
三叶木通	*Akebia trifoliata*	臭荠	*Coronopus didymus*
防己科	**Menispermaceae**	播娘蒿	*Descurainia sophia*
木防己	*Cocculus orbiculatus*	独行菜	*Lepidium apetalum*
金线吊乌龟	*Stephania cepharantha*	北美独行菜	*Lepidium virginicum*
千金藤	*Stephania japonica*	豆瓣菜	*Nasturtium officinale*
樟科	**Lauraceae**	诸葛菜	*Orychophrapmus violaceus*
香樟	*Cinnamomum camphora*	蓝花子	*Raphanus sativus* var. *raphanistroides*
红果钓樟	*Lindera erythrocarpa*	广州蔊菜	*Rorippa cantoniensis*
山橿	*Lindera reflexa*	无瓣蔊菜	*Rorippa dubia*
狭叶山胡椒	*Lindera angustifolia*	球果蔊菜	*Rorippa globosa*
山鸡椒	*Litsea cubeba* var. *formosana*	蔊菜	*Rorippa indica*
罂粟科	**Papaveraceae**	菥蓂	*Thlaspi arvense*
台湾黄堇	*Corydalis balansae*	茅膏菜科	**Droseraceae**
伏生紫堇	*Corydalis decumbens*	光萼茅膏菜	*Drosera peltata* var. *glabrata*
紫堇	*Corydalis edulis*	圆叶茅膏菜	*Drosera rotundifolia*
海滨黄堇	*Corydalis heterocarpa*	叉梗茅膏菜	*Drosera rotundifolia* var. *furcata*
刻叶紫堇	*Corydalis incisa*	匙叶茅膏菜	*Drosera spathulata*
黄堇	*Corydalis pallida*	景天科	**Crassulaceae**
小花黄堇	*Corydalis racemosa*	东南景天	*Sedum alfredii*
珠芽尖距紫堇	*Corydalis sheareri* var. *bulbillifera*	珠芽景天	*Sedum bulbiferum*
博落回	*Macleaya cordata*	凹叶景天	*Sedum emarginatum*

续表

中文名	拉丁名	中文名	拉丁名
垂盆草	Sedum sarmentosum	硕苞蔷薇	Rosa bracteata
狭叶垂盆草	Sedum sarmentosum var. angustifolia	月季	Rosa chinensis
虎耳草科	Saxifragaceae	小果蔷薇	Rosa cymosa
落新妇	Astilbe chinensis	软条七蔷薇	Rosa henryi
日本金腰	Chrysosplenium japonicum	金樱子	Rosa laevigata
中华金腰	Chrysosplenium sinicum	野蔷薇	Rosa multiflora
宁波溲疏	Deutzia ningpoensis	单花合柱蔷薇	Rosa uniflora
中国绣球	Hydrangea chinensis	周毛悬钩子	Rubus amphidasys
江西绣球	Hydrangea jiangxiensis	掌叶覆盆子	Rubus chingii
圆锥绣球	Hydrangea paniculata	山莓	Rubus corchorifolius
泽绣球	Hydrangea serrata	插田泡	Rubus coreanus
腊莲绣球	Hydrangea strigosa	光果悬钩子	Rubus glabricarpus
白耳菜	Parnassia foliosa	蓬蘽	Rubus hirsutus
扯根菜	Penthorum chinense	灰毛泡	Rubus ireneaus
虎耳草	Saxifraga stolonifera	高粱泡	Rubus lambertianus
黄水枝	Tiarella polyphylla	茅莓	Rubus parvifolius
金缕梅科	Hamamelidaceae	三花悬钩子	Rubus trianthus
小叶蚊母树	Distylium buxifolium	东南悬钩子	Rubus tsangorum
圆头蚊母树	Distylium buxsfolium var. rotundum	地榆	Sanguisorba officinalis
蔷薇科	Rosaceae	粉花绣线菊	Spiraea japonica
龙牙草	Agrimonia pilosa	波叶红果树	Stranvaesia davidiana var. undulata
东亚唐棣	Amelanchier asiatica	豆科	Fabaceae
沼生矮樱	Cerasus jingningensis	合萌	Aeschynomene indica
野山楂	Crataegus cuneata	山合欢	Albizia kalkora
皱果蛇莓	Duchesnea chrysantha	紫穗槐	Amorpha fruiticosa
蛇莓	Duchesnea indica	土圞儿	Apios fortunei
柔毛水杨梅	Geum japonicum var. chinense	紫云英	Astragalus sinicus
中华石楠	Photinia beauverdiana	杭子梢	Campylotropis macrocarpa
伞花石楠	Photinia subumbellata	海刀豆	Canavalia lineata
三叶委陵菜	Potentilla freyniana	决明	Cassia tora
蛇含	Potentilla kleiniana	小槐花	Desmodium caudatum
朝天委陵菜	Potentilla supina	假地豆	Desmodium heterocarpon
三叶朝天委陵菜	Potentilla supine var. ternata	小叶三点金	Desmodium microphyllum
火棘	Pyracantha fortuneana	毛野扁豆	Dunbaria villosa

续表

中文名	拉丁名	中文名	拉丁名
大豆	*Glycine max*	牻牛儿苗科	**Geraniaceae**
野大豆	*Glycine soja*	野老鹳草	*Geranium carolinianum*
宽卵叶山蚂蝗	*Hylodesmum podocarpium*	东亚老鹳草	*Geranium nepalense* var. *thunbergii*
庭藤	*Indigofera decora*	老鹳草	*Geranium wilfordii*
马棘	*Indigofera pseudotinctoria*	古柯科	**Erythroxylaceae**
长萼鸡眼草	*Kummerowia stipulacea*	东方古柯	*Erythroxylum kunthianum*
鸡眼草	*Kummerowia striata*	蒺藜科	**Zygophyllaceae**
海滨山黧豆	*Lathyrus japonicus*	蒺藜	*Tribulus terrestris*
毛海滨山黧豆	*Lathyrus japonicus* f. *pubescens*	楝科	**Meliaceae**
胡枝子	*Lespedeza bicolor*	楝树	*Melia azedarach*
截叶铁扫帚	*Lespedeza cuneata*	毛红椿	*Toona ciliata*
美丽胡枝子	*Lespedeza formosa*	香椿	*Toona sinensis*
铁马鞭	*Lespedeza pilosa*	远志科	**Polygalaceae**
细梗胡枝子	*Lespedeza virgata*	瓜子金	*Polygala japonica*
天蓝苜蓿	*Medicago lupulina*	大戟科	**Euphorbiaceae**
南苜蓿	*Medicago polymorpha*	铁苋菜	*Acalypha australis*
草木樨	*Melilotus officinalis*	重阳木	*Bischofia javanica*
香花崖豆藤	*Millettia dielsiana*	细齿大戟	*Euphorbia bifida*
网络崖豆藤	*Millettia reticulata*	泽漆	*Euphorbia helioscopia*
野葛	*Pueraria lobata*	飞扬草	*Euphorbia hirta*
三裂叶野葛	*Pueraria phaseoloides*	地锦草	*Euphorbia humifusa*
刺槐	*Robinia pseudoacacia*	湖北大戟	*Euphorbia hylonoma*
田菁	*Sesbania cannabina*	斑地锦	*Euphorbia supina*
小叶野决明	*Thermopsis chinensis*	千根草	*Euphorbia thymifolia*
白三叶	*Trifolium repens*	一叶萩	*Flueggea suffruticosa*
广布野豌豆	*Vicia cracca*	算盘子	*Glochidion puberum*
小巢菜	*Vicia hirsuta*	白背叶	*Mallotus apelta*
大巢菜	*Vicia sativa*	石岩枫	*Mallotus repandus* var. *scabrifolius*
四籽野豌豆	*Vicia tetrasperma*	蜜柑草	*Phyllanthus matsumurae*
山绿豆	*Vigna minima*	叶下珠	*Phyllanthus urinaria*
野豇豆	*Vigna vexillata*	蓖麻	*Ricinus communis*
二叶丁葵草	*Zornia cantoniensis*	乌桕	*Sapium sebiferum*
酢浆草科	**Oxalidaceae**	交让木科	**Daphniphyllaceae**
酢浆草	*Oxalis corniculata*	交让木	*Daphniphyllum macropodum*

续表

中文名	拉丁名	中文名	拉丁名
水马齿科	**Callitrichaceae**	甜麻	*Corchorus aestuans*
粟苔	*Callitriche japonica*	锦葵科	**Malvaceae**
沼生水马齿	*Callitriche palustris*	苘麻	*Abutilon theophrasti*
漆树科	**Anacardiaceae**	海滨木槿	*Hibiscus hamabo*
盐肤木	*Rhus chinensis*	木槿	*Hibiscus syriacus*
冬青科	**Aquifoliaceae**	野西瓜苗	*Hibiscus trionum*
钝齿冬青	*Ilex crenata*	白背黄花稔	*Sida rhombifolia*
硬毛冬青	*Ilex serrata*	肖梵天花	*Urena lobata*
尾叶冬青	*Ilex wilsonii*	粗叶地桃花	*Urena lobata* var. *scabriuscula*
卫矛科	**Celastraceae**	梵天花	*Urena procumbens*
白杜	*Euonymus bungeanus*	小叶梵天花	*Urena procumbens* var. *microphylla*
省沽油科	**Staphyleaceae**	梧桐科	**Sterculiaceae**
野鸦椿	*Euscaphis japonica*	马松子	*Melochia corchorifolia*
凤仙花科	**Balsaminaceae**	猕猴桃科	**Actinidiaceae**
凤仙花	*Impatiens balsamina*	异色猕猴桃	*Actinidia callosa*
浙江凤仙花	*Impatiens chekiangensis*	小叶猕猴桃	*Actinidia lanceolata*
华凤仙	*Impatiens chinensis*	山茶科	**Theaceae**
淡黄绿凤仙花	*Impatiens chlcroxantha*	红山茶	*Camellia japonica*
鸭跖草状凤仙花	*Impatiens commellinoides*	闪光红山茶	*Camellia lucidissima*
鼠李科	**Rhamnaceae**	翅柃	*Eurya alata*
牯岭勾儿茶	*Berchemia kulingensis*	藤黄科	**Clusiaceae**
长叶鼠李	*Rhamnus crenata*	湖南连翘	*Hypericum ascyron*
雀梅藤	*Sageretia thea*	小连翘	*Hypericum erectum*
葡萄科	**Vitaceae**	地耳草	*Hypericum japonicum*
异叶蛇葡萄	*Ampelopsis heterophylla*	金丝梅	*Hypericum patulum*
锈毛蛇葡萄	*Ampelopsis heterophylla* var. *vestita*	元宝草	*Hypericum sampsonii*
乌蔹莓	*Cayratia japonica*	密腺小连翘	*Hypericum seniawinii*
大叶乌蔹莓	*Cayratia oligocarpa*	三腺金丝桃	*Triadenum breviflorum*
绿爬山虎	*Parthenocissus laetivirens*	沟繁缕科	**Elatinaceae**
爬山虎	*Parthenocissus tricuspidata*	三蕊沟繁缕	*Elatine triandra*
华东葡萄	*Vitis pseudoreticulata*	柽柳科	**Tamaricaceae**
小叶葡萄	*Vitis sinocinerea*	柽柳	*Tamarix chinensis*
椴树科	**Tiliaceae**	堇菜科	**Violaceae**
田麻	*Corchoropsis tomentosa*	戟叶堇菜	*Viola betonicifolia*

续表

中文名	拉丁名	中文名	拉丁名
南山堇菜	*Viola chaerophylloides*	桃金娘科	**Myrtaceae**
蔓茎堇菜	*Viola diffusa*	轮叶蒲桃	*Syzygium grijsii*
紫花堇菜	*Viola grypoceras*	野牡丹科	**Melastomataceae**
犁头草	*Viola japonica*	方枝野海棠	*Bredia quadrangularis*
长萼堇菜	*Viola inconspicua*	肥肉草	*Fordiophyton fordii*
白花堇菜	*Viola lactiflora*	地菍	*Melastoma dodecandrum*
亮毛堇菜	*Viola lucens*	菱科	**Trapaceae**
紫花地丁	*Viola philippica*	南湖菱	*Trapa acornis*
柔毛堇菜	*Viola principis*	乌菱	*Trapa bicornis*
庐山堇菜	*Viola stewardiana*	二角菱	*Trapa bispinosa*
心叶蔓茎堇菜	*Viola tenuis*	野菱	*Trapa incisa*
堇菜	*Viola verecunda*	四瘤菱	*Trapa mammillifera*
旌节花科	**Stachyuraceae**	细果野菱	*Trapa maximowiczii*
中国旌节花	*Stachyurus chinensis*	四角菱	*Trapa natans*
西域旌节花	*Stachyurus himalaicus*	格菱	*Trapa pseudoincisa*
瑞香科	**Thymelaeaceae**	耳菱	*Trapa potaninii*
结香	*Edgeworthia chrysantha*	柳叶菜科	**Onagraceae**
胡颓子科	**Elaeagnaceae**	光华柳叶菜	*Epilobium amurense*
蔓胡颓子	*Elaeagnus glabra*	柳叶菜	*Epilobium hirsutum*
牛奶子	*Elaeagnus umbellata*	长籽柳叶菜	*Epilobium pyrricholophum*
千屈菜科	**Lythraceae**	水龙	*Ludwigia adscendens*
耳基水苋	*Ammannia auriculata*	假柳叶菜	*Ludwigia epilobioides*
水苋菜	*Ammannia baccifera*	细果草龙	*Ludwigia leptocarpa*
多花水苋	*Ammannia multiflora*	草龙	*Ludwigia octovalvis*
千屈菜	*Lythrum salicaria*	卵叶丁香蓼	*Ludwigia ovalis*
节节菜	*Rotala indica*	黄花水龙	*Ludwigia peploides*
轮叶节节菜	*Rotala mexicana*	盐地月见草	*Oenothera oakesiana*
圆叶节节菜	*Rotala rotundifolia*	小二仙草科	**Haloragaceae**
海桑科	**Sonneratiaceae**	小二仙草	*Haloragis micrantha*
无瓣海桑	*Sonneratia apetala*	粉绿狐尾藻	*Myriophyllum aquaticum*
红树科	**Rhizophoraceae**	穗花狐尾藻	*Myriophyllum spicatum*
秋茄树	*Kandelia candel*	轮叶狐尾藻	*Myriophyllum verticillatum*
蓝果树科	**Nyssaceae**	五加科	**Araliaceae**
喜树	*Camptotheca acuminata*	五加	*Acanthopanax gracilistylus*

续表

中文名	拉丁名	中文名	拉丁名
楤木	*Aralia chinensis*	小窃衣	*Torilis japonica*
中华常春藤	*Hedera nepalensis*	窃衣	*Torilis scabra*
伞形科	**Apiaceae**	**山茱萸科**	**Cornaceae**
紫花前胡	*Angelica decursiva*	灯台树	*Bothrocaryum controversum*
滨当归	*Angelica hirsutiflora*	**杜鹃花科**	**Ericaceae**
天目当归	*Angelica tianmuensis*	黄山杜鹃	*Rhododendron anhweiense*
峨参	*Anthriscus sylvestris*	天目杜鹃	*Rhododendron fortunei*
细叶旱芹	*Apium leptophyllum*	映山红	*Rhododendron simsii*
积雪草	*Centella saiatica*	**报春花科**	**Primulaceae**
明党参	*Changium smyrnioides*	琉璃繁缕	*Anagallis arvensis*
滨蛇床	*Cnidium japonicum*	蓝花琉璃繁缕	*Anagallis arvensis* f. *coerulea*
蛇床	*Cnidium monnieri*	点地梅	*Androsace umbellata*
野胡萝卜	*Daucus carota*	泽珍珠菜	*Lysimachia candida*
珊瑚菜	*Glehnia littoralis*	细梗香草	*Lysimachia capillipes*
红马蹄草	*Hydrocotyle nepalensis*	过路黄	*Lysimachia christinae*
长梗天胡荽	*Hydrocotyle ramiflora*	聚花过路黄	*Lysimachia congestiflora*
天胡荽	*Hydrocotyle sibthorpioides*	黄连花	*Lysimachia davurica*
破铜钱	*Hydrocotyle sibthorpioides*	星宿菜	*Lysimachia fortunei*
香菇草	*Hydrocotyle vulgaris*	金爪儿	*Lysimachia grammica*
肾叶天胡荽	*Hydrocotyle wilfordi*	点腺过路黄	*Lysimachia hemsleyana*
藁本	*Ligusticum sinense*	黑腺珍珠菜	*Lysimachia heterogenea*
短辐水芹	*Oenanthe benghalensis*	江西珍珠菜	*Lysimachia jiangxiensis*
西南水芹	*Oenanthe dielsii*	小茄	*Lysimachia japonica*
细叶水芹	*Oenanthe dielsii* var. *stenophylla*	海滨珍珠菜	*Lysimachia mauritiana*
水芹	*Oenanthe javanica*	小叶珍珠菜	*Lysimachia parvifolia*
中华水芹	*Oenanthe sinensis*	狭叶珍珠菜	*Lysimachia pentapetala*
隔山香	*Ostericum citriodora*	显苞过路黄	*Lysimachia rubiginosa*
滨海前胡	*Peucedanum japonicum*	腺药珍珠菜	*Lysimachia stenosepala*
异叶茴芹	*Pimpinella diversifolia*	假婆婆纳	*Stimpsonia chamaedryoides*
锯边茴芹	*Pimpinella serra*	**白花丹科**	**Plumbaginaceae**
变豆菜	*Sanicula chinensis*	中华补血草	*Limonium sinense*
薄片变豆菜	*Sanicula lamelligera*	**山矾科**	**Symplocaceae**
直刺变豆菜	*Sanicula orthacantha*	薄叶山矾	*Symplocos anomala*
泽芹	*Sium suave*	华山矾	*Symplocos chinensis*

续表

中文名	拉丁名	中文名	拉丁名
朝鲜白檀	*Symplocos coreana*	旋花科	**Convolvulaceae**
白檀	*Symplocos paniculata*	心萼薯	*Aniseia biflora*
安息香科	**Styracaceae**	打碗花	*Calystegia hederacea*
野茉莉	*Styrax japonicus*	旋花	*Calystegia sepium*
木犀科	**Oleaceae**	肾叶打碗花	*Calystegia soldanella*
金钟花	*Forsythia viridissima*	南方菟丝子	*Cuscuta australis*
苦枥木	*Fraxinus insularis*	菟丝子	*Cuscuta chinensis*
小叶蜡子树	*Ligustrum ibota* var. *microphyllum*	金灯藤	*Cuscuta japonica*
蜡子树	*Ligustrum molliculum*	马蹄金	*Dichondra repens*
小蜡	*Ligustrum sinense*	空心菜	*Ipomoea aquatica*
马钱科	**Loganiaceae**	甘薯	*Ipomoea batatas*
驳骨丹	*Buddleja asiatica*	毛果甘薯	*Ipomoea cordatotriloba*
醉鱼草	*Buddleja lindleyana*	瘤梗甘薯	*Ipomoea lacunosa*
蓬莱葛	*Gardneria multiflora*	厚藤	*Ipomoea pes-caprae*
龙胆科	**Gentianaceae**	三裂叶甘薯	*Ipomoea triloba*
日本百金花	*Centaurium japonicum*	鱼黄草	*Merremia hederacea*
百金花	*Centaurium pulchellum* var. *altaicum*	牵牛	*Pharbitis nil*
五岭龙胆	*Gentiana davidii*	圆叶牵牛	*Pharbitis purpurea*
龙胆	*Gentiana scabra*	茑萝	*Quamoclit pennata*
睡菜	*Menyanthes trifoliata*	**紫草科**	**Boraginaceae**
小莕菜	*Nymphoides coreana*	柔弱斑种草	*Bothriospermum tenellum*
金银莲花	*Nymphoides indica*	小花琉璃草	*Cynoglossum lanceolatum*
莕菜	*Nymphoides peltata*	麦家公	*Lithospermum arvense*
獐牙菜	*Swertia bimaculata*	砂引草	*Messerschmidia sibirica*
华双蝴蝶	*Tripterospermum chinense*	细叶砂引草	*Messerschmidia sibirica* var. *angustior*
夹竹桃科	**Apocynaceae**	皿果草	*Omphalotrigonotis cupulifera*
温州络石	*Trachelospermum cathayanum*	聚合草	*Symphytum officinale*
络石	*Trachelospermum jasminoides*	盾果草	*Thyrocarpus sampsonii*
萝藦科	**Asclepiadaceae**	附地菜	*Trigonotis peduncularis*
鹅绒藤	*Cynanchum chinense*	**马鞭草科**	**Verbenaceae**
白前	*Cynanchum glaucescens*	白棠子树	*Callicarpa dichotoma*
柳叶白前	*Cynanchum stauntonii*	单花莸	*Caryopteris nepetaefolia*
萝藦	*Metaplexis japonica*	大青	*Clerodendrum cyrtophyllum*

续表

中文名	拉丁名	中文名	拉丁名
海州常山	*Clerodendrum trichotomum*	杭州荠苎	*Mosla hangchouensis*
过江藤	*Phyla nodiflora*	长苞荠苎	*Mosla longibracteata*
豆腐柴	*Premna microphylla*	石荠苎	*Mosla scabra*
马鞭草	*Verbena officinalis*	苏州荠苎	*Mosla soochowensis*
牡荆	*Vitex negundo* var. *cannabifolia*	牛至	*Origanum vulgare*
白花牡荆	*Vitex negundo* var. *cannabifolia* f. *alba*	紫苏	*Perilla frutescens*
		野紫苏	*Perilla frutescens* var. *purpurascens*
广东牡荆	*Vitex sampsoni*	夏枯草	*Prunella vulgaris*
单叶蔓荆	*Vitex trifolia* var. *simplicifolia*	鼠尾草	*Salvia japonica*
唇形科	**Lamiaceae**	荔枝草	*Salvia plebeia*
金疮小草	*Ajuga decumbens*	半枝莲	*Scutellaria barbata*
紫背金盘	*Ajuga nipponensis*	韩信草	*Scutellaria indica*
光风轮	*Clinopodium confine*	京黄芩	*Scutellaria pekinensis*
细风轮菜	*Clinopodium gracile*	柔弱黄芩	*Scutellaria tenera*
风轮菜	*Clinopodium umbrosum*	田野水苏	*Stachys arvensis*
风车草	*Clinopodium urticifolium*	水苏	*Stachys japonica*
水虎尾	*Dysophylla stellata*	针筒菜	*Stachys oblongifolia*
水蜡烛	*Dysophylla yatabeana*	长毛香科科	*Teucrium japonicum* var. *pilosum*
小野芝麻	*Galeobdolon chinense*	庐山香科科	*Teucrium pernyi*
活血丹	*Glechoma longituba*	血见愁	*Teucrium viscidum*
显脉香茶菜	*Isodon nervosus*	茄科	**Solanaceae**
溪黄草	*Isodon serra*	枸杞	*Lycium chinense*
宝盖草	*Lamium amplexicaule*	假酸浆	*Nicandra physaloides*
野芝麻	*Lamium barbatum*	苦蘵	*Physalis angulata*
益母草	*Leonurus japonicus*	毛苦蘵	*Physalis angulata* var. *villosa*
白花益母草	*Leonurus japonicus* f. *niveus*	北美水茄	*Solanum carolinense*
海滨白绒草	*Leucas chinensis*	野海茄	*Solanum japonense*
小叶地笋	*Lycopus cavaleriei*	白英	*Solanum lyratum*
地笋	*Lycopus lucidus*	龙葵	*Solanum nigrum*
硬毛地笋	*Lycopus lucidus* var. *hirtus*	玄参科	**Scrophulariaceae**
薄荷	*Mentha canadensis*	胡麻草	*Centranthera cochinchinensis*
皱叶留兰香	*Mentha crispata*	有腺泽番椒	*Deinostema adenocaula*
华荠苎	*Mosla chinensis*	泽番椒	*Deinostema violaceum*
小花荠苎	*Mosla cavaleriei*	虻眼	*Dopatium junceum*
小鱼仙草	*Mosla dianthera*		

续表

中文名	拉丁名	中文名	拉丁名
石龙尾	*Limnophila sessiliflora*	胡麻科	**Pedaliaceae**
长蒴母草	*Lindernia anagallis*	芝麻	*Sesamum indicum*
狭叶母草	*Lindernia angustifolia*	茶菱	*Trapella sinensis*
泥花草	*Lindernia antipoda*	列当科	**Orobanchaceae**
短梗母草	*Lindernia brevipedunculata*	野菰	*Aeginetia indica*
母草	*Lindernia crustacea*	中国野菰	*Aeginetia sinensis*
九华山母草	*Lindernia jiuhuanica*	苦苣苔科	**Gesneriaceae**
宽叶母草	*Lindernia nummularifolia*	浙皖粗筒苣苔	*Briggsia chienii*
陌上菜	*Lindernia procumbens*	狸藻科	**Lentibulariaceae**
刺毛母草	*Lindernia setulosa*	黄花狸藻	*Utricularia aurea*
早落通泉草	*Mazus caducifer*	南方狸藻	*Utricularia australis*
纤细通泉草	*Mazus gracilis*	挖耳草	*Utricularia bifida*
匍茎通泉草	*Mazus miquelii*	短梗挖耳草	*Utricularia caerulea*
通泉草	*Mazus pumilus*	少花狸藻	*Utricularia exoleta*
弹刀子菜	*Mazus stachydifolius*	圆叶挖耳草	*Utricularia striatula*
小果草	*Microcarpaea minima*	爵床科	**Acanthaceae**
白花泡桐	*Paulownia fortunei*	白接骨	*Asystasiella chinensis*
毛泡桐	*Paulownia tomentosa*	水蓑衣	*Hygrophila salicifolia*
江西马先蒿	*Pedicularis kiangsiensis*	九头狮子草	*Peristrophe japonica*
返顾马先蒿	*Pedicularis resupinata*	爵床	*Rostellularia procumbens*
毛果短冠草	*Sopubia lasiocarpa*	白花爵床	*Rostellularia procumbens* f. *albiflora*
毛叶蝴蝶草	*Torenia benthamiana*	密花孩儿草	*Rungia densiflora*
光叶蝴蝶草	*Torenia glabra*	苦槛蓝科	**Myoporaceae**
紫萼蝴蝶草	*Torenia violacea*	苦槛蓝	*Myoporum bontioides*
直立婆婆纳	*Veronica arvensis*	车前科	**Plantaginaceae**
婆婆纳	*Veronica didyma*	车前	*Plantago asiatica*
多枝婆婆纳	*Veronica javanica*	大车前	*Plantago major*
水蔓青	*Veronica linariifolia* ssp. *dilatata*	北美毛车前	*Plantago virginica*
蚊母草	*Veronica peregrina*	茜草科	**Rubiaceae**
阿拉伯婆婆纳	*Veronica persica*	水团花	*Adina pilulifera*
朝鲜婆婆纳	*Veronica rotunda* var. *coreana*	细叶水团花	*Adina rubella*
水苦荬	*Veronica undulata*	猪殃殃	*Galium aparine* var. *echinospermon*
硬毛腹水草	*Veronicastrum villosulum* var. *hirsutum*	四叶葎	*Galium bungei*

中文名	拉丁名	中文名	拉丁名
阔叶四叶葎	Galium trachyspermum	柔垂缬草	Valeriana flaccidissima
小叶猪殃殃	Galium trifidum	缬草	Valeriana officinalis
水栀子	Gardenia jasminoides	川续断科	**Dipsacaceae**
厚叶双花耳草	Hedyotis biflora var. parvifolia	续断	Dipsacus japonicus
金毛耳草	Hedyotis chrysotricha	葫芦科	**Cucurbitaceae**
伞房花耳草	Hedyotis corymbosa	合子草	Actinostemma tenerum
白花蛇舌草	Hedyotis diffusa	绞股蓝	Gynostemma pentaphyllum
剑叶耳草	Hedyotis lancea	马交儿	Melothria indica
纤花耳草	Hedyotis tenelliflora	南赤瓟	Thladiantha nudiflora
大叶白纸扇	Mussaenda esquirolii	王瓜	Trichosanthes cucumeroides
黄细心状假耳草	Neanotis boerhaavioides	栝楼	Trichosanthes kirilowii
薄叶假耳草	Neanotis hirsuta	桔梗科	**Campanulaceae**
假耳草	Neanotis ingrata	羊乳	Codonopsis lanceolata
蛇根草	Ophiorrhiza japonica	半边莲	Lobelia chinensis
长序鸡矢藤	Paederia cavaleriei	江南山梗菜	Lobelia davidii
鸡矢藤	Paederia scandens	山梗菜	Lobelia sessilifolia
滨海鸡矢藤	Paederia scandens var. maritime	铜锤玉带草	Pratia nummularia
毛鸡矢藤	Paederia scandens var. tomentosa	异檐花	Triodanis perfoliata
茜草	Rubia argyi	兰花参	Wahlenbergia marginata
白马骨	Serissa serissoides	菊科	**Asteraceae**
风箱树	Cephalanthus tetrandra	腺梗菜	Adenocaulon himalaicum
忍冬科	**Caprifoliaceae**	下田菊	Adenostemma lavenia
忍冬	Lonicera japonica	宽叶下田菊	Adenostemma lavenia var. latifolium
下江忍冬	Lonicera modesta	藿香蓟	Ageratum conyzoides
接骨草	Sambucus chinensis	熊耳草	Ageratum houstonianum
荚蒾	Viburnum dilatatum	豚草	Ambrosia artemisiifolia
宜昌荚蒾	Viburnum erosum	三裂叶豚草	Ambrosia trifida
饭汤子	Viburnum setigerum	黄花蒿	Artemisia annua
水马桑	Weigela japonica	深绿蒿	Artemisia atrovirens
败酱科	**Valerianaceae**	茵陈蒿	Artemisia capillaris
窄叶败酱	Patrinia heterophylla	青蒿	Artemisia caruifolia
斑花败酱	Patrinia punctiflora	滨蒿	Artemisia fukudo
败酱	Patrinia scabiosaefolia	印度蒿	Artemisia indica
白花败酱	Patrinia villosa	牡蒿	Artemisia japonica

续表

中文名	拉丁名	中文名	拉丁名
白苞蒿	Artemisia lactiflora	东风菜	Doellingeria scabra
矮蒿	Artemisia lancea	鳢肠	Eclipta prostrata
野艾蒿	Artemisia lavandulaefolia	细红背叶	Emilia prenanthoides
猪毛蒿	Artemisia scoparia	一点红	Emilia sonchifolia
蒌蒿	Artemisia selengensis	梁子菜	Erechtites hieracifolia
阴地蒿	Artemisia sylvatica	一年蓬	Erigeron annuus
三脉紫菀	Aster ageratoides	费城飞蓬	Erigeron philadephicus
微糙三脉紫菀	Aster ageratoides var. scaberulus	华泽兰	Eupatorium chinense
长叶紫菀	Aster dolichophyllus	泽兰	Eupatorium japonicum
夏威夷紫菀	Aster sandwicensis	裂叶泽兰	Eupatorium japonicum var. tripartitium
匙叶紫菀	Aster spathulifolius	林泽兰	Eupatorium lindleyanum
钻形紫菀	Aster subulatus	睫毛牛膝菊	Galinsoga ciliata
婆婆针	Bidens bipinnata	鼠麴草	Gnaphalium affine
金盏银盘	Bidens biternata	白背鼠麴草	Gnaphalium japonicum
大狼把草	Bidens frondosa	匙叶鼠麴草	Gnaphalium pensylvanicum
鬼针草	Bidens pilosa	多茎鼠麴草	Gnaphalium polycaulon
白花鬼针草	Bidens pilosa var. radiate	裸冠菊	Gymnocoronis spilanthoides
狼把草	Bidens tripartita	菊芋	Helianthus tuberosus
烟管头草	Carpesium cernuum	泥胡菜	Hemistepta lyrata
天名精	Carpesium abrotanoides	普陀狗哇花	Heteropappus arenarius
石胡荽	Centipeda minima	旋覆花	Inula japonica
沙苦荬	Chorisis repens	线叶旋覆花	Inula lineariifolia
蓟	Cirsium japonicum	中华小苦荬	Ixeridium chinensis
刺儿菜	Cirsium setosum	齿缘小苦荬	Ixeridium dentatum
野塘蒿	Conyza bonariensis	褐冠小苦荬	Ixeridium laevigatum
加拿大蓬	Conyza canadensis	深裂苦荬菜	Ixeris dissecta
白酒草	Conyza japonica	剪刀股	Ixeris japonica
苏门白酒草	Conyza sumatrensis	多头苦荬菜	Ixeris polycephala
革命菜	Crassocephalum crepidioides	抱茎苦荬菜	Ixeris sonchifolia
滨海假还阳参	Crepidiastrum lanceolatum	小剪刀股	Ixeris stolonifera
芙蓉菊	Crossstephium chinense	马兰	Kalimeris indica
野菊	Dendranthema indica	多型马兰	Kalimeris indica var. polymorpha
甘野菊	Dendranthema lavandulifolia	毡毛马兰	Kalimeris shimadae
鱼眼草	Dichrocephala integrifolia	稻槎菜	Lapsana apogonoides

续表

中文名	拉丁名	中文名	拉丁名
矮小稻槎菜	*Lapsana humilis*	黄鹌菜	*Youngia japonica*
齿叶橐吾	*Ligularia dentata*	**香蒲科**	**Typhaceae**
蹄叶橐吾	*Ligularia fischeri*	水烛	*Typha angustifolia*
大头橐吾	*Ligularia japonica*	大卫香蒲	*Typha davidiana*
窄叶裸菀	*Miyamayomena angustifolia*	宽叶香蒲	*Typha latifolia*
黄瓜菜	*Paraixeris denticulata*	香蒲	*Typha orientalis*
假福王草	*Paraprenanthes sororia*	**黑三棱科**	**Sparganiaceae**
心叶帚菊	*Pertya cordifolia*	曲轴黑三棱	*Sparganium fallax*
高大翅果菊	*Pterocypsela elata*	黑三棱	*Sparganium stoloniferum*
台湾翅果菊	*Pterocypsela formosana*	**眼子菜科**	**Potamogetonaceae**
翅果菊	*Pterocypsela indica*	菹草	*Potamogeton crispus*
多裂翅果菊	*Pterocysela laciniata*	小叶眼子菜	*Potamogeton cristatus*
林荫千里光	*Senecio nemorensis*	眼子菜	*Potamogeton distinctus*
千里光	*Senecio scandens*	微齿眼子菜	*Potamogeton maackianus*
虾须草	*Sheareria nana*	竹叶眼子菜	*Potamogeton malaianus*
毛梗豨莶	*Siegesbeckia glabrescens*	钝脊眼子菜	*Potamogeton octandrus* var. *miduhikimo*
豨莶	*Siegesbeckia orientalis*	尖叶眼子菜	*Potamogeton oxyphyllus*
腺梗豨莶	*Siegesbeckia pubescens*	篦齿眼子菜	*Potamogeton pectinatus*
无腺腺梗豨莶	*Siegesbeckia pubescens* f. *eglandulosa*	小眼子菜	*Potamogeton pusillus*
蒲儿根	*Sinosenecio oldhamianus*	川蔓藻	*Ruppia maritima*
加拿大一枝黄花	*Solidago canadensis*	角果藻	*Zannichellia palustris*
裸柱菊	*Soliva anthemifolia*	**茨藻科**	**Najadaceae**
苣荬菜	*Sonchus arvensis*	钩果茨藻	*Najas ancistrocarpa*
续断菊	*Sonchus asper*	纤细茨藻	*Najas gracillima*
苦苣菜	*Sonchus oleraceus*	弯果草茨藻	*Najas graminea* var. *recurvata*
短裂苦苣菜	*Sonchus uliginosus*	大茨藻	*Najas marina*
蒲公英	*Taraxacum mongolicum*	小茨藻	*Najas minor*
碱菀	*Tripolium vulgare*	**水蕹科**	**Aponogetonaceae**
夜香牛	*Vernonia cinerea*	水蕹	*Aponogeton lakhonensis*
蟛蜞菊	*Wedelia chinensis*	**泽泻科**	**Alismataceae**
卤地菊	*Wedelia prostrata*	窄叶泽泻	*Alisma canaliculatum*
加拿大苍耳	*Xanthium canadense*	东方泽泻	*Alisma orientale*
苍耳	*Xanthium sibiricum*	泽苔草	*Caldesia reniformis*
异叶黄鹌菜	*Youngia heterophylla*	毛茛泽泻	*Ranalisma rostratum*

续表

中文名	拉丁名	中文名	拉丁名
冠果草	*Sagittaria guayanensis*	长毛米筛竹	*Bambusa pachinensis* var. *hirsutissima*
利川慈姑	*Sagittaria lichuanensis*	青皮竹	*Bambusa textilis*
小叶慈姑	*Sagittaria potamogetifolia*	绿竹	*Bambusa atrovirens*
矮慈姑	*Sagittaria pygmaea*	孝顺竹	*Bambusa multiplex*
野慈姑	*Sagittaria trifolia*	菵草	*Beckmannia syzigachne*
长瓣慈姑	*Sagittaria trifolia* f. *longiloba*	白羊草	*Bothriochloa ischaemum*
慈姑	*Sagittaria trifolia* var. *edulis*	毛臂形草	*Brachiaria villosa*
水鳖科	**Hydrocharitaceae**	雀麦	*Bromus japonicus*
无尾水筛	*Blyxa aubertii*	疏花雀麦	*Bromus remotiflorus*
齿缘水筛	*Blyxa ceratosperma*	扁穗雀麦	*Bromus unioloides*
有尾水筛	*Blyxa echinosperma*	拂子茅	*Calamagrostis epigejos*
水筛	*Blyxa japonica*	密花拂子茅	*Calamagrostis epigejos* var. *densiflora*
黑藻	*Hydrilla verticillata*	蒺藜草	*Cenchrus echinatus*
水鳖	*Hydrocharis dubia*	薏米	*Coix chinensis*
水车前	*Ottelia alismoides*	薏苡	*Coix lacryma-jobi*
亚洲苦草	*Vallisneria asiatica*	蒲苇	*Cortaderia selloana*
密齿苦草	*Vallisneria denseserrulata*	橘草	*Cymbopogon goeringii*
刺苦草	*Vallisneria spinulosa*	狗牙根	*Cynodon dactylon*
禾本科	**Poaceae**	双花狗牙根	*Cynodon dactylon* var. *biflorus*
剪股颖	*Agrostis clavata*	龙爪茅	*Dactyloctenium aegyptium*
巨序剪股颖	*Agrostis gigantea*	疏花野青茅	*Deyeuxia arundinacea* var. *laxiflora*
台湾剪股颖	*Agrostis rigidula* var. *formosana*	箱根野青茅	*Deyeuxia hakonensis*
看麦娘	*Alopecurus aequalis*	毛马唐	*Digitaria chrysoblephara*
日本看麦娘	*Alopecurus japonicus*	升马唐	*Digitaria ciliaris*
荩草	*Arthraxon hispidus*	止血马唐	*Digitaria ischaemum*
中亚荩草	*Arthraxon hispidus* var. *centrasiaticus*	短叶马唐	*Digitaria radicosa*
匿芒荩草	*Arthraxon hispidus* var. *cryptatherus*	觿茅	*Dimeria ornithopoda*
野古草	*Arundinella anomala*	双稃草	*Diplachne fusca*
花叶芦竹	*Arundo donax*	长芒稗	*Echinochloa caudata*
芦竹	*Arundo donax* var. *versicolor*	光头稗	*Echinochloa colonum*
野燕麦	*Avena fatua*	稗	*Echinochloa crusgalli*
无毛野燕麦	*Avena fatua* var. *glabrata*	小旱稗	*Echinochloa crusgalli* var. *austro-japonensis*
米筛竹	*Bambusa pachinensis*	无芒稗	*Echinochloa crusgalli* var. *mitis*

续表

中文名	拉丁名	中文名	拉丁名
西来稗	*Echinochloa crusgalli* var. *zelayensis*	多花黑麦草	*Lolium multiflorum*
孔雀稗	*Echinochloa cruspavonis*	黑麦草	*Lolium perenne*
硬稃稗	*Echinochloa glabrescens*	毒麦	*Lolium temulentum*
旱稗	*Echinochloa hispidula*	大花臭草	*Melica grandiflora*
牛筋草	*Eleusine indica*	柔枝莠竹	*Microstegium vimineum*
珠芽画眉草	*Eragrostis bulbillifera*	莠竹	*Microstegium vimineum* var. *imberbe*
知风草	*Eragrostis ferruginea*	五节芒	*Miscanthus floridulus*
乱草	*Eragrostis japonica*	荻	*Miscanthus sacchariflorus*
小画眉草	*Eragrostis minor*	芒	*Miscanthus sinensis*
宿根画眉草	*Eragrostis perennans*	沼原草	*Moliniopsis hui*
画眉草	*Eragrostis pilosa*	多枝乱子草	*Muhlenbergia ramosa*
长画眉草	*Eragrostis zeylanica*	河八王	*Narenga porphyrocoma*
假俭草	*Eremochloa ophiuroides*	山类芦	*Neyraudia montana*
野黍	*Eriochloa villosa*	求米草	*Oplismenus undulatifolius*
小颖羊茅	*Festuca parvigluma*	水稻	*Oryza sativa*
甜茅	*Glyceria acutiflora* ssp. *japonica*	糯稻	*Oryza sativa* var. *glutinosa*
假鼠妇草	*Glyceria leptolepis*	糠稷	*Panicum bisulcatum*
球穗草	*Hackelochloa granularis*	铺地黍	*Panicum repens*
牛鞭草	*Hemarthria altissima*	假牛鞭草	*Parapholis incurva*
扁穗牛鞭草	*Hemarthria compressa*	圆果雀稗	*Paspalum orbiculare*
光稃香草	*Hierochloe glabra*	双穗雀稗	*Paspalum paspaloides*
水禾	*Hygroryza aristata*	雀稗	*Paspalum thunbergii*
距花黍	*Ichnanthus vicinus*	丝毛雀稗	*Paspalum urvillei*
白茅	*Imperata cylindrical* var. *major*	狼尾草	*Pennisetum alopecuroides*
柳叶箬	*Isachne globosa*	蜡烛稗	*Pennisetum glaucum*
浙江柳叶箬	*Isachne hoi*	束尾草	*Phacelurus latifolius*
平颖柳叶箬	*Isachne truncata*	狭叶束尾草	*Phacelurus latifolius* var. *angustifolius*
鸭嘴草	*Ischaemum crassipes*	单穗束尾草	*Phacelurus latifolius* var. *monostachyus*
有芒鸭嘴草	*Ischaemum hondae*	显子草	*Phaenosperma globosa*
细毛鸭嘴草	*Ischaemum indicum*	䅁草	*Phalaris arundinacea*
假稻	*Leersia hexandra* var. *japonica*	鬼蜡烛	*Phleum paniculatum*
秕壳草	*Leersia sayanuka*	芦苇	*Phragmites australis*
千金子	*Leptochloa chinensis*	卡开芦	*Phragmites karka*
虮子草	*Leptochloa panicea*		

续表

中文名	拉丁名	中文名	拉丁名
黄姑竹	*Phyllostachys angusta*	斑茅	*Saccharum arundinaceum*
淡竹	*Phyllostachys glauca*	甘蔗	*Saccharum officinarum*
水竹	*Phyllostachys heteroclada*	甜根子草	*Saccharum spontaneum*
木竹	*Phyllostachys heteroclada* f. *solida*	囊颖草	*Sacciolepis indica*
红竹	*Phyllostachys lrideseens*	硬草	*Sclerochloa kengiana*
美竹	*Phyllostachys mannii*	大狗尾草	*Setaria faberii*
浙江淡竹	*Phyllostachys meyeri*	金色狗尾草	*Setaria glauca*
篌竹	*Phyllostachys nidularia*	棕叶狗尾草	*Setaria palmifolia*
枪刀竹	*Phyllostachys nidularia* f. *glabro-vagina*	皱叶狗尾草	*Setaria plicata*
浙江金竹	*Phyllostachys parvifolia*	狗尾草	*Setaria viridis*
灰水竹	*Phyllostachys platyglossa*	高粱	*Sorghum bicolor*
早竹	*Phyllostachys praecox*	匿芒假高粱	*Sorghum halepense* f. *muticum*
高节竹	*Phyllostachys prominens*	苏丹草	*Sorghum sudanense*
毛竹	*Phyllostachys pubescens*	互花米草	*Spartina alterniflora*
芽竹	*Phyllostachys robustiramea*	大米草	*Spartina anglica*
红后竹	*Phyllostachys rubicunda*	稗荩	*Sphaerocaryum malaccense*
漫竹	*Phyllostachys stimulosa*	大油芒	*Spodiopogon cotulifera*
乌哺鸡竹	*Phyllostachys vivax*	鼠尾粟	*Sporobolus fertilis*
云和哺鸡竹	*Phyllostachys yunhoensis*	毛鼠尾粟	*Sporobolus piliferus*
苦竹	*Pleioblastus amarus*	盐地鼠尾粟	*Sporobolus virginicus*
白顶早熟禾	*Poa acroleuca*	苞子草	*Themeda caudata*
早熟禾	*Poa annua*	香根草	*Vetiveria zizanioides*
华东早熟禾	*Poa faberi*	鼠茅	*Vulpia myuros*
金丝草	*Pogonatherum crinitum*	玉米	*Zea mays*
棒头草	*Polypogon fugax*	菰	*Zizania latifolia*
长芒棒头草	*Polypogon monspeliensis*	结缕草	*Zoysia japonica*
碱茅	*Puccinellia distans*	大穗结缕草	*Zoysia macrostachya*
纤毛鹅观草	*Roegneria ciliaris*	沟叶结缕草	*Zoysia matrella*
短芒纤毛鹅观草	*Roegneria ciliaris* var. *submutica*	细叶结缕草	*Zoysia pacifica*
竖立鹅观草	*Roegneria japonensis*	中华结缕草	*Zoysia sinica*
细叶鹅观草	*Roegneria japonensis* var. *hackeliana*	莎草科	**Cyperaceae**
		球柱草	*Bulbostylis barbata*
鹅观草	*Roegneria tsukushiensis*	丝叶球柱草	*Bulbostylis densa*
沙滩甜根子草	*Saccharum arenicola*	红穗苔草	*Carex argyi*

续表

中文名	拉丁名	中文名	拉丁名
秋生苔草	*Carex autumnalis*	普陀苔草	*Carex putuoensis*
浆果苔草	*Carex baccans*	书带苔草	*Carex rochebrunii*
独穗苔草	*Carex biwensis*	糙叶苔草	*Carex scabrifolia*
锈点苔草	*Carex bodinieri*	褐绿苔草	*Carex stipitinux*
柔苔草	*Carex bostrichostigma*	山苔草	*Carex subtransversa*
砂青苔草	*Carex brevicuspis* ssp. *fibrillosa*	大理苔草	*Carex taliensis*
发秆苔草	*Carex capillacea*	细梗苔草	*Carex teinogyna*
中华苔草	*Carex chinensis*	柔菅	*Carex transversa*
灰化苔草	*Carex cinerascens*	三穗苔草	*Carex tristachya*
十字苔草	*Carex cruciata*	单性苔草	*Carex unisexualis*
垂穗苔草	*Carex dimorpholepis*	滨海苔草	*Carex wahuensis* ssp. *robusta*
弯囊苔草	*Carex dispalata*	华克拉莎	*Cladium chinensis*
芒尖苔草	*Carex doniana*	旱伞草	*Cyperus alternifolius*
蕨状苔草	*Carex filicina*	阿穆尔莎草	*Cyperus amuricus*
丝柄苔草	*Carex filipes* var. *rouyana*	扁穗莎草	*Cyperus compressus*
穹隆苔草	*Carex gibba*	长尖莎草	*Cyperus cuspidatus*
长囊苔草	*Carex harlandii*	异型莎草	*Cyperus difformis*
珠穗苔草	*Carex ischnostachya*	高秆莎草	*Cyperus exaltatus*
日本苔草	*Carex japonta*	长穗高秆莎草	*Cyperus exaltatus* var. *megalanthus*
砂钻苔草	*Carex kobomugi*	球形莎草	*Cyperus glomeratus*
大披针苔草	*Carex laceolata*	畦畔莎草	*Cyperus haspan*
弯喙苔草	*Carex laticeps*	碎米莎草	*Cyperus iria*
舌叶苔草	*Carex ligulata*	咸水草	*Cyperus malaccensis* var. *brevifolius*
翅囊苔草	*Carex maackii*	具芒碎米莎草	*Cyperus michelianus*
斑点苔草	*Carex maculata*	旋鳞莎草	*Cyperus microiria*
密叶苔草	*Carex maubertiana*	白鳞莎草	*Cyperus nipponicus*
乳突苔草	*Carex maximowiczii*	直穗莎草	*Cyperus orthostachys*
金穗苔草	*Carex metallica*	毛轴莎草	*Cyperus pilosus*
线穗苔草	*Carex nemostachys*	白花毛轴莎草	*Cyperus pilosus* var. *obliquus*
翼果苔草	*Carex neurocarpa*	香附子	*Cyperus rotundus*
苍绿苔草	*Carex pallideviridis*	窄穗莎草	*Cyperus tenuispica*
镜子苔草	*Carex phacota*	裂颖茅	*Diplacrum caricinum*
粉被苔草	*Carex pruinosa*	渐尖穗荸荠	*Eleocharis attenuata*
矮生苔草	*Carex pumila*	无根状茎荸荠	*Eleocharis attenuate* var. *erhizomatosa*

续表

中文名	拉丁名	中文名	拉丁名
荸荠	*Eleocharis dulcis*	水莎草	*Juncellus serotinus*
木贼状荸荠	*Eleocharis equisetina*	水蜈蚣	*Kyllinga brevifolia*
江南荸荠	*Eleocharis migoana*	光鳞水蜈蚣	*Kyllinga brevifolia* var. *leiolepis*
透明鳞荸荠	*Eleocharis pellucida*	湖瓜草	*Lipocarpha microcephala*
稻田荸荠	*Eleocharis pellucida* var. *japonica*	辐射砖子苗	*Mariscus radians*
龙师草	*Eleocharis tetraquetra*	砖子苗	*Mariscus sumatrensis*
千亩田龙师草	*Eleocharis tetraquetra* var. *qianmutianensis*	小穗砖子苗	*Mariscus sumatrensis* var. *microstachys*
刚毛鳞荸荠	*Eleocharis valleculosa* f. *setosa*	浙江扁莎	*Pycreus chekiangensis*
羽毛荸荠	*Eleocharis wichurai*	球穗扁莎	*Pycreus globosus*
牛毛毡	*Eleocharis yokoscensis*	小球穗扁莎	*Pycreus globosus* var. *nilagiricus*
细秆羊胡子草	*Eriophorum gracile*	直球穗扁莎	*Pycreus globosus* var. *strictus*
夏飘拂草	*Fimbristylis aestivalis*	多穗扁莎	*Pycreus polystachyus*
复序飘拂草	*Fimbristylis bisumbellata*	红鳞扁莎	*Pycreus sanguinolentus*
两歧飘拂草	*Fimbristylis dichotoma*	白喙刺子莞	*Rhynchospora brownii*
面条草	*Fimbristylis diphylloides*	华刺子莞	*Rhynchospora chinensis*
弱锈鳞飘拂草	*Fimbristylis ferruginea* var. *sieboldii*	细叶刺子莞	*Rhynchospora faberi*
矮飘拂草	*Fimbristylis fimbristyloides*	刺子莞	*Rhynchospora rubra*
暗褐飘拂草	*Fimbristylis fusca*	萤蔺	*Scirpus juncoides*
宜昌飘拂草	*Fimbristylis henryi*	华东藨草	*Scirpus karuizawesis*
金色飘拂草	*Fimbristylis hookeriana*	线状匍匐茎藨草	*Scirpus lineolatus*
长穗飘拂草	*Fimbristylis longispica*	茸球藨草	*Scirpus lushanensis*
日照飘拂草	*Fimbristylis miliacea*	三棱秆藨草	*Scirpus mattfeldianus*
独穗飘拂草	*Fimbristylis ovata*	新华藨草	*Scirpus neochinensis*
东南飘拂草	*Fimbristylis pierotii*	扁秆藨草	*Scirpus planiculmis*
五棱秆飘拂草	*Fimbristylis quinquangularis*	百球藨草	*Scirpus rosthornii*
高五棱秆飘拂草	*Fimbristylis quinquangularis* var. *elata*	类头状花序藨草	*Scirpus subcapitatus*
		水葱	*Scirpus tabernaemontani*
结壮飘拂草	*Fimbristylis rigidula*	水毛花	*Scirpus triangulatus*
少穗飘拂草	*Fimbristylis schoenoides*	藨草	*Scirpus triqueter*
绢毛飘拂草	*Fimbristylis sericea*	海三棱藨草	*Scirpus ×mariqueter*
佛焰苞飘拂草	*Fimbristylis spathacea*	荆三棱	*Scirpus yagara*
烟台飘拂草	*Fimbristylis stauntonii*	毛果珍珠茅	*Scleria levis*
双穗飘拂草	*Fimbristylis subbispicata*	柔毛果珍珠茅	*Scleria levis* var. *pubescens*
疣果飘拂草	*Fimbristylis verrucifera*	小型珍珠茅	*Scleria parvula*

中文名	拉丁名	中文名	拉丁名
高秆珍珠茅	Scleria terrestris	龙塘山谷精草	Eriocaulon sikokianum var. linanense
断节莎	Torulinium ferax	鸭跖草科	Commelinaceae
天南星科	Araceae	饭包草	Commelina benghalensis
菖蒲	Acorus calamus	鸭跖草	Commelina communis
金钱蒲	Acorus gramineus	露水草	Cyanotis arachnoides
石菖蒲	Acorus tatarinowii	疣草	Murdannia keisek
尖尾芋	Alocasia cucullata	牛轭草	Murdannia loriformis
一把伞南星	Arisaema erubescens	裸花水竹叶	Murdannia nudiflora
异叶天南星	Arisaema heterophyllum	水竹叶	Murdannia triquetra
普陀南星	Arisaema ringens	雨久花科	Pontederiaceae
野芋	Colocasia antiquorum	凤眼莲	Eichhornia crassipes
芋	Colocasia esculenta	鸭舌草	Monochoria vaginalis
紫芋	Colocasia tonoimo	梭鱼草	Pontederia cordata
滴水珠	Pinellia cordata	灯心草科	Juncaceae
半夏	Pinellia ternata	翅茎灯心草	Juncus alatus
大薸	Pistia stratiotes	扁茎灯心草	Juncus compressus
犁头尖	Typhonium divaricatum	星花灯心草	Juncus diastrophanthus
浮萍科	Lemnaceae	灯心草	Juncus effusus
浮萍	Lemna minor	江南灯心草	Juncus prismatocarpus
稀脉萍	Lemna perpusilla	柱叶灯心草	Juncus prismatocarpus ssp. teretifolius
品萍	Lemna trisulca	野灯心草	Juncus setchuensis
少根紫萍	Spirodela oligorrbiza	假野灯心草	Juncus setchuensis var. effusoides
紫萍	Spirodela polyrrhiza	多花地杨梅	Luzula multiflora
无根萍	Wolffia arrhiza	羽毛地杨梅	Luzula plumosa
谷精草科	Eriocaulaceae	百合科	Liliaceae
狭叶谷精草	Eriocaulon angustulum	粉条儿菜	Aletris spicata
谷精草	Eriocaulon buergerianum	小葱	Allium ascalonicum
白药谷精草	Eriocaulon cinereum	小根蒜	Allium macrostemon
长苞谷精草	Eriocaulon decemflorum	萱草	Hemerocallis fulva
江南谷精草	Eriocaulon faberi	紫萼	Hosta ventricosa
疏毛谷精草	Eriocaulon nantoense var. parviceps	禾叶山麦冬	Liriope graminifolia
华南谷精草	Eriocaulon sexangulare	阔叶山麦冬	Liriope muscari
四国谷精草	Eriocaulon sikokianum	山麦冬	Liriope spicata

续表

中文名	拉丁名	中文名	拉丁名
麦冬	*Ophiopogon japonicus*	玉蝉花	*Iris ensata*
多花黄精	*Polygonatum cyrtonema*	常绿水生鸢尾	*Iris hexagonus*
长梗黄精	*Polygonatum filipes*	蝴蝶花	*Iris japonica*
玉竹	*Polygonatum odoratum*	马蔺	*Iris lacteal* var. *chinensis*
吉祥草	*Reineckia carnea*	黄菖蒲	*Iris pseudacorus*
绵枣儿	*Scilla scilloides*	小花鸢尾	*Iris speculatrix*
菝葜	*Smilax china*	鸢尾	*Iris tectorum*
小果菝葜	*Smilax davidiana*	姜科	**Zingiberaceae**
土茯苓	*Smilax glabra*	蘘荷	*Zingiber mioga*
白背牛尾菜	*Smilax nipponica*	美人蕉科	**Cannaceae**
牛尾菜	*Smilax riparia*	大花美人蕉	*Canna generalis*
油点草	*Tricyrtis macropoda*	水生美人蕉	*Canna glauca*
老鸦瓣	*Tulipa edulis*	美人蕉	*Canna indica*
藜芦	*Veratrum nigrum*	紫叶美人蕉	*Canna warscewiczii*
牯岭藜芦	*Veratrum schindleri*	竹芋科	**Marantaceae**
凤尾兰	*Yucca gloriosa*	再力花	*Thalia dealbata*
石蒜科	**Amaryllidaceae**	水玉簪科	**Burmanniaceae**
文殊兰	*Crinum asiaticum*	三品一枝花	*Burmannia coelestis*
水鬼蕉	*Hymenocallis littoralis*	兰科	**Orchidaceae**
石蒜	*Lycoris radiata*	大花无柱兰	*Amitostigma pinguiculum*
换锦花	*Lycoris sprengeri*	小毛兰	*Eria sinica*
水仙	*Narcissus tazetta* var. *chinensis*	鹅毛玉凤花	*Habenaria dentata*
薯蓣科	**Dioscoreaceae**	线叶玉凤花	*Habenaria linearifolia*
黄独	*Dioscorea bulbifera*	小沼兰	*Malaxis microtatantha*
尖叶薯蓣	*Dioscorea japonica*	香港绶草	*Spiranthes hongkongensis*
薯蓣	*Dioscorea oppositifolia*	绶草	*Spiranthes sinensis*
鸢尾科	**Iridaceae**	小花蜻蜓兰	*Tulotis ussuriensis*

附录4 浙江省湿地鱼类名录

中文名	拉丁名	中文名	拉丁名
六鳃鲨目	**Hexanchiformes**	沙拉真鲨	*Carcharhinus sorrah*
六鳃鲨科	**Hexanchidae**	尖头斜齿鲨	*Scoliodon sorrakowah*
扁头哈那鲨	*Notorhynchus platycephalus*	双髻鲨科	**Sphyrnidae**
虎鲨目	**Heterodontiformes**	路氏双髻鲨	*Sphyrna lewini*
虎鲨科	**Heterodontidae**	锤头双髻鲨	*Sphyrna zygaena*
宽纹虎鲨	*Heterodontus japonicus*	**角鲨目**	**Squaliformes**
狭纹虎鲨	*Heterodontus zebra*	角鲨科	**Squalidae**
鼠鲨目	**Lamniformes**	白斑角鲨	*Squalus acanthias*
锥齿鲨科	**Odontaspidae**	短吻角鲨	*Squalus brevirostris*
欧氏锥齿鲨	*Carcharias owstoni*	长吻角鲨	*Squalus mitsukurii*
姥鲨科	**Cetorhinidae**	**扁鲨目**	**Squatiniformes**
姥鲨	*Cetorhinus maximus*	扁鲨科	**Squatinidae**
长尾鲨科	**Alopiidae**	日本扁鲨	*Squatina japonica*
狐形长尾鲨	*Alopias vulpinus*	**锯鲨目**	**Pristiophoriformes**
须鲨目	**Orectolobiformes**	锯鲨科	**Pristiophoridae**
须鲨科	**Orectolobidae**	日本锯鲨	*Pristiophorus japonicus*
条纹斑竹鲨	*Chiloscyllium plagiosum*	**锯鳐目**	**Pristiformes**
日本须鲨	*Orectolobus japonicus*	锯鳐科	**Pristidae**
鲸鲨科	**Rhincodontidae**	尖齿锯鳐	*Pristis cuspidatus*
鲸鲨	*Rhincodon typus*	**鳐形目**	**Rajiformes**
真鲨目	**Carcharhiniformes**	圆犁头鳐科	**Rhinidae**
猫鲨科	**Scyliorhinidae**	圆犁头鳐	*Rhina ancylostoma*
阴影绒毛鲨	*Cephaloscyllium umbratile*	尖犁头鳐科	**Rhynchobatidae**
梅花鲨	*Halaelurus burgeri*	及达尖犁头鳐	*Rhynchobatus djiddensis*
哈氏台湾鲨	*Proscyllium habereri*	犁头鳐科	**Rhinobatidae**
虎纹猫鲨	*Scyliorhinus torazame*	斑纹犁头鳐	*Rhinobatos hynnicephalus*
皱唇鲨科	**Triakidae**	许氏犁头鳐	*Rhinobatos schlegeli*
灰星鲨	*Mustelus griseus*	颗粒犁头鳐	*Scobatus granulatus*
白斑星鲨	*Mustelus manazo*	团扇鳐科	**Platyrhinidae**
皱唇鲨	*Triakis scyllium*	林氏团扇鳐	*Platyrhina limboonkengi*
真鲨科	**Carcharhinidae**	中国团扇鳐	*Platyrhina sinensis*
阔口真鲨	*Carcharhinus latistomus*	鳐科	**Rajidae**
黑印真鲨	*Carcharhinus menisorrah*	华鳐	*Raja chinensis*

续表

中文名	拉丁名	中文名	拉丁名
何氏鳐	*Raja hollandi*	白鲟	*Psephurus gladius*
斑鳐	*Raja kenojei*	**海鲢目**	**Elopiformes**
孔鳐	*Raja porosa*	海鲢科	Elopidae
鲼形目	**Myliobatiformes**	海鲢	*Elops machnata*
蝠鲼科	Mobulidae	大海鲢科	Megalopidae
日本蝠鲼	*Mobula japonica*	大海鲢	*Megalops cyprinoides*
魟科	Dasyatidae	北梭鱼科	Albulidae
赤魟	*Dasyatis akajei*	北梭鱼	*Albula glossodonta*
黄魟	*Dasyatis bennetii*	**鲱形目**	**Clupeiformes**
齐氏魟	*Dasyatis gerrardi*	鲱科	Clupeidae
光魟	*Dasyatis laevigatus*	斑鰶	*Konosirus punctatus*
小眼魟	*Dasyatis microphthalmus*	黄带圆腹鲱	*Dussumieria elopsoides*
奈氏魟	*Dasyatis navarrae*	脂眼鲱	*Etrumeus teres*
中国魟	*Dasyatis sinensis*	孔状青鳞鱼	*Sardinella fimbriata*
尖嘴魟	*Dasyatis zugei*	中华小沙丁鱼	*Sardinella nymphaea*
燕魟科	Gymnuridae	金带小沙丁鱼	*Sardinella gibbosa*
双斑燕魟	*Gymnura bimaculata*	大眼青鳞鱼	*Herklotsichthys ovalis*
日本燕魟	*Gymnura japonica*	后鳍鱼	*Opisthopterus tardoore*
花尾燕魟	*Gymnura poecilura*	金色小沙丁鱼	*Sardinella aurita*
鲼科	Myliobatidae	青鳞小沙丁鱼	*Sardinella zunasi*
鸢鲼	*Myliobatis tobijei*	花点鲥	*Hilsa kelee*
鹞鲼科	Aetobatidae	鲥鱼	*Tenualosa reevesii*
无斑鹞鲼	*Aetobatus flagellum*	锯腹鳓科	Pristigasteridae
电鳐目	**Torpediniformes**	鳓鱼	*Ilisha elongata*
电鳐科	Narkidae	短鳍后鳍鱼	*Opisthopterus valenciennes*
坚皮单鳍电鳐	*Crassinarke dormitor*	鳀科	Engraulidae
日本单鳍电鳐	*Narke japonica*	中华小公鱼	*Stolephorus chinensis*
银鲛目	**Chimaeriformes**	江口小公鱼	*Stolephorus commersonii*
银鲛科	Chimaeridae	尖吻小公鱼	*Stolephorus heteroloba*
黑线银鲛	*Chimaera phantasma*	印度小公鱼	*Stolephorus indius*
鲟形目	**Acipenseriformes**	棘背小公鱼	*Stolephorus tri*
鲟科	Acipenseridae	青带小公鱼	*Stolephorus zollingeri*
达氏鲟	*Acipenser dabryanus*	短颌鲚	*Coilia brachygnathus*
中华鲟	*Acipenser sinensis*	刀鲚	*Coilia ectenes*
长吻鲟科	Polyodontidae	七丝鲚	*Coilia grayii*

续表

中文名	拉丁名	中文名	拉丁名
凤鲚	*Coilia mystus*	灯笼鱼目	**Myctophiformes**
日本鳀	*Engraulis japonicus*	狗母鱼科	**Synodontidae**
黄鲫	*Setipinna taty*	长蛇鲻	*Saurida elongata*
顶斑棱鳀	*Thryssa dussumieri*	多齿蛇鲻	*Saurida tumbil*
高体棱鳀	*Thryssa hamiltonii*	花斑蛇鲻	*Saurida undosquamis*
赤鼻棱鳀	*Thryssa kammalensis*	大头狗母鱼	*Trachinocephalus myops*
中颌棱鳀	*Thryssa mystax*	龙头鱼科	**Harpadontidae**
黄吻棱鳀	*Thryssa vitirostris*	龙头鱼	*Harpadon nehereus*
长颌棱鳀	*Thryssa setiostris*	灯笼鱼科	**Myctophidae**
宝刀鱼科	**Chirocentridae**	七星鱼	*Myctophum pterotum*
短颌宝刀鱼	*Chirocentrus dorab*	栉刺灯笼鱼	*Myctophum spinosum*
鼠鱚目	**Gonorhynghiformes**	鳗鲡目	**Anguilliformes**
遮目鱼科	**Chanidae**	鳗鲡科	**Anguillidae**
遮目鱼	*Chanos chanos*	鳗鲡	*Anguilla japonica*
鼠鱚科	**Gonorhynghidae**	花鳗鲡	*Anguilla marmorata*
鼠鱚	*Gonorhynchus abbreviatus*	中华鳗鲡	*Anguilla sinensis*
鲑形目	**Salmoniformes**	康吉鳗科	**Congridae**
*鲑科	**Salmonidae**	奇鳗	*Alloconger anagoides*
*虹鳟	*Salmo gairdneri*	大奇鳗	*Alloconger major*
香鱼科	**Plecoglossidae**	齐头鳗	*Anago anago*
香鱼	*Plecoglossus altivelis*	日本康吉鳗	*Conger japonicus*
银鱼科	**Salangidae**	星康吉鳗	*Conger myriaster*
前颌间银鱼	*Hemisalanx prognathus*	大眼拟海康吉鳗	*Parabathymyrus macrophthalmus*
白肌银鱼	*Leucosoma chinensis*	尖尾鳗	*Uroconger lepturus*
乔氏新银鱼	*Neosalanx jordani*	黑尾突吻鳗	*Rhynchocymba ectenura*
太湖新银鱼	*Neosalanx taihuensis*	短尾突吻鳗	*Rhynchocymba sivcola*
大银鱼	*Protosalanx hyalocranius*	海鳗科	**Muraenesocidae**
尖头银鱼	*Salanx acuticeps*	海鳗	*Muraenesox cinereus*
有明银鱼	*Salanx ariakensis*	山口海鳗	*Muraenesox yamagnchiensis*
居氏银鱼	*Salanx cuvieri*	海鳝科	**Muraenidae**
长鳍银鱼	*Salanx longianalis*	褐裸胸鳝	*Gymnothorax hepaticus*
水珍鱼科	**Argentinidae**	网纹裸胸鳝	*Gymnothorax reticularis*
水珍鱼	*Argentina kagoshimae*	长体鳝	*Thyrsoidea macrurus*
钻光鱼科	**Gonostomatidae**	前肛鳗科	**Dysommidae**
刀光鱼	*Polymetme illustris*	前肛鳗	*Dysomma anguillare*

续表

中文名	拉丁名	中文名	拉丁名
蠕鳗科	**Echelidae**	温州厚唇鱼	*Acrossocheilus wenchowensis*
裸鳍虫鳗	*Muraenichthys gymnopterus*	伍氏白鱼	*Anabarilius wui*
蛇鳗科	**Ophichthidae**	中华细鲫	*Aphyocypris chinensis*
鳄形短体鳗	*Brachysomophis crocodilinus*	鳙鱼	*Aristichthys nobilis*
中华须鳗	*Cirrhimuraena chinensis*	陆氏黑线	*Atrilinea roulei*
大眼油鳗	*Myrophis macrophthalnus*	刺鲃	*Spinibarbus hollandi*
尖吻蛇鳗	*Ophichthus apicalis*	似鳈	*Belligobio nummifer*
杂食豆齿鳗	*Pisoodonophis boro*	鲫鱼	*Carassius auratus*
食蟹豆齿鳗	*Pisoodonophis cancrivorus*	*银鲫	*Carassius auratus gibelio*
新鳗科	**Neenchelyidae**	*白鲫	*Carassius carassius cuvieri*
微鳍新鳗	*Neenchelys parvipeetoralis*	史氏铜鱼	*Coreius heterodon*
鲤形目	**Cypriniformes**	草鱼	*Ctenopharyngodon idellus*
*胭脂鱼科	**Catostomidae**	红鳍鲌	*Culter erythropterus*
*大口胭脂鱼	*Ictiobus cyprinellas*	鲤鱼	*Cyprinus carpio*
*胭脂鱼	*Myxocyprinus asiaticus*	扁圆吻鲴	*Distoechodon compressus*
脂鲤科	**Characidae**	圆吻鲴	*Distoechodon tumirostris*
*似鲳脂鲤	*Colossoma brachypomus*	鱤鱼	*Elopichthys bambusa*
鲤科	**Cyprinidae**	戴氏红鲌	*Erythroculter dabryi*
福建棒花鱼	*Abbottina fukiensis*	翘嘴红鲌	*Erythroculter ilishaeformis*
乐山棒花鱼	*Abbottina kiatingensis*	蒙古红鲌	*Erythroculter mongolicus*
棒花鱼	*Abbottina rivularis*	银色颌须鱼	*Gnathopogon argentatus*
建德棒花鱼	*Abbottina tafangensis*	西湖颌须鱼	*Gnathopogon sihuensis*
逆鱼	*Acanthobrama simoni*	细纹颌须鱼	*Gnathopogon taeniellus*
短须刺鳑鲏	*Acanthorhodeus barbatulus*	点纹颌须鱼	*Gnathopogon walterstorffi*
兴凯刺鳑鲏	*Acanthorhodeus chankaensis*	长须鳅鮀	*Gobiobotia longibarba*
寡鳞刺鳑鲏	*Acanthorhodeus hypselonotus*	裸胸鳅鮀	*Gobiobotia tungi*
大鳍刺鳑鲏	*Acanthorhodeus macropterus*	少耙鳅鮀	*Gobiobotia paucirostella*
多鳞刺鳑鲏	*Acanthorhodeus polylepis*	唇鳎	*Hemibarbus laleo*
斑条刺鳑鲏	*Acanthorhodeus taenianalis*	长吻鳎	*Hemibarbus longirostris*
越南刺鳑鲏	*Acanthorhodeus tonkinensis*	花鳗	*Hemibarbus maculatus*
无须鱊	*Acheilognathus gracilis*	贝氏䱗条	*Hemiculter bleekeri*
光唇鱼	*Acrossocheilus fasciatus*	䱗条	*Hemiculter leucisculus*
薄颌光唇鱼	*Acrossocheilus kreyenbergii*	嵊县胡鮈	*Huigobio chenhsiensis*
半刺厚唇鱼	*Acrossocheilus hemispinus*	鲢鱼	*Hypophthalmichthys molitrix*
厚唇鱼	*Acrossocheilus labiatus*	*大鳞白鲢	*Hypophthalmichthys harmandi*
侧条厚唇鱼	*Acrossocheilus parallens*	*团头鲂	*Megalobrama amblycephala*

续表

中文名	拉丁名	中文名	拉丁名
三角鲂	*Megalobrama terminalis*	**鳅科**	**Cobitidae**
青鱼	*Mylopharyngodon piceus*	斑条花鳅	*Cobitis laterimaculata*
鳡鱼	*Ochetobius elongnatus*	稀有花鳅	*Cobitis rarus*
南方马口鱼	*Opsariichthys bidens*	中华花鳅	*Cobitis sinensis*
鳊（长春鳊）	*Parabramis pekinensis*	扁尾薄鳅	*Leptobotia compressicauda*
似刺鳊鮈	*Paracanthobrama guichenoti*	薄鳅	*Leptobotia pellegrini*
革条副鱊	*Paracheilognathus himategus*	宽斑薄鳅	*Leptobotia tchangi*
彩副鱊	*Paracheilognathus imberbis*	天台薄鳅	*Leptobotia tientaiensis*
蓝氏鳊鱼	*Phoxinus lagowskii variegatus*	泥鳅	*Misgurnus anguillicaudatus*
细鳞斜颌鲴	*Plagiognathops microlepis*	花斑副沙鳅	*Parabotia fasciata*
似鮈	*Pseudogobio vaillanti vaillanti*	大鳞副泥鳅	*Paramisgurnus dabryanus*
南方拟䱗	*Pseudohemiculter dispar*	**平鳍鳅科**	**Homalopteridae**
金华拟䱗	*Pseudohemiculter inghwaensis*	拟腹吸鳅	*Pseudogastromyzon fasciatus*
寡鳞飘鱼	*Pseudolaubuca engraulis*	原缨口鳅	*Vanmanenia stenosoma*
银飘	*Pseudolaubuca sinensis*	**鲇形目**	**Siluriformes**
彩石䱗	*Pseudoperilampus light*	**海鲇科**	**Ariidae**
长麦穗鱼	*Pseudorasbora elongata*	中华海鲇	*Arius sinensis*
麦穗鱼	*Pseudorasbora parva*	海鲇	*Arius thalassinus*
高体鳑鲏	*Rhodeus ocellatus*	**鳗鲇科**	**Plotosidae**
中华鳑鲏	*Rhodeus sinensis*	鳗鲇	*Plotosus anguillaris*
江西鳈鱼	*Sarcocheilichthys kiangsiensis*	**胡子鲇科**	**Clariidae**
黑鳍鳈	*Sarcocheilichthys nigripinnis*	胡子鲇	*Clarias fuscus*
小鳈	*Sarcocheilichthys parvus*	**鲇科**	**Siluridae**
铲颌鳈	*Sarcocheilichthys scaphignathus*	双斑丽鲇	*Ompok bimaculatu*
华鳈	*Sarcocheilichthys sinensis*	光棘丽鲇	*Ompok canio*
蛇鮈	*Saurogobio dabryi*	鲇	*Silurus asotus*
长蛇鮈	*Saurogobio dumerili*	南方大口鲇	*Silurus soldatovi meridionalis*
光唇蛇鮈	*Saurogobio gymnocheilus*	**鮠（鲿）科**	**Bagridae**
大眼华鳊	*Sinibrama macrops*	斑鳠	*Aoria cavasius*
赤眼鳟	*Squaliobarbus curriculus*	钱塘江小斑鳠	*Aoria guttatus*
似鱎	*Toxabramis swinhonis*	大鳍鳠	*Hemibagrus macropterus*
台湾铲颌鱼	*Varicorhinus barbatulus*	长脂拟鲿	*Leiocassis adiposalis*
银鲷	*Xenocypris argentea*	白边鮠鱼	*Leiocassis albomarginatus*
宽鳍鱲	*Zacco platypus*	粗唇鮠	*Leiocassis crassilabris*
淡氏鱲	*Zacco temminekii*	钝吻鮠鱼	*Leiocassis crassirostris*

续表

中文名	拉丁名	中文名	拉丁名
长吻鮠鱼	*Leiocassis longirostris*	飞鱼科	**Exocoetidae**
盎堂拟鲿	*Leiocassis ondon*	真燕鳐	*Cypselurus agoo*
圆尾鮠鱼	*Leiocassis taeniatus*	黑鳍燕鳐	*Cypselurus nigripennes*
长鮠鱼	*Leiocassis tenius*	少鳞燕鳐	*Cypselurus oligolepis*
切尾鮠鱼	*Leiocassis truncatus*	后鳍燕鳐	*Cypselurus opisthopus*
岔尾黄颡鱼	*Pseudobagrus eupogon*	尖头燕鳐	*Cypselurus oxycephalus*
黄颡鱼	*Pseudobagrus fulvidraco*	翱翔飞鱼	*Exocoetus volitans*
光泽黄颡鱼	*Pseudobagrus nitidus*	长颌拟飞鱼	*Parexocoetus mento*
江黄颡鱼	*Pseudobagrus vachelli*	鳕形目	**Gadiformes**
马尼拉六须鲶	*Rita manillensis*	深海鳕科	**Moridae**
鮡科	**Amblycipitidae**	矶鳕（褐浔鳕）	*Lotella phycis*
鳗尾鮡	*Liobagrus anguillicauda*	灰小褐鳕	*Physiculus nigrescens*
白缘鮡	*Liobagrus marginatus*	犀鳕科	**Bregmacerotidae**
鮡科	**Sisoridae**	阿拉伯犀鳕	*Bregmaceros arabicus*
骨鲇	*Erethistes asperus*	黑鳍犀鳕	*Bregmaceros atripinnis*
福建纹胸鮡	*Glyptothorax fukiensis*	尖鳍犀鳕	*Bregmaceros lanceolotus*
中华纹胸鮡	*Glyptothorax sintnsis*	麦氏犀鳕	*Bregmaceros macclellandi*
鳉形目	**Cyprinodontiformes**	长尾鳕科	**Macrouridae**
鳉科	**Cyprinodontidae**	多棘腔吻鳕	*Coelorhynchus multispinulosus*
青鳉	*Apochleilus latipes*	鼬鳚目	**Ophidiiformes**
银汉鱼目	**Atheriniformes**	鼬鳚科	**Ophidiidae**
银汉鱼科	**Atherinidae**	黑潮新鼬鳚	*Neobythites sivicola*
布氏银汉鱼	*Allanetta bleekeri*	鳗鳞鼬鳚	*Ophidion muraenolenis*
颌针鱼目	**Beloniformes**	金眼鲷目	**Beryciformes**
颌针鱼科	**Belonidae**	松球鱼科	**Monocentridae**
尖嘴扁颌针鱼	*Ablennes anastomella*	日本松球鱼	*Monocentris japonicus*
扁尾颌针鱼	*Platybelone argalus*	海鲂目	**Zeiformes**
鱵科	**Hemiramphidae**	海鲂科	**Zeidae**
方柱鱵	*Hemirhamphus dussumieri*	日本海鲂	*Zeus japonicus*
乔氏鱵	*Hemirhamphus georgii*	刺鱼目	**Gasterosteiformes**
九洲鱵	*Hemirhamphus kurumeus*	长吻鱼科	**Macrorhamphosidae**
黑尾鱵	*Hemirhamphus melanurus*	日本长吻鱼	*Macrorhamphosus japonicus*
中华鱵	*Hemiramphus sinensis*	烟管鱼科	**Fistulariidae**
间下鱵	*Hyporhamphus intermedius*	鳞烟管鱼	*Fistularia petimba*
日本下鱵	*Hyporhamphus sajori*	海龙科	**Syngnathidae**

续表

中文名	拉丁名	中文名	拉丁名
刺冠海龙	*Corythoichthys crenulatus*	宝石石斑鱼	*Epinephelus areolatus*
日本海马	*Hippocampus japonicus*	青石斑鱼	*Epinephelus awoara*
大海马（克氏海马）	*Hippocampus kelloggi*	鲑点石斑鱼	*Epinephelus fario*
		纵带石斑鱼	*Epinephelus latifasciatus*
*三斑海马	*Hippocampus trimaculatus*	点带石斑鱼	*Epinephelus malabaricus*
尖海龙	*Syngnathus acus*	云纹石斑鱼	*Epinephelus moara*
低海龙	*Syngnathus djarong*	鲈鱼	*Lateolabrax japonicus*
飘海龙	*Syngnathus pelagicus*	鳜鱼	*Siniperca chuatsi*
舒氏海龙	*Syngnathus schlegeli*	大眼鳜	*Siniperca kneri*
粗吻海龙	*Trachyrhamphus serratus*	暗鳜	*Siniperca obscura*
鲻形目	**Mugiliformes**	长体鳜	*Siniperca roulei*
魣科	Sphyraenidae	斑鳜	*Siniperca scherzeri*
油魣	*Sphyraena pinguis*	波纹鳜	*Siniperca undulata*
鲻科	Mugilidae	白头鳜	*Siniperca whiteheadi*
黄鲻	*Ellochelon vaigiensis*	银光尖牙鲈	*Synagrops argyrea*
棱鲛	*Liza carinata*	汤鲤科	Kuhliidae
鮻鱼	*Liza haematocheila*	黑边汤鲤	*Kuhlia marginata*
赤眼鲛（即鮻）	*Liza so-iuy*	大眼鲷科	Priacanthidae
前鳞鲻	*Mugil affinis*	短尾大眼鲷	*Priacanthus macracanthus*
鲻鱼	*Mugil cephalus*	长尾大眼鲷	*Priacanthus tayenus*
开氏鲻鱼	*Mugil kelaartii*	拟大眼鲷	*Pseudopriacanthus niphonia*
大鳞鲻	*Mugil macrolepis*	发光鲷科	Characidae
马鲅科	Polynemidae	圆鳞发光鲷	*Acropoma hanedai*
四指马鲅	*Eleutheronema tetradactylum*	发光鲷	*Acropoma japonicum*
五指马鲅	*Polynemus plebeius*	天竺鲷科	Apogonidae
六指马鲅	*Polynemus sextarius*	红天竺鲷	*Apogon erythrinus*
合鳃目	**Synbranchiformes**	中线天竺鲷	*Apogon kiensis*
合鳃科	Synbranchidae	四线天竺鲷	*Apogon quadrifasciatus*
黄鳝	*Monopterus albus*	半线天竺鲷	*Apogon semilineatus*
鲈形目	**Perciformes**	双带天竺鲷	*Apogon taeniatus*
双边鱼科	Centropomidae	斑鳍天竺鲷	*Apogonichthys carinatus*
眶棘双边鱼	*Ambassis gymnouphalus*	黑边天竺鲷	*Apogonichthys ellioti*
鮨科	Serranidae	细条天竺鲷	*Apogonichthys lineatus*
双带黄鲈	*Diploprion bifasciatum*	宽条天竺鲷	*Apogonichthys striatus*
赤鯥	*Doederleinia berycoides*	长鳍天竺鲷	*Archamia macropterus*
赤点石斑鱼	*Epinephelus akaara*	鱚科	Sillaginidae
镶点石斑鱼	*Epinephelus amblycephalus*		

续表

中文名	拉丁名	中文名	拉丁名
少鳞鱚	*Sillago japonica*	军曹鱼	*Rachycentron canadum*
斑鱚	*Sillago maculata*	**䲟科**	**Echeneidae**
多鳞鱚	*Sillago sihama*	䲟鱼	*Echeneis naucrates*
方头鱼科	**Branchiostegidae**	短䲟	*Remora remora*
银方头鱼	*Branchiostegus argentetus*	**鲯鳅科**	**Coryphaenidae**
日本方头鱼	*Branchiostegus japonicus*	鲯鳅	*Coryphaena hippurus*
鲹科	**Carangidae**	**石首鱼科**	**Sciaenidae**
短吻丝鲹	*Alectis ciliaris*	白姑鱼	*Argyrosomus argentatus*
长吻丝鲹	*Alectis indius*	大头白姑鱼	*Argyrosomus macrocephalus*
沟鲹	*Atropus atropus*	斑鳍白姑鱼	*Argyrosomus pawak*
美长吻鲹	*Carangoides delicatissimus*	黑姑鱼	*Atrobucca nibe*
马拉巴裸胸鲹	*Carangoides malabaricus*	黄唇鱼	*Bahaba flavolabiata*
及达叶鲹	*Caranx djeddaba*	棘头梅童鱼	*Collichthys lucidus*
丽叶鲹	*Caranx kalla*	黑鳃梅童鱼	*Collichthys niveatus*
黑鳍（叶）鲹	*Caranx malam*	皮氏叫姑鱼	*Johnius belengerii*
高体若鲹	*Caranx equula*	杜氏叫姑鱼	*Johnius dussumieri*
白舌尾甲鲹	*Caranx helvolus*	条纹叫姑鱼	*Johnius fasciatus*
六带鲹	*Caranx sexfasciatus*	褐毛鲿	*Megalonibea fusca*
长吻裸胸鲹	*Caranx chrysophrys*	鮸鱼	*Miichthys mi-iuy*
东方鳍鲹	*Chorinemus orientalis*	尖尾黄姑鱼	*Nibea acuta*
无斑圆鲹	*Decapterus kurroides*	黄姑鱼	*Nibea albiflora*
颌圆鲹	*Decapterus lajang*	浅色黄姑鱼	*Nibea chui*
蓝圆鲹	*Decapterus maruadsi*	双棘黄姑鱼	*Nibea diacanthus*
纺锤鰤	*Elagatis bipinnulata*	鮸状黄姑鱼	*Nibea miichthioides*
大甲鲹	*Megalaspis cordyla*	大黄鱼	*Pseudosciaena crocea*
金带细鲹	*Selaroides leptolepis*	小黄鱼	*Pseudosciaena polyactis*
高体鰤	*Seriola dumerili*	花鰔	*Wak cuja*
五条鰤	*Seriola quinqueradiata*	湾鰔	*Wak sina*
卵形鲳鲹	*Trachinotus ovatus*	丁氏鰔	*Wak tingi*
竹荚鱼	*Trachurus japonicus*	**鲾科**	**Leiognathidae**
黑纹条鰤	*Zonichthys nigrofasciata*	小牙鲾	*Gazza minuta*
眼镜鱼科	**Menidae**	黄斑鲾	*Leiognathus bindus*
眼镜鱼	*Mene maculata*	短吻鲾	*Leiognathus brevirostris*
乌鲳科	**Formionidae**	杜氏鲾	*Leiognathus dussumieri*
乌鲳	*Formio niger*	长棘鲾	*Leiognathus fasciafus*
军曹鱼科	**Rachycentridae**	静鲾	*Leiognathus insidiator*

续表

中文名	拉丁名	中文名	拉丁名
条鲾	*Leiognathus rivulatus*	大斑石鲈	*Pomadasys maculatus*
鹿斑鲾	*Leiognathus ruconius*	鯻科	**Theraponidae**
银鲈科	**Gerreidae**	叉牙鯻	*Helotes sexlineatus*
日本十棘银鲈	*Gerreomorpha japonica*	列牙鯻	*Pelates quadrilineatus*
长棘银鲈	*Gerres filamentosus*	细鳞鯻	*Therapon jarbua*
短棘银鲈	*Gerres lucidus*	鯻鱼	*Therapon theraps*
笛鲷科	**Lutjanidae**	羊鱼科	**Mullidae**
紫红笛鲷	*Lutjanus argentimaculatus*	条尾绯鲤	*Upeneus bensasi*
红鳍笛鲷	*Lutjanus erythropterus*	摩鹿加绯鲤	*Upeneus moluccensis*
四带笛鲷	*Lutjanus kasmira*	四带绯鲤	*Upeneus quadrilineatus*
勒氏笛鲷	*Lutjanus russelli*	黄带绯鲤	*Upeneus sulphureus*
画眉笛鲷	*Lutjanus vitta*	黑斑绯鲤	*Upeneus tragula*
梅鲷科	**Caesionidae**	白鲳科	**Ephittidae**
二带梅鲷	*Caesio diagramma*	燕鱼	*Platax teira*
谐鱼科	**Emmelichthyidae**	鸡笼鲳科	**Drepanidae**
谐鱼	*Erythrocles schlegeli*	条纹鸡笼鲳	*Drepane longimana*
裸颊鲷科	**Lethrinidae**	斑点鸡笼鲳	*Drepane punctata*
灰裸顶鲷	*Gymnocranius griseus*	金钱鱼科	**Scatophagidae**
鲷科	**Sparidae**	金钱鱼	*Scatophagus argus*
四长棘鲷	*Argyrops bleekrei*	蝴蝶鱼科	**Chaetodontidae**
真鲷	*Pagrosomus major*	朴蝴蝶鱼	*Chaetodon modestus*
二长棘鲷	*Parargyrops edita*	五棘鲷科	**Pentacerotidae**
平鲷	*Rhabdosargus sarba*	帆鳍鱼	*Histiopterus typus*
黄鳍鲷	*Sparus latus*	石鲷科	**Oplegnathidae**
黑鲷	*Sparus macrocephalus*	条石鲷	*Oplegnathus fasciatus*
黄鲷	*Taius tumifrons*	斑石鲷	*Oplegnathus punctatus*
金线鱼科	**Nemipteridae**	赤刀鱼科	**Cepolidae**
深水金线鱼	*Nemipterus bathybius*	印度棘赤刀鱼	*Acanthocepola indica*
金线鱼	*Nemipterus virgatus*	克氏棘赤刀鱼	*Acanthocepola krusensterni*
伏氏眶棘鲈	*Scolopsis vosmeri*	背点棘赤刀鱼	*Acanthocepola limbata*
石鲈科	**Pomadasyidae**	赤刀鱼	*Cepola schlegeli*
横带髭鲷	*Hapalogenys mucronatus*	海鲫科	**Embiotocidae**
斜带髭鲷	*Hapalogenys nitens*	海鲋（海鲫鱼）	*Ditrema temmincki*
花尾胡椒鲷	*Plectorhynchus cinctus*	隆头鱼科	**Labridae**
胡椒鲷	*Plectorhynchus pictus*	云斑海猪鱼	*Halichoeres nigrescens*
断斑石鲈	*Pomadasys hasta*	花鳍海猪鱼	*Halichoeres poecilopterus*

续表

中文名	拉丁名	中文名	拉丁名
鹰䲢科	Aplodactylidae	蛇鲭科	Gempylidae
索尾鹰䲢	Goniistius quadricornis	蛇鲭	Gempylus serpens
鳄齿鱼科	Champsodontidae	鲭科	Scombridae
（南非）鳄齿鱼	Champsodon capensis	圆舵鲣	Auxis tapeinosoma
短鳄齿鱼	Champsodon snyderi	鲣	Katsuwonus pelamis
䲢科	Uranoscopidae	狭头鲐	Pneumatophorus tapeinocephalus
青䲢	Gnathagnus elongatus	鲐	Scomber japonicus
日本䲢	Uranoscopus japonicus	康氏马鲛	Scomberomorus commersoni
少鳞䲢	Uranoscopus oligolepis	斑点马鲛	Scomberomorus guttatus
鲻形䲢科	Mugiloididae	朝鲜马鲛	Scomberomorus koreanus
六带拟鲈	Parapercis sexfasciata	蓝点马鲛	Scomberomorus niphonius
鳚科	Blenniidae	青干金枪鱼	Thunnus tonggol
矶鳚	Blennius yatabei	枪鱼科（旗鱼科）	Istiophoridae
日本美鳚	Dasson japonicus	东方旗鱼	Histiophorus orientalis
美肩鳃鳚	Omobranchus elegans	双鳍鲳科	Nomeidae
日本肩鳃鳚	Omobranchus japonicus	印度双鳍鲳	Psenes indicus
花肩鳃鳚	Omobranchus kallosoma	玉鲳	Psenes pellucidus
带鳚	Xiphasia setifer	鲳科	Stromateidae
绵鳚科	Pholidae	银鲳	Pampus argenteus
云鳚	Enedrias nebulosus	中国鲳	Pampus chinensis
（长）绵鳚	Zoarces elongatus	灰鲳	Pampus cinereus
鲔科	Callionymidae	燕尾鲳	Pampus nozawae
鲜鲔	Callionymus beniteguri	长鲳科	Centrolophidae
香鲔	Callionymus olidus	刺鲳	Psenopsis anomala
李氏鲔	Callionymus richardsoni	*丽鱼科	Cichlidae
丝鳍美尾鲔	Calliurichthys doryssus	*奥利亚罗非鱼	Oreochromis aureus
蓝子鱼科	Siganidae	*莫桑比克罗非鱼	Oreochromis mossambicus
褐蓝子鱼	Siganus fuscescens	*尼罗罗非鱼	Oreochromis niloticus
黄斑蓝子鱼	Siganus oramin	塘鳢科	Eleotridae
刺尾鱼科	Acanthuridae	中华乌塘鳢	Bostrichthys sinensis
横带刺尾鱼	Acanthurus triostegus	尖头塘鳢	Eleotris oxycephala
带鱼科	Trichiuridae	无孔蛇塘鳢	Ophiocara aporos
小带鱼	Eupleurogrammus muticus	黄鲉鱼	Hypseleotris swinhonis
沙带鱼	Lepturacanthus savala	沙塘鳢	Odontobutis obscura
中华拟窄颅带鱼	Pseudoxymetopon sinensis	锯塘鳢	Prionobutis koilomatodon
带鱼	Trichiurus haumela	鰕虎鱼科	Gobiidae

续表

中文名	拉丁名	中文名	拉丁名
乳色阿匐鰕虎鱼	*Aboma lactipes*	孔鰕虎鱼	*Trypauchen vagina*
凯氏细棘鰕虎鱼	*Acentrogobius campbelli*	**弹涂鱼科**	**Periophthalmidae**
犬牙细棘鰕虎鱼	*Acentrogobius caninus*	大弹涂鱼	*Boleophthalmus pectinirostris*
小眼细棘鰕虎鱼	*Acentrogobius microps*	弹涂鱼	*Periophthalmus cantonensis*
中华尖牙鰕虎鱼	*Apocryptichthys sericus*	大青弹涂鱼	*Scartelaos gigar*
六丝矛尾鰕虎鱼	*Chaeturichthys hexanema*	青弹涂鱼	*Scartelaos viridis*
矛尾鰕虎鱼	*Chaeturichthys stigmatias*	**鳗鰕虎鱼科**	**Taenioididae**
长丝鰕虎鱼	*Cryptocentrus filifer*	红狼牙鰕虎鱼	*Odontamblyopus rubicundus*
短吻栉鰕虎鱼	*Ctenogobius brevirostris*	鳗鰕虎鱼	*Taenioides anguillaris*
褐栉鰕虎鱼	*Ctenogobius brunneus*	须鳗鰕虎鱼	*Taenioides cirratus*
喀氏栉鰕虎鱼	*Ctenogobius clarki*	**攀鲈科**	**Anabantidae**
波氏栉鰕虎鱼	*Ctenogobius cliffordpopei*	圆尾斗鱼	*Macropodus chinensis*
戴氏栉鰕虎鱼	*Ctenogobius davidi*	叉尾斗鱼	*Macropodus opercularis*
子陵栉鰕虎鱼	*Ctenogobius giurinus*	**鳢科**	**Ophiocephalidae**
裸项栉鰕虎鱼	*Ctenogobius gymnauchen*	月鳢	*Channa asiatica*
雀斑栉鰕虎鱼	*Ctenogobius lentiginis*	乌鳢	*Ophiocephalus argus*
密点栉鰕虎鱼	*Ctenogobius multimaculatus*	**刺鳅科**	**Mastacembelidae**
神农栉鰕虎鱼	*Ctenogobius shennongensis*	刺鳅	*Mastacembelus aculeatus*
溪栉鰕虎鱼	*Ctenogobius wui*	大刺鳅	*Macrognathus undulatus*
中华栉孔鰕虎鱼	*Ctenotrypauchen chinensis*	**鲉形目**	**Scorpaeniformes**
小头栉孔鰕虎鱼	*Ctenotrypauchen microcephalus*	**鲉科**	**Scorpaenidae**
项斑舌鰕虎鱼	*Glossogobius fosciatopunctatus*	锯蓑鲉	*Brachypterois serrulatus*
舌鰕虎鱼	*Glossogobius giuris*	棘鲉	*Hoplosebastes armatus*
斑纹舌鰕虎鱼	*Glossogobius olivaceus*	圆鳞鲉	*Parascorpaena picta*
蝌蚪鰕虎鱼	*Lophogobius ocellicauda*	裸胸鲉	*Scorpaena izensis*
竿鰕虎鱼	*Luciogobius guttatus*	斑鳍鲉	*Scorpaena neglecta*
阿氏鲻鰕虎鱼	*Mugilogobius abei*	褐菖鲉	*Sebastiscus marmoratus*
粘皮鲻鰕虎鱼	*Mugilogobius myxodermus*	黑鲉	*Sebastodes fuscescens*
大鳞沟鰕虎鱼	*Oxyurichthys macrolepis*	**毒鲉科**	**Synanceiidae**
小鳞沟鰕虎鱼	*Oxyurichthys microlepis*	日本鬼鲉	*Inimicus japonicus*
巴布亚沟鰕虎鱼	*Oxyurichthys papuensis*	单指虎鲉	*Minous mondactylus*
拟矛尾鰕虎鱼	*Parachaeturichthys polynema*	丝棘虎鲉	*Minous pusillus*
矛尾复鰕虎鱼	*Synechogobius hasta*	**鲂鲱科**	**Triglidae**
斑尾复鰕虎鱼	*Synechogobius ommaturus*	绿鳍鱼	*Chelidonichthys kumu*
钟馗鰕虎鱼	*Triaenopogon barbatus*	深海红娘鱼	*Lepidotrigla abyssalis*
纹缟鰕虎鱼	*Tridentiger trigonocephalus*	翼红娘鱼	*Lepidotrigla alata*

续表

中文名	拉丁名	中文名	拉丁名
日本红娘鱼	Lepidotrigla japonica	中华花布鲆	Tephrinectes sinensis
岸上红娘鱼	Lepidotrigla kishinouyei	鲆科	Bothidae
短鳍红娘鱼	Lepidotrigla micropterus	北原左鲆	Laeops kitaharae
斑鳍红娘鱼	Lepidotrigla punctopectoralis	大斑鳒鲆	Psettina iijimae
琉球角鲂	Pterygotrigla ryukyuensis	棘鲆科	Citharidae
瑞氏红鲂鮄	Satyrichthys rieffeli	大鳞拟棘鲆	Citharoides macrolepidotus
绒皮鲉科	Aploactinidae	鲽科	Pleuronectidae
蜂鲉（虻鲉）	Erisphex potti	高眼鲽	Cleisthenes herzensteini
六线鱼科	Hexagrammidae	赫氏黄盖鲽	Limanda herzensteini
斑头鱼	Agrammus agrammus	黄盖鲽	Limanda yokohamae
大泷六线鱼	Hexagrammos otakii	角木叶鲽	Pleuronichthys cornutus
鲬科	Platycephalidae	双斑瓦鲽	Poecilopsetta plinthus
鳄鲬	Cociella crocodilus	冠鲽	Samaris cristatus
日本瞳鲬	Inegocia japonicus	圆斑星鲽	Verasper variegatus
大鳞鳞鲬	Onigocia macrolepis	鳎科	Soleidae
短鲬	Parabembras curtus	角鳎	Aesopia cornuta
鲬鱼	Platycephalus indicus	褐斑栉鳞鳎	Aseraggodes kobensis
大眼鲬	Suggrundus meerdervoorti	卵鳎	Solea ovata
棘鲬科	Hoplichthyidae	日本条鳎	Zebrias japonicus
蓝氏棘鲬	Hoplichthys langsdorfii	条鳎	Zebrias zebra
杜父鱼科	Cottidae	舌鳎科	Cynoglossidae
小杜父鱼	Cottiusculus gonez	短吻三线舌鳎	Cynoglossus abbreviatus
克氏杜父鱼	Cottus czerskii	印度舌鳎	Cynoglossus arel
松江鲈鱼	Trachidermus fasciatus	双线舌鳎	Cynoglossus bilineatus
狮子鱼科	Liparidae	窄体舌鳎	Cynoglossus gracilis
细纹狮子鱼	Liparis tanakai	断线舌鳎	Cynoglossus interruptus
豹鲂鮄科	Dactylopteridae	焦氏舌鳎	Cynoglossus joyneri
吉氏豹鮄	Dactylopterus gilberti	莱氏舌鳎	Cynoglossus lighti
东方豹鮄	Dactylopterus orientalis	线纹舌鳎	Cynoglossus lineolatus
单棘豹鮄	Daicocus peterseni	大鳞舌鳎	Cynoglossus melampetalus
鲽形目	Pleuronectiformes	稀鳞舌鳎	Cynoglossus oligolepis
牙鲆科	Paralichthyidae	紫斑舌鳎	Cynoglossus purpureomaculatus
褐牙鲆	Paralichthys olivaceus	短吻红舌鳎	Cynoglossus pyneri
大牙斑鲆	Pseudorhombus arsius	宽体舌鳎	Cynoglossus robustus
桂皮斑鲆	Pseudorhombus cinnamomeus	罗氏舌鳎	Cynoglossus roulei
少牙斑鲆	Pseudorhombus oligodon	半滑舌鳎	Cynoglossus semilaevis

中文名	拉丁名	中文名	拉丁名
西宝舌鳎	*Cynoglossus sibogae*	横纹东方鲀	*Takifugu oblongus*
中华舌鳎	*Cynoglossus sinicus*	暗纹东方鲀	*Takifugu obscurus*
褐斑三线舌鳎	*Cynoglossus trigrammus*	弓斑东方鲀	*Takifugu ocellatus*
日本须鳎	*Paraplagusia japonica*	紫色东方鲀	*Takifugu porphyreus*
鲀形目	**Tetraodontiformes**	假晴东方鲀	*Takifugu pseudommus*
三刺鲀科	Triacanthidae	细斑东方鲀	*Takifugu punctulatus*
尖吻假三刺鲀	*Pseudotriacanthus strigilifer*	红鳍东方鲀	*Takifugu rubripes*
短吻三刺鲀	*Triacanthus brevirostris*	虫纹东方鲀	*Takifugu vermicularis*
革鲀科	**Aluteridae**	黄鳍东方鲀	*Takifugu xanthopterus*
单角革鲀	*Alutera monoceros*	月腹刺鲀	*Gastrophysus lunaris*
日本前刺单角鲀	*Laputa japonica*	棕斑腹刺鲀	*Gastrophysus spadiceus*
克氏前刺单角鲀	*Laputa knerii*	黑鳃光兔鲀	*Lagocephalus inermis*
叉尾单角鲀	*Monacanthus nipponensis*	刺鲀科	**Diodontidae**
日本副单棘鲀	*Paramonacanthus nipponensis*	六斑刺鲀	*Diodon holacanthus*
丝背细鳞鲀	*Stephanolepis cirrhifer*	翻车鲀科	**Molidae**
绒纹细鳞鲀	*Stephanolepis sulcatus*	翻车鲀	*Mola mola*
绿鳍马面鲀	*Thamnaconus septentrionalis*	**海蛾鱼目**	**Pegasiformes**
密斑马面鲀	*Thamnaconus tessellatus*	海蛾鱼科	Pegasidae
六棱箱鲀科	**Aracanidae**	海蛾鱼	*Pegasus laternarius*
六棱箱鲀	*Aracana rosapinto*	**鮟鱇目**	**Lophiiformes**
箱鲀科	**Osticiontidae**	鮟鱇科	**Lophiidae**
粒突箱鲀	*Ostracion tuberculatus*	黑鮟鱇	*Lophiomus setigrus*
鲀科	**Tetraodontidae**	黄鮟鱇	*Lophius litulon*
凹鼻鲀	*Chelonodon patoca*	躄鱼科	**Antennariidae**
阿氏东方鲀	*Takifugu abbotti*	毛躄鱼	*Antennarius hispidus*
铅点东方鲀	*Takifugu alboplumbeus*	三齿躄鱼	*Antennarius pinniceps*
双斑东方鲀	*Takifugu bimaculatus*	蝙蝠鱼科	**Oncocephalidae**
星点东方鲀	*Takifugu niphobles*	棘茄鱼	*Halicutaea stellata*

注：*表示人工引进种。

附录5 浙江省湿地两栖类名录

中文名	拉丁名	中文名	拉丁名
有尾目	**Salmandriformes**	蛙科	**Ranidae**
小鲵科	**Hynobiidae**	弹琴水蛙	*Rana adenopleura*
安吉小鲵	*Hynobius amjiensis*	沼水蛙	*Rana guentheri*
义乌小鲵	*Hynobius yiwuensis*	镇海林蛙	*Rana japonica japonica*
隐鳃鲵科	**Cryptobranchidae**	九龙棘蛙	*Rana jiulongensis*
大鲵	*Andrias davidianus*	大头蛙	*Rana kuhlii*
蝾螈科	**Salamandridae**	阔褶水蛙	*Rana latouchii*
镇海棘螈	*Echinotriton chinhaiensis*	泽陆蛙	*Rana limnocharis*
黑斑肥螈	*Pachytriton brevipes*	大绿臭蛙	*Rana livida*
无斑肥螈	*Pachytriton labiatus*	黑斑侧褶蛙	*Rana nigromaculata*
中国瘰螈	*Trituroides chinensis*	金线侧褶蛙	*Rana plancyi plancyi*
东方蝾螈	*Cynops oruentalis*	花臭蛙	*Rana schmackeri*
无尾目	**Raniformes**	棘胸蛙	*Rana spinosa*
锄足蟾科	**Pelobatidae**	天台粗皮蛙	*Rana tientaiensis*
崇安髭蟾	*Vibrissaphora liui*	虎纹蛙	*Rana tigrina rugulosa*
螯掌突蟾	*Carpophrys pelodytoides*	凹耳蛙	*Rana tormotus*
淡肩角蟾	*Megophrys boettgeri*	竹叶臭蛙	*Rana versabilis*
挂墩角蟾	*Megophrys kuatunensis*	崇安湍蛙	*Staurois chunganensis*
蟾蜍科	**Bufonidae**	华南湍蛙	*Staurois ricketti*
大蟾蜍中华亚种	*Bufo gargarizans*	武夷湍蛙	*Staurois wuyiensis*
大蟾蜍华西亚种	*Bufo andrewsi*	树蛙科	**Rhacophoridae**
黑眶蟾蜍	*Bufo melanostictus*	大树蛙	*Rhacophorus dennysi*
雨蛙科	**Hylidae**	斑腿树蛙	*Rhacophorus leucomystax*
无斑雨蛙	*Hyla arborea immaculata*	姬蛙科	**Microhylidae**
中国雨蛙	*Hyla chinensis*	饰纹姬蛙	*Microhyla ornata*
华南雨蛙	*Hyla simple*	小弧斑姬蛙	*Microhyla heymonsi*
三港雨蛙	*Hyla sanchiangensis*	粗皮姬蛙	*Microhyla butleri*
		北方狭口蛙	*Kaloula borealis*

附录6　浙江省湿地爬行类名录

中文名	拉丁名	中文名	拉丁名
龟鳖目	**Testudoformes**	翠青蛇	*Opheodrys major*
平胸龟科	**Platysterninae**	黑眉锦蛇	*Elaphe taeniura*
平胸龟	*Platysternon megacephalum*	赤峰锦蛇	*Elaphe anomala*
淡水龟科	**Emydinae**	红点锦蛇	*Elaphe rufodorsata*
黄喉拟水龟	*Mauremys mutica*	虎斑颈槽蛇	*Rhabdophis tigrina*
乌龟	*Chinemys reevesii*	花尾斜鳞蛇	*Pseudoxenodon stejnegeri*
黄缘闭壳龟	*Cistoclemmys flavomarginata*	华游蛇	*Sinonatrix percrinata*
海龟科	**Cheloniidae**	滑鼠蛇	*Ptyas mucosus*
蠵龟	*Caretta caretta*	黄链蛇	*Dinodon flavozonatum*
玳瑁	*Eretmochelys imbricata*	灰鼠蛇	*Ptyas korros*
海龟	*Chelonia mydas*	绞花林蛇	*Boiga kraepelini*
丽龟	*Lepidochelys olivacea*	山溪后棱蛇	*Opisthotropis latouchii*
棱皮龟科	**Dermochelyidae**	水赤链游蛇	*Natrix annularis*
棱皮龟	*Dermochelys olivacea*	王锦蛇	*Elaphe carinata*
鳖科	**Trionychidae**	乌梢蛇	*Zaocys dhumnades*
鼋	*Pelochelys bibroni*	小头蛇	*Oligodon chinensis*
中华鳖	*Trionyx sinensis*	锈链腹游蛇	*Amphiesma craspedogaster*
蜥蜴目	**Lacertiformes**	渔游蛇	*Natrix piscator*
壁虎科	**Gekkonidae**	玉斑锦蛇	*Elaphe mandarina*
多疣壁虎	*Gekko japonicus*	紫灰锦蛇	*Elaphe porphyracea*
蹼趾壁虎	*Gekko subpalmatus*	眼镜蛇科	**Elapidae**
铅山壁虎	*Gekko hokouensis*	舟山眼镜蛇	*Naja atra*
石龙子科	**Scincidae**	银环蛇	*Bungarus multicinctus*
蓝尾石龙子	*Eumeces elegans*	海蛇科	**Hydrophiidae**
宁波滑蜥	*Scincella modestum*	青环海蛇	*Hydrophis cyanocinctus*
石龙子	*Eumeces chinensis*	黑头海蛇	*Hydrophis melanocephalus*
蝘蜓	*Lygosoma indicum*	长吻海蛇	*Pelamis platurus*
蜥蜴科	**Lacertidae**	蝰科	**Viperidae**
北草蜥	*Takydromus septentrionalis*	白头蝰	*Azemiops feae*
蛇蜥科	**Anguidae**	蝮蛇	*Gloydius brevicaudus*
脆蛇蜥	*Ophisaurus harti*	烙铁头	*Protobothrops mucrosquamatus*
蛇目	**Serpentiformes**	五步蛇	*Agkistrodon acutus*
游蛇科	**Colubridae**	竹叶青	*Trimeresurus tejnegeri*
草腹游蛇	*Natrix stolata*	鳄目	**Crocodiliformes**
赤链华游蛇	*Sinonatrix annularis*	鼍科	**Alligatoridae**
赤链蛇	*Dinodon rufozonatum*	扬子鳄	*Alligator sinensis*

附录7　浙江省湿地鸟类名录

中文名	拉丁名	中文名	拉丁名
潜鸟目	Gaviiformes	绿鹭*	Butorides striatus
潜鸟科	Gaviidae	池鹭*	Ardeola bacchus
红喉潜鸟*	Gavia stellata	牛背鹭*	Bubulcus ibis
黑喉潜鸟*	Gavia arctica	大白鹭*	Egretta alba
䴘䴘目	Podicipediformes	白鹭*	Egretta garzetta
䴘䴘科	Podicpedidae	黄嘴白鹭*	Egretta eulophotes
小䴘䴘*	Podiceps ruficollis	岩鹭*	Egretta sacra
赤颈䴘䴘*	Podiceps grisegena	中白鹭*	Egretta intermedia
角䴘䴘*	Podiceps auritus	夜鹭*	Nycticorax nycticorax
黑颈䴘䴘*	Podiceps caspicus	栗头虎斑鳽*	Gorsachius goisagi
凤头䴘䴘*	Podiceps cristatus	海南鳽*	Gorsachius magnificus
鹱形目	Procellariiformes	黄斑苇鳽*	Ixobrychus sinensis
信天翁科	Diomedeidae	紫背苇鳽*	Ixobrychus eurhythmus
黑脚信天翁*	Diomedea nigripes	栗苇鳽*	Ixobrychus cinnamomeus
鹱科	Procellariidae	黑鳽*	Ixobrychus flavicollis
白额鹱*	Puffinus leucomelas	大麻鳽*	Botaurus stellaris
短尾鹱*	Puffinus tenuirostris	鹳科	Ciconiidae
燕鹱*	Bulweria bulwerii	东方白鹳*	Ciconia boyciana
海燕科	Hydrobatidae	黑鹳*	Ciconia nigra
黑叉尾海燕*	Oceanodroma monorhis	鹮科	Threskiornithidae
鹈形目	Pelecaniformes	白鹮*	Threskiornis melanocephalus
鹈鹕科	Pelecanidae	朱鹮*	Nipponia nippon
卷羽鹈鹕*	Pelecanus crispus	彩鹮*	Plegadis falcinellus
鲣鸟科	Sulidae	白琵鹭*	Platalea leucorodia
褐鲣鸟*	Sula leucogaster	黑脸琵鹭*	Ptatalea minor
鸬鹚科	Phalacrocoracidae	雁形目	Anseriformes
鸬鹚*	Phalacrocorax carbo	鸭科	Anatidae
斑头鸬鹚*	Phalacrocorax capillatus	鸿雁*	Anser cygnoides
军舰鸟科	Fregatidae	豆雁*	Anser fabalis
小军舰鸟*	Fregata minor	白额雁*	Anser albifrons
鹳形目	Cioniiformes	小白额雁*	Anser erythropus
鹭科	Ardeidae	灰雁*	Anser anser
苍鹭*	Ardea cinerea	小天鹅*	Cygnus columbianus
草鹭*	Ardea purpurea	疣鼻天鹅*	Cygnus olor

续表

中文名	拉丁名	中文名	拉丁名
赤麻鸭*	*Tadorna ferruginea*	鹰雕	*Spizaetus nipalensis*
翘鼻麻鸭*	*Tadorna tadorna*	白尾海雕	*Haliaeetus ablicilla*
针尾鸭*	*Anas acuta*	蛇雕	*Spilornis cheela*
绿翅鸭*	*Anas crecca*	鹗*	*Pandion haliaetus*
花脸鸭*	*Anas formosa*	隼科	**Falconidae**
罗纹鸭*	*Anas falcata*	燕隼	*Falco subbuteo*
赤膀鸭*	*Anas strepera*	红隼	*Falco tinnunculus*
绿头鸭*	*Anas platyrhynchos*	**鸡形目**	**Galliformes**
斑嘴鸭*	*Anas poecilorhyncha*	雉科	**Phasianidae**
赤颈鸭*	*Anas penelope*	灰胸竹鸡	*Bambusicola thoracica*
白眉鸭*	*Anas querquedula*	环颈雉	*Phasianus coichicus*
琵嘴鸭*	*Anas clypeata*	**鹤形目**	**Gruiformes**
红头潜鸭*	*Aythya ferina*	三趾鹑科	**Turnicidae**
白眼潜鸭*	*Aythya nyroca*	黄脚三趾鹑*	*Turnix tanki*
青头潜鸭*	*Aythya baeri*	鹤科	**Gruidae**
凤头潜鸭*	*Aythya fuligula*	白头鹤*	*Grus monacha*
斑背潜鸭*	*Aythya marila*	灰鹤*	*Grus grus*
鸳鸯*	*Aix galericulata*	白枕鹤*	*Grus vipio*
棉凫*	*Nettapus coromandelianus*	白鹤*	*Grus leucogeranus*
长尾鸭*	*Clangula hyemalis*	秧鸡科	**Rallidae**
斑脸海番鸭*	*Melanitta fusca*	灰胸秧鸡*	*Gallirallus striatus*
鹊鸭*	*Bucephala clangula*	普通秧鸡*	*Rallus aquaticus*
斑头秋沙鸭*	*Mergellus albellus*	小田鸡*	*Porzana pusilla*
中华秋沙鸭*	*Mergus squamatus*	红胸田鸡*	*Porzana fusca*
红胸秋沙鸭*	*Mergus serrator*	红脚苦恶鸟*	*Amaurornis akool*
普通秋沙鸭*	*Mergus merganser*	白胸苦恶鸟*	*Amaurornis phoenicurus*
隼形目	**Falconiformes**	董鸡*	*Gallicrex cinerea*
鹰科	**Accipitridae**	黑水鸡*	*Gallinula chloropus*
鸢	*Milvus korschum*	紫水鸡*	*Porphyrio porphyrio*
凤头蜂鹰	*Pernis ptilorhynchus*	骨顶鸡*	*Fulica atra*
苍鹰	*Accipiter gentilis*	**鸻形目**	**Charadriiformes**
赤腹鹰	*Accipiter soloensis*	雉鸻科	**Jacanidae**
雀鹰	*Accipiter nisus*	水雉*	*Hydrophasianus chirurgus*
松雀鹰	*Accipiter virgatus*	彩鹬科	**Rostratulidae**
普通鵟	*Buteo buteo*	彩鹬*	*Rostratula benghalensis*
毛脚鵟	*Buteo lagopus*	蛎鹬科	**Haematopodidae**

续表

中文名	拉丁名	中文名	拉丁名
蛎鹬*	*Haematopus ostralegus*	大沙锥*	*Gallinago megala*
反嘴鹬科	**Recurvirostridae**	扇尾沙锥*	*Gallinago gallinago*
黑翅长脚鹬*	*Himantopus himantopus*	孤沙锥*	*Gallinago solitaria*
反嘴鹬*	*Recurvirostra avosetta*	丘鹬*	*Scolopax rusticola*
燕鸻科	**Glareolidae**	半蹼鹬*	*Limnodromus semipalmatus*
普通燕鸻*	*Glareola maldivarum*	长嘴半蹼鹬*	*Limnodromus scolopaceus*
鸻科	**Charadriidae**	红胸滨鹬*	*Calidris ruficollis*
凤头麦鸡*	*Vanellus vanellus*	尖尾滨鹬*	*Calidris acuminatus*
灰头麦鸡*	*Vanellus cinereus*	黑腹滨鹬*	*Calidris alpina*
灰斑鸻*	*Pluvialis squatarola*	红腹滨鹬*	*Calidris canutus*
金斑鸻*	*Pluvialis dominica*	弯嘴滨鹬*	*Calidris ferruginea*
长嘴剑鸻*	*Charadrius placidus*	小滨鹬*	*Calidris minuta*
金眶鸻*	*Charadrius dubius*	长趾滨鹬*	*Calidris subminuta*
环颈鸻*	*Charadrius alexandrinus*	青脚滨鹬*	*Calidris temminckii*
铁嘴沙鸻*	*Charadrius leschenaultii*	大滨鹬*	*Calidris tenuirostris*
蒙古沙鸻*	*Charadrius mongolus*	三趾滨鹬*	*Calidris alba*
东方鸻*	*Charadrius veredus*	勺嘴鹬*	*Eurynorhynchus pygmeus*
鹬科	**Scolopacidae**	阔嘴鹬*	*Limicola falcinellus*
小杓鹬*	*Numenius minutus*	流苏鹬*	*Philomachus pugnax*
中杓鹬*	*Numenius phaeopus*	红颈瓣蹼鹬*	*Phalaropus lobatus*
白腰杓鹬*	*Numenius arquata*	灰瓣蹼鹬*	*Phalaropus fulicarius*
白腰草鹬*	*Tringa ochropus*	翻石鹬*	*Arenaria interpres*
大杓鹬*	*Numenius madagascariensis*	**鸥形目**	**Lariformes**
黑尾塍鹬*	*Limosa limosa*	**贼鸥科**	**Stercorariidae**
斑尾塍鹬*	*Limosa lapponica*	中贼鸥*	*Stercorarius pomarinus*
鹤鹬*	*Tringa erythropus*	**鸥科**	**Laridae**
红脚鹬*	*Tringa totanus*	黑尾鸥*	*Larus crassirostris*
青脚鹬*	*Tringa nebularia*	海鸥*	*Larus canus*
林鹬*	*Tringa glareola*	银鸥*	*Larus argentatus*
泽鹬*	*Tringa stagnatilis*	黄脚银鸥*	*Larus cachinnans*
小青脚鹬*	*Tringa guttifer*	织女银鸥*	*Larus vegae*
矶鹬*	*Tringa hypoleucos*	小黑背银鸥*	*Larus heuglini*
漂鹬*	*Tringa incana*	灰背鸥*	*Larus schistisagus*
灰尾漂鹬*	*Heteroscelus brevipes*	渔鸥*	*Larus ichthyaetus*
翘嘴鹬*	*Xenus cinereus*	棕头鸥*	*Larus brunnicephalus*
针尾沙锥*	*Gallinago stenura*	红嘴鸥*	*Larus ridibundus*

续表

中文名	拉丁名	中文名	拉丁名
黑嘴鸥*	Larus saundersi	短耳鸮	Asio flammeus
三趾鸥*	Rissa tridactyla	**雨燕目**	**Apodiformes**
须浮鸥*	Chlidonias hybrida	雨燕科	Apodidae
白翅浮鸥*	Chlidonias leucoptera	小白腰雨燕	Apus affinis
鸥嘴噪鸥*	Gelochelidon nilotica	白腰雨燕	Apus pacificus
红嘴巨鸥*	Hydroprogne caspia	**佛法僧目**	**Coraciiformes**
遗鸥*	Larus relictus	翠鸟科	Alcedinidae
燕鸥科	**Sternidae**	冠鱼狗*	Ceryle lugubris
普通燕鸥*	Sterna hirundo	斑鱼狗*	Ceryle rudis
粉红燕鸥*	Sterna dougallii	普通翠鸟*	Alcedo atthis
白额燕鸥*	Sterna albifrons	白胸翡翠*	Halcyon smyrnensis
褐翅燕鸥*	Sterna annethet	蓝翡翠*	Halcyon pileata
黑枕燕鸥*	Sterna sumatrana	戴胜科	Upupidae
小凤头燕鸥*	Thalasseus bengalensis	戴胜	Upupa epops
大凤头燕鸥*	Thalasseus bergii	**䴕形目**	**Piciformes**
中华凤头燕鸥*	Thalasseus bernsteini	须䴕科	Capitonidae
白顶玄鸥*	Anous stolidus	大拟啄木鸟	Megalaima virens
海雀科	**Alcidae**	啄木鸟科	Picidae
扁嘴海雀*	Synthliboramphus antiquus	黑枕绿啄木鸟	Picus canus
鸽形目	**Columbiformes**	**雀形目**	**Passeriformes**
鸠鸽科	**Columbidae**	百灵科	Alaudidae
珠颈斑鸠	Streptopelia chinensis	小云雀	Alauda gulgula
山斑鸠	Streptopelia orientalis	燕科	Hirundinidae
鹃形目	**Cuculiformes**	家燕	Hirundo rustica
杜鹃科	**Cuculidae**	金腰燕	Hirundo daurica
红翅凤头鹃	Clamator coromandus	鹡鸰科	Motacillidae
四声杜鹃	Cuculus micropterus	黄鹡鸰	Motacilla flava
鸮形目	**Strigiformes**	灰鹡鸰	Motacilla cinerea
草鸮科	**Tytonidae**	白鹡鸰	Motacilla alba
草鸮	Tyto capensis	理氏鹨	Anthus richardi
鸱鸮科	**Strigidae**	树鹨	Anthus hodgsoni
毛脚鱼鸮*	Ketupa flavipes	山椒鸟科	Campephagidae
雕鸮	Bubo bubo	灰山椒鸟	Pericrocotus divaricatus
领鸺鹠	Glaucidium brodiei	鹎科	Pycnonotidae
斑头鸺鹠	Glaucidium cuculoides	领雀嘴鹎	Spizixos semitorques
鹰鸮	Ninox scutulata	黄臀鹎	Pycnonotus xanthorrhous

续表

中文名	拉丁名	中文名	拉丁名
白头鹎	*Pycnonotus sinensis*	灰背鸫	*Turdus hortulorum*
栗背短脚鹎	*Hypsipetes castanonotus*	乌鸫	*Turdus merula*
黑短脚鹎	*Hypsipetes madagascariensis*	画眉科	**Timaliidae**
伯劳科	**Laniidae**	棕颈钩嘴鹛	*Pomatorhinus ruficollis*
虎纹伯劳	*Lanius tigrinus*	画眉	*Garrulax canorus*
红尾伯劳	*Lanius cristatus*	白颊噪鹛	*Garrulax sannio*
棕背伯劳	*Lanius schach*	灰眶雀鹛	*Alcippe morrisonia*
黄鹂科	**Oriolidae**	棕头鸦雀	*Paradoxornis webbianus*
黑枕黄鹂	*Oriolus chinensis*	莺科	**Sylviidae**
卷尾科	**Dicruridae**	强脚树莺	*Cettia fortipes*
黑卷尾	*Dicrurus macrocercus*	小蝗莺	*Locustella certhiola*
发冠卷尾	*Dicrurus hottentottus*	东方大苇莺*	*Acrocephalus orientalis*
椋鸟科	**Sturnidae**	褐柳莺	*Phylloscopus fuscatus*
丝光椋鸟	*Sturnus sericeus*	黄眉柳莺	*Phylloscopus inornatus*
灰椋鸟	*Sturnus cineraceus*	纯色鹪莺	*Prinia subflava*
黑领椋鸟	*Sturnus nigricollis*	褐山鹪莺	*Prinia criniger*
八哥	*Acridotheres cristatellus*	鹟科	**Muscicapidae**
鸦科	**Corvidae**	白腹姬鹟	*Cyanoptila cyanomelana*
松鸦	*Garrulus glandarius*	山雀科	**Paridae**
红嘴蓝鹊	*Urocissa erythrorhyncha*	大山雀	*Parus major*
喜鹊	*Pica pica*	黄颊山雀	*Parus spilonotus*
白颈鸦	*Corvus torquatus*	文鸟科	**Ploceidae**
河乌科	**Cinclidae**	麻雀	*Passer montanus*
褐河乌*	*Cinclus pallasii*	山麻雀	*Passer rutilans*
鸫科	**Turdidae**	白腰文鸟	*Lonchura striata*
红胁蓝尾鸲	*Tarsiger cyanurus*	斑文鸟	*Lonchura punctulcta*
鹊鸲	*Copsychus saularis*	雀科	**Fringillidae**
北红尾鸲	*Phoenicurus auroreus*	金翅雀	*Carduelis sinica*
红尾水鸲*	*Rhyacornis fuliginosus*	黑头蜡嘴雀	*Euphona personata*
小燕尾	*Emicurus scouleri*	黑尾蜡嘴雀	*Eophona migratoria*
灰背燕尾	*Enicurus schistaceus*	鹀科	**Emberizidae**
白冠燕尾*	*Enicurus leschenaulti*	灰头鹀	*Emberiza spodocephala*
蓝矶鸫	*Monticola solitaria*	三道眉草鹀	*Emberiza cioides*
台湾紫啸鸫	*Myiophoneus insularis*	小鹀	*Emberiza pusilla*

注：*表示水鸟。

附录8　浙江省湿地兽类名录

中文名	拉丁名	中文名	拉丁名
食虫目	**Insectivora**	鼠海豚科	**Phocoenidae**
猬科	**Erinaceidae**	江豚	*Neophocaena phocaenoides*
东北刺猬	*Erinaceus amurensiss*	领航鲸科	**Globicephalidae**
鼩科	**Soricidae**	虎鲸	*Orcinus orca*
喜马拉雅水鼩	*Chimarrogale himalayica*	伪虎鲸	*Pseudorca crassidens*
大麝鼩	*Crocidura dracula*	灰海豚科	**Grampidae**
北小麝鼩	*Crocidura suaveolens*	灰海豚	*Grampus griseus*
臭鼩	*Suncus murinus*	**食肉目**	**Carnivora**
啮齿目	**Rodentia**	犬科	**Canidae**
仓鼠科	**Cricetidae**	貉	*Nyctereutes procyonoides*
黑腹绒鼠	*Eothenomys melanogastsr*	鼬科	**Mustelidae**
东方田鼠	*Microtus fortis*	黄鼬	*Mustela sibirica*
鼠科	**Muridae**	黄腹鼬	*Mustela kathiah*
黑线姬鼠	*Apodemus agrarius*	鼬獾	*Melogale moschata*
社鼠	*Rattus confucianus*	狗獾	*Meles meles*
黄毛鼠	*Rattus losea*	猪獾	*Arctonyx collaris*
大足鼠	*Rattus nitidus*	水獭	*Lutra lutra*
褐家鼠	*Rattus norvegicus*	灵猫科	**Viverridae**
鲸目	**Cetacea**	食蟹獴	*Herpestes urva*
灰鲸科	**Eschrichtidae**	花面狸	*Paguma larvata*
灰鲸	*Eschrichtius gibbosus*	**鳍脚目**	**Pinnipedia**
鳁鲸科	**Balaenopteridae**	海豹科	**Phocidae**
小鳁鲸	*Balaenoptera acutorostata*	髯海豹	*Erignathus barbatus*
抹香鲸科	**Physeteridae**	**偶蹄目**	**Artiodactyla**
抹香鲸	*Physeter catodon*	鹿科	**Cervidae**
淡水豚科	**Platanistidae**	獐	*Hydropotes inermis*
白鱀豚	*Lipotes vexillifer*	**兔型目**	**Lagomorpha**
海豚科	**Delphinidae**	兔科	**Leporidae**
真海豚	*Delphinus delphis*	华南兔	*Lepus sinensis*
宽吻海豚	*Tursiops truncatus*		

附录9　浙江省湿地资源分布图

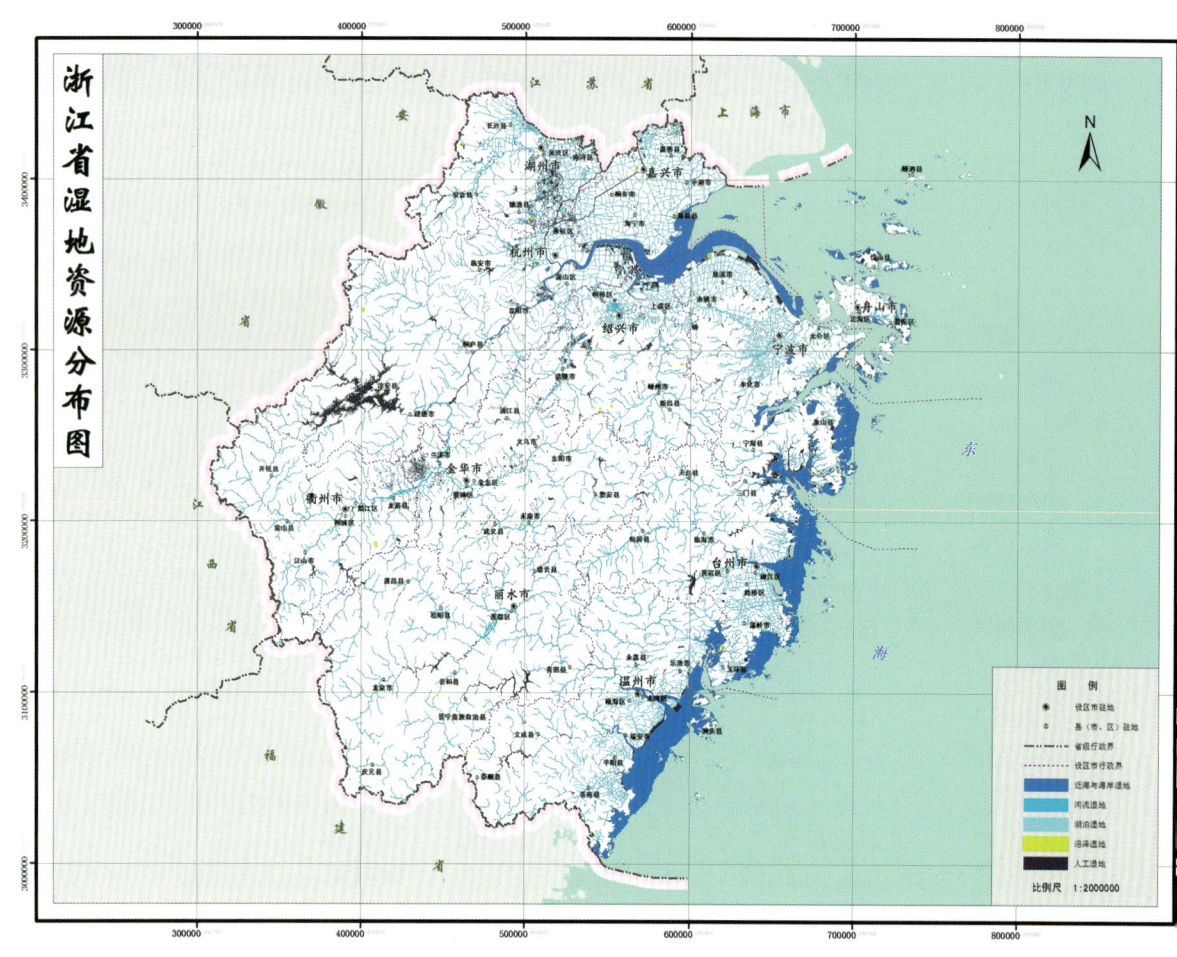

附录10　浙江省重点调查湿地分布图

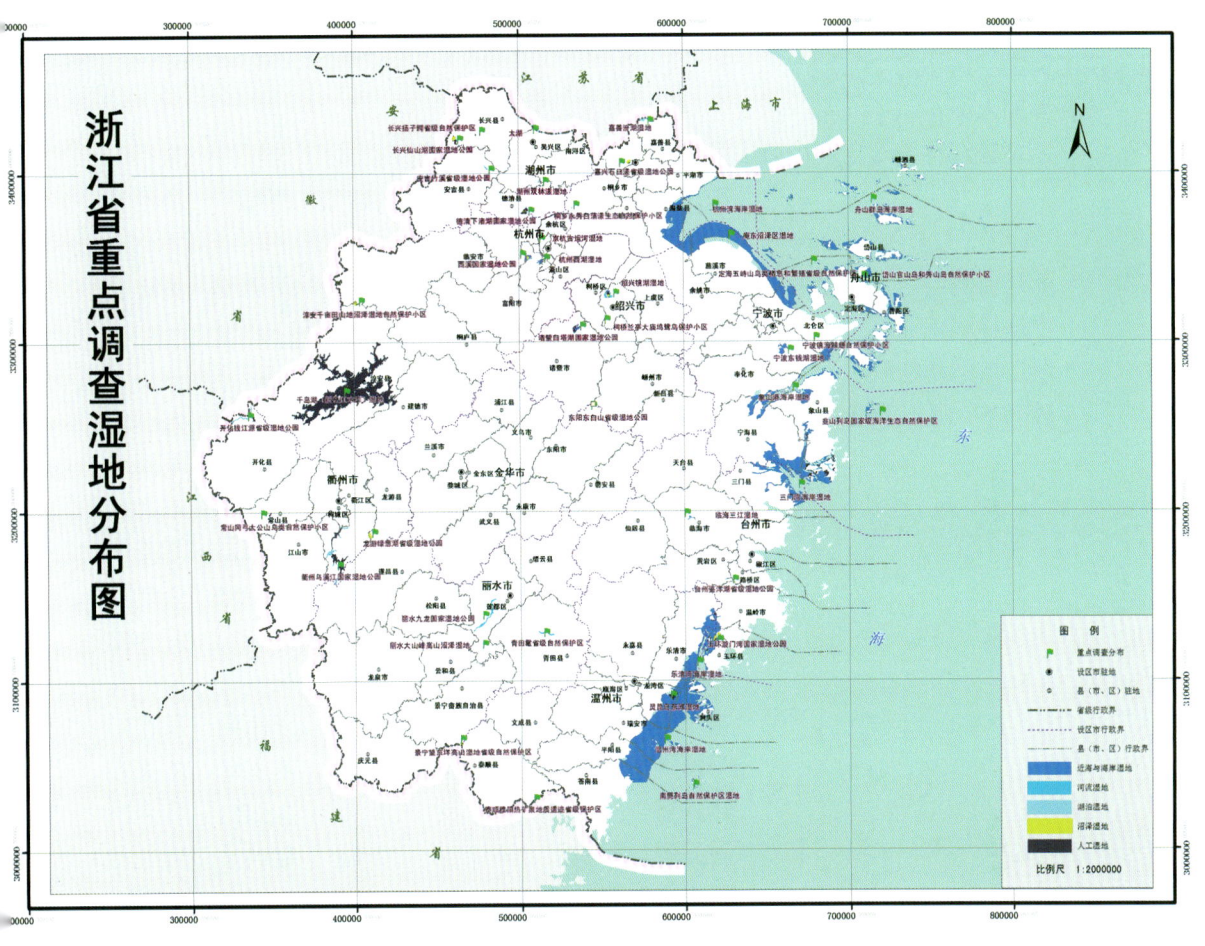

附录11　浙江省第二次湿地资源调查人员名单

项目负责：陶吉兴　张国江
技术负责：吴伟志
主要参加人员：

浙江省森林资源监测中心	吴伟志	陶吉兴	张国江	谢文远	金　伟	张小伟
	项茂林	张芬耀	汪锦辉	张瑜飞	何伟平	吴丞昊
	叶进武	翁卫松	毛华英			
浙江省测绘与地理信息局	冯存均	左石磊	刘晓忠	谭金华	黄思明	鲍陈辰
中国林科院亚林中心	刘三仔					
浙江自然博物院	蔡春抹					

县（市、区）调查技术负责人员（按姓氏笔画排序）：

丁　俊	于永根	王　恒	王　超	王文光	王伟龙
王如田	毛可仁	毛闻君	方　龙	方　茂	方立林
石志炳	叶胜忠	朱　梅	朱海平	朱朝方	刘庆华
刘雁群	孙炳良	孙海平	李　彦	李　新	李士琴
李仙来	杨　旭	杨海炳	吴　磊	吴一宏	吴达波
邱道荣	何　晓	余黎红	应富华	沈　杨	宋唯真
张　华	张　斌	张　璐	张一彪	张伟英	张旭东
张国贤	张豪杰	陈日红	陈文海	陈星高	林观勇
林其盛	竺为民	金　英	金　攀	金如龙	周　炳
周元中	郑朝阳	郎义生	赵沛忠	赵锦泉	胡中成
俞华桥	敖展雄	袁　娜	夏俊杰	钱龙福	凌　微
高德洪	唐金生	黄元佐	黄尚月	黄献章	董海钧
蒋海娜	楼艺华	蔡卓勤	管为武	潘祖全	潘寅辉
魏　洋					

主要参考文献

[1]国家林业局.全国湿地资源调查技术规程（试行），2010.

[2]浙江省林业厅.浙江省第二次湿地资源调查工作方案，2011.

[3]浙江省林业厅.浙江省第二次湿地资源调查技术操作细则，2011.

[4]陈征海.浙江林业自然资源：湿地卷[M].北京:中国农业科学技术出版社，2002.

[5]陶吉兴.浙江林业自然资源：野生动物卷[M].北京:中国农业科学技术出版社，2002.

[6]孙孟军，邱瑶德.浙江林业自然资源：野生植物卷[M].北京:中国农业科学技术出版社，2002.

[7]吴征镒.中国植被[M].北京:科学出版社，1980.

[8]傅立国.中国珍稀濒危植物[M].上海:上海教育出版社，1989.

[9]黄美华.浙江动物志：两栖类、爬行类[M].杭州:浙江科学技术出版社，1990.

[10]诸葛阳.浙江动物志：鸟类[M].杭州:浙江科学技术出版社，1990.

[11]诸葛阳.浙江动物志：兽类[M].杭州:浙江科学技术出版社，1990.

[12]毛节荣.浙江动物志：淡水鱼类[M].杭州:浙江科学技术出版社，1991.

[13]中国海湾志编纂委员会.中国海湾志：第五册[M].北京:海洋出版社，1992.

[14]章绍尧，丁炳扬.浙江植物志：总论[M].杭州:浙江科学技术出版社，1993.

[15]张朝芳，章绍尧.浙江植物志：第一卷[M].杭州:浙江科学技术出版社，1993.

[16]王景祥.浙江植物志：第二卷[M].杭州:浙江科学技术出版社，1992.

[17]韦直，何业祺.浙江植物志：第三卷[M].杭州:浙江科学技术出版社，1993.

[18]裘宝林.浙江植物志：第四卷[M].杭州:浙江科学技术出版社，1993.

[19]方云亿.浙江植物志：第五卷[M].杭州:浙江科学技术出版社，1989.

[20]郑朝宗.浙江植物志：第六卷[M].杭州:浙江科学技术出版社，1993.

[21]林泉.浙江植物志：第七卷[M].杭州:浙江科学技术出版社，1993.

[22]张若蕙.浙江珍稀濒危植物[M].杭州:浙江科学技术出版社，1994.

[23]赵尔宓.中国濒危动物红皮书：两栖类、爬行类[M].北京:科学出版社，1998.

[24]郑光美，王岐山.中国濒危动物红皮书：鸟类[M].北京:科学出版社，1998.

[25]汪松.中国濒危动物红皮书：兽类[M].北京:科学出版社，1998.

[26]乐佩琦，陈宜瑜.中国濒危动物红皮书：鱼类[M].北京:科学出版社，1998.

[27]浙江省水利志编纂委员会.浙江省水利志[M].北京:中华书局，1998.

[28]浙江省水利厅.浙江省河流简明手册[M].西安:西安地图出版社，1999.

[29]浙江省水文志编纂委员会.浙江省水文志[M].北京:中华书局，2000.

[30]国家林业局等.中国湿地保护行动计划[M].北京:中国林业出版社，2000.

[31]吴德邻.香港植物名录[M].香港:香港渔农特别管理署，2001.

[32]吕彩霞.中国海岸湿地保护行动计划[M].北京:海洋出版社,2003.

[33]李扬帆,刘青松.湿地与湿地保护[M].北京:中国环境科学出版社,2003.

[34]张岱年,方克立.中国文化概论[M].北京:北京师范大学出版社,2004.

[35]陈余钊.温州湿地资源[M].北京:中国林业出版社,2006.

[36]陆树刚.蕨类植物学[M].北京:高等教育出版社,2007.

[37]赵世洞,赖鹏飞,商界环保协会(香港)译.千年生态系统评估报告集(二)[M].北京:中国环境科学出版社,2007.

[38]闫彦,沈建华.浙江水文化[M].杭州:浙江大学出版社,2008.

[39]符宁平.浙江八大水系[M].杭州:浙江大学出版社,2009.

[40]马奇.浙江省土地利用现状更新调查[M].北京:地质出版社,2009.

[41]鞠美庭.湿地生态系统的保护与评估[M].北京:化学工业出版社,2009.

[42]于洪贤,姚允龙.湿地概论[M].北京:中国农业出版社,2010.

[43]刘剑秋,曾从盛.福建湿地及其生物多样性[M].北京:科学出版社,2010.

[44]杨岚,李恒.云南湿地[M].北京:中国林业出版社,2010.

[45]黄秀清.乐清湾海洋环境容量及污染物总量控制研究[M].北京:海洋出版社,2011.

[46]黄秀清.象山港海洋环境容量及污染物总量控制研究[M].北京:海洋出版社,2011.

[47]郑光美.中国鸟类分类与分布名录[M].北京:科学出版社,2011.

[48]张怀清,鞠洪波.湿地资源监测技术[M].北京:中国林业出版社,2012.

[49]张伟.浙江海洋文化与经济[M].北京:海洋出版社,2013.

[50]江永华.乌溪江国家湿地公园资源与规划[M].杭州:浙江科学技术出版社,2014.

[51]但新球,但维宇.湿地生态文化[M].北京:中国林业出版社,2014.

[52]浙江省统计局.2014浙江统计年鉴[M].北京:中国统计出版社,2014.

[53]农业部渔业局.2014中国渔业统计年鉴[M].北京:中国农业出版社,2014.

[54]国家林业局、农业部.国家重点保护野生植物名录(第一批),1999.

[55]浙江省旅游局.旅游资源分类、调查与评价,2003.

[56]浙江省水利厅.浙江省水功能区、水环境功能区划分方案,2003.

[57]浙江省围垦局.浙江省滩涂围垦总体规划(2005—2020年),2004.

[58]浙江省海洋功能区划修编工作领导小组.浙江省海洋功能区划,2007.

[59]浙江省人民政府.浙江省重点保护野生植物名录(第一批),2012.

[60]国家海洋局第二海洋研究所.浙江省近海海洋综合调查与评价总报告,2013.

[61]浙江省水利厅.浙江省水资源公报(2013年),2014.

[62]浙江省环保厅.浙江省环境状况公报(2013年),2014.

[63]浙江省林业调查规划设计院.杭州市湿地资源调查与研究报告,2005.

[64]浙江省林业厅.浙江省湿地保护规划(2006—2020年),2006.

[65]浙江省林业调查规划设计院.湖州市湿地保护规划,2007.

[66]浙江省林业调查规划设计院.丽水市湿地保护与利用规划,2008.

[67]浙江省林业调查规划设计院.宁波市湿地保护与利用规划，2009.

[68]国家林业局华东林业调查规划设计院.金华市湿地保护与利用规划，2009.

[69]国家林业局华东林业调查规划设计院.衢州市湿地保护与利用规划，2009.

[70]浙江省林业调查规划设计院.台州市湿地保护与利用规划，2010.

[71]国家林业局华东林业调查规划设计院.温州市湿地保护与利用规划，2010.

[72]国家林业局华东林业调查规划设计院.绍兴市湿地保护规划，2010.

[73]浙江省林业调查规划设计院.舟山市湿地保护规划，2013.

[74]浙江南麂列岛国家级海洋自然保护区管理局.浙江南麂列岛国家级海洋自然保护区总体规划（2003—2010年），2004.

[75]西溪国家湿地公园示范项目研究组.西溪国家湿地公园环境与自然资源调查报告，2007.

[76]浙江大学农业与生物技术学院.下渚湖湿地生物多样性及综合保护对策研究，2008.

[77]浙江林学院园林设计院.诸暨市白塔湖湿地公园总体规划，2008.

[78]象山县人民政府.浙江省韭山列岛海洋生态自然保护区综合科学考察报告，2009.

[79]浙江省林业调查规划设计院.浙江衢州乌溪江国家湿地公园总体规划，2009.

[80]国家林业局华东林业调查规划设计院.浙江长兴仙山湖国家湿地公园总体规划，2009.

[81]中国林业科学研究院亚热带林业研究所.浙江安吉昆铜竹溪湿地公园建设可行性研究报告，2010.

[82]浙江玉环经济开发区管委会.浙江玉环漩门湾国家湿地公园总体规划，2010.

[83]中国林业科学研究院亚热带林业研究所.浙江秀洲莲泗荡湿地公园建设可行性研究报告，2012.

[84]国家林业局华东林业调查规划设计院.浙江云和梯田国家湿地公园总体规划，2013.

[85]浙江省林业调查规划设计院.景宁大仰湖溪源湿地群省级自然保护区总体规划，2013.

[86]九龙湖旅游度假区管委会.浙江镇海九龙湖湿地公园总体规划，2013.

[87]徐益力.杭州湾滨海湿地鸟类现状和资源保护对策研究[D].杭州:浙江农林大学，2010.

[88]陈建委，黄桂林.中国湿地分类系统及其划分指标的探索[J].林业资源管理，1995(5)：65-71.

[89]殷康前，倪晋仁.湿地研究综述[J].生态学报，1998，18(5):539-546.

[90]闫理钦，王金秀，赛道建，等.威海湿地鸟类分布调查[J].动物学杂志，1998，33(6):5-8.

[91]蒋志刚，纪力强.鸟兽物种多样性测度的G-F指数方法[J].生物多样性，1999，7(3):220-225.

[92]张敏，马纲.甘肃省湿地鸟类的研究[J].甘肃高师学报，2000，5(5):48-53.

[93]陈水华，郑光美，丁平，等.杭州市湿地水鸟的分布与多样性研究[J].生命科学研究，2000，4(1):65-72.

[94]李根有，陈征海，仲山民，等.华东植物区系新资料[J].浙江林学院学报，2001，18(4):371-374.

[95]李根有，陈征海，刘安兴，等.浙江省湿地植被分类系统及主要植被类型与分布特点[J].浙江林学院学报，2002，19(4):356-362.

[96]刘伯锋.福建沿海湿地鸻鹬类资源调查[J].动物学杂志，2003，38(6):72-75.

[97]金孝锋，郑朝宗，姚琴芳，等.浙江种子植物新资料[J].浙江大学学报（自然科学版），2004，31(6):683-684.

[98]方文珍，陈小麟，陈志鸿，等.厦门滨海湿地鸟类群落多样性研究[J].厦门大学学报（自然科学版），2004，43(1):133-137.

[99]杨月伟，夏贵荣，丁平，等.浙江乐清湾湿地水鸟资源及其多样性特征[J].生物多样性，2005，13(6):507-513.

[100]陈水华，颜重威，范忠勇，等.浙江韭山列岛的黑嘴端凤头燕鸥繁殖群调查初报[J].动物杂志，2005，40(5):96-97.

[101]耿英姿，张鸿鸣，刘昱.杭州西溪湿地生态文化旅游开发研究[J].浙江树人大学学报，2005，5(5):44-48.

[102]姜加虎，黄群，孙占东.长江流域湖泊湿地的生态环境状况分析[J].生态环境，2006，15(2):424-429.

[103]石柏林，李根有，金祖达，等.浙江湿地植物分布新记录[J].浙江林学院学报，2006，23(4):472-474.

[104]王战宁.湿地鸟类调查研究[J].林业勘察设计(福建)，2007(2):100-103.

[105]黄世宽，熊汉锋.湖北省湿地生态环境现状分析[J].鄂州大学学报，2008，15(5):2-5.

[106]吴统贵，吴明，萧江华.杭州湾滩涂湿地植被群落演替与物种多样性动态[J].生态学杂志，2008，27(8):1284-1289.

[107]赖秀雅，吴庆玲，李想，等.浙江归化植物新资料[J].温州大学学报（自然科学版），2008，29(5):13-16.

[108]王忠德，陆玮玮，陈水华，等.浙江舟山五峙山列岛夏季繁殖水鸟资源及其分布动态[J].四川动物，2008，27(6):965-969.

[109]张莉，杨贵生，陈劲，等.锡林河湿地鸟类调查[J].动物学杂志，2008，43(1):134-139.

[110]张志顺，王鹤岩.大庆湿地文化建设应协调好几个关系[J].大庆社会科学，2008 (2):66-67.

[111]胡冬冬，马丹丹，刘建强，等.普陀山禾本科1种浙江分布新记录植物——蒺藜草[J].浙江林业科技，2009，29(6)：64-75.

[112]金孝锋，许永锋，谢建镁，等.浙江种子植物新资料（Ⅲ）[J].浙江大学学报（理学版），2009，36(5):586-588.

[113]朱曦，王青良，詹印波，等.浙江普陀山岛两栖爬行动物区系及分布[J].浙江林学院学报，2009，26(5):708-713.

[114]张芬耀，陈征海，谢文远，等.浙江植物新资料[J].西北植物学报，2010，30(11):2340-2342.

[115]郭文利，袁晓，裴恩乐，等.上海南汇区东滩湿地鸟类资源调查[J].四川动物，2010，29(5):596-606.

[116]王慧琴，张彩虹，邹家红.我国湿地资源保护的博弈分析[J].生态经济，2011(2): 174-178.

[117]颐月月，李岩.浙江省湿地面临的问题及立法建议[J].温州大学学报，2011，32(3):26-31.

[118]刘宝权，张芬耀，谢长明，等.浙江堇菜属植物新记录[J].西北植物学报，2011，31(5):1053-1054.

[119]马丹丹，金水虎，胡军飞，等.发现于普陀山的植物区系新资料[J].浙江大学学报（理学版），2011，38（2）：215-217.

[120]高浩杰，陈征海.裸冠菊属：华东地区一新归化属[J].浙江农林大学学报，2011，28（6）：992-994.

[121]李维平，侯淑敏，问思恩.山西黄河湿地水鸟调查研究[J].渭南师范学院学报，2011，26(2):69-73.

[122]王振鹏，郭雅儒，王超.张家口坝上湿地鸟类调查[J].河北林业科技，2011(3): 22-23.

[123]李良杰，彭燕，刘渊，等.江西湿地文化旅游资源开发研究[J].中国农学学报，2011，27(11):281-287.

[124]许元科，赵昌高，严邦祥，等.浙江樱属新种——沼生矮樱[J].浙江林业科技，2012，32(4):81-83.

[125]苗国丽，陈征海，谢文远，等.发现于浙江的4种归化植物新记录[J].浙江农林大学学报，2012，29（3）：470-472.

[126]项茂林，吴伟志，谢文远.浙江省地理分布种小苍菜和中国新归化种加拿大苍耳[J].浙江林业科技，2012，32（2）：81-82.

[127]王文武，王剑武，吴伟志，等.浙江省禾本科新记录属、种——距花黍属距花黍[J].浙江林业科技，2012，32（6）：79-80.

[128]陈水华,皇秦,范忠勇,等.浙江鸟类名录更新[J].Chinese birds,2012,3(2):118-136.

[129]马丹丹,陈征海,陈煜初,等.7种浙江新记录植物[J].浙江大学学报(理学版),2013,40(3):330-333.

[130]陈睿曦,徐淑梅.湿地文化旅游开发研究[J].湿地科学与管理,2013,9(1):28-30.

[131]齐建文,但维宇,但新球,等.中国湿地文化分布研究[J].中南林业调查规划,2014,33(2):60-64.

[132]王婉婉.生态视域下湿地文化开发与利用[J].黑河学院学报,2014(1):20-22.

[133]孙作雷,李亚男,俞洁,等.浙江省6大重点水库生态服务功能价值评估[J].浙江大学学报(理学版),2015,42(3):353-358,364.

[134]张华,李贺鹏,岳春雷,等.仙山湖国家湿地公园生态系统服务功能价值评估[J].广东林业科技,2015,31(5):41-46.

[135]宁潇,邵学新,胡咪咪,等.杭州湾国家湿地公园湿地生态系统服务价值评估[J].湿地科学,2016,14(5):677-686.

[136] LIU Hong,WANG Qingfeng,TAYLOR W C. Isoetes orientalis (Isoetaceae), a New Hexaploid Quillwort from China[J].Annals of the Missouri Botanical Garden,2005,15(1):164-167.

[137] WU Zhengyi, RAVEN P H. Flora of China:Vol. 24[M].Beijing: Science Press,2000:13.

[138] WU Zhengyi, RAVEN P H. Flora of China:Vol. 19[M].Beijing: Science Press,2011:483.

[139] XIONG Xianhua, WU Qingling, CHEN Xianxing,et al. Two genera and five species newly recorded in Zhejiang Province, China[J].Jounal of Zhejiang University (Agriculture & Life Science), 2013, 39(6):695-698.